大有

本书获中国社会科学院"青启"计划（2024QQJH081）资助

大有

晚清督抚权力结构
与地方治理

——

张之洞督粤再研究

刘青峰 著

社会科学文献出版社
SOCIAL SCIENCES ACADEMIC PRESS (CHINA)

序

中国史学传统向来重视历代治乱兴衰与政治得失的研究，政治史无疑是史学的主干。然而，自从 20 世纪 80 年代末 90 年代初以来，由于深受当代西方史学思潮的影响，所谓"眼光向下"的社会史尤其是新文化史研究强劲崛起，政治史便有式微之势。有学者深感政治史"作为方法论支配地位的急剧衰落"，甚至觉得政治史"最终沦落成为边缘学问"，乃至有"消失"的危险，因而强烈呼吁要"重提"政治史研究，并想方设法要使政治史研究"真正得到复兴"。① 毋庸讳言，从太平天国到辛亥革命以事件史为中心的晚清政治史研究确实已经到了"学术高原"，② 业已陷入难以突破的瓶颈。尽管如此，晚清政治史研究并没有到山穷水尽的地步。如果转换视角，从事件史研究转向典章制度、人事关系、权力结构与政局变迁等方面的研究，或许还会进入柳暗花明的新境界。近年来学界不时推出一些中青年学者有较大影响力的相关研究成果，体现了几代学人耕耘于斯的汗水与智慧结晶。正因为研究起点较高，难度较大，突破不易，这些真正有推进的研究也就更加

---

① 杨念群：《为什么要重提"政治史"研究？》，《历史研究》2004 年第 4 期。
② 章开沅：《50 年来的辛亥革命史研究》，《近代史研究》1999 年第 5 期。

i

显得有深度和厚度。刘青峰著《晚清督抚权力结构与地方治理——张之洞督粤再研究》便是一新例。

人海茫茫，若能遇见，有缘分，也有巧合。人事如此，学问也不例外。当年青峰从广州北上来京求学时，我便问他博士学位论文可否做两广总督时期的张之洞研究，没想到他毫不犹豫地答应了。我提醒他，这个选题可能是费力不讨好，因为张之洞研究是个非常老的题目，已有不少前辈学者孜孜矻矻地辛勤开垦过，发表了一些有分量的研究论著，甚至有几座难以逾越的高峰，要出彩很不容易，但他不以为意。其实我知道，做这个题目，青峰是难得的合适人选。一方面，中国社会科学院近代史研究所藏 20 余万页张之洞档案（现已移入中国历史研究院图书档案馆）几乎是一个取之不尽、用之不竭的史料富矿，不同的选题与研究视角都可以"激活"大量新的材料。回想我在与青峰现在差不多的年纪写《张之洞与清末新政研究》时，就发现张之洞任两广总督时期也有丰富的档案资料，将近 20 年间，曾经不止一次地向年轻学者和博士生"兜售"这个选题，但都没人接招，很是遗憾。青峰是对材料非常敏锐的年轻人，有较强的史料辨析力和历史感悟力，一点拨便能领会奥秘。从这方面看，可以说青峰与这批材料是有缘分的。另一方面，青峰的个人特质适合做这个题目。青峰是土生土长的广东客家人，来京之前在广东生活学习了 26 年，南粤文化是他血脉中的文化基因，想必他比张之洞更能理解广东的人和事。尤其特别的一点是，青峰在中山大学写的硕士学位论文就是关于晚清广东安勇的研究，对于认识晚清广东的政治与社会已经有了一定的学术积累。就这方面而言，可以说青峰遇到这个选题是巧合了。当然，我也曾提醒他，广东人做广东研究不要做成地方史，尤其来到北京之后就应该跳脱广东，视野更不能局限于广东一隅。对此，他表示赞同。就在这样的机缘巧合之下，青峰花了 6 年的青春时光，交出了一份 40 万字的答卷。这份答卷，是否令学界满意，自然要留待学人品评。作为指导老师和第一位读者，我谨在此提出几点个人感受，供学界朋友参考。

一是突破"从清流向洋务转变"的叙事模式，拓展张之洞早期人际关系网络的研究。晚清重臣张之洞以"清流"起家，又获得继曾国藩、李鸿章等湘淮系洋务大佬之后所谓"洋务殿军"的声名。学界一般认为张之洞的人生经历了从"清流派"到"洋务派"的转变，这个转变的节点就是光绪七年底（1882 年初）外任山西巡抚。我也是这么认为的。平时在与青峰的聊天中，他已对所谓"转变"说表示了异议，认为其实张之洞在"清流"时期就又以"洋务"鸣世，无所谓"转变"。在这本新著中，他详细阐述了光绪六年、七年间（1880~1881）在中俄伊犁交涉、中日琉球交涉等"洋务"活动中，张之洞与著名的洋务派领袖李鸿章的合作。在一般的认知中，清流派攻击的对象主要是洋务派，以大学士、直隶总督兼北洋大臣的李鸿章作为洋务派领袖更是首当其冲。青峰勾稽史料，细致地重建了张之洞与李鸿章在同光之际交往合作的史实。其时，张之洞主要的交往圈是以李鸿藻为首的清流名士，如张佩纶、陈宝琛、宝廷、黄体芳、邓承修、王懿荣、吴大澂等京师"南城士大夫"群体，他们互相援引，声气相求，成为一股影响朝政的清议势力。正是通过与李鸿章比较亲近的张佩纶，张之洞逐渐与李鸿章搭上了关系。作为清流健将的张之洞与洋务派领袖李鸿章的交往合作，表明所谓"清流"与

"洋务"并非截然两途，更不是现实中人事关系不可逾越的樊篱。这种认知，不仅说明张之洞无所谓"从清流向洋务转变"，而且可以使其早期人际关系网络的研究视野突破狭隘的"清流"圈子，拓展到包括李鸿章等洋务人士在内的更广阔的范围中。历史的万花筒便可能不是那么单色调，而会更加丰富多彩起来。

二是从张之洞人事关系的脉络重建战时筹饷购械与情报网络运作，深化了中法战争的研究。中法战争是张之洞任职两广总督时期的重大事件，也是作为文臣的张之洞一生获取"武功"声名的标志性事件。张之洞死后获谥"文襄"，当时颇令人费解。晚清名士王闿运曾调侃说："刘健之来高谈，大不以张文襄为然，而以我受三拳为'武襄'。"①张之洞的门生罗献修特以其在中法战争中的表现为之辩解，称"独数谅山一役，全仗纤筹决策"。②青峰这本新著用两章的篇幅，详细论述了张之洞督粤期间联络各方人员，并札派委员进行情报搜集、饷械筹运，最终取得镇南关大捷，扭转了整个中法战争的局势。这便为罗献修所谓张之洞在中法战争中的"纤筹决策"做了一个详尽的注脚。中法战争是晚清"八大事件"研究中相对薄弱的环节，进一步深化研究当然有不同的路径和视角。青峰这本新著利用大量未刊档案史料，细致梳理中法战争期间张之洞联络、指示各方人员筹饷购械并获取情报，以及积极援助福建、台湾和越南抗法的举措，不仅丰富了中法战争叙事中的诸多细节，而且通过剖析作为两广总督的张之洞在清廷宏观决策

---

① 王闿运：《湘绮楼日记》第5卷，岳麓书社，1997，第2999页。
② 罗献修挽词，《张文襄公荣哀录》卷8，北京集成图书公司刷印本，第14页。

中的具体作为，从总体上推进了中法战争研究。

三是提炼"有限的外重"概念，以张之洞督粤为个案展现了晚清督抚权力结构的复杂面向。关于晚清督抚权力问题的研究，以往学界主要是在中央与地方关系的框架之中讨论。自罗尔纲先生提出咸同军兴以后清政府权力下移到地方督抚而形成"督抚专政"与"内轻外重"权力格局的经典论断后，学界进行了数十年的不断讨论和修正，至今已基本上否定了"督抚专政"说，但并没有从根本上否定同光时期（庚子事变以前）权力格局的"内轻外重"说——虽然学界对"内轻"与"外重"的程度多有异议。笔者虽从清末新政时期权力格局演变研究中得出"内外皆轻"的新说，但也不否认罗尔纲先生的"内轻外重"说仍有一定的适应度，有谓："如果仅就庚子事变以前四十年立论，罗先生'内轻外重'说大致可以适应。"① 青峰在既往相关研究的基础上，通过研究两广总督张之洞关于军事、财政、外交、人事等多方面权力在省级层面具体运作的基本状况之后，慎重地提炼出"有限的外重"概念，认为："相较于中央之'权轻'而言，同光督抚称之'权重'并无不可，但从省一级权力运作角度来看则不能谓'重'。同光年间督抚的权力似乎更应该表达为'有限的外重'，而非'督抚专政'。即一方面，同光年间清廷通过规复旧制、创设机构、人事调整等方式，试图限制督抚的权力，但督抚在军事、财政、司法等事项上，仍有较大的博弈、对抗空间；另一方面，经过太平天国起义，省级限制因素进一步加

---

① 李细珠：《地方督抚与清末新政——晚清权力格局再研究》增订版，社会科学文献出版社，2018，第531页。

强，并出现了新的限制因素，督抚权力也受到了进一步的制约。"这个"有限的外重"概念，是指督抚的权力虽然在咸同军兴之后表面上看起来增加了，相对于清廷的"权轻"而表现为"权重"，但限度是有限的，因为其在省级权力实际运作中受到多方面的限制。具体到两广总督张之洞，其权力运作在不同程度上受到至少四方面的制约：在朝廷，是慈禧太后、枢臣和部院大臣；在省城，是同城的广州将军、广东巡抚、布政使、按察使，以及兼辖的广西省级官员；在地方，是府、厅、州、县官员与士绅大族；另外广州作为开埠城市，在对外交涉中还要与外国人打交道。正如青峰所说："太平天国起事后，权力并非简单地从清廷'下移'或'外移'到督抚，督抚权力同样受到进一步限制。各省情形不尽相同，同光年间两广总督主要受中央、地方官绅、省级大员、洋人的限制。"青峰提炼出来的这个"有限的外重"概念，对于理解同光时期（庚子事变以前）权力格局具有一定的解释力，或可备一说。

四是提出"非湘非淮"省区研究的新思路。晚清咸同军兴后，在镇压太平天国的过程中，湘军、淮军等新式勇营取代传统的经制兵八旗、绿营而强势崛起。与此同时，湘系、淮系军功集团随着湘、淮军到各地布防，逐渐占住一些省区督抚职位，形成省级权力分布的所谓"湘淮格局"。①青峰在研究广东安勇时，就曾提出广东形成了"非湘非淮"格局。他说："尽管湘、淮系势力不断向广东渗透，但广东勇营长期以本土勇营为主，地方影响力亦大于湘、淮军。广东本土勇营的长期

---

① 邱涛：《咸同年间清廷与湘淮集团权力格局之变迁》，北京师范大学出版社，2010。

稳定存在，是广东'非湘非淮'格局形成的基础。"① 在这本新著中，青峰再次强调广东"非湘非淮"的特性。但有点遗憾的是，他没有进一步阐述张之洞总督两广时期广东一类的"非湘非淮"省区究竟与所谓"湘淮格局"的省区有何不同，尤其是这种"非湘非淮"省区的省级权力运作在强劲的湘淮势力博弈之间或之外又是以何种形态呈现。其实，这个"非湘非淮"格局概念的提出，或许是晚清地方督抚与省区研究的新路径，值得学界关注。

以上仅是我个人对青峰新著的几点粗浅感受，挂一漏万，并不全面。我想，每个读者都会有自己的感受。最后还想说一点，作为学者，青峰生活在一个资讯非常发达、做学问非常便利的新时代，这无疑是非常幸运的。举个例子来说，同样是阅读近代史所藏张之洞档案，我在 1998 年开始阅读时，只能到图书馆阅览室一字一句抄写，虽然能亲手触摸档案原件，可能也算是独特的享受，但青峰在 20 年后的 2018 年便不但可以看到影印出版的纸本《近代史所藏清代名人稿本抄本》第 2 辑《张之洞档》，而且可以看到坊间流传的 pdf 电子版，足不出户就可以轻松利用。这在我们当年是不可想象的。虽然不能说史料就是史学，但史料是历史学的基础。因为获取资料的艰难，以前我们甚至认为历史学在某种意义上是个体力活，跑资料就会跑断腿，正如傅斯年所谓"上穷碧落下黄泉，动手动脚找东西"。现在互联网的发展日新月异，获取资料的途径更加便捷，手指轻轻地按动鼠标和键盘就能轻易地获取散落于海内外

---

① 刘青峰：《地方勇营与晚清广东"非湘非淮"格局的形成——以安勇为中心的考察》，《社会科学研究》2020 年第 3 期。

各地的海量史料，这个时代正是青峰这样的年轻人大有作为之时。我衷心地期待青峰能够做出更多、更好的学术成果，以不辜负这个美好的新时代。

李细珠

2024 年 4 月 16 日于北京

目　录

绪 论

一 知人论世：辛酉至甲午年间的张之洞

清承明制而有所损益。雍正年间创设军机处作为决策机关，经过乾隆一朝，官制基本厘定，其时满汉并立，大小相维，文武相制。之后内廷虽有张廷玉与鄂尔泰、祁寯藻与穆彰阿之间的党争，和珅、肃顺的专擅，但总体说来仍是以皇权为核心运转；外朝内地十八行省无封疆大吏叛乱，中央集权制度空前加强。然而这种权力运行模式在晚清发生了变化。

辛酉政变后，原有的以皇权为核心的权力运行模式变为太后垂帘听政、亲王入枢秉政的权力模式，其时同治、光绪虽曾亲政，但权力的中心在慈禧太后，直至其于光绪三十四年（1908）去世。在近半个世纪内，慈禧利用满汉、南北、湘淮等各派势力，稳固自己的权力地位。而在地方上，咸同军兴导致湘淮系的崛起，学界虽然对罗尔纲"内轻外重"的说法有所质疑，但不可否认的是，起码直至甲午年，平衡湘淮系的地方势力仍是朝廷需要考虑的问题。此外，《北京条约》的签订，标志着以《天津条约》为框架的中外体制形成，外交对中国内政的影响不可忽视。身为两广总督的张之洞，在上述的辛酉到甲午间的权力格局中，有特殊的地位。

张之洞（1837~1909），字孝达，号香涛，直隶南皮人。其于光绪初年跻身于以军机大臣李鸿藻为首的所谓"清流"中，在"清流"中表现突出，与张佩纶并有"青牛角"的称谓。①"清流"在光绪六年（1880）中俄伊犁交涉中声势大张，十年，慈禧太后运用"清流"的声势打压恭王奕䜣，引发"甲申易枢"。然而慈禧对"清流"势力实则颇有厌恶，如陈寅恪所说："同光时代士大夫之清流，大抵为少年科第，不谙地方实情及国际形势，务为高论。由今观之，其不当不实之处颇多。但其所言，实中孝钦后之所忌。卒黜之杀之而后已。"②中法战争后，李鸿藻退出军机，"清流"干将张佩纶、陈宝琛亦纷纷遭到贬黜，唯有张之洞免于获咎而继续留在两广总督任上，直至光绪十五年调任湖广总督，开启另一番事业。张之洞虽远在两广，但在朝廷中人事交际、势力捭阖不可忽视。

在地方上，两广号称南洋门户，"当华洋错处之冲，兼水陆边防之寄，政刑纷冗，兵食兼营"，③需要面临与其他省份不同的问题，而身为两广总督的张之洞亦面临着和其他时期两广总督不同的问题。第一，广东为中外交涉重地，虽然第二次鸦片战争后中外交涉的重点转移至南、北洋大臣，但由于香

---

① 《龙树寺觞咏大会》，刘禺生：《世载堂杂忆》，中华书局，1997，第90页。
② 《寒柳堂记梦未定稿（补）》，陈寅恪：《寒柳堂集》，三联书店，2011，第219页。
③ 《到两广任谢恩折》（光绪十年闰五月二十三日），赵德馨主编《张之洞全集》第1册，武汉出版社，2008，第239页。本书所引《张之洞全集》均为该版，下不另注。

港、澳门、华侨问题，加以 19 世纪 70 年代以后的边疆危机（尤其是中法战争的发生），两广地区成为中国环南海地区对外交涉的前沿地带。第二，咸丰四年（1854）洪兵起义以后，广东地方士绅势力崛起，他们联络在朝廷中的粤籍京官，时常干涉广东政务。张之洞督粤早期为各省大力筹备中法战争中所需的军械、饷银，后期清乡、大兴洋务，必然与广东士绅及背后的粤籍京官产生利益冲突。第三，经过洪兵起义以及同治年间瑞麟督粤的十年，广东地方勇营（以水师提督方耀的潮勇、陆路提督郑绍忠的安勇为代表）渐呈"尾大不掉"之势，形成类似"非湘非淮"的地方权力格局。中法战争中，钦差大臣彭玉麟、两广总督张树声先后引湘、淮军进入广东，加之张之洞后来重用冯子材，协调各方力量，是保障战时和战后地方稳定的关键。第四，广东是为数不多督抚同城的省份，加以中法战争时期电报的建设，张之洞能更便捷地掌握广西的信息。战时备战、战后善后、洋务开展，都必须平衡与广东、广西司道，钦差彭玉麟，前两广总督张树声的关系。张之洞督粤时期各项政策的执行，必须处理好这些问题，它们涉及从中央到地方各层的关系。

　　总的说来，将张之洞督粤放在辛酉到甲午政局中，从权力的实际运作角度切入，综合解读从中央到地方各派人际网络，既可推动张之洞人物研究的发展，又可贯通辛酉、甲申、甲午政局，做到知人论世。此外，作为"八大事件"之一的中法战争，研究相对薄弱，张之洞督粤前期正值中法战争，本书也希望能从侧面推进中法战争研究。

二 研究现状与讨论空间

关于张之洞督粤的研究

近百年来，关于张之洞的研究已积累了不少成果，尤其是最近 20 年来，相关论著已不胜枚举。[①] 本书谨就张之洞督粤这一课题，将相关研究从时间脉络上进行梳理，以展现其大体的学术脉络与进展。研究史回顾以著作为主，间及论文，另外一些重要的研究论著，在相关的具体章节中再进行评介。

宣统元年（1909）八月二十一日，张之洞病逝，国内外报刊都对其一生做出评价，但由于立场不同，形成了"罗生门"式的演义。[②]《张文襄公事略》（宣统元年八月上海蒋春记书庄石印本，简称《事略》）是融合各报评论剪裁而成。《事略》第四节为"张文襄督两广"，但由于是各报评论剪裁而成，所以对张之洞在中法战争中的作用评价两歧：一方面称"军事专于彭刚直，南皮在其间，惟调度诸将、筹发饷械而已。天幸法船未犯虎门，亦竟无赫赫功可言"；另一方面称张之洞与彭玉麟共同规划粤中战守，张之洞起用李秉衡、王孝祺、冯子材而获谅山大捷。对张之洞在广东的洋务措施，《事略》加以肯定，但对张之洞在广东开闱姓大为不满，称其"山右禁

---

① 李细珠曾就 1900~2000 年前人对张之洞的研究论著做一索引，具体参见李细珠《张之洞与清末新政研究》，上海书店出版社，2003，第 381~395 页。此外亦可参见任放《近百年张之洞研究述评》，《近代史研究》2003 年第 2 期。

② 各主要报纸的评论可参见桑兵《盖棺定论"论"难定：张之洞之死的舆论反应》，《学术月刊》2007 年第 8 期。

烟，粤东开赌"。这大体体现该书对张之洞"先人而新，后人而旧"的评价标准。[①] 由于当时报刊部分观点和文字被《世载堂杂忆》《花随人圣庵摭忆》等史料笔记接受，后来的学者在进行相关研究时不免受到影响。

学界对张之洞研究的开展，须到 20 世纪 30 年代以后。1917 年，由徐世昌、王树枏等人编撰的《大清畿辅先哲传》成书。1928 年，王树枏在许同莘所编《张文襄公全书》的基础上编成《张文襄公全集》，由北平文华斋印刷出版。同年，《清史稿》亦付刻。许同莘在整理张之洞资料的基础上，编有《张文襄公年谱》，胡钧在许编的基础上亦著有《张文襄公年谱》，二人所编、著的《年谱》为后来学者所运用。[②] 这些资料的出版推动了相关问题的初步研究。王兰荫搜集相关史料，论述了张之洞的富强政策。郑鹤声梳理了张之洞的教育思想及事功。谢恩晖分述张之洞在交通、矿业、工业、金融方面的经济建设。[③] 卡梅伦梳理了包括督粤时期在内的张之洞一生作为官员的事迹，评价"尽管偶尔张之洞是一个机会主义和得过且过者，但在许多方面，在他的官员生涯中，他是一个可敬的中国理念的典型"。[④] 在恒慕义主编的《清代名人传略》中，

---

① 《张文襄公事略》，《清代野史》第 3 卷，巴蜀书社，1998，第 1468~1490 页。

② 许同莘编《张文襄公年谱》，1939 年铅印本，收入北京图书馆编《北京图书馆藏珍本年谱丛刊》第 173~174 册，北京图书馆出版社，1999；胡钧：《张文襄公年谱》，文海出版社，1967。

③ 王兰荫：《张之洞之富强政策》，《师大月刊》（32 周年纪念专刊）1934 年 12 月；郑鹤声：《张之洞氏之教育思想及其事业》，《教育杂志》第 25 卷第 2、3 号，1935 年 2、3 月；谢恩晖：《张香涛之经济建设》，《经济学报》（燕京）第 2 期，1941 年 5 月。

④ Meribeth E. Cameron, "The Public Career of Chang Chih-tung, 1837—1909," *The Pacific Historical Review*, Vol. 7, No. 3, 1933, p. 209.

"张之洞"部分亦由卡梅伦撰写，大体为上文的缩略版。[①] 这些研究都涉及张之洞督粤时期，对张之洞洋务举措按照各自的主题做出分类或论述其督粤时期的重大事件，总体显得粗略，属于初步研究。

到了 20 世纪 60~70 年代，一些论著开始将张之洞放在"从清流派到洋务派"的脉络下进行讨论，认为张之洞督粤时期是其从清流派转向洋务派的重要阶段。这种"从清流派到洋务派"转变的书写方式影响深远，到了 80~90 年代，对张之洞督粤时期的考察仍采用这种叙事模式。只是因时代及个人观点的不同，评价各异。[②] 李国祁的《张之洞的外交政策》是目前所见第一本张之洞研究的专题著作。李国祁认为在中法越南之争时，张之洞的国防外交思想是"守在四夷"，然而这种理论是不切实际的，张之洞只是一个理想主义者。[③] 张秉铎全面评述张之洞的一生。该书讨论了张之洞的家世、学术思想、为官兴革、治绩、建树、贡献、教育理想与实践、诗文、晚年及后世影响。其中第四章为"两广总督任内之治绩"，论述其两广总督任内在中法战争与洋务运动上的建树，以及对涉外事件的处理。[④]

---

① Arthur W. Hummel, ed., *Eminent Chinese of the Ch'ing Period*（*1644—1912*），United States Government Printing Office, 1943.

② 如胡滨《张之洞与洋务运动》，《文史哲》1963 年第 5 期；陈辉《从清流派到洋务派——略谈张之洞对帝国主义态度的变化过程》，《江汉学报》1964 年第 3 期；黎仁凯《略论张之洞从清流派向洋务派的转化》，《河北大学学报》（哲学社会科学版）1983 年第 2 期；冯天瑜《张之洞的道路——从清流党到洋务派》，《江汉论坛》1983 年第 10 期；冯天瑜、何晓明《张之洞从清流派到洋务派的思想转变》，《历史研究》1991 年第 3 期；等等。

③ 李国祁：《张之洞的外交政策》，"中研院"近代史研究所专刊（27），1970。

④ 张秉铎：《张之洞评传》，台北中华书局，1972。

艾尔斯以张之洞的教育成就为线索论述张之洞的一生。艾尔斯指出，在 1885～1898 年，张之洞是洋务运动中的改革者。他的著作《张之洞与中国教育改革》探讨了这一时间段张之洞在广东、湖广、两江关于教育改革的成就，认为"通过崇尚传统，运用儒学，（张之洞）获得太后信任，以及通过主战，他从翰林院脱颖而出，成为中国的高级官僚。当他'违背原则'时，他是两广总督，在中国最先进、最繁荣之一的地方拥有权力，以及享受该处自太平天国起义以后总督的半独立状态。当然，朝廷同样改变了它的观点，最起码临时性的，太后在中法战争后愿意学习西方。这个因素促使张之洞在他作为洋务派改革者这个新角色时获得成功"。[①] 苏云峰探讨了张之洞的教育思想，认为甲午战争前，张之洞的教育思想是双轨的，既有新的一面，又有旧的一面——"那就是传统的书院，以'通经致用'为原则；新设的学堂则以'西主中辅'为原则。广东的广雅书院与水陆师学堂，湖北的两湖书院与自强学堂等，可以分别代表二地的双轨并行体系"。[②] 此外，有专门探讨张之洞督粤时期整体情况的论文。裴士丹通过探讨张之洞在两广时期的责任义务、关注点，以及与省级、中央官员的政治关系，说明作为两广总督的张之洞是一个"省级抵抗惰性上的孤独的中心"，以此反驳晚清"地方主义"的观点。[③]

---

① William Ayers, *Chang Chih-tung and Educational Reform in China*, Harvard University Press, 1971, p. 99.

② 苏云峰：《张之洞与湖北教育改革》，"中研院"近代史研究所专刊（35），1976，第 26 页。

③ Daniel H. Bays, "The Nature of Provincial Authority in Late Ch'ing Times: Chang Chih-tung in Canton, 1884—1889," *Modern Asian Studies*, Vol. 4, No. 4, 1970, p. 326.

80 年代后，张之洞研究有了进一步的发展，具体表现在张之洞传记的大量出现。据不完全统计，以张之洞为题的传记至少有 18 部。此外，关于张之洞的专题著作约 26 部，硕博士学位论文约 112 篇，期刊论文 2000 余篇，公开出版的会议论文集 6 部，论及许多张之洞督粤的具体课题，这些课题包括：（1）张之洞与中法战争；（2）张之洞在两广的洋务举措；（3）张之洞作为两广总督的对外交涉；（4）张之洞督粤时期的其他举措（如开办广雅书院、广雅书局，水灾、匪患治理等）；（5）张之洞幕府的研究。

冯天瑜从思想文化的角度论述张之洞转化历程，以此统摄其行事，认为张之洞督粤时期"进一步从清流党向洋务派转变"，而他两广总督时期办理外交事务，"带有明显的抵御外侮、保护民族利益的倾向"，[①] 实际上延续了 60 年代以后从清流派向洋务派转变的论述主线。在此主线下，冯天瑜叙述了张之洞督粤五年的主要事迹，包括中法战争、洋务运动、外交谋略。该书作为中国大陆第一部较为详细的张之洞传记，影响力较大。相当一部分的研究者接受这种从"清流"到洋务派转变的说法，许多关于张之洞督粤时期事迹的研究，也在冯天瑜论述的主要内容中。谢放虽然认为"一些论著总将清流作为与洋务派不同的一个政治派别来看待，而且将张之洞作为一个从清流转向洋务派的典型代表。其实，清流与洋务派很难说是一个彼此分离、互相对立的政治派别，张之洞虽然后来成为了洋务派的重要领袖，但仍被当时人视为清流"，[②] 但总体论述

---

① 冯天瑜：《张之洞评传》，河南教育出版社，1985。
② 谢放：《中体西用之梦：张之洞传》，四川人民出版社，1995，第 52 页；谢放：《张之洞传》，广东高等教育出版社，2004，第 40 页。

仍不免在此框架当中。其他关于张之洞的诸多传记虽然对张之洞督粤时期的论述内容不一，但就论述框架、研究深度、影响力而言，似未超过以上作品。实际上，作为一个人，其思想必然有复杂性，两广总督张之洞作为一个封疆大吏，他的行为受制于当时的朝局和人际网络，很难仅仅用"清流派""洋务派"的分类或者"爱国者"的标签去理解，研究者需要更全面、细致、客观地去考察相关问题。

关于张之洞督粤事功的专门研究方面，周汉光搜集了有关广雅书院的翔实资料，并著述成书。但其优缺点正如苏云峰所说："（周书）含盖时间甚长，范围甚广，几乎包括张氏生平、世家、思想及全部教育事功，而真正的广雅书院，仅占一小部分。且仅限于资料的汇集与静态的制度叙述，缺乏较深入的分析与批评，也看不到院生的流动、院长的工作与生活、师生间的问学论难等动态的一面。惟此书附录光绪二十三年五月所编《广雅书院同舍录》，共收四六二位院生的资料，至为珍贵。"① 唐上意的《中法战争中的张之洞》是目前所见较早的关于张之洞与中法战争的专门研究。后来其将关于张之洞的相关论文集结成《中法战争与张之洞》一书。该书集中论述了中法战争的时段划分、防务、战事、外交、人物评价，以及张之洞督粤政事。②

张之洞从词臣起步，逐渐成长为"洋务殿军"，对其事功

---

① 周汉光：《张之洞与广雅书院》，中国文化大学出版部，1983；苏云峰：《广雅书院（一八八八——一九〇二）》，《"中央"研究院近代史研究所集刊》第 13 期，1984 年 6 月，第 242 页。

② 唐上意：《中法战争中的张之洞》，《历史研究》1983 年第 5 期；唐上意：《中法战争与张之洞》，暨南大学出版社，2004。

的研究自然重要，但其如何整合自身网络而逐步成长的动态过程，是需要回答的问题。前人关注到张之洞幕府的作用。尹圣柱讨论了张之洞文案委员制的沿革，并思考文案委员制在清末官僚制度转型中的影响。[①] 黎仁凯概述了张之洞幕府，并对张之洞各阶段幕府人员做了统计，介绍了其中的一些重要人物，认为"张之洞督粤五年多的时间内，由于筹备战争和办洋务的需要，不断吸收幕府人员，其幕府成员已有一百数十人，这是其幕府的发展期"。[②] 陆胤则采用"学人圈"而非幕府的概念，从学理、学制、文体三个层面探讨张之洞学人圈吸收近代新经验的"缓冲模式"，在近代学术、文教转型中开辟了一条别样道路。[③] 可以看出，学界多注重张之洞督鄂后广泛运用的文案委员制在晚清制度转型中的地位，对张之洞督粤时期相关人事网络的整合关注较少。

此外，张之洞作为晚清重臣，民国时期的文人都热衷于书写张之洞的事迹，80 年代后出版的关于张之洞的小说、畅销书更是不少。相较而言，高阳（许晏骈）、庄练（苏同炳）二人文史兼长，且熟悉清代的典制与掌故，某些观点具有借鉴意义。[④] 新中国成立后各地编有文史资料，如何看待文史资料，

---

① Seungioo Yoon, *The Formation, Reformation, and Transformation of Zhang Zhidong's Document Commissioners, 1885—1909*, Harvard University Press, 1999；尹圣柱：《张之洞文案委员制在晚清官僚结构改革上的地位及其意义》，陈锋、张笃勤主编《张之洞与武汉早期现代化》，中国社会科学出版社，2003，第 106~114 页。

② 黎仁凯：《张之洞幕府》，中国广播电视出版社，2005，第 30 页。

③ 陆胤：《政教存续与文教转型——近代学术史上的张之洞学人圈》，北京大学出版社，2015。该书第二章即有关张之洞督粤时期与地方传统的对话。

④ 高阳：《同光大老》，华夏出版社，2007；庄练：《中国近代史上的关键人物》，中华书局，1988。

不同学者有不同看法。张达骧为张之洞族孙，且收藏有张之洞致张之万私札，在各种文史资料上曾写有数文，亦曾为历史学者所引信，但其只是张之洞远房族孙，且不同里不同村，许多事情只是耳闻，有些说法有待考订。①

　　最近二十多年来（尤其是最近十多年来），关于张之洞的新资料不断涌现。置零散出现的材料不论，集中出版的资料有苑书义等人主编的《张之洞全集》、全国图书馆文献缩微复制中心所编的《张文襄公（未刊）电稿》、赵德馨等人主编的《张之洞全集》、桑兵主编的《清代稿钞本》所收的《张文襄公电稿》《张文襄公督粤收接电稿》《张之洞书札手迹》②、虞和平主编的《近代史所藏清代名人稿本抄本》第 2 辑《张之洞档》等。学界利用新材料，结合旧材料，推动了张之洞研究的发展，不少研究颇有创新性。李细珠以中国社科院近代史所藏张之洞档案为主要依据，③ 考察了张之洞在清末新政中的参与过程，包括"江楚会奏变法三折"的起草以及学制、经济体制、军事制度、法制、狱政改革、预备立宪等诸多方面，揭示张之洞思想与活动的超越性与局限性。④ 吴剑杰在参编武

<hr>

① 　张达骧：《张之洞生平述闻》《张之洞轶事》，武汉文史资料委员会编《武汉文史资料》1986 年第 1 辑；张达骧：《南皮张氏兄弟事迹述闻》，天津文史资料委员会编《天津文史资料选辑》第 35 辑，1986；张达骧：《南皮张氏遗事见闻录》，武汉文史资料委员会编《武汉文史资料》1989年第 1 辑；张达骧、李石孙：《张之洞事迹述闻》，全国文史资料委员会编《文史资料选辑》总第 99 辑，中国文史出版社，2000。

② 　《张之洞书札手迹》实非张之洞书札，撰人为山东巡抚张汝梅，具体可参见刘正刚、张启龙《中山图书馆"张之洞书札手迹"考辨》，《文献》2015 年第 5 期。

③ 　该所之档案现已均并入中国历史研究院图书档案馆。

④ 　李细珠：《张之洞与清末新政研究》，上海书店出版社，2003。

汉版《张之洞全集》的过程中，编著了《张之洞年谱长编》，著有论文集《张之洞散论》。① 茅海建以张之洞档案为主要材料，探讨戊戌变法史实结构中康梁之外的另一个维度，涉及张之洞与杨锐、陈宝箴、《时务报》及《昌言报》的关系，以及戊戌政变前后史事等诸多问题。② 这些研究集中在张之洞督鄂和新政时期，对张之洞督粤时期研究较少。近年来《赵凤昌藏札》出版，赵凤昌作为张之洞督粤时期的重要幕僚、督鄂时期的"坐沪"，参与不少机密之事。李志茗集中利用《赵凤昌藏札》写有一些论著，里面的相关问题值得关注。③

百年来张之洞研究已积累了不少成果，如何先因后创，是后辈学者面临的难题。虽然张之洞研究的起点很高，但仍有相当多的问题值得进一步探讨，就本书而言，主要存在以下几个问题。

第一，相比张之洞督鄂和新政时期，张之洞督粤时期研究仍属粗略。张之洞督鄂19年（算上署理两江总督时期），随着中兴名臣的相继去世，庚子后张之洞的地位已经相当瞩目。且张之洞督鄂后，经历有戊戌变法、庚子事变、清末新政，这些重要研究领域的开拓，也推动了关于张之洞督鄂和新政时期的研究。相较而言，张之洞督粤只有短短6年（算上署理时间），且除了相当短的时期经历中法战争外，其他时期国内外局势相对平和，加之中法战争研究的不充分，张之洞督粤时期

---

① 吴剑杰编著《张之洞年谱长编》，上海交通大学出版社，2009；吴剑杰：《张之洞散论》，湖北人民出版社，2017。

② 茅海建：《戊戌变法的另面——〈张之洞档案〉阅读笔记》，上海古籍出版社，2014。

③ 李志茗：《幕僚与事变——〈赵凤昌藏札〉整理研究初编》，上海人民出版社，2017；李志茗：《赵凤昌评传》，上海古籍出版社，2019。

往往被研究者作为张之洞督鄂时期的背景加以介绍。虽然张之洞督粤研究也有不少成果，但在材料上、观点上没有太大突破，缺乏总体、客观的研究。

第二，关于张之洞思想及近代化成就讨论过多，缺少历史事实维度的思考。张之洞督粤时期往往被看作张之洞从"清流"到洋务派转变的关键时期，20世纪80年代后由于近代化理论的火热，许多论著热衷于结合"近代化"去分析张之洞督粤时期的洋务举动。不容置疑的是，在这些框架下，前人做出了许多创设性的工作，但历史作为一个整体、张之洞作为一个完整的个人，强行抽出某些内容，以后来之观念（如经济、政治、法律、教育等）划分，不免有割裂历史之感。应在一个历史事实的维度上，从政局、人物关系方面出发，重新思考张之洞督粤时期的相关举措。

第三，重复性的研究较多。过去的几十年，由于信息传递不发达，许多研究不免有重复的地方（当然，仍有开创之功）。张之洞督粤时期的举措，需要深挖、开拓的地方不少。

关于晚清督抚权力的研究

体国经野、设官分职是皇朝治理的重要理念和统治基础。有清一代，总督号称"掌厘治军民，综制文武，察举官吏，修饬封疆"，巡抚则"掌宣布德意，抚安齐民，修明政刑，兴革利弊，考核群吏，会总督以诏废置"，① 督抚是皇朝大小相维的重要一环。然而在权力的实际运作中，尤其在晚清的大变局中，面临许多问题。

---

① 赵尔巽等：《清史稿》，中华书局，1977，第3336页。

　　傅宗懋和朱沛莲对清代督抚制度做了系统性研究，涉及清代督抚的建置、督抚与中央各部关系、督抚群体等方面。[1] 傅宗懋认为"（晚清）地方督抚集兵、财、刑、外交诸权于一身，平添封建割据之观念"。

　　1937 年，罗尔纲在《清季兵为将有的起源》一文中提出："至于咸同后，国家制兵已形同虚设，中央没有强固的兵权，财政权又落于将帅之手，而为将帅者复多膺任疆寄，与民事，于是将帅遂得各私其军以造成这个兵为将有、外重内轻以致分崩割据的局面。"[2] 其后相继出版《湘军新志》《绿营兵志》《晚清兵制》，基本明确了清代军制的发展样态、制度模式、勇营"兵为将有"及相应而形成的督抚专权的论述模式。[3] 罗尔纲的论述模式影响深远，后来的许多论著不脱"内轻外重"的基本观点。西方学者则采取"区域主义"的路径，阐释太平天国时期勇营的发展与中国社会、经济、政治结构转变的关系。梅谷指出："太平军起事期间，各省的财政、政治和军事职能，大部分被新军领袖拿了过去。大动乱之后，帝国政府再也夺不回对这些主要事务的控制。结果就使从军成为比以前更加有效的'取得权势'的手段。新制度还破坏了朝廷用以维持权力集中的那个互相牵制的传统政策。代替它的是许多依靠地方财源的地方军队。朝廷知道这一制度危险在日渐加剧，但是，为了防止它的发展所做的努力，都失败了。总督和巡抚不仅自己

---

①　傅宗懋：《清代督抚制度》，台北政治大学政治研究丛刊第 4 种，1963；朱沛莲：《清代之总督与巡抚》，台北文行出版，1987。

②　罗尔纲：《清季兵为将有的起源》，《中国社会经济史集刊》第 5 卷第 2 期，1937 年 6 月。

③　罗尔纲：《湘军新志》，商务印书馆，1939；罗尔纲：《绿营兵志》，商务印书馆，1945；罗尔纲：《晚清兵志》，中华书局，1997。

选择军官，也取得了控制全省其他文官的权力。"①

　　罗尔纲关于晚清督抚专政、"内轻外重"的论述以及梅谷的"区域主义"观点有广泛的影响，然而学界对此亦有不同的意见。王尔敏从乡土地方、淮军本身、李鸿章个人三个方面对地方分权的说法提出商榷，但并未进行更充分的探讨。② 刘广京明确对"督抚专政""内轻外重""区域主义"观点进行商榷，从督抚的军权、财权、人事任免方面分析，并不认为督抚能够专权割据，一针见血地指出："晚清一般之督抚绝非野心勃勃之半军阀，有心专权与自治。无论其志向在于造福生民，抑仅在于维持个人权位，总须一方面与勇营统领营官合作，以求地方安谧，另一方面设法尽可能整顿厘金杂税，以应付朝廷之摊派。"③ 刘伟探讨晚清的督抚群体，从动态变化和运作中寻求督抚制度的变迁，并进一步探讨中央和地方关系，认为"晚清督抚制度的变化虽然打破了原有的与中央各部间的上下统辖关系，使'内外相维'、'大小相制'的中央集权体制有所松动，但是就整体而言，督抚制度的运作都还没有滑出中央集权体制之外"，呼应了刘广京的相关观点。④ 邱涛则从清廷的角度，探讨清廷利用原有体制对湘、淮集团的遏制。他认为清廷逐步形成以"众建督抚而分其力"政策为主的分化政策，并与牵制、挤压和强力压制等政策结合起来，采取一

<hr>

① Franz Michael, "Military Organization and Power Structure of China during the Taiping Rebellion," *Pacific Historical Review*, Vol. 18, No. 4, 1949, pp. 469 – 483.

② 王尔敏：《淮军志》，中国学术著作奖助委员会，1967。

③ 刘广京：《晚清督抚权力问题商榷》，《清华学报》新 10 卷第 2 期，1974 年。

④ 刘伟：《晚清督抚政治——中央与地方关系研究》，湖北教育出版社，2003。

整套反制的措施，使自己逐步稳住局势并最终镇压太平天国起义、捻军起义，重新稳固满洲贵族的统治；内部则逐步调控与湘、淮系为主的地方实力集团的关系，并抑制该集团势力的膨胀，避免了所谓"太阿倒持"局面的出现。之后，他下移研究时段，进一步补充其观点。[①]

针对学界"内轻外重"的观点，李细珠通过研究清末新政时期地方督抚的权力变化，提出"内外皆轻"的权力格局，认为"在清末庚子至辛亥期间，随着新政尤其是预备立宪的开展，清政府不断加强中央集权措施，地方督抚的权力被收束而日益变小，其干政的影响力也有一个逐渐减弱的趋势。但与此同时，清政府中央集权的实际效力却并不显著，反而随着统治集团内部矛盾的激化而有削弱之势"。[②]

在梳理前人对晚清督抚权力的研究时，可以发现，有几个问题值得进一步讨论和深化。

第一，以往对晚清督抚权力的研究，侧重于在中央与地方的关系中讨论，而缺乏对督抚在省一级自身权力运作的讨论。督抚虽是名义上地方最高的军政长官，但是在自身的权力实际运行中，面临着复杂的人事关系。这些关系，既包括与君主、中央各部的关系，也包括与地方的官僚、士绅等的关系，许多决策不得不从实际的情况出发。因而对于晚清督抚权力的探讨，必须"目光向下"。

[①] 邱涛：《咸同年间清廷与湘淮集团权力格局之变迁》，北京师范大学出版社，2010；邱涛：《同光年间湘淮分野与晚清权力格局变迁（1862~1895)》，社会科学文献出版社，2018。

[②] 李细珠：《地方督抚与清末新政——晚清权力格局再研究》，社会科学文献出版社，2012。

第二，缺乏具体的省级个案研究。学界对于个案研究的批评，主要认为只见树木不见森林，然而，不同的区域表现出的特性不一。就两广总督而言，其号为"南天柱石"，面临的地方关系网与其他地方督抚不同。首先，两广总督既是兼圻，又是为数不多的督抚同城之官。其次，与湘、淮军驻扎的省份不同，广东存在着强势的地方勇营，是"非湘非淮"的地区。再次，广东是晚清对外交涉的前沿。最后，洪兵起义后，广东士绅因组织保甲团练，存在"地方军事化"的倾向，士绅势力较强大。因此，两广总督的权力结构必然与他省不同。目前对两广总督的个案研究（如叶名琛、刘坤一、张之洞、张树声等），深浅程度不一，但主要是讨论事功而非地方权力结构。

三　本书章节安排

从既往对张之洞的研究看，除了"文革"时期把张之洞当作尊孔卖国的典型进行批判外，学界对督粤时期的张之洞，虽不乏有一些具体的批评，但总体评价较高。然而受到"清流到洋务派转变"认知框架的影响，研究者主要把督粤时期的张之洞看作洋务派、爱国者，从这个角度进行立论。实际上，如果从一个行省大员的权力实际运作角度思考，更应该关注张之洞与中央、广东官绅、省级大员、洋人的关系，从政局变动、派系力量消长、地方权力结构中，把握和理解督粤时期的张之洞。除绪论和结语外，本书按主题分为六章，具体如下。

第一章探讨光绪初年张之洞的崛起及其离晋督粤的原因。现有研究一般将抚晋前的张之洞视为"清流"，然而与倭仁、李鸿藻等理学名家不同，光绪初年的张之洞有"清流"的声誉和人际交往，实则以洋务鸣世。在南北政争、湘淮之争的大背景下，张之洞主动交结北派领袖李鸿藻、洋务领袖李鸿章，在中俄伊犁交涉、中日琉球交涉中表现抢眼，外放山西巡抚。在山西巡抚任上，张之洞举行新政，并建立起新的人事关系和情报系统，逐步独当一面。自光绪八年（1882）底始，张之洞以中法越南交涉为契机，主动谋求外调离晋。清军北宁之败后，朝局激变。为应对战事，加以张之洞屡次表达对中法越南交涉的意见，清廷命张之洞调署两广总督。

第二章、第三章为张之洞与中法战争部分。中法战争是张之洞督粤时期经历的重要事件。第二章和第三章主要梳理钩稽中法战争期间张之洞联络、指示之具体人员，对张之洞中法战时之举措做细化补充。其中第二章侧重于饷械之筹集，第三章侧重于情报获取、交流与决策。张之洞督粤后通过联络各方人员，并札派委员执行其意愿，进行情报搜集、饷械筹运，终以镇南关大捷扭转了整个中法战争的局势。对张之洞仕途而言，其积极援助闽、台、越，获得醇王奕譞和军机处的赞许，为自己赢得了一定的政治退路，摆脱了马江战后不利的政治处境。

第四章阐述张之洞在粤开展自强举措之财政困局，涉及朝廷、户部和地方官绅态度。张之洞以中法战争为契机，在广东吸收地方的洋务人才，施行自强措施。中法战后，朝野出现了自强风气的转向，进一步激励了张之洞施行自强举措的想法，由此他在广东全面铺展自强措施。张之洞在广东大举兴办自强举措开销巨大，引发广东官绅以及户部尚书翁同龢的不满，因得军机大臣阎敬铭和醇王奕譞的支持，张之洞在广东的自强举措尚能勉力支持。慈禧归政前后，清廷财政状况发生变化，加之时局的变动，张之洞的自强处境愈发艰难。

第五章利用张之洞与总署关于对外交涉事件的往来电报、函咨，通过主要的中外交涉案例，探析张之洞与总署关系的演变。两广地区是环南海地区的交涉前沿，中法战争期间，张之洞基于联结强援、以夷制夷的策略，与英、德、美等国维持友好关系，虽与总署时有意见分歧，但对外理念基本一致。战后中外围绕通商、勘界、贸易等问题发生摩擦，加之张之洞"排外"的性格，其与在粤洋人矛盾逐步积累。当洋人在广东交涉不顺时，往往将中外交涉案件提至总署交涉，因交涉理念、处理方式的不同，总署对张之洞渐生不满，而张之洞亦时常面临来自总理衙门的压力，在广州的后期甚至感到总理衙门的掣肘。

第六章探讨在朝廷体制设置理念和中法战后善后背景下，张之洞与彭玉麟、张树声，以及历任广东两司、广东水陆提督、广州将军、粤海关监督的关系演变，并论述张之洞在粤之主要兴革和施政困境。因张之洞治粤屡与户部、总署、两广省级大员、洋人、广东士绅产生矛盾，清廷早有将张之洞调离广东之意。光绪十四、十五年间，朝野上下围绕津通铁路的修建发生论争，张之洞提议停修津通铁路，改建芦汉铁路。最终在醇王奕譞的力主下，清廷以筹办芦汉铁路为由，将张之洞调任湖广总督。

四　材料的搜集与利用

张之洞为晚清重臣与学林领袖，其去世后门生故吏编纂有文集与年谱，成为张之洞研究的基础史料。近年来，新史料、数据库不断出现，这些新史料为理解旧史料提供了条件，但由于关于张之洞的材料十分庞杂，版本很多，各版本的史料价值不尽相同，如何辨析、选择、利用新旧史料，以及处理好新旧史料的关系，避免以"新""奇"材料掩盖常见史料的价值，是需要谨慎考虑的。本书参考和使用的材料主要如下。

（一）张之洞的个人著述和档案。1909 年张之洞于京师白米斜街寓所病故，是年冬归葬于南皮。张之洞归葬不久，其子张权（字君立）、幕僚梁鼎芬（字节庵）发起编辑张之洞文稿工作，在京师地安门内设广雅书局，邀请许同莘（字溯伊）、王孝绳（字司直）等故吏进行整理，"清流"故交陈宝琛（号弢庵）为顾问。其后书局裁撤，又恰逢辛亥鼎革，人员离散，编辑整理工作唯余许同莘承担。许同莘一面整理张之洞遗稿，一面在枢垣史馆、京曹省署、私家记录、坊刻残丛中多所转抄，历时十年七个月，终成奏议、公牍、电牍、书札、骈体文、散体文、杂著、金石文诸文稿。因担心事变未已，人事不可测，故将全稿交给张权。许同莘拟将文稿编为《张文襄公全书》，计八种一百五十八卷，因奏议、公牍、书札、电稿卷帙浩繁，录副不易，张权父子决定先将此四种以聚珍版印行。① 《张文襄公电稿》六十六卷（1918）、《张文襄公奏稿》五十卷（1920）、《张文襄公公牍稿》二十八卷（1920）、《张文襄公函稿》七卷（1920）相继铅印刊行，合称"张文襄公

① 许同莘：《〈编辑〉〈张文襄公全集〔书〕〉叙例》，中国历史研究院图书档案馆藏，许同莘档，甲 622-3，第 1、2、20 页。按：王树枏所编《张文襄公全集》亦将许同莘之《叙例》收入，但行文有所出入，故以许同莘档为准。以下未注明来源之档案，皆为中国历史研究院图书档案馆藏（原藏于中国社会科学院近代史研究所档案馆）。另，当年档案整理时，将"全书"题为"全集"，该书出版时卷次亦有变化（变为一百六十三卷）。

四稿"。其后《广雅堂骈体文》二卷（1921）、《广雅堂散体文》二卷（1921）、《广雅堂杂著》四卷（1922）由南皮张氏雕版刊行，并称"广雅堂集"。直到1933年，《张文襄公全书》最后一种《广雅堂金石文》四卷刊行。1928年，王树枏在许同莘工作的基础上进行增删，编成《张文襄公全集》，交由北平文华斋雕版刻印。1937年，甘鹏云利用王树枏编印《张文襄公全集》书版，加以修补、校勘，删去认为伪造的《家书》一卷，附录《张文襄公全集校勘记》，印行了楚学精庐版《张文襄公全集》。① 现学界使用较多的文海出版社影印的《张文襄公全集》即楚学精庐版。1998年，苑书义等人在北平文华斋本的基础上进行增补，编校成《张之洞全集》12册（河北版）。2008年，赵德馨等人亦利用北平文华斋本，结合苑书义等人的工作，编校出版《张之洞全集》12册（武汉版）。

　　《张文襄公全集》《张之洞全集》的版本和流传相对清晰，其他关于张之洞的材料来源则相对复杂。中国历史研究院图书档案馆藏有张之洞档案。该档案大部分是20世纪50年代由张之洞曾孙张遵骝赠送，一部分由近代史所历年购置，里面材料情况非常复杂，既有上文所说许同莘交付的《张文襄公全书》原稿，也有张之洞的亲笔书信、张之洞书信抄件、下属禀文、同级或上级咨文、移文、札文，以及廷寄、奏稿原件与抄件等。2014年，虞和平主编的《近代史所藏清代名人稿本抄本》第二辑将其中的张之洞电稿甲编、乙编、丙编，及其他近代史

---

① 　关于许同莘及《张文襄公全书》编纂的具体过程可参见秦进才《张之洞全集的整理历程》，《文史精华》1999年第1期；戴海斌《张之洞电稿的编纂与流传——以许同莘辑〈庚辛史料〉为中心》，《中国出版史研究》2019年第2期。

所搜集的一部分电稿、奏稿正本、抄本的大部分影印出版，但仍有大量的公牍、信件等待发掘利用。这些电稿前有手写的卷数和考订的时间，对比中国历史研究院图书档案馆藏许同莘与赵凤昌的往来信件，应为许同莘的笔迹。[①] 许同莘在《（编辑）〈张文襄公全集〔书〕〉叙例》中言"虑世变之未已，而人事之不可测也，归全稿于京卿"，[②] 可知这些大部分是许同莘交与张之洞后人的《张文襄公全书》电稿部分。2010 年，桑兵主编的《清代稿钞本》三编中收录了中山大学图书馆、广东省立中山图书馆藏的《张文襄公电稿》《张文襄公督粤收接电稿》，这些电稿全为张之洞督粤时期电稿，前有明显的编辑字样。[③] 对比张之洞档案中的电稿部分，《清代稿钞本》三编所收的电稿未分甲、乙、丙编，而是按时间顺序连贯排列，且部分电稿中出现张之洞档案电稿里面被删除的部分。举个例子，以下是《清代稿钞本》三编、《近代史所藏清代名人稿本抄本》第二辑、文海版《张文襄公全集》中同一封电稿（光绪十年九月初七日致龙州潘抚台），下画线部分为删除部分：

> 卅、江电悉。<u>杨病深为焦虑。</u>敌悍器精，我军日胜日

---

① 如甲编张之洞致总署电（光绪十年闰五月三十日条）前有"张文襄公电稿卷一。起光绪十年闰五月三十日，讫光绪十年十二月三十日"字样。见虞和平主编《近代史所藏清代名人稿本抄本》第 2 辑第 5 册，大象出版社，2014，第 187 页。

② 许同莘：《（编辑）〈张文襄公全集〔书〕〉叙例》，许同莘档，甲 622-3，第 20 页。

③ 如张之洞致总署、北洋李中堂等人电（光绪十一年四月初一日条）前有"《张文襄公电稿》卷四。起光绪十一年四月初一日，讫七月二十五日"字样。见桑兵主编《清代稿钞本》三编第 131 册，广东人民出版社，2010，第 6 页。

伤，持久难继。闻关外散勇嗜利，愿包打某处，成功领赏，盍悬重赏，姑妄用之。此辈胜则前驱，败亦不惜，请酌。振帅疟后忽大病，痰盛气结，连日动风发狂谵语，**甚危。并闻。**译西报廿日桂军伤其副提尼记拉足甚重，前云赴东京之兵船三洛改赴鸡笼，英力助法，无渡兵援台事。尊处江电本日申刻始由龙局发，何迟如此，请查究行营到龙若干里，急递几时可达。洞。鱼。①

卅、江电悉。杨病深为焦虑。敌悍器精，我军日胜日伤，持久难继。闻关外散勇嗜利，愿包打某处，成功领赏，盍悬重赏，姑妄用之。此辈胜则前驱，败亦不惜，请酌。西报廿日桂军伤其副提尼记拉足甚重，前云赴东京之兵船三洛改赴鸡笼，英力助法，无渡兵援台事。洞。鱼。②

卅、江电悉。敌悍器精，我军日胜日伤，持久难继。闻关外散勇嗜利，愿包打某处，成功领赏，盍悬重赏，姑妄用之。此辈胜则前驱，败亦不惜，请酌。西报廿日桂军伤其副提尼记拉足甚重，前云赴东京之兵船三洛改赴鸡笼，英力助法，无渡兵援台事。鱼。③

① 《致龙州潘抚台》（光绪十年九月初七日），《清代稿钞本》三编第130册，第35~36页。
② 《致龙州潘抚台》（光绪十年九月初七日），《近代史所藏清代名人稿本抄本》第2辑第5册，第294~295页。
③ 《致龙州潘抚台》（光绪十年九月初七日），王树枏编《张文襄公（之洞）全集》，文海出版社，1970，第8795页。《全集》根据"鱼"目改为九月初六日发。

由此可知，《清代稿钞本》三编中的张之洞电稿应该是较早编辑的版本，《近代史所藏清代名人稿本抄本》第二辑电稿为再次编辑的版本，《张文襄公全集·电稿》（《张之洞全集》）为又次编辑的版本。《张文襄公全集·电稿》删除了很多细节，并将日期改为与韵目一致。许同莘、王树枏各自删改的意图不明，也许是觉得不重要，但这提示研究者要重视各版本的差异，不同版本也给研究者提供了不同细节。

2005 年，国家图书馆影印出版了馆藏的张之洞档案，取名《张文襄公（未刊）电稿》，共 40 册，大部分为张之洞督粤时期的电稿。电稿为抄件，亦未分甲、乙、丙编，应该是编辑《张文襄公全集》之余抄写，里面收录了下属禀文、信件，张之洞对翻译的外国报刊的批语，因此亦有相当大的史料价值。

除了电稿外，广州图书馆主编《张之洞致张佩纶未刊书札》收录了光绪六年、七年张之洞致张佩纶的手书，对研究其早年人际交往有帮助。

（二）档案、官书、资料汇编。台北故宫博物院和中国第一历史档案馆所藏的宫中档，军机处录副档、随手档、上谕档及官方编著的文书，是了解时局的最基本材料。已出版可用于研究本课题的档案集和官书有：《光绪宣统两朝上谕档》《光绪朝朱批奏折》《清代军机处电报档汇编》《清代官员履历档案全编》《清代军机处随手登记档》《宫中档光绪朝奏折》《清实录》《光绪朝东华录》《清史稿》《清史列传》等。中国历史研究院图书档案馆藏的其他档案，有些亦与张之洞督粤时期相关，需要进一步发掘。

中法战争是张之洞督粤时期的一个重要阶段，《中国近代史资料丛刊》及其续编中的《中法战争》是研究中法战争的基础史料。《中法战争》中收录的外文材料，亦可与中文史料进行比对，这对研究中法战争中的张之洞大有帮助。此外，丛刊里面的《洋务运动》，对研究张之洞督粤时期的洋务举措亦有帮助。

广东作为华洋交杂的地方，张之洞督粤时期的地方对外交涉亦是重要内容。除了《清季外交史料》《中外旧约章汇编》等，还可以利用其他档案文献对一些问题进行研究。

（三）文集、日记、年谱、书信。与张之洞密切相关的人员的文集、日记、年谱、书信对研究张之洞的人物关系及相关事件有重要作用。张之洞在光绪初年关系最为密切者是所谓的"清流交际"。相关材料有《李鸿藻年谱》《涧于集》《张佩纶日记》《张佩纶家藏信札》《陈宝琛年谱》《愙斋自订年谱》等。实际上所谓的"清流"与"浊流"并非对立的两面，李鸿章在光绪初年便与张之洞建立一定的联系，对张之洞抚晋、督粤时期的一些事务有所帮助，联系张之洞档案与《李鸿章全集》中的一些内容，对事件和政局的了解可能更加全面。

作为两广总督，张之洞处理与地方大员、官绅的关系贯彻于整个督粤时期。《张靖达公奏议》《彭玉麟集》《冯子材集》《岑襄勤公遗集》《岑襄勤公年谱》《请缨日记》《刘永福历史草》等对了解整个中法战争面向有所帮助。《清芬阁集》《照轩公牍拾遗》《不谦斋漫存》以及中国历史研究院图书档案馆藏的"张树声档"等涉及基层治理与海南岛开发，是了解张之洞督粤时期基层管控的重要材料。《邓承修勘界日记》《李兴锐日记》《交辀随笔》则记录了相关勘界活动以及张之洞在其中所扮演的角色。《张荫桓日记》则记录了有关张之洞与中美华工的相关问题。

值得注意的是，清廷对张之洞督粤举措的态度，影响着相关事态的发展。《翁同龢日记》及《近代史所藏清代名人稿本抄本》第一辑所收阎敬铭、奕譞、翁同龢等人的材料中均有反映。

赵凤昌作为张之洞督粤和督鄂时期的重要幕僚，参与许多核心事件，时人有"两湖总督张之洞，一品夫人赵凤昌"的戏谑对联。① 国家图书馆善本部所编的《赵凤昌藏札》，里面有不少信件内容属于张之洞督粤时期，亦涉及不少重要人物，其价值仍需要进一步发掘。

（四）报刊。报刊是研究晚清史的重要材料，虽然不同的报刊因主办方立场不同，里面内容呈现出来的面向亦不一，但却是了解时局与地方情况的重要材料。《申报》是当时的大报，时间连贯性强，当时包括张之洞在内的地方、中央大员都阅读《申报》，因此里面反映的内容也是官员所知悉的，可以大体反映当时舆论情况。《循环日报》、《南华早报》（*South China Morning Post*）、《士蔑西报》（*The Hong Kong Telegraph*）在香港主办，离省城较近，里面有许多当时地方情况的见闻，《循环日报》甚至是张之洞在广东阅读的报纸之一。《北华捷报》（*The North-China Herald*）是英国人所办的报纸，对中国的政局和事件多有关注，里面关于张之洞督粤时期的材料亦不少，且反映了外方视角。除此之外，国家图书馆所编《张文襄公（未刊）电稿》收录了不少译报，部分附有张之洞的批语，弥足珍贵。

---

① 胡思敬：《国闻备乘》，上海书店出版社，1997，第98页。

（五）笔记史料及文史资料。笔记史料比起其他史料来，往往比较生动，所言事情亦更加隐晦，但由于日后追忆和立场的不同，里面的许多事情虚实难辨，需要通过其他材料进行考辨，如刘禺生的《世载堂杂忆》、刘体仁的《异辞录》、文廷式的《知过轩随笔》等均是如此。不过值得说明的是，文廷式当时在张树声幕府，有可能反映当时张树声及其幕僚对张之洞等人的某些态度。黄濬、徐凌霄和徐一士是民国时期的掌故大家，且与晚清遗老多有接触，如黄濬与赵凤昌及其子赵尊岳过从甚密，因此，黄濬所写的《花随人圣庵摭忆》、徐凌霄和徐一士所写的《凌霄一士随笔》，里面关于张之洞的一些看法有借鉴之处。许同莘在编《张文襄公全书》《张文襄公年谱》时获得不少资料，与赵凤昌也多有交流。赵凤昌曾写信给许同莘，论及《张文襄公年谱》时道："谱外另撰笔记，可搜罗遗闻，当追忆以供采择，但望不提出自不佞耳。"① 因此二人的笔记参考价值较高。赵凤昌的文字以"惜阴堂笔记"栏目连载于《人文》月刊，许同莘的文字则以"旧馆缀遗"栏目偶尔刊于《河北》月刊。

---

① 《赵凤昌致许同莘》（十月十八日），《许同莘存札》，许同莘档，甲 622-4。

第一章　光绪初年政争与张之洞的崛起

同治二年（1863）四月，26 岁的张之洞中殿试第三名探花，五月初八日引见，授翰林院编修，开启其扬历中外四十余年的仕宦生涯。张之洞在晚清政坛的崛起，与其在光绪年间建构的人际关系网密不可分。光绪初年"清流"的崛起，是张之洞仕途的关键，其后张之洞外放地方大员，大兴洋务。基于这种变化，学界一般认为张之洞存在从"清流"向"洋务"的转向。[①] 然而在此论述模式下，许多复杂的政情与人事勾连往往会被遮蔽。前人已指出，所谓的"清流"不过是门面之说，并在具体事件上，论证了"清流"与"洋务"人员间存在合作关系。[②]

---

① 其中最有代表性的论著为冯天瑜的《张之洞评传》。另见谢放《中体西用之梦：张之洞传》，第 52 页；《张之洞传》，第 40 页。

② 易惠莉考察了光绪六、七年间李鸿章与刘坤一间的湘、淮之争，呈现当时的钳制之术（易惠莉：《光绪六、七年的晚清中国政坛——以刘坤一与李鸿章之争为中心的考察》，《近代中国》第 18 辑，上海社会科学院出版社，2008，第 38~79 页），已关注到在刘、李二氏冲突中李鸿章与"清流党"的合作。陆胤认为"清流""洋务"不过是对外门面语，"奏章之间的前后唱和将言论不断推向极端，却未必符合各自治学、处事的本来主张"，但缺乏进一步的实证（陆胤：《政教存续与文教转型——近代学术史上的张之洞学人圈》，第 51 页）。戴海斌探讨张之洞与李鸿章的早期交往，认为洋务与清流并非疆界分明，然而终究"各有门面"（戴海斌：《清流、洋务"各有门面"？——以李鸿章与张之洞早期交往为线索》，《史林》2021 年第 1 期）。

本章着重使用、解读中国历史研究院图书档案馆藏张之洞未刊书札（甲 182-371 档）①，结合光绪初年南北政争、湘淮矛盾、边疆危机等政情，探讨张之洞在其时构筑的人事关系网，力图突破"从清流向洋务转变"的叙述模式。

一 同光政情与张之洞的人际交往

辛酉政变后，出于政治立场和施政理念的不同，清初以降隐而不现的南士和北士间的裂隙逐渐加深，因地域而形成的南北派系浮现。同治四年、六年，内阁学士李鸿藻、礼部右侍郎沈桂芬先后进入军机处学习行走。李鸿藻，字兰荪，号石孙、砚斋，直隶高阳人，同治帝师傅。沈桂芬，字经笙，本籍江苏吴江。② 二人的相继入值开启了所谓的"南北政争"。③

李鸿藻与张之洞的堂兄张之万有旧交，因地域和旧交的关系，张之洞自然在南北政争中有所倾向。此外，李鸿藻、沈桂

---

① 张之洞早年间（尤其是光绪八年前）的材料，除诗文外相对缺乏，而在所谓的"清流"交往中，张之洞与张佩纶关系密切且订有私交，许多事皆有合谋。武汉版《张之洞全集》从《花随人圣庵摭忆》中辑录了张之洞光绪初年致张佩纶的书信。这些书信并无具体时间，且内容做了大量删节、剪裁。据黄濬称，这些书信是许同莘"从丰润家（按：张佩纶）转辑出者较多"（《张南皮集外书札节录》，黄濬：《花随人圣庵摭忆》，中华书局，2013，第447页）。实际上这些文字最早刊布于许同莘《河北》月刊1936年第4卷第1期"旧馆缀遗"的专栏中。甲182-371档存有大量张之洞致张佩纶书信抄件（少量为张之洞致李鸿藻书信抄件），对比《花随人圣庵摭忆》中的书信，抄件大多有月日时间且内容未被删节，数量亦远超后者，可知此档或为许同莘当年据张佩纶家藏张之洞手札所抄辑之件。
② 赵尔巽等：《清史稿》，第12365~12366页。
③ 关于南北政争可参见林文仁《南北之争与晚清政局》，中国社会科学出版社，2005。

芬二人处理"洋务"观念的差异，亦是张之洞等人对南、北派系离趋的重要因素。有谓"北士以儒学正宗自视，标榜气节，南士重经世致用，强调务实，此右李、沈二人表现于参政风格上，差异殊显"。① 虽不免笼统其事，但在处理天津教案上，显见二人的区别。同治九年五月，因其时天津屡有人口失踪案，天津百姓怀疑法国育婴堂以幼童炼药，遂聚集于法国天主教堂前抗议。法国驻天津领事丰大业（Henri Victor Fonta-nie）持枪打伤到场的天津知府刘杰随员，引发群众愤慨。天津百姓砸毁育婴堂，焚毁海望楼教堂，并劫掠法国领事馆，殴毙包括丰大业在内的数十名洋人和中国教士。教案发生后，李鸿藻主强硬，沈桂芬等人则主转圜。翁同龢在日记中言："兰孙以津事与宝（鋆）、沈（桂芬）两公争于上前，兰孙谓贾瑚言是，宜有明诏督责；宝、沈皆不以为然。上是李某言，故仍有明发。宝又云津民无端杀法国人，直是借端抢掠。李又力争。"② 在日后的中俄伊犁交涉中，张之洞表达了对沈桂芬等南士对外软弱的不满，谓：

> 总之，吴江（按：沈桂芬）昏谬私曲，既无公事之法，又不实修战备、调将帅，筹备将帅军火、筹借饷，百方阻止，惟其心必欲使大局败坏而后已，辅之以嘉定、常熟，祸不可言，事不可为矣。③

① 林文仁：《派系分合与晚清政治——以"帝后党争"为中心的探讨》，中国社会科学出版社，2005，第 36~37 页。
② 陈义杰整理《翁同龢日记》第 2 册，中华书局，1989，第 782 页。
③ 李宗侗、刘凤翰：《李鸿藻年谱》，中华书局，2014，第 243 页。标点略作修改。

　　张之洞与李鸿藻具体相交于何时不能确定，但可以确定同治初年二人已有交往。张之洞在同治元年（1862）、二年皆进京参加会试，也许曾拜见李鸿藻，但目前所见张之洞与李鸿藻的最早直接私下交往在同治三年七月初五日，《李鸿藻年谱》言其是日"寅刻入直，工课顺适。午后回寓少睡。张香涛来，觉吉新后至"。① 此后在《李鸿藻年谱》中时常有张之洞前来拜望的记载。因交结李鸿藻，张之洞频放考差、学差。同治六年四月，张之洞充保和殿考差；六月奉旨充浙江乡试副考官；八月初一日，奉旨简放湖北学政；同治十二年，张之洞奉旨充四川乡试副考官，旋放四川学政。光绪元年（1875）十二月十二日，《李鸿藻年谱》中记载：

　　　　张之洞函公云："新诗四首，正得读否？上课诗卷，想无暇批阅矣！闷闷。前闻玉趾东游，由于后生撼树，外省传播，定当不虚。可否赐示崖略，至幸。敬上，名心叩。即丙。切。"②

　　书信中如所谈之事不愿被他人知道，或有其他缘故，写信人往往不落款，而写作"名心"，意为收信人能知其为谁，心照不宣；"即丙"意为阅后即焚。信件所言之事暂不知为何，但从"名心""丙"的字眼，可以看出应是私密之事。由此可见，最晚到光绪元年，张之洞与李鸿藻已有密商之事。光绪六年，李鸿藻倡建畿辅先哲祠，所祭祀者多为直隶先哲，"其一

---

① 　李宗侗、刘凤翰：《李鸿藻年谱》，第 100 页。
② 　李宗侗、刘凤翰：《李鸿藻年谱》，第 182 页。

切归画，则公（按：张之洞）主之"。^① 兴修畿辅先哲祠，不仅加强了北士的联络和地域认同，而且在筹建先哲祠的过程中，张之洞先后写了至少 17 封信给李鸿藻，讨论相关事宜，进一步拉近了二人的关系。^②

尽管张之洞对南、北有所倾向，但并不意味着南士和北士间截然对立分离。经历咸丰动乱，同光之际京城文人交游诗酬、金石考订之风流行。同治九年十月，张之洞湖北学政任满，入都复命，居于南横街，与潘祖荫、王懿荣、吴大澂、陈宝琛诸人开始订交。其中江浙士人领袖潘祖荫与张之洞所居密迩，故常与张之洞通信论金石。通过这层关系，张之洞参与以潘祖荫为首的龙树寺雅集，并于同治十年共同宴请湖南名儒王闿运。^③

然而，出生、成长于边鄙之地贵州的张之洞，对金石、风雅之事并不如江浙南士擅长。《凌霄一士随笔》引鄂人卓从乾《杏轩偶录》所记张之洞嗜古器物而购买赝瓷受骗事，言"此或事属有因，不尽虚诬耶"。^④ 由此可侧面证明张之洞的金石功底。或因如此，张之洞其后逐渐关注时务。光绪三年（1877），张之洞四川学政期满回京。时惠陵竣工，照礼制穆宗（同治）帝、后神主应升祔太庙，然而此时太庙中殿九室已满，穆宗帝、后神主无处安放，惇亲王奕誴奏请饬廷臣会议。三月十四

---

① 许同莘编《张文襄公年谱》，《北京图书馆藏珍本年谱丛刊》第 173 册，第 679 页。
② 相关信件见李宗侗、刘凤翰《李鸿藻年谱》，第 205~210 页。
③ 许同莘编《张文襄公年谱》，《北京图书馆珍本年谱丛刊》第 173 册，第 664 页。
④ 徐凌霄、徐一士：《凌霄一士随笔》，徐泽昱编辑，刘悦斌、韩策校订，中华书局，2018，第 1274~1276 页。

日，两宫颁布懿旨，命王大臣、大学士、六部九卿、翰詹科道会同奕誴妥议具奏，引起王公、宗室、廷臣的激烈争论。① 在穆宗升祔的讨论中，张之洞虽无上奏的权力，却颇为留心，不仅与潘祖荫书信往返讨论，而且为潘祖荫代拟奏疏。张之洞所拟奏疏主张增建别殿以放神主，和其与潘祖荫书信中所表达的意见一致。② 陈宝琛云张之洞"自是究心时政，不复措意于考订之学"。③ 张之洞的弟子樊增祥亦有同感，其致信谭献亦谈及张之洞"近（按：光绪四年）颇讲理学，学术又一变"。④ 更重要的是，张之洞此时与张佩纶相知相交。张佩纶，字幼樵，一字绳庵，号篑斋。直隶丰润人，同治十年（1871）进士，父辈与李鸿章有故交情谊。据云张之洞阅张佩纶关于穆宗升祔的奏疏后赞叹不已，遂与张佩纶订交。⑤ 张之洞、张佩纶二人不仅为直隶同乡，且都颇着意于时务，在二人的往来通信中，除了谈论聚会外，谈论政事者颇多。

同光之际，清廷屡次下诏广开言路，清议颇张。同治十三年十二月，光绪帝御极，诏曰："朕钦奉两宫皇太后懿旨：古来郅治之隆，胥由询事考言，嘉乃丕绩。我朝列圣御宇以来，俱颁诏旨，褒答直臣，广开言路，谏议时闻，寰宇欣欣向治。方今皇帝绍承大统，尚在冲龄，时事艰难，不得已而有垂帘之

---

① 《清实录》第 52 册《德宗实录（一）》，中华书局，1987，第 679 页。

② 《惠陵升祔第一议（代）》《惠陵升祔第二议（代）》，《张之洞全集》第 12 册，第 375～377 页。

③ 许同莘编《张文襄公年谱》，《北京图书馆珍本年谱丛刊》第 173 册，第 672 页。

④ 范旭仑、牟晓朋整理《谭献日记》，中华书局，2013，第 240 页。

⑤ 徐世昌：《大清畿辅先哲传》下册，北京古籍出版社，1993，第 864 页。然而关于二张订交，陈宝琛言《大清畿辅先哲传》微误。据王秉恩言二张之交始于张百熙的介绍。见吴剑杰编著《张之洞年谱长编》，第 51 页。

举。万机总理，宵旰不遑。因思人之聪明智虑，有所未周，必兼听并观，以通上下之情，措施方期悉当。矧当生民多蹙，各省水旱频仍，允宜博采谠言，用资治理。尔内外大小臣工，均当竭诚抒恫，共济时艰。用特谕知中外臣工、九卿科道，有言事之责者，于用人行政一切事宜，皆当据实直陈。务期各抒所见，于时事有裨，而又实能见诸施行者，详细敷陈，不得徒托空言。"① 光绪三年（1877），因丁戊奇荒，张佩纶奏请广开言路，以拯时艰，上谕曰："本年灾沴叠见，水旱蝗蝻之灾遍于数省，业经截漕发帑，蠲赈兼施。惟念吏治有无因循、民生有无怨恫、用人行政有无阙失，允宜上下交修，以图至计。尔大小臣工，务当各摅己见，切实指陈，总期广献谟谋，力祛积习，用副朝廷遇灾修省、从谏弗咈至意。"② 广开言路本是清代新主登基及遇有灾变时的寻常之举，然此时李鸿藻领袖"清流"，开一时风气。光绪四年，张之洞为詹事府左庶子黄体芳拟具《灾深患迫宜筹拯民应天之方折》，胪陈三条建议，即救急之道、治本之道、预防之道。③ 其中治本之道有"斥奸邪"一条，痛诋南派官员、时任户部尚书和总理衙门大臣的董恂：

> 今朝臣中之奸邪，如户部尚书董恂是已。去冬以来，

---

① 《清实录》第 52 册《德宗实录（一）》，第 93 页。

② 《请广开言路折》（光绪三年九月十三日），张佩纶：《涧于集》，上海古籍出版社，2002，第 188 页。

③ 许同莘编《张文襄公年谱》，《北京图书馆珍本年谱丛刊》第 173 册，第 672 页；《灾深患迫宜筹拯民应天之方折》（光绪四年二月二十九日），俞天舒原编，潘德宝增订，温州市图书馆整理《黄体芳集》（上），中华书局，2018，第 4~9 页。

中外条陈荒政者，务从驳斥，雍遏上恩，膜视民命，全不知国脉邦本在于养民……以彼职长户部，天下户口财税，是其专职，然灾荒如此，宵旰忧焦，该尚书不闻进一言、画一策，已无解于溺职之罪矣！况加之以贪鄙欺罔、有心病国乎！其在总理衙门，言语猥琐，举止卑谄，通国皆知，其他为众口诋訾之处，罄牍难书。①

结合日后"清流"于光绪八年弹劾董恂等人的行为，可以看出同光之际李鸿藻、清议已在政事上有所结合。因此折为张之洞拟具，亦可窥见其在此时政治上的取向。

光绪五年（1879）二月，张之洞授国子监司业，获上奏的权力。时吴可读尸谏一事引发朝野震动。同治十三年（1874），同治帝病亡无子，两宫皇太后以醇亲王奕譞之子载湉为嗣皇帝入继大统，即为光绪帝。光绪帝过继给文宗（咸丰帝）为嗣，而非为穆宗之嗣，如此两宫仍为皇太后，可继续垂帘听政。同时两宫颁布懿旨曰待光绪帝生有子嗣，即为穆宗之嗣。然而这使同治帝、光绪帝、光绪帝子嗣在帝统继承上出现紊乱，且颁立光绪帝子嗣为穆宗之嗣，有违清代秘密建储制度。光绪五年，同治帝归葬惠陵，闰三月初五日，随行之吏部主事吴可读服毒自杀，以尸谏的方式抗议两宫皇太后不为同治帝立嗣，其遗折痛陈两宫皇太后一误再误，请两宫皇太后明白降下谕旨，将来大统仍归于光绪帝所生、过继给同治帝为嗣的皇子，以正名分而预绝纷纭。② 十七日，两宫发布懿旨，命王大臣、大学

---

① 《灾深患迫宜筹拯民应天之方折》（光绪四年二月二十九日），《黄体芳集》（上），第7页。
② 郭卫东：《论光绪朝的继统之争》，《清史研究》2009年第1期。

士、六部九卿、翰詹科道将吴可读原折会同妥议。① 在宗室的缄默和纷纭的朝议中，张之洞之奏疏尤为巧妙，不仅将继统和继嗣合并，即请日后先挑选同治帝嗣子，再确定其为大统所归，而且明白将范围限定于仅讨论继嗣、继统并行不悖的方法，所谓：

> 臣恭绎懿旨中即是此意，妥议具奏二语文义。是者，是其将来大统宜归嗣子之意。议者，议夫继嗣、继统并行不悖之方。臣工应命陈言，岂敢以依违两可之游词，贻庙堂他日之筹虑。②

张之洞之折维护了两宫皇太后的权力合法性，受到慈禧的青睐。光绪五年五月，前因四川东乡县知县孙定扬违规苛敛，激起民愤，后又请剿滥杀，张之洞据任四川学政时候之所闻，上奏请求再次复审东乡案，并奏参前护理四川总督文格。经刑部议奏，东乡案得以平反，朝廷将孙定扬等治罪，并命文格来京听候部议。平反东乡血案一事为张之洞博取了直声。其后，张之洞与张佩纶、陈宝琛、宝廷、黄体芳、邓承修等相互引援，隐奉军机大臣、北派领袖李鸿藻为首，以清议大张声势。时翰林院侍讲王先谦已觉言路渐渐彼此唱和，迹涉朋比，六月十七日，其上奏言路宜防流弊，请旨饬谕以肃政体。廷旨谕以言路不准同词附和，致滋流弊，但仍准言事诸臣于政事缺失、

---

① 中国第一历史档案馆编《光绪朝上谕档》第 5 册，广西师范大学出版社，1996，第 132 页。
② 《遵旨妥议折》（光绪五年四月初十日），《张之洞全集》第 1 册，第 11 页。

民生利弊各抒己见。①

　　张之洞此时所经营的"南城士大夫"交游，逐渐形成其政治底色。通过这层交往，张之洞与洋务领袖李鸿章也有了间接联系，为他日后的"洋务鸣世"奠定了基础。目前所见，张之洞与李鸿章最早的直接交往在同治八年。其时李鸿章因镇压太平军、捻军有功，授湖广总督，于同治八年正月抵湖广总督任，十二月督师赴黔，随后湖广总督由其兄李瀚章署理。张之洞则于同治六年奉旨放湖北学政，直到同治九年任满回京，其间与李鸿章同城为官接近一年。这一年，张、李二人虽在创设经心书院上合作，但张之洞显然不快。如对家人言有掣肘之感，称："至此官与人相处动须迁就，绝不能一意孤行，崭然自立，面目殊令人不快耳。"② 李鸿章曾就郧阳发生的胡树菜学案致函张之洞结案，并为草率处理此案的郧阳府知府求情宽免。③ 显然，张之洞对于督抚、州县官插手学政事务颇为不满。同治九年八月，李鸿章因处理天津教案，接替曾国藩任直隶总督，随后兼任北洋大臣。同光之际，清议兴起，但李鸿章对李鸿藻和清流物议颇不以为然。在处理滇案的过程中，他曾写信给其兄李瀚章，表达对当轴和清议的不满。④ 除了办理洋务意见不同，李鸿章对所谓"南城士大夫"肆意弹劾亦不谓然，对张之洞入奏的东乡案及郑溥元弹劾山东巡抚文格一事评价道："星轺四处，大非佳事，都人亦有私议，盖上意事从

---

① 王先谦：《葵园自订年谱》，文海出版社，1970，第 25~30 页；《清实录》第 53 册《德宗实录（二）》，第 441 页。

② 《张之洞亲笔家书》，张之洞档，甲 182-262。

③ 《复张学使》（同治八年七月初三日），顾廷龙、戴逸主编《李鸿章全集》第 30 册，安徽教育出版社，2008，第 27 页。

④ 《致李瀚章》（光绪二年闰五月），《李鸿章全集》第 31 册，第 441 页。

严，当轴间有迎合。今日封疆真不易为，难保终必无查办之举，可惧也。"①

然而，李鸿章曾有意拉拢提携张佩纶、吴大澂等人，通过这层"南城士大夫"的交游关系，张之洞与李鸿章有间接的联系。光绪四年（1878），因河间府灾情严重，李鸿章奏派吴大澂、盛宣怀、李金镛筹集赈款。在吴大澂的倡议下，籍贯直隶南皮的张之洞公捐之余，另筹集白银1560两，事后李鸿章为诸人请奖。② 五年，李鸿章母亲八十大寿，在此之前，张佩纶、张之洞等人就谋划以文字向李太夫人祝寿。据《张佩纶日记》记载，光绪四年十一月初九日，张佩纶邀约陈宝琛，请其修改寿文序言；张之洞则作《合肥李相太夫人八十寿诗》祝贺。③ 但由于观念和交游圈子的不同，张之洞、李鸿章二人在光绪六年以前，除了在湖北，并无太多直接的交往。

二 "洋务"鸣世：光绪六、七年间
张之洞、李鸿章合作

同光之际，列强逐渐蚕食中国周边国家，清朝边防吃紧。甲戌日兵侵台、马嘉理案、中俄伊犁交涉、中日琉球交涉、中法越南交涉等事件构成了所谓的"边疆危机"。这些事件在晚清语境下属"洋务"范围。在中俄伊犁交涉、中日琉球交涉

① 《复李瀚章》（光绪五年三月十二日），《李鸿章全集》第32册，第409页。
② 《京外捐赈河间片》（光绪四年九月二十六日），《李鸿章全集》第8册，第184页。
③ 谢海林整理《张佩纶日记》，凤凰出版社，2015，第5页；《合肥李相太夫人八十寿诗》，《张之洞全集》第12册，第461页。

期间，包括张之洞在内的"清流"先后上折表达意见，声势大张，他们纷纷获得提拔。李鸿章则自天津教案后至甲午前，长期以大学士总督直隶兼北洋大臣，在洋务和外交中具有相当影响力。当时张之洞不仅在内廷有李鸿藻对清议的支持，而且在外朝积极联络李鸿章。对于张之洞与李鸿章早年间的关系，吴剑杰认为，作为"清流党"的张之洞与李鸿章谈不上私交和个人恩怨，而在朝政上出于公心各有不同的意见。[①] 戴海斌的论证较为翔实，[②] 但同样因为缺乏张之洞方面的材料，无法凸显张之洞在其中的主动性，对比，本书可做订正和补充。

"清流"的崛起与张李初步合作

光绪五、六年间（1879~1880），由于张佩纶和李鸿章关系渐趋紧密，加以中俄伊犁交涉、中日琉球交涉，张之洞与李鸿章再次有了直接的交往。同治十年（1871），沙俄趁阿古柏入侵新疆之机，借口维持边境秩序，派兵占领伊犁。左宗棠收复新疆后，清廷多次向沙俄索回伊犁未果。光绪四年，清廷派署盛京将军崇厚充出使俄国钦差大臣，前往俄国办理伊犁交涉。其后崇厚擅自与沙俄签订《里瓦几亚条约》及相关附约，并不待清廷批复，自行回国。条约虽规定将伊犁归还中国，但伊犁南境特克斯河流域、西境霍尔果斯河以西的领土则割让给俄国，伊犁成为孤城；且条约对修改中俄边界、赔偿军费、免

---

① 吴剑杰：《张之洞与李鸿章》，《中国经济与社会史评论》2016 年卷，社会科学文献出版社，2017，第 135~154 页；吴剑杰：《张之洞散论》，第 199~219 页。

② 戴海斌：《清流、洋务"各有门面"？——以李鸿章与张之洞早期交往为线索》，《史林》2021 年第 1 期。

税贸易、增辟通商线路、增设领事等事项做出规定。消息传出后，国内舆论哗然，一时杀崇厚、拒条约、对俄备战之声大起。光绪五年十二月初五日，因中俄伊犁交涉问题，张之洞上《熟权俄约利害折》。该折先痛数崇厚所订俄约之失，后言改议之道有四："一曰计决，二曰气盛，三曰理长，四曰谋定。"提出杀崇厚、告中外、收伊犁、修武备。各路防备中，吉林、新疆交左宗棠等人筹划，天津一路，则以李鸿章"高勋重寄，岁糜数百万金钱以制造机器，而养淮军"，责无旁贷。① 该折言语豪壮且规划全面，在朝野引发极大反响。《北华捷报》称这封奏折"非常应该被称为重要文件，因为它对中国在此紧要关头不得不解决的紧要问题，清楚地表明了一种观点"；数日后编辑部甚至将张之洞该折全文译出刊登。② 张之洞由此也以"洋务"鸣世。十七日，上谕命张之洞于二十六日前往总理衙门会议，其从而实际参与到"洋务"当中。前于七月间，张佩纶归葬其生母、妻女，后丁忧期间，数次前往天津与李鸿章深谈和考察海防。光绪六年二月十一日、三月二十五日，张之洞给在天津的张佩纶连发两信：

> 得天津发书，甚慰。合肥事，以求杰士、汰宵人为第一义。战舰以多为贵，蚊船既不可恃，铁船不必阻止，勿购废坏者，闽广人不可不用，赫德不可不防，大要如此。

---

① 《熟权俄约利害折》（光绪五年十二月初五日），《张之洞全集》第 1 册，第 21～23 页。

② "Chang Chih-Tung's Memorial," *The North-China Herald and Supreme Court & Consular Gazette*, 1880‐5‐25; Official Papers, "Chang Chih-Tung's Memorial," *The North-China Herald and Supreme Court & Consular Gazette*, 1880‐6‐1.

四月到津，速示大略为幸（日事望详询）。钟粹宫（谓西一位）违和旬余，近稍愈矣，条目闻已有初稿，人云不缪〔谬〕，犹未详询。谷士已来，向史馆四传事（增孝友，旧例所有也），告以规抚条理而去，无人奈何。襄事劳瘁，伏维珍卫。不尽。二月十一日。

　　两奉津门发书，甚慰甚慰。尊论洞达，朝夕赞画，宏益必多。位置曹公，极中肯綮，尊械已交，当力言之。中国今日人才物力，海防易，海战难，控大连湾、旅顺是海战也。战倭易，战俄难，两铁船足备倭耳。合北洋三口之税以养水师，沿海屯防，自是胜算，能力赞之否？求开屯之人才而不得，决无此理。初五日集议驳去一条，晦庵先生所谓徒多为人所憎恶而已。长春宫圣体渐安，初八日已传膳，尚未复元视事。二十五日。①

　　《花随人圣庵摭忆》将两信合并为一信，下画线文字为删除部分，并把时间定作光绪七年（1881）；武汉版《张之洞全集》仍之，② 实误。"钟粹宫（谓西一位）""长春宫"皆指西太后慈禧。长春宫为其所居之地（以下信件提及"长春"者所指相同）；钟粹宫为太后所居之地，因慈安居于钟粹宫，为防张佩纶误会，张之洞特加小注"谓西一位"。两信皆言光绪六年至七年慈禧太后的大病。"曹公"指为"清流"所看重的前甘肃提督曹克忠。据《张佩纶日记》可知，张佩纶于光

<hr />

① 《致张幼樵》，《张之洞书札》，张之洞档，甲 182-371。
② 《张南皮集外书札节录》，黄濬：《花随人圣庵摭忆》，第 449 页；《致张幼樵》，《张之洞全集》第 12 册，第 20 页。

绪六年二月初五日到达天津，后回乡归葬，直至三月初一日再回天津。① 又，翁同龢于光绪六年二月初三日得知慈禧"圣体违和"，② 结合信中所言"违和旬余"的病状，可知第一封信当写于光绪六年二月十一日。第二封信言"初五日集议驳去一条"，可参见《翁同龢日记》光绪六年三月初五日条，③ 加之信中言"两奉津门发书""初八日已传膳"，可知该信当写于张佩纶到天津后的光绪六年三月二十五日。

结合当时的背景可以理解此两信。光绪六年正月初八日，因李鸿藻服阕重入军机，一时"清流"对俄备战之论复振。第一封信为张佩纶前往天津前所发，张之洞在其中谈及水师建设应注意之事。第二封信为张佩纶在天津时所发，谈及战倭战俄问题，认为以北洋现有力量，沿海屯防俄国，必能获胜，希望张佩纶从中帮助。值得注意的是，张之洞在慈禧太后病重之初即相当留意，凸显出张之洞等人以慈禧太后为靠山、积极备战的想法。又据"合肥事"一句可以看出，成功参与到"洋务"中的张之洞，开始通过张佩纶的关系，关注和联络"洋务"前辈李鸿章。然而对于"二张"与俄国作战的想法，李鸿章却认为是书生之见，并语及支持备战的左宗棠："左帅主战，倡率一班书生腐官，大言高论，不顾国家之安危，即其西路调度不过尔尔，把握何在。"④ 由于英、法等国的调停，加之沈桂芬、李鸿章、曾纪泽的极力转圜，慈禧太后、李鸿藻的

---

① 《张佩纶日记》，第 37、41 页。
② 陈义杰整理《翁同龢日记》第 3 册，第 1475 页。
③ 陈义杰整理《翁同龢日记》第 3 册，第 1480 页。
④ 《复丁稚璜制军》（光绪六年三月初一日），《李鸿章全集》第 32 册，第 532 页。

生病亦为主战的"清流"减色不少，崇厚使俄一案最终和平解决。光绪六年七月初七日，上谕称曾纪泽因议改条约，为商办一切，将崇厚加恩即行释放。张之洞对此颇愤懑，当日即在致张佩纶的信中言："俄事想已详悉，萧墙自毙，赐不幸而言中矣，然怒之者不已，何也！"[①]

虽然在对俄和战立场上张之洞、李鸿章二人意见不同，甚至在言语中各有抱怨，但在张佩纶的联系下，二人自光绪六年下半年起，因琉球之案开始有了合作。上引张之洞致张佩纶第一封信所言"日事望详询"，即指中日琉球交涉之事。光绪六年二月十六日，日本大藏省少书记官竹添进一郎来津，再次与李鸿章商量琉球解决方案，提出将琉球分为南、北两部分，南岛为中国管辖，以换取内地通商。在此之前张之洞即望张佩纶到天津时详询，随后张之洞与李鸿章亦以中日琉球交涉为契机开始合作。

在当时中俄交涉、"清流"对俄积极备战的背景下，七月初十日，张之洞上《谨陈海防事宜折》，表达"联日制俄"的想法。[②] 此想法，在上引张之洞致张佩纶第二封信中可找到一定的依据，即张之洞认为日本不足惧，海防重点在俄国。随后国子监祭酒王先谦亦上折表达"联日制俄"的看法。[③] 对日本一向轻视的李鸿章，则以分岛通商、联日制俄为不然，并认为俄事已渐有转机，希望总署不受清议的影响，缓结球案。[④] 然

---

① 《致张幼樵》，《张之洞书札》，张之洞档，甲182–371。
② 《谨陈海防事宜折》（光绪六年七月初十日），《张之洞全集》第1册，第31~33页。
③ 王先谦：《葵园自订年谱》，第68~84页。
④ 《复总署　请球案缓结》（光绪六年九月十六日），《李鸿章全集》第32册，第620~621页。

而总署的沈桂芬等人为避免两面受敌，方便俄事和平解决，以张之洞、王先谦之折为借口，于九月二十五日与日使宍户玑签订《琉球条约》及其附款。条约签订后，张之洞对此怒不可遏；① 而他愤怒的原因，可从张佩纶致张寿曾、张人骏的信中得知："先是南皮请联日本以御俄，王逸吾踵之。南皮但云商务，王则兼及琉球，不知日本畏俄玩华，即与联盟终归无益，而琉球案结则俄得援例以取高丽，利益均沾，则巴西各国将援例以入内地。鄙见目下不与俄战，亦可不与倭和。潜史据之以告，南皮闻亦须继作。"② 张之洞与王先谦虽然都主张联日制俄，但张之洞只谈商务，不谈分岛。在签订条约前张之洞也将相关想法告诉了李鸿藻。③ 然而沈桂芬等人以张折的联日制俄为辞与日使签约，无怪乎张之洞怒不可遏。

张之洞、陈宝琛等人为此上奏请缓订条约。陈宝琛上折认为俄事准备完结，不宜速结球案，并请密寄李鸿章、左宗棠详议。④ 十月初一日，张之洞上《日本商务可允球案宜缓折》，⑤即张佩纶信中的"继作"，一反前折联日制俄的观点，陈明只允商务，不谈分岛。在附片中请李鸿章节制防务，盛称其"究系更事重臣，精力犹壮，倘专其责成，当可力图御侮，固胜于今日之散涣推诿者远矣"。⑥ 张之洞折上后，张佩纶当天

---

① 《致容舫安圃侄》，张佩纶：《涧于集》，第433页。

② 《致容舫安圃侄》，张佩纶：《涧于集》，第430页。

③ 李宗侗、刘凤翰：《李鸿藻年谱》，第247页。

④ 《论球案不宜遽结倭约不宜轻改折》，陈宝琛：《沧趣楼诗文集》（下），上海古籍出版社，2006，第780~783页。

⑤ 《日本商务可允球案宜缓折》（光绪六年十月初一日），《张之洞全集》第1册，第42页。

⑥ 《请饬李鸿章节制防务片》（光绪六年十月初一日），《张之洞全集》第1册，第43页。

即给李鸿章写信，称"以重臣在外，抗疏辩之，一言九鼎，定可挽回"。[①] 李鸿章于是在初九日上《妥筹球案折》，作为地方疆臣的呼应。[②]

陈宝琛、张之洞、李鸿章的奏折，引起了慈禧、慈安太后的注意，重新考虑总理衙门主导的中日签约之事。十八日，清廷发布上谕，"此事关系全局，自应博访周咨，以期妥协"，令沿海督抚上折妥议。[③] 最终，由于各方压力，总理衙门决定不批准条约，球案因而搁置。张佩纶对于促成李鸿章与张之洞关于球案的合作、对抗总署颇为得意，在致朋友的信中言："会译署与倭定约结中山案，倭以南岛归我，我许其内地通商，潜、达上言极论，合肥亦断断称其不便，要津颇疑弟从中主持，可谓不虞之誉。"[④]

光绪七年东南沿海督抚调整下的张李合谋

光绪六年十二月，南派领袖沈桂芬因病去世，李鸿藻隐掌中枢，辅以在中俄交涉中壮大的"清流"。七年三月十一日，慈安太后去世，张之洞在张佩纶的穿引下，与李鸿章关系进一步拉近，出于公义私情，张、李二人仍以"洋务""海防"为核心内外呼应加深合作，对地方权力格局进行调整。

在伊犁、琉球交涉之时，张之洞等人对左宗棠积极响应备战充满希望，张之洞曾向李鸿藻言："言防务，则决其今年兵

---

① 《张佩纶致李鸿章》，姜鸣整理《李鸿章张佩纶往来信札》，上海人民出版社，2018，第 59 页。

② 《妥筹球案折》（光绪六年十月初九日），《李鸿章全集》第 9 册，第 198~200 页。

③ 《清实录》第 53 册《德宗实录（二）》，第 758 页。

④ 《致顾韠民观察》，张佩纶：《涧于集》，第 434 页。

衅之必不能开，专即筹兵待将（将即左为主），盖某深知目前则不能战，左来则兵备已齐而可以战。"① 慈禧太后出于湘淮互制，同时打击恭王与李鸿章的合作的考虑，利用"清流"的言论，于光绪六年七月初六日发布上谕，命左宗棠来京陛见。光绪七年正月二十九日命左宗棠在军机大臣、总理衙门行走，管理兵部。② 左宗棠从而直接参与直隶的水利兴修、练兵及《烟台条约》关于鸦片"税厘并征"的讨论，分割了直隶总督兼北洋大臣李鸿章的权力。李鸿章对于左宗棠取代病逝的沈桂芬入军机并不意外，但不免有时运转移、湘淮高低之叹。③

除了左宗棠，湘系的另一大佬、与沈桂芬关系亲密的两江总督刘坤一亦不断给李鸿章施加压力。光绪六年十月二十六日，刘坤一怂恿王先谦上《招商局关系紧要议加整顿折》，要求整顿轮船招商局的人事和官款去向。④ 刘、李双方就招商局一案往来出招，在外朝，梅启照与刘铭传虽为李鸿章的洋务计划摇旗呐喊，但在内廷，仍需有为其出声者，在中俄伊犁交涉中崛起的以"洋务"闻名的"清流"是不二之选。双方在下半年的球案中有过通力合作，加之"清流"亦对左宗棠、刘坤一处理"洋务"不满，双方再次合作，其中自然有张之洞的身影。

---

① 李宗侗、刘凤翰：《李鸿藻年谱》，第244页。
② 《清实录》第53册《德宗实录（二）》，第688、821页。
③ 《复丁雨生中丞》（光绪七年二月初三日），《李鸿章全集》第33册，第12页。
④ 光绪六、七年间李鸿章与刘坤一的对抗可参见崔运武《中国早期现代化中的地方督抚——刘坤一个案研究》，中国社会科学出版社，1998，第91~130页；易惠莉《光绪六、七年的晚清中国政坛——以刘坤一与李鸿章之争为中心的考察》，《近代中国》第18辑，第38~79页。

光绪七年三月十一日，慈安太后去世，内廷权力格局发生重大变化。面对"非常之变"，三月十四日，张之洞给在天津的张佩纶写信说：

> 非常之变，出于意表，以后事体，不敢设想。幸长春起居日来尚可，十一日因悲痛劳碌脉证颇退，近日稍定，诸证如旧，惟食后嘈杂，夜寐不适，痰中微有血沫（此以前旧有而越来已愈者）。好在泄泻未犯，惟盼徐徐将息，日有起色，则为天之福矣。大局尚属定帖，闻要务仍禀承懿训，情形似尚妥慎。以上各节，谨众口传闻者奉告，以慰苌廑。执事到彼后，一切情形未示及，殊为驰系。鄙意谓处此时惟以镇定不扰为上策，已沥晓同人矣，尊见以为何如？十四日。①

由于慈安太后去世，慈禧太后大病尚未痊愈，为防权力格局再生变，张之洞在信中详细报告了慈禧的病状，同时希望张佩纶告知李鸿章方面的情况，并表示暂时以镇静为主，待李鸿章来京处理慈安之事再商量。三月二十三日，李鸿章到京，张佩纶随行。次日，张之洞即迫不及待地给刚从天津回到北京的张佩纶写了一封密信：

> 今日何时到北海处？想待晡后，是否尚拟出城，此刻出门否？均祈示知。缘顷晤宦公，约其午后来谈。若执事

---

① 《致张幼樵》，《张之洞书札》，张之洞档，甲182-371。着重号为笔者所加，以下无特殊说明皆同。

他往，便拟阻之也（改约明晨耳）。此上。黄石先生。廿四日四刻。丙。①

"黄石先生"是较少见的张佩纶代号，因其有一种自制笺纸"黄石素书"。从"丙"和"黄石先生"可以看出这封信非常私密。"北海"，张之洞的其他信件皆有提及：

> 请即携李北海书墨迹来同赏为幸！②
>
> 久未上记，驰念实无已时……某此间规划粗定，惟新收文集，不可测度，夫复何尤。前者曾作两艺，不过自竭愚诚，文体合否，则不敢知也。北海乞吾宗为副，可谓得人，不审何以被抹？以后越事若何措置？合肥能强起否？此外无策矣。九老所不胜任，且太濡缓，此间处僻……③

由此可知，"北海"指唐代书法家李邕，其曾任北海太守，密信用以代指李鸿章。"请即携李北海书墨迹来同赏为幸"一信，也并非谈共同欣赏李邕的书法这种风雅事，而是张佩纶在京时，张之洞请求他将李鸿章的书信携来阅读，以便了解相关情况。"黄石先生"密信中，张之洞询问张佩纶今日是否出城去李鸿章处，如果出城，便改约明日商事，并要求阅后即焚。张佩纶当日下午即前往李鸿章处，但由于李鸿章拜访李鸿藻，

---

① 广州图书馆主编《张之洞致张佩纶未刊书札》，广西师范大学出版社，2012，第32页。着重号为原信所有。

② 广州图书馆主编《张之洞致张佩纶未刊书札》，第94页。

③ 《致李兰荪宫保》，《张之洞全集》第12册，第140页。

双方没有见面，李鸿章即邀张佩纶次日再见。① 二十八日，张佩纶写信给李鸿章，盛称张之洞"忠诚博懿，十倍于佩纶"，表达张之洞希望与李鸿章会面的意愿。李鸿章请张佩纶定于明日辰、巳间与张之洞会面，并留午饭。② 二十九日，宝廷与张之洞各自上折，请延留李鸿章在京与商洋务。③ 因二人上折，李鸿章直到四月十三日方才离京返津。

张之洞除了通过张佩纶联络李鸿章，自己亦极力促成李鸿藻与李鸿章的合作：

> 手教敬悉。数日情事已知大略。贵华宗（按：李鸿章）究是任事之人，惟赖执事协力同心，乘此将数大端办有眉目，庶不负此番雅集耳。
>
> 必须趁贵华宗在此商之，不然，此外间无可与谈者矣。前件已化烟云矣，并闻。④

其后四月、五月东南沿海督抚的调整，正是出于李鸿章与张之洞、宝廷、李鸿藻等"清流"的合作。如张佩纶所言："合肥于前月廿二日到京，长春宫圣体尚未康复，特于体元殿召见，初二日请训，因宝阁学、张学士奏请留合肥与枢垣详议边、海各防，有旨命缓至十二出都，现在议定。如闽抚各员纷纷调动，

① 《李鸿章致张佩纶》，姜鸣整理《李鸿章张佩纶往来信札》，第106页。
② 《张佩纶致李鸿章》《李鸿章致张佩纶》，姜鸣整理《李鸿章张佩纶往来信札》，第107、108页。
③ 宝廷：《请饬留李鸿章详议大局片》（光绪七年三月二十九日），《竹坡侍郎奏议》，台湾学生书局，1976，第379页；《集重臣筹议急务折》（光绪七年三月二十九日），《张之洞全集》第1册，第45页。
④ 李宗侗、刘凤翰：《李鸿藻年谱》，第278~279页。

均主合肥之说。"① 四月初八日，为"清流"看重的主战派岑
毓英调任福建巡抚。五月十五日黎培敬授江苏巡抚。同日，李
鸿章亲家任道镕迁山东巡抚。而最重要的两江总督，李鸿章推
荐志同道合的丁日昌取代湘系大臣刘坤一，但因遭到奕䜣和徐
桐的反对而作罢。② 出于公义私情，"清流"不断组织弹劾刘坤
一。刘坤一明显感觉到了来自"清流"和李鸿章的压力，甚至
在给友人的信中指明张之洞在当中谋划："香涛以弟为作料，然
为作料者不止弟一人，以弟为作料又不止香涛一人。"③ 七月二
十八日，上谕命刘坤一到京陛见。刘坤一在两江总督任上短短
几个月即卸职，该位置由彭玉麟署理。刘坤一的内召引发各种
猜想，关注中国政局的《北华捷报》留意到，当时中国官员普
遍认为刘坤一内召是出于张之洞弹劾，而且《北华捷报》认为
刘坤一卸任两江总督，实际上是打击了左宗棠反对李鸿章洋务
计划的外援，同时抓准清廷希望派一位对洋务开明熟悉者任两
江总督的想法，但对丁日昌或郭嵩焘任两江总督的传言则不太
看好。④ 闰七月初五日，张之洞上《疆寄虚悬请早处置折》，
吁请开去陕甘总督曾国荃之任，另选要员；两江总督应催促彭
玉麟上任；江苏、山东巡抚请命黎培敬、任道镕赴任。⑤ 至

---

① 《复奎乐山观察》，张佩纶：《涧于集》，第 439 页。

② 《复丁雨生中丞》（光绪七年五月二十七日），《李鸿章全集》第 33 册，
第 41 页。

③ 《复李若农》（光绪七年三月二十九日），陈代湘点校《刘坤一集》第 4
册，岳麓书社，2018，第 456~457 页。

④ "The Recall of Liu K'un-Yi," *The North-China Herald and Supreme Court &*
Consular Gazette, 1881-9-9.

⑤ 《疆寄虚悬请早处置折》（光绪七年闰七月初五日），《张之洞全集》第 1
册，第 47~48 页。

此，张之洞为光绪七年三、四月间李鸿章与"清流"共谋的东南沿海督抚调整计划一锤定音。

在"清流"与李鸿章关系拉近的同时，左宗棠却无法及时掌握权力动向，加之性格粗率，其在京、直的种种行为和言论令张之洞等人颇为不满。四月十六日，左宗棠上折请所调湘军先修水利暂缓练兵；五月初五日，上折疏言对鸦片税厘并征所拟办法，即进口鸦片税厘并征，共银150两，土鸦片价格低，请照洋鸦片税厘值推算；五月十一日，左宗棠到达涿州督修水利，并上折推却孙诒经奏请的张佩纶、张之洞参与兴修水利之事。①

中国历史研究院图书档案馆藏张之洞致张佩纶未刊书信，可以说明张之洞对左宗棠、李鸿章态度的转变。以下信件皆写于光绪七年五月至六月间。

药厘、水利两事，合肥议论如何？望示及。陆筼书画表究已成书否？恪靖十一日出京，密勘水利，闻报十余日便回。发端先至涿州，以下则无定向，然不到天津，真一奇也。闻其回京后拟即赴关东行边（以上皆渠自向人说）。慈圣起居日胜，敬以告慰，确非骨蒸也。初八日。②

此信写于五月初八日，张之洞向张佩纶询问李鸿章对左宗

---

① 《敬筹见调各营先修水利暂缓练兵折》（光绪七年四月十六日）、《严禁鸦片请先增洋药土烟税捐折》（光绪七年五月初五日）、《复陈涿州工作已可就绪情形折》（光绪七年五月十一日），《左宗棠全集》第 11 册，上海书店，1986，第 9043~9065 页。

② 《致张幼樵》，《张之洞书札》，张之洞档，甲 182-371。

棠调湘军于直隶兴修水利的态度。并好奇，左宗棠来京时为何不去天津与李鸿章商量。由此可见，经历了光绪六年（1880）下半年的中日琉球交涉和光绪七年三月、四月间的东南沿海督抚调整，张之洞已对李鸿章态度改观，关心李鸿章的权力和利益。

> 药厘事，恪靖专疏言之，不提税，但加厘，已下海关、督抚议行，津门当已备知，并未知照威使。此举奇横有趣，中国事向来失之弱懦，此却太横。但积弱之后，稍变局面，亦可令彼族夺气。十日之内，威使必至译署饶舌，诸公须撑持得力方妙耳。水利事，闻涿州之役又将更改，已见明文，贵居停意如何下手？务望速示。闻西军已调至涿州，恪靖意欲即在涿州动笔，真所不解。此等事，总须通筹全局，计划经费，分别轻重缓急、先后次第，再为落笔，岂有率尔操觚者？虽有会议章程之文，某公总是独断独行，必不候章程议定再作文字也。极好题目，而文笔草率，赞助难，补救亦难，真令人气闷。[1]

五月初九日，上谕将左宗棠《严禁鸦片请先增洋药土烟税捐折》交海关、督抚议行；[2] 五月十一日，左宗棠出发至涿州兴修水利。该信当写于五月初九日或初十日。从信中看，张之洞认为税厘并征至 150 两，远远超过英国驻华公使威妥玛（Thomas Francis Wade）坚持的 80 两，亦高出李鸿章主张的 120 两，过于强横，威妥玛必然到总署饶舌。此信在《花随人

---

① 《致张幼樵》，《张之洞书札》，张之洞档，甲 182-371。
② 《清实录》第 53 册《德宗实录（二）》，第 868~869 页。

圣庵摭忆》中亦有转录，下画线的文字（为被删减的部分）表达了张之洞对左宗棠的不满。张之洞认为从涿州入手兴修水利，实在是轻重不分，而左宗棠总是"独断独行"、做事粗率，以致无法补救挽回。由此可知张之洞从中俄交涉之初对左宗棠的赞赏，已转变为有厌恶之感。

> 恪靖于十一日亲赴涿州一带定局，然闻其并不到津与肃毅面商，殊不可解。而水利事至今不闻肃毅一言，亦不可解。窃谓执事在彼，得进言处即须进言，不然左日有建白而李寂然，相形之下，其谓之何？恪靖两次建议，旁人又稍稍青眼，可叹可叹！[1]

左宗棠于五月十一日到达涿州，十九日前往金门闸坝，此信当写于此数日间。传言左宗棠不去天津与直隶总督李鸿章会面（实际二人于五月二十三日会面），张之洞再次致信张佩纶，希望得知冷眼旁观的李鸿章的具体态度，并希望张佩纶能在旁"得进言处即须进言"，以免"左日有建白而李寂然"。

> 归后知晡后恪靖过访，此老既衰不谓然，而又数数见顾，殊不可解。明日听宣后，拟就便答之，惟与之正论则不入（衅陈益深，亦无谓也），附和则不能，默然听受则不成礼，何适而可？请教。[2]

---

① 《致张幼樵》，《张之洞书札》，张之洞档，甲 182-371。
② 《致张幼樵》，《张之洞书札》，张之洞档，甲 182-371。

此信当写于六月左宗棠归京后，张之洞对左宗棠频频来访颇有不屑和疑惑，对张佩纶言打算对左宗棠冷眼相待。

通过张佩纶的关系，李鸿章与在朝的张之洞联络。在双方的互动下，五月二十日，李鸿章上折复陈左宗棠兴修水利之举，称水利宜修，但巨款一时难以筹集，只能次第办理，① 以此与二张相呼应。除了通过张佩纶联络天津的李鸿章，张之洞在内廷亦向李鸿藻抱怨左宗棠的粗率自大，而盛赞李鸿章老成稳重：

> 看来此公（按：指左宗棠）性情病痛无可救药，一人力争亦必无益，徒多行迹，惟有听其自然，不惟不必力争，直不必与之辩驳，一听容之所为，俟其兴阑意沮，合肥发有议论，与立异同时，再为相机补救，庶有济乎！（所以欲力争者，不过以此系美举，希冀此公如可匡救为之，随时修补或改正，或扩充改成一篇好文字耳。如今看来，决无办好之望。赖有合肥牵制，或不致大坏耳）②

在二张的串联下，无论是作为"文章着笔"的兴修水利，还是在军机、总署上的"洋务"，左宗棠均无太大建树，且时有掣肘之感，自七月起，就不断上疏称病请假。③ 三月、四月

---

① 《复陈直隶河工情形折》（光绪七年五月二十日），《李鸿章全集》第 9 册，第 364~367 页。

② 李宗侗、刘凤翰：《李鸿藻年谱》，第 280 页。

③ 《宿恙举发请赏假调理折》（光绪七年七月初三日）、《请赏假折》（光绪七年七月二十二日）、《病难速痊恳恩开缺撤销各项差使折》（光绪七年闰七月十三日）、《仍恳天恩开缺撤销各项差使折》（光绪七年八月十三日），《左宗棠全集》第 11 册，第 9065、9067、9069~9072、9077~9079 页。

间因东南沿海督抚调整而空缺的两江总督，成为朝廷位置左宗棠的去处。九月初六日，朝廷命在京郁郁不得志的左宗棠为两江总督。

三 中法越南交涉与张之洞的因应

光绪六年、七年间，因在中俄伊犁交涉、中日琉球交涉中表现抢眼，"清流"获得相关的政治资本，纷纷获得提拔。光绪七年（1881）六月初三日，张之洞补内阁学士；七月十一日，陈宝琛补翰林院侍讲学士；八月二十八日，张佩纶补翰林院侍讲；十一月十四日，在李鸿藻的操作下，张之洞外放山西巡抚。时值中法越南交涉事起。自光绪七年始，中法围绕越南北圻通商、剿匪问题进行交涉，清方朝野开始重视越南问题；光绪九年越南山西之战爆发，标志着中法战争正式开始，至十年"北黎冲突"前，为中法战争第一阶段。[①] 其间发生"甲申易枢"，李鸿藻退出军机处，陈宝琛、张佩纶亦遭外调，同光之际崛起的"清流"势力遭受打压，朝局为之一变。时任山西巡抚的张之洞屡次上折表达对中法越南交涉的看法，朝廷终调其署理两广总督，张之洞因此成为东南省份的总督，逐步成长为"洋务殿军"。张之洞在山西巡抚任上对中法越南交涉的关注已久为学界所熟知，张之洞的传记、相关论著和中法战争

---

① 对中法越南交涉的时段划分，学界有不同的看法，本书采用邵循正的研究，邵循正之说亦被学界普遍接受。参见邵循正《中法越南关系始末》，河北教育出版社，2000。

的研究中都有言及，① 但对张之洞在中法越南初期交涉中具体的信息获取、考虑和因应，学界知之不详。虽有研究者利用中国国家图书馆影印所藏之《张文襄公（未刊）电稿》探讨张之洞在山西巡抚任上建立的搜集中法越南交涉信息的关系网，但较为疏略。②

北圻问题与张之洞对越南的认知

北圻为越南北部十六省的统称，大致为红河流域。明万历年间，法国传教士来到越南，自此，法国利用越南国内动荡的局势，借传教、通商问题，派遣军队蚕食越南。同治十三年（1874）《法越和平同盟条约》签订，法国实际上将越南置为保护国，由此引发与清朝的交涉。彼时中法双方就条约交涉未果，法国亦因普法战争后元气尚未恢复，故采取观望态度。至光绪七年，法国以履行《法越和平同盟条约》的通商、剿匪规定为由，欲派遣军队攻击活动在北圻的刘永福之黑旗军。驻

---

① 《张文襄公年谱》"光绪九年"条言"越南事亟，奏请筹兵遣使，先发预防，并遣重臣驻粤，筹办越事"。"时法兵入越南，边防告急。春夏以来，廷议和战不决，入秋法兵连陷北宁、北圻诸城镇，扬言夺我琼州。公疏陈战守事宜，且言法患未能即已，不可罢兵，请严督滇、桂之战，急修津、广之防。旨令军机大臣、总理各国事务衙门王大臣会同妥议。"（分见许同莘编《张文襄公年谱》，《北京图书馆藏珍本年谱丛刊》第173 册，第 684 页；胡钧：《张文襄公年谱》，第 68 页）冯天瑜的《张之洞评传》将张之洞放在"清流"到"洋务"的线索上讨论，将其作为"中法战争期间的主战派"，以张之洞奏议，讨论了张之洞在山西巡抚任上的抗战主张和两广总督任上的守战准备。该书论述线索为其后大多数研究者所采用。其后相关研究的主线、主题大体相似，不再赘述。

② 陈晓平：《张之洞中法战争时期的情报网》，《澎湃新闻·私家历史》2020年 5 月 15 日，https://www.thepaper.cn/newsDetail_forward_6492181，浏览时间：2021-6-15。

法公使曾纪泽与法国外交部谈判越南问题，同时请总理衙门与法国驻北京公使交涉并在北圻采取适当措施，清廷遂以广西提督黄桂兰出镇南关，在北宁一带驻扎。北圻问题因之引起了清廷朝野的关注。

北圻问题发生后，如何获取相关情报成为清廷需要着重考虑的问题。当时清廷判定法国欲吞并北圻，总署与李鸿章商量后，李鸿章提议借轮船招商局船只往来越南之便，利用其办事机构和人员直接搜集相关信息。光绪七年十月二十七日，李鸿章致信总署，言已秘密令招商局道员唐廷枢转告广东局商董搜集信息，并与两广总督张树声函商就近派委员前往越南秘密侦探。① 据张树声致总署函，其于光绪七年底派招商局会办唐廷庚前往越南查探，并派广东文武官员马复贲、黄秀玲、李春华随同前往。② 可以说，李鸿章搜集的信息，成为总署关于越南情报的重要来源。

"清流"对越南问题的确切认知最早亦来源于李鸿章。十一月二十六日，张佩纶致信李鸿章谈及中法越南交涉问题：

> 越南之事，传闻甚恶，适钮学士遗有讲官一缺，佩纶以次当补，故欲详考以为献纳之资。今院长必欲遗缺，与满讲官并奏，则其期须明年二、三月，学士拟补有人，佩

① 《总署奏接曾纪泽电法人谋越通滇拟豫筹办法折》（光绪七年十月十五日），王彦威、王亮编《清季外交史料》，文海出版社，1985，第493页；《致总署 论法越交涉》（光绪七年十月二十七日），《李鸿章全集》第33册，第91页。

② 《两广总督张树声向总署抄送唐廷庚探报及照会越南国王文》，张振鹍主编《中法战争》第1册，中华书局，1996，第88页。按：此版本《中法战争》以下称"续编"版。

> 纶须待后命。承来教，知法、越尚可从容布置，则此心释
> 然矣。以后振轩（按：两广总督张树声）如有咨到确实情
> 形，仍乞随时指示。香翁出都，此等事度亦无人理会也。①

如信中所言，张佩纶请李鸿章随时抄送两广总督张树声的
咨文，由此可见，至光绪七年底，张佩纶便从李鸿章处获取了
关于越南的信息。同时，张佩纶可惜张之洞外任山西巡抚，出
京后此事无人理会，证明张之洞实际对此种"洋务"事件十
分上心。可以推测，张佩纶应该会将从李鸿章处获得的中法越
南交涉情报告知张之洞。

张之洞何时从李鸿章或张佩纶处打探越南之事已无从考
究，但最晚至光绪八年（1882）二月，张之洞已开始从张佩
纶处打听越南的消息。从上引信看，在光绪七年底时，张佩
纶、李鸿章认为法越事仍可从容布置，探究其中原因，在于法
国仍未正式派遣军队进入北圻，李鸿章与法国驻华公使宝海
（Albert Bourée）议论尚洽。但至光绪八年二月，法国上校李
威利（Henri Rivière，又译李维业）率军登陆越南，随后攻陷
河内，清廷遂命李鸿章、左宗棠、两广和云南督抚妥筹办
法。② 二月间，张之洞致信数封与张佩纶言及多事，其中对与
越南相关的事情询问道：

> 恪靖（按：左宗棠）到金陵作何举动，深为驰念，
> 亦幸见告，倭、越两事近有端倪否？洋药加厘事有眉目

---

① 《张佩纶致李鸿章》，姜鸣整理《李鸿章张佩纶往来信札》，第184页。
② 《清实录》第54册《德宗实录（三）》，第44页。

否？（此间人以亩税之说进，如醉如狂，其实不以为然，
绝不作也）至此间关下抽药厘则行之廿余年矣，但透漏
太多，为数微渺如无之耳。

　　东洋，西、南洋近事若何？①

　　笔者未见张佩纶的回信，但从随后"清流"的上折来看，
张之洞与张佩纶、陈宝琛应该对中法越南交涉有充分的交流。
因河内失陷，四月初十日张佩纶与陈宝琛联衔上《存越固边
宜筹远略折》，献正、奇两策。正策建议派左宗棠或李鸿章为
钦差大臣赴两广备边；奇策建议令左宗棠、李鸿章佯装对日作
战，"密寄滇粤之事"，密寄之人为彭玉麟或丁宝桢，甚至张
之洞也被推荐去任两广督抚。同时张、陈二人举荐徐延旭与唐
炯。② 张之洞于三月十八日写了一封长信给张佩纶，询问相关
情况，兹录如下：

　　（上略，谈治理山西之事，以下有删节）
　　一，丹老（按：阎敬铭）至太原，一切详述，已肯
拜职矣。实心为国，实心为民，语语破的，精密老辣，自
愧不及远甚。
　　一，合肥事朝廷处置极当，用文妄人，搅局可恨，京
师岂遂无人为之张赤帜乎？尊谕亦是正可并行不悖耳。
　　一，越南事令人焦急，朝列不应绝无借箸者返来，政
府布置若何？望示及。

---

① 　《致张幼樵》，《张之洞书札》，张之洞档，甲182-371。
② 　《存越固边宜筹远略折》（光绪八年四月初十日），张佩纶：《涧于集》，
　　第230~233页。

一，窃比公（按：署湖广总督彭祖贤）遽已权督，殊为不厌人望，何以服李玉阶、周福皆乎？

一，张酉山（按：张兆栋）何以寂然，才雅不大，究系正派朴实老练人，绝无流弊。

一，闻长春（按：慈禧太后）感冒不轻，深为焦急，今日赐对否？望详示为幸。

十八日戌刻①

分析上面数条，最后一条关于慈禧太后的身体情况，涉及国家各事，暂且表下。第一、二、四、五条关于人事变动。阎敬铭和李鸿章之事被张之洞认为是涉及越南交涉的重要之事，下文将详述；张兆栋其后被授予福建巡抚一职，参与东南海防，由此可见其中"清流"也有出力。第三条张之洞直接询问越南之事，由于山西不属于中法越南交涉的直接相关省份，因此本不在朝廷下诏咨询的范围，但张之洞要求参与其事，可见张之洞的心态及其已对相关问题有所把握。四月二十日，张之洞上《越南日蹙宜筹兵遣将先发预防折》《请遣重臣驻粤筹办越事片》作为对张佩纶、陈宝琛的响应。在折中，张之洞提出成算、发兵、正名、审势、量力、取道、择使、选将、筹饷、议约、相机、刻期、广益、定局、兼筹、持久十六条建议。在附片中，张之洞请求朝廷派服阕的李鸿章百日后赴广东坐镇，"金革勿避"。② 张之洞四月二十日的折片，是其在中法越南交涉初期首次表达意见。

---

① 《致张幼樵》，《张之洞书札》，张之洞档，甲182-371。
② 《越南日蹙宜筹兵遣将先发预防折》《请遣重臣驻粤筹办越事片》（光绪八年四月二十日），《张之洞全集》第1册，第68~70页。

综上所述，通过同光之际建立的人际关系（尤其是与张佩纶、李鸿章的关系），张之洞虽然远在山西，但在北圻问题发生之初，即获取了相关情报，由是开始参与到中法越南交涉当中。

张之洞与阎敬铭、李鸿章起复

光绪八年春，张之洞直接参与起复在山西赋闲的阎敬铭，这本是南派领袖沈桂芬去世后的朝局变动，但其后张之洞对此事渐有中法交涉因素的考虑；三月初二日，李鸿章母亲病故，远在山西的张之洞出于对越南问题的关注，亦关心李鸿章的"夺情"起复，给出相关的建议。其时张之洞将阎敬铭、李鸿章起复视作与中法越南交涉相关的全盘计划。二人的起复，一方面引发朝臣和疆吏的重大人事调整，另一方面也影响了中法越南交涉的事态发展。

起复阎敬铭的背后本是"清流"、李鸿章对沈桂芬去世后"南派"堂官的调整。光绪七年十二月初八日，外放山西巡抚的张之洞请训陛辞，是日朝旨即谕张之洞向阎敬铭宣示朝廷恩旨，命其来京陛见。[①] 阎敬铭，字丹初，陕西大荔人，曾任户部主事，历官至山东巡抚，以理财闻名。而在此前，"清流"实际已有所行动。张之洞于光绪八年正月二十日复函阎敬铭言："去腊京邸所上一笺，已邀鉴入……前函奉渎，无非以鄙薄负乘，亟欲就正之意，不谓嗣奉寄谕，有当面传知事件。"[②] 由此可知，起复阎敬铭，张之洞等人早有预谋，故陛辞之日慈

---

① 《清实录》第 53 册《德宗实录（二）》，第 1004 页。

② 《张之洞致丹初》，阎敬铭档，虞和平主编《近代史所藏清代名人稿本抄本》第 1 辑第 18 册，大象出版社，2011，第 320 页。

禧太后有寄谕。光绪八年正月至二月间，张之洞多次致函阎敬铭，反复告知朝廷的恩遇，并派候补知府马丕瑶前往劝说。[①] 在张之洞等各方的合力下，光绪八年二月，阎敬铭复函张之洞决定四月入都，起复阎敬铭的计划实现。当张之洞参与起复阎敬铭之际，张佩纶于正月十四日弹劾吏部尚书万青藜、户部尚书董恂、都察院御史童华。他就该事致信张之洞密谋："尧夫（按：御史邵积诚）昨有文字，以伯昂（按：童华）配首坐，合傅跋扈将军（按：董恂），橘洲（按：陈宝琛）嫌无真迹，公（按：张之洞）与切盦品鉴所及，幸赐数行以资谈柄。"[②] 从现有材料看，李鸿章亦知悉此事。张佩纶致信李鸿章，称"佩纶有致香翁一书……因有要语"，恳求其将此信"速递（张之洞），幸垂意"，并嘱托云："寻常信均交提塘，此乃至要之件，愿速妥代递也。"[③] 二十四日，万青藜、董恂休致，童华解职，李鸿藻改吏部尚书，阎敬铭授户部尚书。可以说，万青藜、董恂、童华的去职以及阎敬铭的起复，为七月发生的"云南奏销案"埋下了伏笔。

随着中法越南交涉事态逐渐严重，张之洞对起复阎敬铭有了新的认知。光绪八年底，张之洞致信张佩纶言："丹老（按：阎敬铭）想时相过从，听能随事开说，化其厌薄洋务之见为佳耳。"[④] 其中所谓的"洋务"，实际是晚清语境下的中外交涉之事。在得到张之洞的不断来信后，张佩纶致信阎敬铭言：

① 相关信件见阎敬铭档，《近代史所藏清代名人稿本抄本》第 1 辑第 18 册，第 320~341 页。

② 《致张孝达中丞》，张佩纶：《涧于集》，第 448 页。

③ 《张佩纶致李鸿章》，姜鸣整理《李鸿章张佩纶往来信札》，第 204、205 页。

④ 《致张幼樵》，《张之洞书札》，张之洞档，甲 182-371。

"孝达（按：张之洞）书来，嘱讽公（按：阎敬铭）力任越饷。又启。"① 可见，张之洞希望阎敬铭解决的"洋务"，最重要的事情即中法越南交涉。

光绪八年三月初二日，李鸿章母亲病故，张树声署理直隶总督。对张佩纶、李鸿藻在李鸿章"夺情"复出的背后策划，学界已有研究，② 但缺乏对张之洞的关注。实际上，远在山西的张之洞对李鸿章夺情复出亦十分关心。二十三日，张之洞致信张佩纶询问相关情况："合肥之事太骤，出人意表，朝廷措置不得不然，渠意若何？闻第二次毋许之命，肯强起否？望详示为要。振翁（按：张树声）何日可达？"③ 张之洞在任山西巡抚的谢恩折中曾言："身为疆吏，固犹是瞻恋九重之心；职限方隅，不敢忘经营八表之略。"④ 由于山西巡抚仅为一隅职守，"经营八表"言过其实，因而朝廷中颇有戏谑。此时张之洞结合"经营八表"的说辞，将起复李鸿章与起复阎敬铭相提并论：

> 强起丹老，营里也。为合肥申勿避之义，营表也。策越南，营表也。荐贤，表里兼营也。此亦足以塞经营八表之言矣。⑤

① 《张佩纶致丹初函》，阎敬铭档，《近代史所藏清代名人稿本抄本》第 1 辑第 16 册，第 247 页。
② 姜鸣：《李鸿章"夺情"复出与"清流"的幕后筹划——张佩纶李鸿章通信研究》，《华东师范大学学报》（哲学社会科学版）2012 年第 3 期。
③ 《致张幼樵》，《张之洞书札》，张之洞档，甲 182-371。
④ 《到山西任谢恩折》（光绪七年十二月二十六日），《张之洞全集》第 1 册，第 49 页。
⑤ 《致张幼樵》，《张之洞书札》，张之洞档，甲 182-371。

张之洞将起复阎敬铭、李鸿章，谋划越南，推荐贤才，视作通盘计划，除了给张佩纶写信申说李鸿章在中法越南交涉中的重要性，亦致信李鸿藻言及此事："以后越事若何措置？合肥（按：李鸿章）能强起否？此外无策矣。"①

在张佩纶、李鸿藻的策划下，以朝鲜"壬午之变"为契机，李鸿章得以起复。七月二十七日，李鸿章夺情署理北洋大臣之职。"清流"策划起复李鸿章，除了既有研究认为张佩纶等人谋划对日作战外，张之洞似乎更看重的是中法越南交涉，其致信张佩纶言：

> 合肥（按：李鸿章）已出，甚善，然欲强以地方事，彼必不肯也。越事岂南丰（按：曾纪泽）所能办？真可惜也（以后事体正多，不得其人，则无法矣）。特不知南丰到彼有何举动。朝鲜事前半篇未尝不佳（未尝无功），惜未能尽力发挥。②

其后张之洞又致信张佩纶，透露对越南之事的极度关心：

> 前醴陵（按：黄国瑾）有书海外事，某可自请与闻，此岂所能自言者哉？（前书及此，未蒙见复，不知某为此固闷闷也，情事一切茫然）……譬如用兵，今年全是选将士、积粮草、探敌情、审地势、备器械，明年方是决战破敌也。今年皆题前，明年方到题耳。③

---

① 《致李兰荪宫保》，《张之洞全集》第 12 册，第 140 页。
② 《致张幼樵》，《张之洞书札》，张之洞档，甲 182-371。
③ 《致张幼樵》，《张之洞书札》，张之洞档，甲 182-371。

李鸿章起复后，无论张佩纶等人如何呼吁对日作战，李鸿章始终不为所动。而张之洞更关心的中法越南交涉，随着事态不断改变，李鸿章更是直接参与其中。中法越南交涉之初，交涉中心在巴黎（即曾纪泽与法国外交部的交涉），而非北京或天津，而如上述，张之洞却预判中法越南交涉曾纪泽难以处理，不断地写信给张佩纶、李鸿藻，申说李鸿章在此事中的重要性。七月，新任法国外交部部长杜格来（Duclere）告曾纪泽中法谈判已决定由法国驻华公使宝海与总署直接谈判，曾纪泽于巴黎的交涉失败。十月初二日，在总署的授意下，宝海由北京前往天津与李鸿章进行和谈。中法越南交涉的中心由巴黎转移至李鸿章处。

中法战衅与张之洞广派侦探委员

巴黎谈判破裂后，李鸿章曾与法国驻华公使宝海、驻日公使脱利古（Tricou）就越南问题进行交涉，其间不乏中法双方意见接近之时，然清廷与法政府，双方或迫于舆论，或顾全面子，不以实际形势为解决之道，均执空洞的调和原则，导致交涉功败垂成。李脱谈判破裂后，中法之事只能诉诸武力。张之洞从李宝谈判始即关注相关事态的发展，在其后有所动作。李脱上海谈判破裂后，为解决僻处山西消息不通的困境，张之洞即四处广派侦探委员，直接搜集相关信息。

光绪八年十月十六日，李鸿章与宝海议及越南问题，很快即议有成果。次日李鸿章派马建忠与宝海阅定草案，拟定三条协定（"李宝协议"）。二十九日，宝海前往上海，待法国政府复命。"李宝协议"大略言：第一，清廷将滇桂军队撤回边境；第二，驱逐"土匪"（按：所谓"土匪"，不言而喻即指刘永福及其黑旗军），红河通商；第三，北圻分南北界，中法各任保护。① 该协议较为客观可行，本为解决之道，张之洞却对"李宝协议"大为不满，致信张佩纶，希望其以清议阻止朝廷批准协议，言："闻法人颇沮诿，于其国不知，愿我息兵，万不可听也。若今日不结刘永福便是六州四十三县铸一大错也，力持勿许为要。"② 张之洞等"清流"虽对"李宝协议"不满，但滇、粤疆臣上奏原则上均承认可行（除岑毓英对中分北圻不满），中国方面已基本接受"李宝协议"。然而此时法方却生变故。十二月下旬，宝海的详细报告方到达巴黎，1883 年，法国内阁更易，新总理茹费理（Jules François Camille Ferry）对越南问题强硬，拒绝"李宝协议"并于二月撤回宝海。清廷随即做出应对。光绪九年三月，清廷屡诏滇、粤两军挑选劲旅，扼要进扎。二十五日，上谕命李鸿章前往广东督办越南事宜，节制两广、云南防军，"金革勿避"。③

李鸿章对这种战争姿态不满，停留上海不前往广东。时宝海亦羁留上海，屡电法政府中法关系破裂险状，法外交部遂于四月初九日派驻日公使脱利古与李鸿章续谈。脱利古于五月初二日到达上海，提出和议条件较宝海苛刻，中方朝议亦因刘永福斩杀法将李威利而主张对法强硬，左副都御史张佩纶、御史刘恩溥、内阁学士廖寿恒、詹事洪钧、御史陈启泰先后上奏言战。④ 张之洞对李鸿章迁延求和的态度亦不甚满意，其曾就此

---

① 《附法使宝海提议越事办法三条》，王彦威、王亮编《清季外交史料》，第 580 页。
② 《致张幼樵》，《张之洞书札》，张之洞档，甲 182–371。
③ 《清实录》第 54 册《德宗实录（三）》，第 267 页。
④ 《清光绪朝中法交涉史料》，文海出版社，1967，第 298~303、305~308、316~321 页。

事致信李鸿章，李鸿章则回复解释："内意初不过嘘声恫喝，冀法人敛兵，复归于和……各省海防，兵单饷匮，水师亦未练成，一发难收，则决裂固意中事也。法事与上年俄事又异，俄皇垂毙，持盈保泰，机有可乘；法为德挫十余年，养精蓄锐，欲借屑小以逞强贪利，恐中土未易与争锋。"[1] 在内外压力下，李脱交涉暂时搁浅。六月初二日，李鸿章以朝旨令回津筹防而离开上海，李脱谈判破裂。九月十六日，张之洞写信给张佩纶言及此事，对李鸿章之求和仍不免愤愤，认为"法事即决裂亦复何妨？"[2]

李脱上海谈判破裂前后，中法事态已成剑拔弩张之势。四月十三日，刘永福主动攻击河内，斩法将李威利，法方誓言报复，清廷命广西布政使徐延旭出关。五月二十七日，醇王奕譞被派会筹法越事宜，清廷内部对法作战的呼声越来越高。在这种情形下，四月，主战派岑毓英正式取代刘长佑任云贵总督。六月，李鸿章回任直隶总督，张树声则代替衰病的曾国荃重回两广总督之任。同月，唐炯迁云南巡抚。七月二十三日，法派兵舰攻越南顺安，破顺化，逼迫越南签订《顺化条约》，正式认定越南为法国的保护国。十月十八日，茹费理告知曾纪泽决定以武力攻取北圻，至十一月十二日，法军进攻退屯越南山西地区的刘永福之黑旗军，驻屯山西的清军第一次与法军正面作战，中法战争爆发。

在中法事态严峻之际，张之洞向各地广派委员，半秘密地

---

[1] 《复张香涛中丞》（光绪九年五月初五日），《李鸿章全集》第 33 册，第 229 页。

[2] 《与张幼樵》，《张之洞全集》第 12 册，第 24 页。时间据张之洞档甲 182-371 补订。

侦探相关情报。中法越南交涉之初，张之洞虽然从张佩纶、李鸿章、李鸿藻处获取了相关信息，但毕竟僻处山西，多有模糊不清之处。上引致张佩纶书信，便已有言"情事一切茫然"。一个具体例子便是关于刘永福的认知。在谈论"李宝协议"关于刘永福的处置问题时，张之洞虽致信张佩纶请力持勿放弃刘永福，然而他对刘永福的认识实际相当浅薄，在光绪八年七月间，张之洞才向张佩纶询问："越裳事如何？刘永福者何人？索之何事？前函未详，望明示。"① 张之洞札派侦探委员有利于摆脱这种困境。陈晓平曾述及部分人员，② 但有遗漏，以下再做一些补充。目前所见重要的侦探委员有何见扬、陈占鳌两人。

何见扬，广西容县人，时为山西候补知县，张之洞在晋时下属。其被张之洞派往广东省城、广西及越南打听消息，于光绪九年八月十六日向张之洞禀辞，十九日出山西省城，十月二十日到广东省城，并将张之洞面谕各节禀告新任广东巡抚倪文蔚。他不定期向张之洞上"西"字禀。③

陈占鳌，广东潮州柘林人，时为山西候补道，张之洞在晋时下属。其被张之洞派往香港、广东省城打听消息，于光绪九年九月十一日到达香港，自十二日开始不定期向张之洞上"粤"字禀。④

---

① 《致张幼樵》，《张之洞书札》，张之洞档，甲182-371。
② 见陈晓平《张之洞中法战争时期的情报网》，《澎湃新闻·私家历史》2020年5月15日，https://www.thepaper.cn/newsDetail_forward_6492181，浏览时间：2021-6-15。。
③ 光绪《容县志》卷8《建置志》，光绪二十三年刊本，第11页；全国图书馆文献缩微复制中心编印《张文襄公（未刊）电稿》第4册，2005，第1455~1458页。
④ 光绪《海阳县志》卷19《建置略三》，光绪二十六年刊本，第45页；《张文襄公（未刊）电稿》第7册，第3049~3050页。

除了上述有姓名可稽的两人，张之洞还派委员前往上海，搜集《沪报》（*Hu Pao*）及《北华捷报》关于越南战场相关报道。[①] 此外，张之洞亦借助朋辈打探相关消息，目前所见诸人如下。

沈镕经，字雪仲，号芸阁，浙江湖州人。同治六年（1867）举人，七年进士，为张之洞在浙江任乡试副考官时所取门生，于光绪九年十二月二十日接任广东按察使。后陈占鳌来省城传知张之洞谕，请随时传知情形，沈镕经其后遂为张之洞提供相关信息。[②]

李先义，安徽庐州人，记名总兵。原为李鸿章下属，光绪九年（1883）由张之洞咨调来晋训练山西练军。其何时由张之洞派委打听相关消息不详。李先义最早致张之洞关于中法越南交涉信息的禀文似写于光绪九年七月。其主要在天津禀告李鸿章处情形、越南情形及外国新闻。[③]

汪守正，原名曾守，字子常，浙江钱塘人，附贡。曾在山西多处任知县，光绪六年由山西巡抚曾国荃保举入京为慈禧看病，因为慈禧治病有功，升天津府知府。张之洞在山西时与之相识，其主要在天津负责禀报李鸿章情形及转禀上海、香港、广东省城消息。[④]

---

① "Summary of News," *The North-China Herald and Supreme Court & Consular Gazette*, 1883-12-26.

② 顾廷龙主编《清代朱卷集成》第 31 册，成文出版社，1992，第 389、392 页；《张文襄公（未刊）电稿》第 2 册，第 833~840 页。

③ 胡钧：《张文襄公年谱》，第 66 页；《张文襄公（未刊）电稿》第 4 册，第 1555~1556 页。

④ 上海图书馆编《汪康年师友书札》，上海古籍出版社，1986，第 4053 页；《张文襄公（未刊）电稿》第 4 册，第 1575、1629 页。

恽宝善，字伯阳，江苏阳湖人，监生。曾任山西朔平府经历，署石楼等县知县。其时恽宝善在上海，不定期为张之洞上"申"字禀。①

邵友濂，字筱春（小村，一字攸枝），初名维埏，浙江余姚人。同治四年举人。邵友濂曾在总理各国事务衙门当差，光绪五年出使俄国。光绪八年放苏松太道。他在苏松太道任上奉张之洞谕，命其遇重大事情禀告，由大东公司电知，并陆续翻译外国新闻纸上禀。笔者目前仅见一禀，内容为密抄张之洞关于彭玉麟、吴大澂赴粤上谕，以及禀告法使德理固（即脱利古）离开天津赴日本。②

上述诸人是张之洞构筑的情报渠道，与李鸿章的情报来源并不完全重合。张之洞曾嘱咐张佩纶言："如致合肥书，万勿言此信得自鄙处！恐其责左右宣泄也。"③ 此外，李先义的禀文言：

> 李傅相传见，谕以法越事宜全归总理衙门办理，着先义协同山西汾州府朱守（按：朱采）押解军装赴晋等语，遵即束装，一俟点交清楚，协同妥解赴晋。嗣后有法越事宜，先义已委妥人驻津，仍不时探闻禀报。④

由此可知，李鸿章对李先义禀告张之洞一事并不知情，张

---

① 《汪康年师友书札》，第 4168 页；《张文襄公（未刊）电稿》第 7 册，第 3047~3048 页。

② 秦国经主编《清代官员履历档案全编》第 4 册，华东师范大学出版社，1997，第 139 页；《张文襄公（未刊）电稿》第 7 册，第 3045~3046 页。

③ 《致张幼樵》，《张之洞书札》，张之洞档，甲 182-371。

④ 《张文襄公（未刊）电稿》第 7 册，第 3087 页。

之洞已在李鸿章之外建构起独立的情报渠道。

通过新的情报渠道，张之洞直接、有效地获取中法越南交涉信息。检阅"张之洞档"甲 182-371，从光绪九年八月至次年三月（即张之洞离开山西前），张之洞致张佩纶专门谈及中法越南交涉的信有十余封，信件形式多为条目胪列，且字数上千者不少。其中光绪十年二月十二日之信，开篇即言"越事溃烂，焦灼之至，目前布置实多未办，胪陈如左"，胪列有二十三条，所言之事包括山海关防，台防，徐延旭、唐炯逮问，越南战况，黑旗军，对俄边防及各人事问题，共 2000 多字。① 可见张之洞搜集信息之广泛。

依靠广泛的信息搜集，张之洞再次上奏表明态度。光绪九年十一月初一日，张之洞上《法患未已不可罢兵折》《越事关系大局请断自宸衷片》一折一片，呼吁慈禧亲自表明主战态度。又上《法衅已成敬陈战守事宜折》，提出战守十七条，即决战计，固根本，策敌情，择战地，用刘团，用越民，务持久，散敌援，防津，防烟台，防旅顺，防粤，防江南、闽浙，筹饷需，备军火，速文报，备重臣，② 面面俱到地提出对法战守问题。张之洞最关心的自然是各方对两折一片的态度。初六日、十二日，张之洞先后写了两封长信给张佩纶，除了交流中法越南交涉信息外，还询问了慈禧、李鸿章、军机处各方对其建议是否采纳："拙疏请召大潜（按：刘铭传）防津以援铭

①　《致张幼樵》，《张之洞书札》，张之洞档，甲 182-371。许同莘对该信进行删节，最终收入《张之洞全集》的仅 400 余字，见《与张幼樵》，《张之洞全集》第 12 册，第 28 页。

②　《法衅已成敬陈战守事宜折》《法患未已不可罢兵折》《越事关系大局请断自宸衷片》（光绪九年十一月初一日），《张之洞全集》第 1 册，第 203~208 页。

军，不知可行否？如合肥必不以为然，或令赴闽如何？……日前两疏不知有一二可采纳否？下廷议否？当轴采择者否？尊意以为何如？望详示（采用何条，望详示，以释杞念）。"① 张佩纶虽对张之洞之奏疏极为敬佩，但其致张之洞信中却说枢廷诸人视为空言，束之高阁。② 此时张之洞在中法越南交涉中仍属边缘人员，然而，随着日后朝局和中法战事的变化，张之洞离晋督粤，直接参与到中法战争中。

四　张之洞离晋督粤

张之洞在山西巡抚任上对中法越南交涉相当关注，并屡次上奏表达看法，除了"经营八表"的抱负外，亦有个人仕途的私心。张之洞在外任山西巡抚之初兴致勃勃，大有一展抱负之感。到了光绪八年底，因公事和私事纷扰，张之洞已无意山西巡抚之位。以中法越南交涉为契机，张之洞自身主动谋求外调。然而因僻处山西，他的奏疏在当时并未引起太多的关注，至光绪十年（1884）清军在北宁之战中大败，引发朝局连锁反应，朝廷终命张之洞调署两广总督，在中法交涉初期并不十分重要的张之洞的地位由此凸显，成为中法战争的直接参与者。

张之洞在抵任山西巡抚前，便有在山西举行"新政"的想法。光绪七年十二月初八日，张之洞请训陛辞，张佩纶等人送至京城广安门外的天宁寺。十四日，张之洞过保定，专门留一日与李鸿章等人会谈，当日张之洞即致信张佩纶说此次二人

---

① 《致张幼樵》，《张之洞书札》，张之洞档，甲182—371。
② 《致张孝达中丞》，张佩纶：《涧于集》，第474页。

会谈"颇畅"。① 张、李二人在保定面谈的内容极为重要。据李鸿章致张佩纶之信言："香翁（按：张之洞）十四日到保，次日勾留畅谈，十六行矣。索抄各件已面交。洋枪并教习、武弁允开河后送去。"② "索抄各件"，大约指机器安装章程；洋枪、教习、武弁，即张之洞请张佩纶给李鸿章的信中所提及的请教"洋务"一切，并乞洋枪队章程，同时希望能于李鸿章处借调洋枪教习二人。③ 这些关系到张之洞在山西的"新政"。

张之洞抵任后，即迅速开展"新政"。光绪八年二月，张之洞致信张佩纶，告知其山西"新政"的大体计划：

> 晋省事可办者颇多，惟同志无人。大约官积累、民积困、军积弱、库积欠，能去此数者，似亦可算振作，似亦无伤简静。审度情势，自揣虽不才，尚能办此，但须有指臂耳。晋省州县之累，以摊捐为最；摊捐之多，以办铁运铁为最。弟拟力裁摊捐以苏官困。前拟办铁动用厘金，总思部议必驳。今拟陈请折例价解部，便可省州县无数之累。④

在练兵方面，前文提及张之洞在出京前已通过张佩纶向李鸿章借调洋枪、人员、章程。正月二十六日，张之洞奏陈将山西抚标精简编作练兵。⑤ 为解决"同志无人"的情况，张之洞

---

① 《致张幼樵》，《张之洞书札》，张之洞档，甲 182-371。

② 《李鸿章致张佩纶》，姜鸣整理《李鸿章张佩纶往来信札》，第 194~195 页。

③ 《张佩纶致李鸿章》，姜鸣整理《李鸿章张佩纶往来信札》，第 188 页。

④ 《与张幼樵》，《张之洞全集》第 12 册，第 23 页。

⑤ 《将晋省抚标精兵编作练军片》（光绪八年正月二十六日），《张之洞全集》第 1 册，第 55 页。

从李鸿章处借调翰林院编修王文锦、永平府知府李秉衡、在直隶籍服阕的高崇基、直隶按察使方大湜。部分人员虽奉旨允许借调，但张之洞仍通过张佩纶的私人关系，劝说李鸿章通融予行：

> 前有文乞李永平（按：李秉衡），此时已有明文，如遂所请，恳致书合肥达意。
>
> 望溪集（按：方大湜）甚佳，但望致合肥书，一达鄙人平日十分钦慕之意，则必能同心协力矣。此义至要，万望留意费神，切祷切祷。①

光绪八年六月、七月间，张之洞上数折，宣示全面施行山西"新政"，一时中外舆论都目张之洞为改革者，其由此政声大作。张之洞当时踌躇满志，对张佩纶、李鸿藻言："朝廷若假以三年，自当为国家治之。""鄙人之志，惟欲在此稍久（至少三年）。"② 然而，到了下半年，张之洞任晋抚三年的想法逐步发生改变。十一月十七日，其致信阎敬铭言：

> 侄家运乖蹇，猝遭兄丧，况因王事焦劳，致以身殉，旅榇漂泊，老幼零丁，公事纠缠，茫无畔岸，至冤至痛！蔑以加矣！侄家事伤心，兼以公事怫意，近来体气甚不佳，但盼明春以后，吏士人民渐相服习，稍可为省力耳。③

---

① 《致张幼樵》，《张之洞书札》，张之洞档，甲182-371。
② 《与张幼樵》《致李兰荪宫保》，《张之洞全集》第12册，第24、140页。
③ 《张之洞致丹初》，阎敬铭档，《近代史所藏清代名人稿本抄本》第1辑第18册，第359~360页。

张之洞所谓的"家运乖蹇"，指其兄张之渊在湖北为候补道，办理厘金亏空，畏罪吞金自杀之事。"公事纠缠"，主要是在开办"新政"的过程中，与两司的矛盾（最典型的为张之洞与奏调的按察使方大湜不和），以及归化城副都统奎英阻挠张之洞开发边地。其余如清厘财政、禁止馈送，得罪的官吏士绅自然不少。《北华捷报》从太原府获得信件，投信人抱怨言："在张之洞手下是不幸的，他似乎没有管理方面的才能。"①

由于张之洞已有离晋之意，加之中法交涉纠葛，他屡此表达对中法越南交涉的意见，李鸿藻在朝中运作张佩纶与张之洞进入总署。张佩纶将李鸿藻的安排告知张之洞："河阳（按：潘祖荫）以此席见拟。鄙人谓以公（按：张之洞）为帅，而佩纶如骖从，靳未始不收驽马十驾之益……近兰相（按：李鸿藻）力任此事。"② 光绪八年十二月初四日，张佩纶亦致信李鸿章告知李鸿藻的安排："译署乏人，实是隐患。冀南皮内召，否则义兴（按：周家楣）纵横矣。"但李鸿章对李鸿藻运作调张之洞入总署一事并不看好，对周家楣言此是"一己之见"。③ 而张之洞实不愿入总署，其曾写信与张佩纶辩说此事：

> 再，前书之意，盖以僻处边隅，东南阻绝，中外交涉茫然无闻，即有道听途说，不惟过晚，亦且不确。若朝廷以为曩与咨商尚无大缪〔谬〕，遇有重要事体与南北两洋一

① "Summary of News," *The North-China Herald and Supreme Court & Consular Gazette*, 1882-10-4.

② 《复张孝达中丞》，张佩纶：《涧于集》，第460页。

③ 《张佩纶致李鸿章》，姜鸣整理《李鸿章张佩纶往来信札》，第269页；《复周筱棠京兆》（光绪八年十二月十六日），《李鸿章全集》第33册，第203页。

体垂询，则可稍效刍荛，以备采择，特区区之愚诚，不能自请矣［醴陵（按：黄国瑾）言与鄙意同］。来书似是误会，殆以为愿入译署耶？不然则某误解耶？姑附函申解于此（译署则才力万万不能，若有人以此见拟，是有意相难耳）。[①]

除了李鸿藻运作张之洞进入总署外，张佩纶等人另有运作张之洞任广东巡抚的想法。光绪九年六月初四日，张佩纶致函李鸿章，表达其希望张之洞担任广东巡抚，做两广总督张树声帮手的愿望：

比闻沅、泽（按：曾国荃、裕宽）二公畏法弥甚，公既北返，似当为粤择人。若振公（按：张树声）南辕，贞固自足干事。抚部如以仲良、香涛、清卿（按：刘秉璋、张之洞、吴大澂）易之，同道为朋，军气益倍。滇、桂两节，便假徐、唐（按：徐延旭、唐炯）；豹岑（按：倪文蔚）儒者，但宜散地。[②]

然而对于张之洞任广东巡抚，李鸿章并不以为然，认为"如能以清卿往助，极佳。香、仲二公独当一面尤可，恐未易与人共事"，似乎更有意将此席留予张佩纶。张之洞亦对张佩纶表达了"不愿去晋"的想法，张佩纶则认为其是"近于知难而退"。[③]

---

① 《致张幼樵》，《张之洞书札》，张之洞档，甲 182–371。
② 《张佩纶致李鸿章》，姜鸣整理《李鸿章张佩纶往来信札》，第 297 页。
③ 《李鸿章致张佩纶》，姜鸣整理《李鸿章张佩纶往来信札》，第 299、311 页；《张佩纶致李鸿章》，姜鸣整理《李鸿章张佩纶往来信札》，第 307 页。

张之洞"不愿去晋"，应如张佩纶所言是借口，在其十月十二日致张佩纶的一封长信中可以体现。光绪九年七月，因张佩纶在云南奏销案中得罪多人，加之在京坚持对法作战，不利和谈，朝廷命其前往陕西查办事件，其间张佩纶有意前往不远的山西与张之洞商量相关事情。张之洞知道此事后，连忙询问"请训之日，不审有无传谕之洞之件？如有天语，伏请飞速赐示，以便到王胡驿祗聆"，[1] 可见张之洞迫不及待离晋。

至光绪十年（1884），中法战事与朝局发生重大变化。二月十五日，越南北宁失陷，引发清廷内部连锁反应，给对法作战的主张蒙上阴影。二十九日，上谕拿问徐延旭、唐炯，命潘鼎新赴广西巡抚任。三月初八日，盛昱以张佩纶举荐徐延旭、唐炯为由，连带弹劾军机大臣。此折当时并未发下，京城流言纷纷。至十三日，慈禧太后颁布懿旨罢黜全班军机大臣，史称"甲申易枢"。十七日，上谕张之洞来京陛见，山西巡抚由奎斌护理。"甲申易枢"发生后，各方震惊。盛昱、锡均、赵尔巽、张佩纶以总署与军机处不能分置为由，为挽救恭王做出努力，而被波及的李鸿章，则加紧与法方代表福禄诺（Francois-Ernest Fournier）谈判，以求摆脱不利局面。[2] 远在山西的张之洞，本是迫切离晋，但得知易枢和召见的消息，却选择了沉默和等待：

　　此事公私杂糅，是非互见，气宜壮，心宜平，神宜

---

① 《致张幼樵》，《张之洞书札》，张之洞档，甲 182-371。

② 张佩纶挽救恭王的努力及李鸿章在"甲申易枢"中的位置参见姜鸣《从"张藏信札"看"甲申易枢"》，《文汇学人》2017 年 2 月 17 日，第 4 版；张晓川《张佩纶致李鸿章密札隐语笺释》，《近代史研究》2019 年第 1 期。

定，方可为也。高明以为何如？惟新参似略见一班矣，如何如何。①

直至四月初八日，张之洞才从太原缓慢动身，二十三日到达京城广安门外的天宁寺。在此期间，四月十三日，李鸿章奏陈与福禄诺商定简明条约（"李福协定"）。"李福协定"规定五款：第一，法国"保全护助"中国毗连越南北圻地方；第二，中国驻北圻各防营即行调回边界；第三，法国不向中国索要赔款，中国准中越边界通商；第四，承认法越签订的各条约；第五，画押后三个月内中法各派全权大臣讨论详细条款。②四月十四日，上谕命吴大澂、陈宝琛、张佩纶分别会办北洋、南洋、福建海疆事宜。自北圻问题发生之始，张之洞与张佩纶就越南问题进行了信息交流、讨论，并在适当的时候上奏，以在内外朝呼应。目前暂未见张之洞致陈宝琛的信件，但张之洞曾向张佩纶问及陈宝琛的相关看法，可以推测陈宝琛亦参与到二张的言战中。时中枢便对此不满，光绪八年五月，宝廷充福建乡试主考官；六月，陈宝琛充江西乡试正考官；光绪九年七月，张佩纶被派往陕西查案，这些事件与"清流"言战不无相关："时越事日坏，中枢终幸和，惮大举。而清流诸人争之益力，中枢病之，乃谋出诸臣于外。既出张公之洞巡抚山西，拟出张公佩纶任川藩，张公不愿，乃使其按事陕西。出宝公竹坡典试福建，亦出公（按：陈宝琛）往主赣试。"③ 及

① 《致张幼樵》，《张之洞书札》，张之洞档，甲182-371。
② 《中法简明条款》，邵循正等编《中法战争》第7册，上海人民出版社，1957，第419~420页。
③ 张允侨：《闽县陈公宝琛年谱》，收入陈宝琛《沧趣楼诗文集》（下），第709页。

中法衅起，远在山西的张之洞更是劝说张佩纶在总署坚持主战。如光绪九年十一月，张之洞致信在天津与李鸿章讨论海防的张佩纶，希望他赶紧回京，在总署活动对法作战："越事日急，刘军（按：刘永福黑旗军）虽屡胜，因为法人决堤，故避水而退屯清威。滇帅大谬，粤师亦小却（唐谬而岑亦坚持战议，不可解）。朝谟有用武之意，雪帅（按：彭玉麟）已自湘率两营赴粤，到后增募，来疏甚勇，振帅亦壮，合肥如故。鄙意惟盼公还朝，一佐筹策耳。闻译署议将明告各国，此得之矣。"① 此时"三洋会办"虽非所言慈禧"使书生典戎，以速其败"之用心狠毒，但可以看出还是延续了光绪八年、九年间的放逐之意。面对复杂的政局，到达天宁寺的张之洞以生病为由暂留两日，闭门谢客，但与张佩纶信函往来交流信息，并请张佩纶以及其侄子张人骏来天宁寺一谈。②

在与李鸿章的通信中，张佩纶希望张之洞进入军机处和总署主持大计。张佩纶的这种想法实则早已上奏言明，其于光绪八年十月二十七日再请罢斥枢臣王文韶，以阎敬铭或张之洞代之进入枢廷与总署。③ 如上文所述，张之洞曾致信辩说不愿进入总署，却未曾推脱进入军机处。由于张佩纶与张之洞信函往来不断，加以光绪九年下半年张佩纶亲见张之洞，因此进入军机处可能才是张之洞的愿望。然而，"甲申易枢"后枢、译分家，张之洞进入军机处希望渺茫，反而进入总署呼声较高。张佩纶致信李鸿章言："香涛召入，闻将属以译署。若鄙人所请

---

① 《致张幼樵》，《张之洞书札》，张之洞档，甲182-371。

② 《致张幼樵》，《张之洞书札》，张之洞档，甲182-371。

③ 《再请罢斥枢臣王文韶折》（光绪八年十月二十七日），张佩纶：《涧于集》，第259页。

不行，谨当拜手稽首，让于夔龙耳。兴献既欲转圜，劻、礼亦愿调处，公能以重臣出片言相助否？鄙见非恭、李复出，即香涛得政府，亦难久安其位也。"其后李鸿章致信张佩纶，明确指出"香涛似不能入政府，仅译署固无可为"。在得知张之洞称病缓行时，李鸿章再向张佩纶询问："孝达日内抵京，拟议若何？能否主持要计？报起程忽言病状，岂有退志耶？"①

最终朝廷命张之洞接署两广总督之任。四月二十五日，张之洞进京陛见，三日后清廷发布上谕：

> 张树声奏因病吁恳开缺、专治军事一折。据称该督患病未痊，两广事繁任重，现在办理防务，恐难兼顾等语。张树声着准开两广总督之缺，仍着督率所部，办理广东防务。两广总督着张之洞署理。张树声俟张之洞到任后，再行交卸总督篆务。②

张之洞调署两广总督，或与醇王奕譞不无关系。奕譞，字朴庵，号九思堂主人，道光帝第七子，光绪帝生父。咸丰十一年（1861）九月三十日，两宫皇太后与恭亲王奕䜣发动辛酉政变。时奕譞为正黄旗汉军都统，掌控一定兵权。在政变中，奕譞缮写谕旨，宣示载垣、端华、肃顺之跋扈不臣，并会同睿亲王仁寿拿问肃顺。因其在政变中的选择，奕譞得两宫信赖，后负责管理神机营事务。③ 光绪帝入继大统后，奕譞骎骎达于

---

① 《张佩纶致李鸿章》《李鸿章又致张佩纶》《李鸿章致张佩纶》，姜鸣整理《李鸿章张佩纶往来信札》，第 375、380、388~389 页。

② 中国第一历史档案馆编《光绪朝上谕档》第 10 册，第 110 页。

③ 《清实录》第 45 册《穆宗实录（一）》，第 148 页。

权柄。在穆宗升祔一事中，奕譞奉旨参与讨论并表达意见，有不俗表现。[①] 中俄伊犁交涉事起，奕譞再掌神机营事务，并参与会议中俄修约事宜。[②] 光绪九年（1883）五月，奕譞奉旨派会筹法越事宜；"甲申易枢"后，恭亲王奕䜣、宝鋆、李鸿藻、景廉、翁同龢退出军机处，改以礼亲王世铎为首班，额勒和布、阎敬铭、张之万、孙毓汶进入军机处，"遇有紧要事件，着会同醇亲王奕譞商办"。[③] 奕譞实际操控军机处权柄。醇王奕譞与张之洞在同光之际是否有直接来往暂不清楚，但可以肯定奕譞与南皮张氏，尤其是张之洞堂兄张之万关系不浅。他虽为满人宗亲，但为人尊师重道，尤敬重其师朱凤标，诗稿中常常表达对朱凤标的怀念之情。奕譞与张之万亦有师生之谊。同治十年（1871），张之万由江苏巡抚迁闽浙总督，奕譞回忆："张子青先生授闽浙总督，同日鲍花潭先生授山西巡抚，暨现任贵州巡抚曾枢元先生，皆上书房师傅。"[④] 据此得知张之万曾为奕譞上书房师傅。大约在同治初元，张之万已外放漕运总督，奕譞见绎鹄亭荒颓，回忆起张之万教读及兄妹曾于此游乐情形，不免感从中来，作诗曰：

绎鹄亭有感

（亭为漕帅张子青先生题额，今圮）

翰墨辉联画栋新，夕阳较射乐天伦。

---

① 朱寿朋编《光绪朝东华录》，中华书局，1958，第 439~445 页；《清实录》第 52 册《德宗实录（一）》，第 729 页。

② 《清实录》第 53 册《德宗实录（二）》，第 767、858 页。

③ 《清实录》第 54 册《德宗实录（三）》，第 301、501 页。

④ 奕譞：《九思堂诗稿》，《清代诗文集汇编》编纂委员会编《清代诗文集汇编》第 742 册，上海古籍出版社，2010，第 148 页。

（四姊五兄六兄曾于斯较射）

荒基触目春何在，雅集迥思迹已陈。

桃叶青葱迷乱草，梨花零落委芳尘。

只余雨渍苔侵石，屹立河边是故人。①

奕譞之诗反映了其对张之万的感怀之情。有谓抓拿肃顺过程中，张之万与奕譞曾共同筹划。② 在张之洞调署两广总督上谕发布的十多天前，就已经有张之洞外放总督的流言。《北华捷报》曾表示张之洞可能不会得总署之位，称："这里有一则流言，张之洞也许最终会被授予南京的两江总督。"③ 这说明在张之洞被任命为两广总督前，已经有人在朝廷运作张之洞外任沿海总督。《北华捷报》称此消息来自天津的通信人，且消息在四月十四日前已有流传。据张之洞族孙张达骧言，张之洞的族兄、军机大臣张之万在醇王奕譞前密保张之洞可调升两广总督，后奏闻慈禧。④ 张之万与奕譞关系非同一般，张之洞在中法越南交涉初期，屡次上奏表明看法，但一直不受枢臣重视，"甲申易枢"后，便有张之洞调任东南总督的消息流传，其间确实存在张之万谋划的可能性，这也符合此时张之洞欲调离晋省的想法，但笔者暂未找到其他直接材料证明，且备一说。

---

① 奕譞：《九思堂诗稿》，《清代诗文集汇编》第 742 册，第 89 页。

② 张达骧：《南皮张氏兄弟事迹述闻》，《天津文史资料选辑》第 35 辑，第 90 页。

③ "Tientsin," *The North-China Herald and Supreme Court & Consular Gazette*, 1884-5-16.

④ 张达骧：《张之洞生平述闻》，《武汉文史资料》1986 年第 1 辑，第 7 页。

第二章　张之洞与中法战争（上）:
战时饷械筹集

　　"李福协定"签订后，中法战事暂息，但当时清廷舆论已多谓和约不可恃。光绪十年（1884）闰五月初一日，法军贸然至北黎（中国文献称观音桥），引发与清朝驻军的冲突。十六日，张之洞抵达广州，四日后接篆视事。张之洞前于上海途次已得知"北黎冲突"的消息，接署两广总督后即着手筹防。中法战争无疑是张之洞任两广总督期间经历的最重要事件，清廷在张之洞谕祭文中谓:"属以南交有事，东粤量移。驱策群材，筹笔遐规乎滇桂；辑和诸将，俵匀旁应乎台澎。""叠膺数省之封疆。抚晋则财政清厘，控粤则敌锋挫衅，武昌作镇，江表宣勤。"① 谕祭文虽然多为溢美之词，但可见清廷于张之洞粤督任上的事迹，主要叙其中法战争之功。正因如此，张之洞在中法战争中的思想、举措是学界关注的重点，前人已积累了不少成果，② 然而并非题无剩义。

---

　　①　《谕祭文》，《张文襄公（之洞）全集》，第 9~10、11~12 页。
　　②　除各张之洞传记对此事着墨甚多外，唐上意的《中法战争中的张之洞》（《历史研究》1983 年第 5 期）、钟康模的《论张之洞在中法战争中的对外态度》、黄振南的《试论中法战争时期张之洞的战守方略》（《广西社会科学》增刊《中法战争专集》，1986 年 12 月）是较早关于张之洞与中法战争的专题论文。唐上意的文章收入其论文集《中法战争与张之洞》

张之洞任山西巡抚时期，已札派委员侦探中法越南交涉信息，及其到任广东，相关的人员继续发挥作用，同时，张之洞吸纳广东本土及相关地区人员，进一步扩充其班底。现存各版本《张文襄公全集》《张之洞全集》留下的相关材料不多，张之洞亦常有意隐匿，如光绪十年七月初八日，张之洞致电总署，称其得香港探员报告英国在香港暗助法国军火，福建海防会办张佩纶来电亦同，此事违反公法，请总署与英国公使巴夏礼（Harry Smith Parkes）交涉，但要求"但可露闽语，勿泄港语"。① 故这些人员往往隐而不显。张之洞联络、指示这些人员筹运饷械、搜集情报，可谓殚竭心力。张之洞的相关之举不仅关系中法战局，而且为其赢得了一定的政治退路，摆脱了马江战后的政治困境，值得再做探讨。本书第二、第三章利用中国历史研究院、中国国家图书馆藏张之洞档案，梳理钩稽其中的人事联络，对张之洞中法战时之举措做进一步补充。

一　中法战争期间广东西式军火购买

张之洞自光绪初元便热心于洋务，其对西式军火的重要性早有认知。在中俄伊犁交涉之时，张之洞已明言土枪、土炮非

中，但该书另外的文章讨论主题并非中法战争期间张之洞的思想与举措。其他论著讨论的主线、内容大体相似，不再赘述。另外一些文章讨论张之洞在中法战争期间与相关人物的关系，如廖宗麟的《中法战争期间的刘永福与张之洞》（《学术论坛》1992 年第 1 期）、莫华生的《中法战争前后张之洞和冯子材关系的曲折演变》（《学术论坛》2009 年第 7 期）、李志茗的《中法战争中的张之洞与彭玉麟》[《厦门大学学报》（哲学社会科学版）2013 年第 6 期] 等。

① 《致总署》（光绪十年七月初八日），《张之洞全集》第 7 册，第 273 页。

制胜之策。① 法越《顺化条约》签订后，张之洞曾上《法衅已成敬陈战守事宜折》，提出战守十七条，为其应对中法战事之策。其中一条即为"备军火"，谓新式军火所需甚巨，但不可吝惜款项，"若恃土枪、土炮而与法人角，必致误事"。② 除张之洞对西式军火的重视外，中法战争期间，在越南等地作战，及于直隶、两江备防者多为湘、淮军，其相较于其他地方勇营更擅用西式军火。张之洞督粤后，通过各种渠道，为广东及各省采备大量西式军火。

香港军火采买

香港开埠较早，洋行林立，且毗邻广东省城，采买、转运所需军火较便捷。中法战时，张之洞从香港采购大批军火。光绪十年七月、八月间，香港发生针对法国的罢工事件，张之洞曾指示香港绅商加以劝导，勿激起大事，"切勿致英人阻我采运军火、停泊船只为要"。③ 九月初二日，因传闻香港洋行得报，法国请英国禁止军火出口，张之洞遂急电驻英公使曾纪泽询问英国会议如何，并请其极力辩阻。④ 由此两事可见张之洞对香港军火采运渠道的重视。

张之洞何时首次札派委员前往香港采买军火暂不可知，但

---

① 《条陈防务片》（光绪六年八月二十四日），《张之洞全集》第 1 册，第 38 页。

② 《法衅已成敬陈战守事宜折》（光绪九年十一月初一日），《张之洞全集》第 1 册，第 205 页。

③ 《寄香港安泰公司何》（光绪十年八月十五日），《张文襄公（未刊）电稿》第 11 册，第 4973 页。

④ 《寄驻英曾钦使》（光绪十年九月初二日），《张文襄公（未刊）电稿》第 12 册，第 5203 页。

目前所见，广东布政使龚易图是前往香港采买军火比较关键的人物。龚易图，字蔼仁，号含晶，福建闽侯人，咸丰九年（1859）进士。光绪七年（1881）调广东按察使，九年升云南布政使，未赴任，十年改广东布政使。龚易图是当时广东司道中较熟悉"洋务"之人，据其自订年谱言，同治十年（1871）其于山东登莱青道兼东海关监督任上，因美朝构衅（朝鲜文献谓之"辛未洋扰"），烟台外国兵船云集，洋人与华民发生持刀冲突，龚易图与领事严惩伤人者，事态得以平息。① 光绪九年七月、八月间，广东省城连续发生两起外国人与华人冲突事件，造成华人死亡，激起民愤，百姓拥至沙面放火焚烧洋行。因值中法越南交涉，为避免与多国树敌，时任两广总督张树声委派龚易图办理沙面案及汕头德国鲁麟洋行争地案。② 因龚易图在粤有年且多次料理洋务，故他结识了一批洋务熟手，并有常往来省港间、熟悉港情的中下层官绅为其奔走（见表2-1）。

表2-1 中法战时由香港购买军火人员

姓名字号	籍贯	事迹	资料来源
蔡锡勇，字毅敬	福建龙溪	同治六年（1867）广州同文馆毕业，十年由总理衙门调京学习西学。光绪元年（1875）回粤任职，次年随驻美公使陈兰彬出洋。任满后经两广总督张树声留粤差遣。光绪十年由两广总督张之洞、广东巡抚倪文蔚奏留广东办理海防、洋务事宜	秦国经主编《清代官员履历档案全编》第 3 册，第 714～715 页

---

① 龚易图：《蔼仁府君自订年谱》，《北京图书馆藏珍本年谱丛刊》第 173 册，第 60 页。

② 龚易图：《蔼仁府君自订年谱》，《北京图书馆藏珍本年谱丛刊》第 173 册，第 76～77 页。

续表

姓名字号	籍贯	事迹	资料来源
施在钰，字二如，号砺卿	江苏崇明	历受江苏巡抚李鸿章、湖南巡抚王文韶、两广总督刘坤一器重，办理善后、军装、洋务等局所事宜。光绪五年以道员分，赴广东候补	民国《崇明县志》卷11《人物志》，1930，第48~49页
王藻章，原名怀钰，号石珊	贵州遵义	咸丰十一年（1861）拔贡，以七品小京官分发刑部陕西司。同治十二年举人，以郎中捐升道员分发广东候补。与香港宝源银行（即渣打银行）相熟	秦国经主编《清代官员履历档案全编》第3册，第575页
何献墀，又名何阿眉（Ho Amei），字昆山	广东南海	在香港充任安泰公司经理，在广东开办各种西式工厂，有候选道衔	陈晓平：《张之洞与香港华商》，《同舟共进》2020年第5期
罗寿嵩，原名罗鹤平（Lo Hok Pang）	广州黄埔村	香港汇丰洋行买办，有候补道头衔	陈晓平：《张之洞与香港华商》，《同舟共进》2020年第5期
石应麒	福建	在香港开设洋行，在广东省城开设牌馆，与龚易图家丁结识，负责购买外洋军火，由其洋行换立行单	《遵查广东藩司参款折》（光绪十一年七月二十六日），《彭玉麟集》第1册，岳麓书社，2008，第427~428页
石和钧	福建	石应麒之子，时为候补把总	《遵查广东藩司参款折》（光绪十一年七月二十六日），《彭玉麟集》第1册，第428页
薛瑶光	广东人，谎称福建人	曾为洋行买办，通晓英语。时为阳江县丞，因熟悉洋情、洋话，在广东省城充任洋务局委员。与龚易图熟稔	《遵查广东藩司参款折》（光绪十一年七月二十六日），《彭玉麟集》第1册，第428页

续表

姓名字号	籍贯	事迹	资料来源
温子绍	广东顺德	同治十二年被两广总督瑞麟任命为广州机器局总办，江苏候补道衔	光绪《广州府志》卷65《建置略二》，光绪五年刻本，第12页
武永泰	直隶天津	勇目出身。在直隶、山东、山西等地剿匪及在广东缉私、获盗出力，得都司衔。时为广东、香港洋面巡捕	《光绪十八年八月十八日京报全录》，《申报》1892年10月16日，第11版
张义澍，字庚三	湖南	广西试用知县。在粤二十余年，熟悉洋情	《郭嵩焘日记》第4册，湖南人民出版社，1983，第992页
毛逢熙	不详	军装局员，熟悉港情，时为试用巡检	胡传钊：《盾墨留芬》，《中法战争》第2册，第584页
吴荣魁	不详	曾任怡和洋行（即渣甸洋行）总买办，候选道	《英国借款议结疏》，赵春晨编《丁日昌集》，上海古籍出版社，2010，第157页
余上贤	陕西平利	咸丰十一年（1861）举人，广东试用知县	光绪《续修平利县志》卷6《选举志》，光绪二十三年刻本，第3页
李鸿龄	不详	履历不详，道库大使	
吕以恒	不详	履历不详，候补盐大使	

　　表2-1中部分人员具体生平虽不能详考，但从简略履历中可见，诸人或常年在洋务局担任委员，或曾在洋行充当买办，且多数拥有中下层职衔，为他们联系洋行和官场提供便利，故成为张之洞、龚易图驱使的合适人员。

　　诸人在港采买的武器，多由龚易图负责经手和汇总禀告张之洞。如光绪十年（1884）六月初五日，龚易图禀张之洞其将函询施在钰赴港购枪之议，并将温子绍在港购买十二尊大炮详情、价格报告张之洞。① 十一日、十二日，龚易图禀告替福建购买炸药及田鸡炮之事，并言当传谕令王藻章赴港购买。② 六月十五日，法国攻打台湾，因担忧中法开战后，香港禁止购买武器和办理借款，张之洞抓紧向香港的银行、洋行借款和采买武器。三十日，龚易图致函张之洞言军火各弹已派委员余上贤赴港采买，一二日内当可定准。而购买田鸡炮事宜，其已致电伦敦。③ 除龚易图经手外，张之洞也直接与各采买人员联系。如十一月二十七日，张之洞寄电蔡锡勇，命其务须订妥香港顺利洋行（Kirchner & Böger）毛瑟枪。④ 十二月十二日，武永泰电禀张之洞军火情况，称香港山打士洋行接德国电，有后膛炮十四尊，炮架全，每尊三千六百元，开花炮弹四千二百个，每个六元。⑤ 如是等等。

统计光绪十年五月至六月，张之洞、龚易图派员赴港采买的西式武器，计余上贤、吕以恒、毛逢熙、温子绍、石应麒等购买士乃打（Snider-Enfield）快枪四千七百支、前膛洋枪六千支、云者士得枪（Winchester Rifle）二百六十支、钢炮七尊、铜炮五尊。⑥ 光绪十年七月至十一年六月间，由施在钰在港购

---

① 《龚藩司禀》，《张文襄公（未刊）电稿》第 4 册，第 1459~1460、1463 页。

② 《龚藩司禀》，《张文襄公（未刊）电稿》第 4 册，第 1463、1465 页。

③ 《龚藩司禀》，《张文襄公（未刊）电稿》第 4 册，第 1475 页。

④ 《寄香港蔡守》（光绪十年十一月二十七日），《张文襄公（未刊）电稿》第 15 册，第 6515 页。

⑤ 《香港来电》（光绪十年十二月十二日），《张文襄公（未刊）电稿》第 16 册，第 7103 页。

⑥ 《购买外洋枪炮片》，《张文襄公（未刊）电稿》第 1 册，第 332 页。

买格林炮（Gatling Gun）五尊、鱼雷汽筒雷胆十七副，王藻章购买后膛抬枪五百支、士乃打枪两千支，罗寿嵩购买阿姆斯特朗炮（Armstrong Gun）一尊，余上贤购买后膛抬枪二百四十支、卑钵地枪一千四百支、沙云枪六百支、前膛洋枪四千零八支、云者士得枪二百一十支、毛瑟枪一千二百支、八响快枪五百二十八支，薛瑶光购买格林炮一尊、后膛钢炮一尊，毛逢熙、李鸿龄购买士乃打快枪三千八百二十支、前膛洋枪六千二百四十支、云者士得枪七百九十支、哈乞开思（Hotchkiss）枪二百支、林明敦（Remington）枪一千支、八响毛瑟枪一千支，张义澍购买士乃打枪六千支、士鞭臣马枪七百四十支、毛瑟枪一千支、铜炮八尊，石应麒、何献墀购买前膛洋枪八千一百三十支、士乃打快枪一千三百四十五支、格林炮五尊、田鸡炮一百尊、后膛钢炮六尊、分截炮五十尊，吴荣魁购买士乃打枪四百支，石和钧购买哈乞开思炮四尊，蔡锡勇在山打士洋行购买诺登飞炮（Nordenfeldt Gun）四尊。[①]

从军火的种类可以看出，张之洞在香港采买的军火多为英美式，为数亦不少。然香港地域狭小，随着广东采买次数的增加和军火需求量的增大，香港能够购买的军火越来越少。至光绪十年六月十九日，张之洞已致电总署言及在港采买武器之难："香港军火屡次搜买已尽。"[②] 中法战时广东所需武器大宗，主要由张之洞联系驻外公使获得。

---

① 《十年七月以后续购外洋枪炮数目折》（光绪十一年六月二十九日），《近代史所藏清代名人稿本抄本》第2辑第111册，第536~538页。

② 《致总署》（光绪十年六月十九日），《近代史所藏清代名人稿本抄本》第2辑第25册，第458页。

驻外公使与外洋军火

咸同年间，为镇压各地起义，各地方督抚纷纷向外洋购置枪炮，并设立洋枪队。随着自强运动的开展，各地购置外洋军火数量激增。至光绪四年（1878）二月，清廷发布谕旨，称现在各省所购外洋军火名目甚多，即一省内亦多不一律，要求由专员负责外洋军火采购，可见当时中国采购外洋军火之多。[①] 咸同年间各省外洋军火采购多由洋行、委员经手，驻外公使参与外洋军火采购自郭嵩焘始。光绪元年，郭嵩焘被清廷任命为出使英国钦差大臣，前往伦敦为英人马嘉理被戕一案赔礼道歉。次年冬郭嵩焘到达英国，成为首位驻外公使。郭嵩焘抵任后，即积极考察外国机器、船舶、军火工厂。光绪三年四月初一日，留欧学生监督李凤苞面见郭嵩焘，后频繁与郭嵩焘会谈。[②] 其时李凤苞受李鸿章之托考察各厂武器，开拓军火购买渠道，驻英使馆因此参与其中。[③] 北圻问题发生之初，时任两广总督的张树声即致函驻德公使李凤苞，在德国克虏伯厂订购洋炮二十二尊、雷艇两艘、鱼雷二十枚。[④] 及光绪九年张树声由直隶总督回任两广，又电致外洋订购克虏伯大炮二十余尊、毛瑟枪数千支，及水雷、炸药、棉药之类。[⑤] 张之洞抵任

[①] 《清实录》第 53 册《德宗实录（二）》，第 41 页。

[②] 《郭嵩焘日记》第 3 册，第 205 页。

[③] 《复李丹崖信天字第二号》，张文苑整理《李凤苞往来书信》（上），中华书局，2018，第 10 页。

[④] 《筹办粤省边防折》，《张靖达公（树声）奏议》，文海出版社，1968，第 321 页。

[⑤] 张之洞等：《会奏积劳病故胪陈事迹折》，收入《张靖达公（树声）奏议》，第 11 页。

两广总督后，亦开始直接联络驻外公使购买外洋军火。

中法战争期间，广东外洋军火大宗从德国购置。其时张之洞对德国颇有好感，且认为德制武器优良，其曾致电总署，认为"德睦于我"，而他国之态度则倾向法国："美虽调处，其国和平，法不惧，独惧德；英接济军火，俄保护法商，日本亦亲法。"① 故在外洋军火采买上张之洞也倾向于德国。张之洞任两广总督后主要通过驻德公使李凤苞、许景澄购买德国军火。李凤苞，字丹崖，江苏句容人，贡生，以洋务起家，受李鸿章赏识，光绪三年（1877）担任留欧学生监督，次年李鸿章、郭嵩焘保举其署理出使德国钦差大臣，后实授，经李鸿章奏请仍监管学生及采办军火。光绪十年兼署驻法公使。② 许景澄，字竹筠，浙江嘉兴人，同治七年进士。光绪六年命出使日本，未成行，光绪十年会办中法上海谈判，后出洋代替李凤苞任驻德公使。③ 其为张之洞典试浙江时所取举子，因而与张之洞有师生之谊。李凤苞于光绪十一年方交卸回国，因其自光绪三年始负责军火采购，故即便许景澄接任驻德公使，李凤苞仍主导德国军火购买。光绪十年九月二十日，张之洞电李凤苞、许景澄，托购毛瑟枪、台炮、车炮，言其后各项采买托许景澄负责。④ 在此前后张之洞已屡电李凤苞、许景澄告知购买枪炮事宜，然许景澄皆无回电。十月初二日，张之洞电许景澄表达

---

① 《致总署》（光绪十年七月初九日），《近代史所藏清代名人稿本抄本》第 2 辑第 25 册，第 533~534 页。

② 赵尔巽等：《清史稿》，第 12484 页。

③ 赵尔巽等：《清史稿》，第 12760 页。

④ 《寄驻德许李钦使》（光绪十年九月二十日），《张文襄公（未刊）电稿》第 12 册，第 5457 页。

不满："屡电何以未复！"对此许景澄复以采办仍归李凤苞负责。① 据此可知李凤苞之主导性。

在龚易图的建议下，张之洞联络驻德公使购买外洋军火。张之洞接篆不久，即接驻德法公使李凤苞来电，请其寄鱼雷订银三千四百镑。② 李凤苞所电之鱼雷应是张树声订购。张之洞抵任之初屡由香港购买军火，香港军火已显不足，且香港洋行为外洋军火掮客，张之洞表达购买德国军火的意愿后，龚易图遂于光绪十年六月三十日禀告张之洞，建议其"德国之货，如在外洋定购，不如发电告丹崖星使较妥较速"。并拟有电报呈请阅后发送，且言若购买毛瑟枪亦拟并入致李凤苞电报中。③ 次日张之洞即电寄李凤苞，托购二十四生、二十一生炮十余尊，七生半炮二百尊，新旧皆可，以速为妙，并要毛瑟枪二万支，配齐枪炮弹药送来。声明用款虽巨，当奏明向红牌银行借款垫付。④ 从内容上看，此应即龚易图所拟电报。经与李凤苞往来电商，七月二十五日，张之洞电请李凤苞垫款代购克虏伯二十一生炮两尊、八生七炮六尊、七生半炮十二尊、毛瑟枪一千支。⑤ 此为中法战时张之洞与驻德公使首笔军火交易。李凤苞、许景澄亦主动向张之洞推荐德国军火。如光绪十年八

---

① 《寄驻德许钦使》（光绪十年十月初二日）、《驻德许钦使来电》（光绪十年十月初三日），《张文襄公（未刊）电稿》第 13 册，第 5609、5619 页。

② 《驻法李钦使来电》（光绪十年闰五月二十七日），《张文襄公（未刊）电稿》第 9 册，第 3809 页。

③ 《龚藩司禀》，《张文襄公（未刊）电稿》第 4 册，第 1475~1476 页。

④ 《致巴黎李钦使》（光绪十年七月初一日），《近代史所藏清代名人稿本抄本》第 2 辑第 25 册，第 495 页。

⑤ 《寄驻德李钦使》（光绪十年七月二十五日），《张文襄公（未刊）电稿》第 10 册，第 4617 页。

月初一日，李凤苞来电称有二十一生炮四尊，连弹二千颗，一个月送至香港，需价一万六千镑，如需即全汇。九月十四日，李凤苞、许景澄推荐有六生炮，询问张之洞是否需要。① 张之洞皆复电购买。

中法战争期间，张之洞通过李凤苞、许景澄共购买鱼雷二十二枚、克虏伯二十一生钢台炮十六尊、八生炮二十四尊、九生炮六尊、六生炮六尊、七生半炮十二尊、毛瑟枪一千一百支。② 由于广东用度紧张，以上军火张之洞一般向洋行、银号借款垫付。另有毛瑟枪两万支，由张之洞联络李凤苞、许景澄购买，总署负责付账。光绪十年九月二十日，张之洞致电许景澄、李凤苞，托购毛瑟枪两万支、子弹各五百发，请包送黄埔、上海两处，两个月内到，称该枪为各省分用。③ 购买毛瑟枪用款巨大，广东无力承担，当时张之洞与李鸿章商量一同购买美国气炮，张之洞遂致电总署，请旨饬北洋借洋款购买美国气炮与德国毛瑟枪。张之洞的提议得到清廷支持，三十日李鸿章来电言朝廷已准张之洞请求，其已电告驻美参赞蔡国桢，驻德公使许景澄、李凤苞购买枪炮。神机营议借怡和银五百万两，款应由此项出。④ 此项毛瑟枪自光绪十一年正月起至四月

① 《驻德李钦使》（光绪十年八月初一日），《张文襄公（未刊）电稿》第11册，第4801页；《驻德许李钦使来电》（光绪十年九月十四日），《张文襄公（未刊）电稿》第12册，第5379页。

② 《十年七月以后续购外洋枪炮数目折》（光绪十一年六月二十九日），《近代史所藏清代名人稿本抄本》第2辑第111册，第538、539页。

③ 《寄驻德许李钦使》（光绪十年九月二十日），《张文襄公（未刊）电稿》第12册，第5457页。

④ 《致总署》（光绪十年九月二十六日），《近代史所藏清代名人稿本抄本》第2辑第25册，第614~617页；《北洋来电》（光绪十年九月二十九日），《近代史所藏清代名人稿本抄本》第2辑第53册，第262~263页。

止陆续运至广东。

除德国军火外，张之洞与李鸿章、驻美参赞蔡国桢联络，尝试购买美国气炮。蔡国桢，五品衔江苏候补知县，光绪七年（1881）经驻美公使郑藻如奏带出洋，充驻美三等参赞。十年，升补驻美二等参赞并代办出使大臣事务。① 光绪十年八月二十四日，李鸿章来电言驻美公使郑藻如曾致函张树声，称美国有新制气炮，顷刻其与参赞蔡国桢电商。因需购买五十尊气炮公司方肯出售，四个月到北洋，询问粤省是否愿意分购四寸十八尊、六寸十二尊，约库平银二十四万二千两，如愿购请电蔡国桢。② 得李鸿章来电，张之洞表示不如径购百尊，除分粤三十尊外，分入越桂军十尊，闽十尊，台十尊，津二十尊，旅顺、山海关各十尊，配足弹药、炮弁。至于用款，张之洞言听闻美国借款修铁路，此款或可挪用，另借更好，如果不愿则以山东河工赈款为辞奏请各关认还。如允则将联名会奏，并电蔡国桢先定五十尊。内不借即外筹，粤可勉力为之。对此，李鸿章复电以购买百尊，恐无如此多美国教习，且借款未确。其已电蔡国桢购买五十尊，四寸六成，六寸四成。③ 张之洞认为大口径气炮射程较远，遂于二十八日绕开李鸿章，径行致电蔡国桢，请其代粤定购气炮三十尊，八寸、六寸各半，并延聘教习来粤。④

---

① 《蔡国桢留粤差委片》（光绪十二年八月十七日），《近代史所藏清代名人稿本抄本》第2辑第111册，第499页。

② 《北洋来电》（光绪十年八月二十四日），《张文襄公（未刊）电稿》第11册，第5103页。

③ 《致天津李中堂》（光绪十年八月二十六日），《张之洞全集》第7册，第278页；《北洋来电》（光绪十年八月二十七日），《张文襄公（未刊）电稿》第11册，第5147、5149页。

④ 《致美国华盛顿代办中国钦差蔡参赞》（光绪十年八月二十八日），《近代史所藏清代名人稿本抄本》第2辑第5册，第270页。

经李鸿章、张之洞、蔡国桢三人反复商定，最终决定津、粤共购买五十尊气炮，八寸、六寸各半，分天津二十尊、广东三十尊。为筹购买气炮用款，如上文所述，张之洞电奏请北洋借款，后定议由总署付款。自总署定议购买美国气炮，张之洞屡电李鸿章、蔡国桢询以何日拨款发运。为适应出关滇、桂军陆战山行，张之洞另询蔡国桢四寸气炮情况，并言如有造就，另买三四十尊。① 然美国气炮实为实验品，美国公司屡次推托演放，兼以中法战事胶着，公司以中方急需，故为居奇。光绪十一年正月十一日，张之洞寄电蔡国桢，仍询以气炮何日发运。二十六日蔡国桢复电，告知张之洞炮主因八寸未成，致四寸、六寸均缓，且需带有多件蓄气机，过于笨重，李鸿章已饬缓办。② 张之洞购买美国气炮之举未成。

虽然购买美国气炮受阻，但张之洞通过蔡国桢购买黎意（Remington-Lee）枪五千支。光绪十年十二月初七日，张之洞电蔡国桢，请其代购黎意枪五千支，每枪子弹一千颗，包送黄埔，两月送到，并询问何时付枪价。经查访后，蔡国桢复电张之洞，称黎意枪一支连弹一千颗，需三十二美元，为防法国堵截，由美国绕至英国运华，两个月到。③ 张之洞遂指示其订购。经蔡国桢在美磋商，十二月二十三日，其致电张之洞，称黎意枪两千支、

①　《寄驻美代办钦差蔡参赞》（光绪十年十二月十六日），《张文襄公（未刊）电稿》第 16 册，第 7205 页。
②　《寄驻美蔡参赞》（光绪十一年正月十一日），《张文襄公（未刊）电稿》第 18 册，第 8037 页；《驻美蔡参赞来电》（光绪十一年正月二十六日），《张文襄公（未刊）电稿》第 19 册，第 8555 页。
③　《寄驻美代办钦差蔡参赞》（光绪十年十二月初七日）、《驻美蔡参赞来电》（光绪十年十二月初七日），《张文襄公（未刊）电稿》第 16 册，第 6955、6975 页。

子弹二百零九万零一颗于该日起解，剩余枪、弹半个月后全运，请张之洞汇七万美元。十一年正月十四日，蔡国桢来电称剩余枪、弹全解，仍运香港，催促张之洞速汇七万美元。① 此项黎意枪、弹分作两批解运，连运费、保险、杂用约共十七万美元。两批枪、弹均于二月运抵香港，由张之洞派员前往香港提取。

张之洞亦与驻英公使曾纪泽联系购买英国大炮。曾纪泽，字劼刚，湖南湘乡人，曾国藩之子。光绪四年（1878）出任驻英公使，先后兼任驻俄、法公使，负责处理中俄伊犁交涉、中法越南交涉。光绪十年因处理越南问题强硬为法人所不满，经李鸿章建议被清廷免除驻法公使之职。② 光绪十年九月十二日，借筹商中英引渡及对台汇款事宜，张之洞向曾纪泽询问英国有无十五吨以上后膛台炮可买。③ 关于购买英国大炮之事，张之洞与曾纪泽曾往来电商，然或曾纪泽认为难运缓办，或张之洞无款购买，或大炮已售，事皆未有成议。至十一月二十一日，曾纪泽来电言有二十七吨炮一尊、二十吨炮一尊、十二吨炮五尊，请张之洞明示是否购买。④ 十二月初一日，曾纪泽来电请张之洞速示十二吨炮五尊是否需要。因未得张之洞复电，曾纪泽遂再次电催速复。因得曾纪泽屡催之电，张之洞于初四日电复，称十二吨炮如是后膛炮，即定示价，拟先付三分之

① 《驻美蔡参赞来电》（光绪十年十二月二十四日），《张文襄公（未刊）电稿》第 17 册，第 7449 页；《驻美蔡参赞来电》（光绪十一年正月十五日），《张文襄公（未刊）电稿》第 18 册，第 8189 页。

② 赵尔巽等：《清史稿》，第 12478～12480 页。

③ 《寄驻英曾钦使》（光绪十年九月十二日），《张文襄公（未刊）电稿》第 12 册，第 5367 页。

④ 《驻英曾钦使来电》（光绪十年十一月二十一日），《张文襄公（未刊）电稿》第 14 册，第 6337 页。

一。① 由此可见，相较于德国大炮、美国气炮，张之洞对英国大炮实无太大兴趣，只是因购买德、美大炮屡生波折，方购买英国大炮作为替代。为防止法国搜查拦阻军火，张之洞电请曾纪泽先将五尊大炮转至他埠，托德船运至广州黄埔。② 此五尊英国大炮于光绪十一年正月发运，连运费、保险共三万四千英镑。

津宁沪军火拨购

洋务运动时期，各地督抚在清廷的支持下建立机器制造局，其中江南制造局、金陵制造局、天津制造局发展规模较大，有一定的军火生产能力。上海洋行如载生（Buchheister & Bidwell）、泰来（Telege & Co.）亦较早插手中国武器购买，与各制造局保持联络。中法战争期间，通过津、宁、沪各制造局拨运及联络多方从洋行购买武器，是张之洞筹集军火的另一渠道。

光绪十年（1884）七月，为筹备各军军火，张之洞联系李鸿章，请将其在山西巡抚任上托购的军火转解广东。中俄伊犁交涉期间，张之洞与李鸿章建立私交，其后在一段时间内联络较紧密，张之洞出任山西巡抚后，其"新政"也多得李鸿章支持。为建立山西新式军队，张之洞曾请李鸿章以天津军械所的名义向上海新载生洋行（J. J. Buchheister & Co.）购买武器。新载生洋行脱胎于载生洋行，原为德国人补海师岱（J. J. Buchheiste）与英国人毕德卫（Henry Smith Bidwell）合股建

---

① 《驻英曾钦使来电》（光绪十年十二月初一日）、《驻英曾钦使来电》（光绪十年十二月初三日）、《寄驻英曾钦使》（光绪十年十二月初四日），《张文襄公（未刊）电稿》第 15 册，第 6865、6885、6909 页。

② 《寄驻英曾钦使》（光绪十一年正月三十日），《张文襄公（未刊）电稿》第 19 册，第 8681 页。

立，后毕德卫退股，独自成立德生洋行，原载生洋行即成为新载生洋行，后改称瑞生洋行。光绪十年七月初二日，张之洞致电李鸿章，言屡奉电旨接济各省军火，广东无从购买，现广西进兵情急，请其将晋抚任上托购之格林炮、前后膛枪雇商船运寄广东。次日李鸿章复电，称前门枪已解晋，格林炮十尊到津即饬运沪，后膛枪计有哈乞开思枪二千杆、云者士得马枪五百杆，并子弹各项，请张之洞派员到沪与新载生洋行联络提运。① 得李鸿章复电后，张之洞告上海道邵友濂协助。初四日张之洞电寄邵友濂，请其告新载生洋行妥存军火，等候广东委员提运，或上海派员解粤。为筹集军火费用，张之洞奏请将此项军火剩余三分之二未付款七八万两，饬邵友濂从江海关借款暂垫，并派妥员将军火雇船运粤。② 时张之洞欲令邵友濂于上海雇船运解，然因中法开战，无船肯运，张之洞遂决定由广东雇船解运。九月二十日，张之洞告邵友濂，其已派委员倪思铎前往上海，将枪炮运往广东。③ 此项枪炮由倪思铎在上海雇用洋船，于十月十三日开行。十九日邵友濂电告张之洞，据新载生云，倪思铎到黄埔，船难久待，请其速提。④

　　除上文所述枪、炮外，光绪十年闰五月，广东通过天津向

① 《致天津李中堂》（光绪十年七月初二日），《近代史所藏清代名人稿本抄本》第 2 辑第 25 册，第 498 页；《北洋来电》（光绪十年七月初三日），《张文襄公（未刊）电稿》第 10 册，第 4263 页。

② 《寄上海邵道台友濂》（光绪十年七月初四日），《张文襄公（未刊）电稿》第 10 册，第 4271 页；《致总署》（光绪十年七月初八日），《近代史所藏清代名人稿本抄本》第 2 辑第 25 册，第 524~525 页。

③ 《寄上海道邵》（光绪十年九月二十日），《张文襄公（未刊）电稿》第 12 册，第 5449 页。

④ 《上海邵道来电》（光绪十年十月十九日），《张文襄公（未刊）电稿》第 13 册，第 5807 页。

瑞生洋行另订购黎意枪二千支，张之洞曾电催李鸿章、盛宣怀查探此项黎意枪下落，①但此项军火久未运粤。为给出关赴越各军筹集黎意枪，张之洞在请蔡国桢在美购买之余，另与福建联络拨济。马江战前，闽省筹办海防，张佩纶向李鸿章订购黎意枪二千支，因闽订黎意枪到沪，广东所订者久不至，张之洞遂与张佩纶商量，将闽省所订黎意枪先拨粤应急。十二月十六日，张之洞电寄江南制造局局员冯瑞光，言其与张佩纶电商，张佩纶允拨黎意枪一千支济粤，粤枪至即归还福建，询问先行拨粤有无窒碍。与此同时，张之洞致电福建钦差大臣左宗棠，请其汇价提枪速运，以接济关外王德榜军。②此项黎意枪得左宗棠应允给价拨解关外，然光绪十一年正月二十六日，上谕命曾国荃将上海所购备洋枪匀拨一千五百支解往浙江。福建所购黎意枪并未拨粤。③光绪十一年正月初四日，江苏候补道龚照瑗方奉李鸿章电令，将广东所购黎意枪由上海所到者先运粤一千支。剩余一千支于三十日在新加坡起卸，由瑞生洋行雇船潜运广东。④

张之洞向津、沪两局调拨军火亦与李鸿章密切相关。同治四年（1865），时任江苏巡抚李鸿章与上海道丁日昌在上海租下美国洋行机械工厂，为江南制造局的前身；天津制造局由三

①《寄北洋》（光绪十年十二月初七日）、《寄盛道》（光绪十年十二月初十日），《张文襄公（未刊）电稿》第16册，第6977、7049页。

②《寄制造局冯道》（光绪十年十二月十六日）、《寄左中堂》（光绪十年十二月二十日），《张文襄公（未刊）电稿》第16册，第7207、7301页。

③《电寄·三二一》（光绪十一年正月二十六日），中国第一历史档案馆编《清代军机处电报档汇编》第1册，中国人民大学出版社，2005，第114页。

④《龚道来电》（光绪十一年正月初四日），《张文襄公（未刊）电稿》第17册，第7841页；《邵龚道来电》（光绪十一年正月三十日），《张文襄公（未刊）电稿》第19册，第8693页。

口通商大臣崇厚建立，天津教案后，李鸿章调直隶总督，并长期在此任上，天津制造局的扩充多得李鸿章支持。两局建立、发展与李鸿章有关，局员多由李鸿章委派，故张之洞向津、沪求拨军火，需与李鸿章和各局员联系。光绪十年八月二十六日，张之洞电寄李鸿章，称潘鼎新屡求林明敦枪弹，粤、港皆无，天津存货甚多，请李鸿章设法寄来。二十九日，李鸿章复电已将潘鼎新所需子弹一百四十万颗装船运粤，请张之洞设法转解。① 若军械天津无存，则由李鸿章命江南制造局局员冯瑞光、苏元瑞与张之洞联系筹拨。如九月十一日，张之洞致电李鸿章，称津将冻港，上海为局外之地，两地冬天无事。津、沪两局所制枪、炮颇多，能否拨济出关滇、桂各军。李鸿章复电，称已饬冯瑞光将潘鼎新所需克虏伯过山炮十八尊及炮弹，连同毛瑟枪、林明敦枪子弹装旗昌洋行船运粤。苏元瑞亦电告张之洞，称北洋拨解广西军火已于十五日由海路运粤，请张之洞拨小船送梧州。② 十月十一日，张之洞致电李鸿章，为云贵总督岑毓英求拨铜底、铁底林明敦子弹各五十万颗。李鸿章答以铁底林明敦枪子弹是旧式，各局不造，外洋不卖，姑且电饬江南制造局筹解。③ 十五日江南制造局电告张之洞，奉李鸿章电谕，将岑毓英所需林明敦子弹，交邵友濂雇轮船运粤。至十

---

① 《寄北洋》（光绪十年八月二十六日）、《北洋来电》（光绪十年八月二十九日），《张文襄公（未刊）电稿》第 11 册，第 5128、5169 页。

② 《寄北洋》（光绪十年九月十一日），《张文襄公（未刊）电稿》第 12 册，第 5333 页；《北洋来电》（光绪十年九月十六日）、《上海来电》（光绪十年九月十七日），《近代史所藏清代名人稿本抄本》第 2 辑第 53 册，第 244、245 页。

③ 《寄北洋》（光绪十年十月十一日）、《北洋来电》（光绪十年十月十二日），《张文襄公（未刊）电稿》第 13 册，第 5707、5721 页。

一月十三日，制造局禀告已于初十日将子弹交云南委员解粤。①

金陵制造局规模仅次于江南制造局，中法战争期间张之洞向金陵制造局求拨大炮十六尊。光绪十年十月十一日，彭玉麟、张之洞、倪文蔚电奏派冯子材、王孝祺出镇南关攻越之敌军。因冯子材军仓促出关，十二月初四日，张之洞电奏请饬南洋将金陵制造局所制大炮借拨三十尊解粤发冯子材应用。② 其时张之洞亦分电两江总督曾国荃、江苏巡抚卫荣光，求拨大炮二三十尊，并请邵友濂、冯瑞光、苏元瑞探询金陵制造局大炮存货。③ 张之洞请求得廷旨应允，然曾国荃等皆以无炮电复。经张之洞与曾国荃、卫荣光往来电商，曾国荃、卫荣光共允拨铜炮、格林炮共十六尊，存沪待运。光绪十一年二月十八日，张之洞寄电邵友濂，称广东现委都司吴良儒赴江北招勇，在沪寓居，请将十六尊大炮设法交吴良儒带回广东，或另托他船解运。张之洞另电嘱吴良儒"须设法一筹"。④

除向制造局调拨军火，张之洞还命邵友濂、恽宝善、盛宣怀等向上海洋行购买军火。前因广东所订黎意枪久不至，光绪十年十一月二十七日，张之洞询问邵友濂，半个月内有无好军火到沪。十二月初五日，邵友濂复电称，各洋行只有瑞生有新

---

① 《上海制造局来电》（光绪十年十月十五日），《张文襄公（未刊）电稿》第13册，第5735页；《上海来电》（光绪十年十一月十三日），《近代史所藏清代名人稿本抄本》第2辑第53册，第286页。

② 《寄总署》（光绪十年十二月初四日），《张文襄公（未刊）电稿》第15册，第6911页。

③ 《寄苏州卫抚台》（光绪十年十二月初四日）、《寄曾制军》（光绪十年十二月初五日）、《寄邵道制造局苏道冯道》（光绪十年十二月初五日），《张文襄公（未刊）电稿》第15册，第6923、6927页。

④ 《寄邵道》（光绪十一年二月十八日）、《寄上海百川通转交吴都司》（光绪十一年二月十八日），《张文襄公（未刊）电稿》第20册，第8839页。

式黎意枪二千杆，连子弹共价四万五千两，询问张之洞是否订购。① 张之洞即请其全数代购运粤。十一日，邵友濂来电，称黎意枪已装宁波船，拟于四日后抵黄埔，请张之洞派驳船等候装卸。② 此后，张之洞于十三日再致电邵友濂，请其查验新载生所存士乃得子弹和火箭，如货好即定买送至黄埔。邵友濂遂向泰来洋行询问子弹，并派员验看火箭。③ 因泰来洋行久未复电士乃得子弹事宜，且火箭生锈，此项军火遂未成议。恽宝善和盛宣怀则向泰来洋行定购大炮。咸丰八年（1858），泰来洋行由德人泰来（B. Telge）于上海创办，因股东屡易，洋名数改，而中文名依旧，是较早承办中国军火业务的洋行之一，其时负责军火生意者为德国人满德（Mandl Hermann）。光绪十年十一月十七日，张之洞致电恽宝善，命其在沪无事时可常向洋行探询军火，尤其是大炮优劣、价格。十二月初七日，恽宝善来电，称地亚士洋行（Schultz & Co., J. M.）接外洋信，有现成克虏伯八生炮十八尊、九榜瓦瓦司炮十二尊、七寸阿姆斯特朗炮五尊，包送黄埔，请张之洞告知是否购买。④ 所言之地亚士洋行由德人地亚士（Ferdinand Diers）于同治元年在上海创办，为最早向中国输入军火的洋行之一。光绪十年前由舒尔茨

---

① 《寄邵道》（光绪十年十一月二十七日）、《上海邵道来电》（光绪十年十二月初五日），《张文襄公（未刊）电稿》第 15 册，第 6519、6929 页。

② 《寄邵道》（光绪十年十二月初五日），《张文襄公（未刊）电稿》第 15 册，第 6928 页；《上海邵道来电》（光绪十年十二月十一日），《张文襄公（未刊）电稿》第 16 册，第 7059 页。

③ 《寄邵道》（光绪十年十二月十三日）、《上海邵道来电》（光绪十年十二月十八日），《张文襄公（未刊）电稿》第 16 册，第 7122、7253 页。

④ 《寄恽令》（光绪十年十一月十七日），《张文襄公（未刊）电稿》第 14 册，第 6309~6310 页；《上海恽令来电》（光绪十年十二月初七日），《张文襄公（未刊）电稿》第 16 册，第 6959 页。

（H. M. Schultz）等接办。张之洞本欲订购克虏伯八生炮，但已
售去，恽宝善遂电张之洞，地亚士行另有六生威登后膛过山炮
六尊，泰来洋行有八生克虏伯炮九十三尊。① 张之洞就地亚士
洋行、泰来洋行大炮种类、价格与恽宝善电商后，决定向泰来
洋行购买克虏伯八生炮九十三尊，以拨给直隶使用，购买六生
炮六尊归广东用。二十六日，张之洞电奏，称克虏伯八生炮九
十三尊连炮弹共十二万余两，三个月到，广东已饬恽宝善订立
合同，并付定金五万两，请饬曾国荃和邵友濂验收合同，由北
洋付余款。廷旨遂命李鸿章、曾国荃与张之洞会商妥办。② 张
之洞通过恽宝善买炮前，亦曾电寄盛宣怀为其代买大炮。据盛
宣怀回忆，光绪十年五月间新任两广总督张之洞出都赴津与李
鸿章见面，其遂与张之洞结识。③ 实际上二人此前已接触。前
文所言，张之洞于光绪九年（1883）向广东、香港、广西、
天津、上海广派委员打听关于中法越南交涉的信息，其时盛宣
怀即向张之洞提供情报。④ 光绪十年九月十五日，张之洞电寄
盛宣怀，请其代买八生炮十六尊，三个月内包送黄埔。⑤ 后来
盛宣怀在泰来洋行订购克虏伯八生车炮十八尊。除了购买克虏
伯炮，张之洞还询问盛宣怀能否购买到格林炮或者诺登飞炮。

---

① 《上海恽令来电》（光绪十年十二月初十日），《张文襄公（未刊）电稿》
　　第 16 册，第 7033 页。
② 《致总署》（光绪十年十二月二十六日），《张之洞全集》第 4 册，第 357
　　页；《电寄·二七九》（光绪十年十二月二十八日），《清代军机处电报档
　　汇编》第 1 册，第 99 页。
③ 夏东元编著《盛宣怀年谱长编》上册，上海交通大学出版社，2004，第
　　265 页。
④ 夏东元编著《盛宣怀年谱长编》上册，第 187 页。
⑤ 《寄盛道》（光绪十年九月十五日），《张文襄公（未刊）电稿》第 12 册，第
　　5399 页。

对张之洞的电询，盛宣怀一一照办，为其电询各洋行是否存有诺登飞炮。① 克虏伯八生车炮十八尊虽早已购订，然十二月间英国守局外例，该项军火滞留新加坡，直到光绪十一年四月方运至香港，其时中法已停战。九月初四日，张之洞上奏将此十八尊炮，提出十五尊，连同恽宝善向泰来洋行订购的克虏伯八生车炮九十三尊，合为一百零八尊，分十八营组成炮队。因广东山地多，车炮无用，此一百零八尊炮全数送与直隶，编练炮队，作为京城防务之用。② 除此二人外，目前可知中法战争期间，蔡锡勇在上海新载生洋行买诺登飞炮三十尊，水雷教习柏专敬（J. A. Betts）在上海新载生洋行买云者士得枪四百五十支，广东监生汤金铸在上海新载生洋行购买水雷一百五十颗。③ 然而总数无几。

上海洋人麦士尼

上海各洋行洋人中，因与牲厚洋行麦士尼前有交往，张之洞曾直接联络他购买军火。威廉·麦士尼（William Mesny），起了个中国号"问皋"。他出生于英国贫苦布道师家庭，在英国时曾做多种零散工作。咸丰十年（1860）麦士尼来到上海，在中国数十年直至逝世。麦士尼在华的早期人生颇传奇，其曾见过太平天国森王侯裕田，被广东巡抚郭嵩焘当作海盗要处死，竟得到太平军营救。其后，他在江海关服务一年，见过左

① 《寄盛道》（光绪十年十一月初四日），《张文襄公（未刊）电稿》第 13 册，第 6006 页。

② 《购配克虏伯炮解交畿辅各军折》（光绪十一年九月初四日），《张之洞全集》第 1 册，第 331 页。

③ 《十年七月以后续购外洋枪炮数目折》（光绪十一年六月二十九日），《近代史所藏清代名人稿本抄本》第 2 辑第 111 册，第 536、538、539 页。

宗棠，甚至被左邀请参加平定阿古柏之乱，但未成行。后麦士尼游览中国多地，到达山西时加入张之洞幕府。中文学界对麦士尼的研究尚属粗疏，而在英文世界，麦士尼去世不久后，《南华早报》《北华捷报》就对其生平和其在华数十年的事迹做了介绍和评价。勒夫曼（David Leffman）的《雇佣军满大人：一个英国冒险家如何成为清朝的将军》是目前所见最详细的关于麦士尼的传记。[①] 上述论著皆提及麦士尼在中法战时为张之洞筹备军火，但详细情形并不清楚。

张之洞曾致信张佩纶，言及在山西时候麦士尼多次来访的烦扰，[②] 可见张之洞对麦士尼实际上并无太多亲近的感情，然而为了筹备军火，他也积极与麦士尼联系。光绪十年十月初七日，张之洞电寄麦士尼询问军火之事：

> 接来信为慰。兹欲买诺登飞炮、格林炮、哈乞连珠炮数十尊，毛瑟枪二千、弹百万。阁下能代买否？如无毛瑟，别种后膛枪亦可，须一月内到，包送粤省黄埔方好，太迟则不必。货必须精，价须公道，即复。[③]

由"来信为慰"一语可以推测，麦士尼离开山西后，仍

---

① "Death of General Mesny: Sixty Years in China," *South China Morning Post*, 1919-12-19; "The Death of General Mesny," *The North-China Herald and Supreme Court & Consular Gazette*, 1919-12-20; David Leffman, *The Mercenary Mandarin: How a British Adventurer became a General in Qing-Dynasty China*, Blacksmith Books, 2016.

② 《致张幼樵》，《张之洞书札》，张之洞档，甲 182-371。

③ 《寄上海麦副将》（光绪十年十月初七日），《张文襄公（未刊）电稿》第 13 册，第 5655 页。

与张之洞有书信往来，为中国购运军火应该是麦士尼主动提出的，张之洞此时顺水推舟求购。

十二日，麦士尼回电，称有云者士得枪一千杆，枪子一百万颗，共二万六千一百两。机器一副，钢子二千五百颗，共价三千一百两，如果要请发护照，订金一万。张之洞遂请麦士尼速运云者士得枪、弹，并要求务必于一月内到沪，到时必买，其时张之洞已另嘱上海道台邵友濂验购麦士尼之军火。① 此外，麦士尼还向张之洞推荐四响炮。② 但张之洞对此似乎不感兴趣，并未见其回电。

张之洞与麦士尼虽然谈妥购买云者士得枪，但购买过程并不顺利。十月二十五日，麦士尼来电，称邵友濂不肯付云者士得枪、弹定银，故不能发运。张之洞颇诧异，即电邵友濂询问为何不付麦士尼定银，是否有别项情节或者军火不佳。③ 对此，邵友濂回电：

> 云者士枪千杆、弹百万系载生物，蛰厚系肩〔掮〕客，非洋行，甚靠不住。初索定银甚急，以无保人，未付。嗣挽新载生作保，今日定银已付载生。濂与载生均已将合同画押，蛰厚忽有别情不允。伊恃有宪台订留，诸般挟制，可否请宪台饬伊速至新载生签押，互见证，以期妥稳。④

---

① 《上海来电》（光绪十年十月初十日）、《寄麦士尼》（光绪十年十月十六日），《张文襄公（未刊）电稿》第13册，第5703、5765页。

② 《麦士尼来电》（光绪十年十月二十一日），《张文襄公（未刊）电稿》第13册，第5845页。

③ 《上海麦士尼来电》（光绪十年十月二十五日）、《寄邵道》（光绪十年十月二十六日），《张文襄公（未刊）电稿》第13册，第5895、5919页。

④ 《上海邵道来电》（光绪十年十月二十六日），《张文襄公（未刊）电稿》第13册，第5907页。

邵友濂所言之意非常明白，即其认为麦士尼只是掮客，而且恃有张之洞的命令多方挟持，不肯在保人（新载生洋行）处画押订立合同。张之洞为求和平、迅速办理，亦不管其中内情，致电麦士尼速去签押。[①] 十月三十日，由新载生洋行作保，邵友濂与麦士尼签订军火合同，先付定金六千一百两。合同签订后，麦士尼又来函称载生不肯出买云者士得枪的劳务费用，希望广东补贴。为此，张之洞指示邵友濂给麦士尼补贴。

张之洞对麦士尼如此包容的原因，由其致邵友濂电可知：

> 麦士尼信，买云者枪载生不出用钱，乞粤随意津贴。此人用处尚多，拟由粤酌给之，望拟一数。[②]

虽然花费诸多功夫，但张之洞后因云者士得枪射程不远而缓买。麦士尼还推荐甡厚洋行所存的士挨百枪、林明敦枪、来复枪、云者士得枪。张之洞曾电告邵友濂前去验货，邵友濂均认为枪支不佳。最后所见张之洞从麦士尼处购买的武器，只有甡厚洋行所存的云者士得枪一百二十支、子弹一百万颗。[③]

冯子材、王孝祺二军出关攻入越南后，张之洞再向麦士尼求购枪炮。十二月初七日，张之洞请麦士尼向各上海洋行探询一个月内是否有过山炮、诺登飞炮、哈乞开思枪和毛瑟枪可

---

① 《上海邵道来电》（光绪十年十月二十六日）、《寄甡厚洋行麦士尼》（光绪十年十月二十七日），《张文襄公（未刊）电稿》第 13 册，第 5907、5933 页。

② 《寄邵道》（光绪十年十一月十五日），《张文襄公（未刊）电稿》第 14 册，第 6223 页。

③ 《上海邵道来电》（光绪十年十一月二十七日），《张文襄公（未刊）电稿》第 15 册，6501 页。

卖。麦士尼回复称哈乞开思枪、毛瑟枪三个月难买到；六磅过山炮六尊、诺登飞炮一尊，连炮弹共三千一百两，两个月可到。[①] 其后麦士尼还向张之洞推荐德国、英国、美国各色枪炮，张之洞向麦士尼往返咨询各炮情况，并派邵友濂、上海制造局冯瑞光等前往验看，但不久中法停战，张之洞通过麦士尼购买军火之事遂告一段落。

二　中法战时之款项筹措

两广毗连越南，为出关赴越各军的直接后方，光绪十年（1884）六月后，法国进攻台湾，朝廷复屡饬广东援台，广东招募营勇、购买军械、筹防外援，均需大量饷项。经咸同动乱，户部久已入不敷出。时户部、军机处联衔议奏筹划饷需，可知部库之情形。该折谓部库岁入京饷及边防经费与八旗俸饷及边防经费仅足相抵，而加之上年筹赈河工、边防、海防，并吴大澂、曹克忠新募各军，部库早已出浮于入。而各省田赋、关税、厘金、盐课、杂款日减，应付京饷、协饷、局所开支及归还左宗棠西征借款，尚不敷用，故筹措中法战争饷项只可节流。[②] 清廷无法为广东额外提供大量饷源，故须由广东自筹。筹款之事由广东巡抚主持，广东司、局施行，但无疑需与张之洞等人筹商，而筹借洋款之举，则往往由张之洞亲自与各人往返电商。田赋、关税、厘金、盐课、杂款为各省饷项主

---

① 《寄麦士尼》（光绪十年十二月初七日）、《麦士尼来电》（光绪十年十二月初八日），《张文襄公（未刊）电稿》第 16 册，第 6979、6987 页。

② 《户部等衙门议奏筹画饷需折》（光绪十年六月二十四日），《清光绪朝中法交涉史料》，第 1675~1678 页。

要来源，本节主要考察中法战争期间，张之洞所筹措的额外款项。

筹借洋款

中国贷借洋款之举始于咸同年间。吴廷燮认为，咸丰十年（1860）太平军攻破苏州，进逼上海，华洋合力共筹沪防，遂有借洋款之举。但从现有材料来看，早在咸丰五年前，上海道台吴健彰已向洋商预借税饷。[①] 同治年间，左宗棠为筹备剿捻、西征军饷，屡贷洋款，至光绪元年（1875）其进军新疆，更有大借洋款之举。中法战争期间，广东筹借洋款自张树声始。光绪九年因广东防务吃紧，张树声派员与汇丰银行（Hongkong and Shanghai Banking Corporation）买办、候选道罗寿嵩商定，议借汇丰银行银二百万两，先交银一百万两，按月七厘五息，三年归还，剩余一百万两订立合同，随时提取，经户部议准，奉旨依议。[②] 汇丰所余一百万两，张树声原欲存备以作购买军舰之用，然其后张树声于光绪十年四月初四日奏请将前存一百万两提取，以应要需。[③] 张之洞对筹借洋款并不反对，在《法衅已成敬陈战守事宜折》中提及张树声汇丰借款

---

① 吴廷燮：《清财政考略》，北京图书馆出版社影印室辑《清末民国财政史料辑刊》第 20 册，北京图书馆出版社，2007，第 372 页；郭柏荫：《江海关洋税自咸丰五年至同治五年第二十四结各届收支数目清单》，中国人民银行总行参事室编《中国清代外债史资料（1853～1911）》，中国金融出版社，1991，第 3 页。

② 户部：《议复广东筹解海防拟借汇丰巨款》，《中国清代外债史资料（1853～1911）》，第 71～72 页。

③ 张树声：《前存议购铁舰一款提取应用办理海防片》（光绪十年四月初四日），《清光绪朝中法交涉史料》，第 1153 页。

时，言应趁机向英、美各商借银五六百万两。① 张之洞督粤后，为筹集广东和外省军饷用度，向各洋行筹借了大笔洋款。

光绪十年秋，张树声所借汇丰二百万两已竭，张之洞奏准向汇丰第三次借款一百万两以应广东海防。前于六月间，广东陆续收到汇丰第二次一百万借款一半，其时上海谈判未就，法船在中国沿海游弋，广东亦有风声。由于广东急需兵饷，张之洞、龚易图谋划向香港宝源银行（即渣打银行）借款。因宝源借款为新借款，故张之洞命龚易图拟定电稿寄送总署。② 初六日，张之洞电寄总署，言向宝源银行先借款五十万两，连汇丰第二次借款已收到之五十万两，凑足一百万两，若英国驻华公使巴夏礼来询，请答以广东已告。③ 广东虽已议定宝源借款五十万两，但久未奉旨允准。二十六日，张之洞致电总署，称汇丰第二次一百万借款已提足，然广东防饷、云贵协饷、援助闽台军火用款甚巨，如开战港商不能多借，拟向宝源、汇丰再各借五十万两以备不虞，请总署代奏。三十日总署来电奉旨依议，并称已照会巴夏礼电告宝源、汇丰汇款。④ 宝源、汇丰借款经手人为前文所述之温子绍、王藻章。得总署奉准之电后，张之洞与龚易图即告二人办理，龚易图在给张之洞的禀文中认为"今日汇丰当以台战已开为疑，有此谕旨不患

---

① 《法衅已成敬陈战守事宜折》（光绪九年十一月初一日），《张之洞全集》第 1 册，第 205 页。

② 《龚藩司禀》，《张文襄公（未刊）电稿》第 4 册，第 1459 页。

③ 《致总署》（光绪十年六月初六日），《近代史所藏清代名人稿本抄本》第 2 辑第 26 册，第 269 页。

④ 《致总署》（光绪十年六月二十六日），《近代史所藏清代名人稿本抄本》第 2 辑第 26 册，第 270 页；《总署来电》（光绪十年六月三十日），《张文襄公（未刊）电稿》第 9 册，第 4203 页。

不办矣"。① 然而借款并不顺利，宝源借款五十万两，至九月仍无着落，九月十七日，张之洞电奏汇丰已新借五十万两，宝源五十万两不成，请并归汇丰共借一百万两。总署于十月初六日来电，称奉旨准再借汇丰银一百万两，已知照巴夏礼电告汇丰银行。② 此即广东第三次汇丰借款经过。

其时法攻台湾，意图取地为质，清廷屡饬南北洋、闽浙、广东援台，并命广西、云南防军进兵越南以图牵制，台、越用款甚巨，张之洞遂为台、越诸军代借洋款。光绪十年九月二十六日，张之洞电奏称"缓台惟有急越"，此时云、桂各军缺饷，请饬北洋速借三四百万两备各省饷用，由各海关认还，若洋商不肯借，则以修铁路为辞。③ 总署对张之洞借巨款的电奏不予回复，为此，三十日张之洞再电总署，称"又思得一策"，若朝廷允准借款由各海关认还，广东可再向汇丰借一百万两，云、桂分济各半，言"振全局在争越南，争越南在此数月"。十月初三日总署复电盛赞"具见公忠，深堪嘉尚"，准张之洞再借汇丰银一百万两。④ 汇丰借款百万虽经奏准，但汇丰屡屡要挟居奇，以致此次借款不成。十月二十日，汇丰洋行买办罗寿嵩致电张之洞，称汇丰借款之事，香港行主绩臣（Thomas Jackson）言未接到伦敦来信，借款恐难成。对此张之

---

① 《龚藩司禀》，《张文襄公（未刊）电稿》第 4 册，第 1475 页。

② 《致总署》（光绪十年九月十七日），《近代史所藏清代名人稿本抄本》第 2 辑第 26 册，第 344 页；《总署来电》（光绪十年十月初六日），《张文襄公（未刊）电稿》第 13 册，第 5637 页。

③ 《致总署》（光绪十年九月二十六日），《近代史所藏清代名人稿本抄本》第 2 辑第 25 册，第 609~613 页。

④ 《致总署》（光绪十年九月三十日）、《总署来电》（光绪十年十月初三日到），《张之洞全集》第 4 册，第 353 页。

洞不得不电寄驻英公使曾纪泽，请其速催伦敦行主。① 张之洞回复罗寿嵩电时，对汇丰银行拖延借款颇为不满："伦敦复信来否？现在津议借只八厘息，一月交银，并不待中法事定。京城借美款只五厘息，即刻可拨用。汇丰利已重，若再推延，便不借矣。"②

　　汇丰一再拖延，加之索要重息，张之洞当时已私下另向宝源借款，其经手人即王藻章。王藻章曾参与福州船政局挪用公款案及经手宝源五十万两借款，由此看来，其应与宝源银行有密切的人事往来。张之洞何时派遣王藻章与宝源银行谈判暂不可知，其前往香港也并非只为宝源借款事，目前所见王藻章前往香港经办之事有购买武器、参与汇丰台湾汇款及打探情报等。十月二十八日，张之洞敦促王藻章速与宝源定议，如果提银迟就与汇丰定局。十一月初三日，张之洞再致电王藻章询问"何日必提银到省"。③ 王藻章宝源借款谈判将结束时，张之洞方电告总署改向宝源借款。初四日，王藻章来电准于三日后提单回省，请张之洞电总署知照巴夏礼转告宝源。得悉借款议妥，张之洞电令其速将提单三十万两全数提省，合同稿务拟妥以便速订。④ 次日张之洞电奏汇丰借款告绝，改借宝源一百万

---

① 《香港来电》（光绪十年十月二十日）、《寄驻英曾钦使》（光绪十年十月二十日），《张文襄公（未刊）电稿》第13册，第5821、5819页。

② 《寄汇丰洋行罗》（光绪十年十月二十日），《张文襄公（未刊）电稿》第13册，第5823页。

③ 《寄香港渣打洋行王道藻章》（光绪十年十月二十八日）、《寄香港渣打洋行王道藻章》（光绪十年十一月初三日），《张文襄公（未刊）电稿》第13册，第5941、5991页。

④ 《香港来电》（光绪十年十一月初四日）、《寄香港王道》（光绪十年十一月初四日），《张文襄公（未刊）电稿》第13册，第6009、6011页。

两，利息八厘半，分岑毓英、潘鼎新各四十万两，刘永福二十万两，仍按原议由各省海关归还，请总署知照巴夏礼电告宝源。宝源百万两借款奉旨允准，而在廷旨允准前，张之洞已电王藻章提银三十万两回省。① 宝源借款确定后，张之洞与王藻章围绕合同往返电商，尤其是交银数目和利息。十一月二十日，张之洞致电王藻章讨论宝源借款合同："一，作按万不可用，改为作保；一，九厘与奏案不符，必须设法写明八厘半；一，到期交不出银有何办法。"对于这三条张之洞颇为谨慎，认为事关重大，次日又再电王藻章往商。② 由于待饷孔亟，宝源迟迟没有改订合同，加之汇丰仍未放弃向张之洞借款，张之洞屡电王藻章言如宝源居奇不肯改订，即仍归汇丰借款。如十一月二十三日，张之洞寄王藻章言："汇丰屡催，如宝源居奇即罢论，饷急不能久待。"③ 至十二月二十五日，王藻章来电称昨日宝源已交十万两，现再提二十万两回省。④ 连前宝源所交三十万两，光绪十年内宝源银行共交六十万两，宝源借款百万两就此议定。

除命王藻章与宝源银行接触，张之洞另与盛宣怀电商旗昌洋行（Russell & Co.）、伦敦银行借款以应汇丰居奇。时盛宣

---

① 《致总署》（光绪十年十一月初五日），《张之洞全集》第 4 册，第 354 页；《寄香港王道》（光绪十年十一月初五日），《张文襄公（未刊）电稿》第 13 册，第 6045 页。

② 《寄香港王道》（光绪十年十一月二十日），《张文襄公（未刊）电稿》第 13 册，第 6045 页；《寄香港王道》（光绪十年十一月二十一日），《张文襄公（未刊）电稿》第 14 册，第 6335 页。

③ 《寄香港王道》（光绪十年十一月二十三日），《张文襄公（未刊）电稿》第 14 册，第 6401 页。

④ 《香港来电》（光绪十年十二月二十五日），《张文襄公（未刊）电稿》第 17 册，第 7480 页。

怀来电告知张之洞伦敦有利息六厘洋款二百万两可借，若汇丰罢议则可借。十一月初十日，张之洞电寄盛宣怀，请其代借旗昌洋款，称若利息六厘且不扣交足，广东当借四百万两还他行重利，并可商总署多借，现汇丰把持重利，故未向汇丰借。①盛宣怀接张之洞来电后即致电旗昌，并向张之洞提出了一个更大胆的方案。盛宣怀建议张之洞借款一千万两，以四百万两还重利，六百万两代购新式快船十艘、雷艇二十艘，创设广东新式海军。本金通过裁勇、整顿厘金偿还，利息取诸闾姓。对此张之洞并没有同意，电复盛宣怀称，共欲借五百万两，先速借伦敦或者旗昌一百万两还汇丰重利，造船只可徐议。②其后盛宣怀在与旗昌、伦敦交涉借款一事中颇为出力，且与张之洞往复咨商，但最终因伦敦、旗昌与汇丰相勾结，利息较高而难成。十一月二十五日，盛宣怀电告张之洞旗昌借款不成，听闻宝源已成，请张之洞速与宝源银行定妥，如有轻息再禀商。盛宣怀为未能给张之洞解决问题而不安，言"宣受旗等揶揄，深自愧悚"。③

　　此外，张之洞曾询驻德公使李凤苞、许景澄关于德国借款事宜。前李凤苞曾致函张树声，称其与红牌银行相熟，可商借轻息不扣洋款。六月间因广东用度困难，张之洞等人谋借汇丰、宝源洋款，同时张之洞向李凤苞打探红牌洋款。二十四

----

① 《津海关盛道来电》（光绪十年十一月初七日）、《寄盛道》（光绪十年十一月初十日），《张文襄公（未刊）电稿》第 14 册，第 6075、6125 页。

② 《津海关盛道来电》（光绪十年十一月十一日），《张文襄公（未刊）电稿》第 14 册，第 6137 页；《致盛道台》（光绪十年十一月十一日），《近代史所藏清代名人稿本抄本》第 2 辑第 26 册，第 54～55 页。

③ 《津海关盛道来电》（光绪十年十一月二十五日），《张文襄公（未刊）电稿》第 14 册，第 6443 页。

日，张之洞电寄李凤苞，感谢其为广东筹集军火，询及红牌银行若借妥，几日可提银。李凤苞复电称香港领到盖章凭证后即可汇款，两个月汇完，九一扣，六厘息，其余仿汇丰借款办法。① 时张之洞欲借红牌银行巨款以购买大批枪炮，但其后马江之战爆发，清军复进北圻，七月十一日李凤苞来电云红牌银行借口兵事，借款须再议，红牌借款之事遂暂无成。② 十一月，广东财力甚竭，张之洞遂向各方谋借洋款，初二日张之洞再向许景澄、李凤苞电询红牌借款如奏准，尚可借否。许景澄、李凤苞知其时张之洞为各省代借汇丰一百万两，承诺若汇丰罢议，可借五十万镑，九扣，利息七厘半，五年还清。③ 及张之洞电奏改汇丰借款为宝源借款，其复电许景澄、李凤苞，询问来电所承诺借款之事。④ 经许景澄、李凤苞询英、德各商号情况，并与张之洞电商，二人于十二月初二日告张之洞狄士康（即德国贴现银行，Disconto-Gesellschaft）、德意志（The Deutsche Bank）两银行可借五十万镑，若借即请张之洞上奏，由总署告德国驻华公使巴兰德（Maximilian Augustscipio von Brandt），由二人详议。张之洞于初四日电奏向两家银行借款五十万镑（合二百万两），拟议九五扣，利息七厘半，分五年

① 《寄驻法李钦使》（光绪十年六月二十四日）、《驻法李钦使复电》（光绪十年六月二十七日），《张文襄公（未刊）电稿》第9册，第4103、4167页。

② 《致巴黎李钦使》（光绪十年七月初一日），《近代史所藏清代名人稿本抄本》第2辑第25册，第495页；《驻法李钦使复电》（光绪十年七月十一日），《张文襄公（未刊）电稿》第10册，第4405页。

③ 《寄德许李钦使》（光绪十年十一月初二日）、《驻德许李钦使来电》（光绪十年十一月初五日），《张文襄公（未刊）电稿》第13册，第5963、6037页。

④ 《寄德许李钦使》（光绪十年十一月二十三日），《张文襄公（未刊）电稿》第14册，第6393~6394页。

还，由各省海关归还，以一百万两汇粤作为规越援台之用，九十万两汇美作为买气炮之用。① 奉旨允准后，张之洞与李凤苞、许景澄屡商少扣或轻息，但德国银行以张之洞饷急要挟不允减，德国借款之事最终未成。

德国借款未成，张之洞拟改向大东公司（Cable & Wireless）借款，此事仍由盛宣怀奔走。旗昌、伦敦借款不就，盛宣怀于十二月初十日来电，主动向张之洞推荐大东借款，称其接大东公司行主本特（John Pender）来电，言有五十万镑可借，合银约二百万两，九扣，周息七厘，因听闻张之洞尚需借款故转禀。② 由于其时张之洞奏派冯子材、王孝祺二军出关，加上法国封锁台湾，广东维持各军军饷、转运台湾饷银耗费甚多，张之洞急需借款维持用度。经过盛宣怀与大东公司协商，张之洞于十五日电寄盛宣怀，决定借大东五十万镑，周息九厘，无扣无行用，分十年还。③ 大东借款初期谈判相当顺利，十八日，盛宣怀来电言已订立合同十三款，订于明日与大东代理人滕恩（John George Dunn）在李鸿章面前签字。④ 是日，张之洞电奏称德国银行坚持九扣不减，现托李鸿章饬盛宣怀在津与大东公司议妥合同，改向大东订借五十万五千镑，周息九厘，无扣无行用，各省海关认还，请饬李鸿章代为签字，由总署照会巴夏

---

① 《驻德许李钦使来电》（光绪十年十二月初二日），《张文襄公（未刊）电稿》第 15 册，第 6879 页；《致总署》（光绪十年十二月初四日），《近代史所藏清代名人稿本抄本》第 2 辑第 26 册，第 114~118 页。

② 《津海关盛道来电》（光绪十年十二月初十日），《张文襄公（未刊）电稿》第 16 册，第 7037 页。

③ 《寄盛道》（光绪十年十二月十五日），《张文襄公（未刊）电稿》第 16 册，第 7169 页。

④ 《津海关盛道来电》（光绪十年十二月十八日），《张文襄公（未刊）电稿》第 16 册，第 7259 页。

礼告知天津代理人，并饬曾纪泽和本特在保单上签字。① 时合同在天津仍在反复磋商更改，张之洞因听闻英国将禁止借兵债，曾催促盛宣怀、李鸿章赶紧定约，然而二十七日，曾纪泽却来电言"大东废约"。② 张之洞得悉此事，致电曾纪泽，希望其力成大东借款事，但并无成效。个中原委，盛宣怀曾密电张之洞："滕恩密告，本特无他意，劫侯（按：曾纪泽）缓之，侯或因傅相越俎而梗，请借总债，衙门未复，伯相嘱请钧处电催侯，勿直言，事必□。近来侯、伯交际，宪谅深知。"③ 可见大东借款不成，关键由于曾、李不和。张之洞虽然屡商曾纪泽，但最终大东借款仍无成。光绪十一年正月初七日，盛宣怀告张之洞"曾侯已来复电，宪电可不必发"。④ 大东借款未果后，盛宣怀向张之洞建议由藩司、运司、海关、厘局印票借华债，或改与旗昌洋行续议借款。但张之洞认为华商不足信，部议不爽快，恐难应急，决定改再向汇丰借款。⑤

前因宝源借款居奇，张之洞一直与汇丰银行保持接触。光绪十年十二月十六日，委员魏邦翰电禀张之洞，称汇丰尚有四十九万五千镑可借。⑥ 其后宝源借款虽议定，但当时广东防急

---

① 《致总署》（光绪十年十二月十八日），《张之洞全集》第 4 册，第 355 页。

② 《驻英曾钦使来电》（光绪十年十二月二十七日），《张文襄公（未刊）电稿》第 17 册，第 7557 页。

③ 《天津来电》（光绪十年十二月三十日），《张文襄公（未刊）电稿》第 17 册，第 7713 页。

④ 《津海关盛道来电》（光绪十一年正月初七日），《张文襄公（未刊）电稿》第 18 册，第 7929 页。

⑤ 《津海关盛道来电》（光绪十一年正月初七日）、《津海关盛道来电》《寄盛道》（光绪十一年正月初十日）、《张文襄公（未刊）电稿》第 18 册，第 7931~7932、8029、8002 页。

⑥ 《香港来电》（光绪十年十二月十六日），《张文襄公（未刊）电稿》第 16 册，第 7215 页。

费重，张之洞联络盛宣怀、许景澄、李凤苞借款。经与广东司局各员商议，张之洞等决定再向汇丰借款。十二月十八日，张之洞、倪文蔚电奏向汇丰再借五十万五千镑，照旧九厘加闰，但十年还。粤借粤还，以藩、运两库还款，海关作保。① 廷旨命依议照行，此为广东第四次汇丰借款。大东洋款张之洞亦奏请改借汇丰。光绪十一年正月初九日，张之洞电奏大东碍法不愿借，改与汇丰议定再借五十万镑，又拟请由粤代川借出关之鲍超饷一百万两，利息、期限、作保与广东第四次汇丰借款相同，但此两款由各省海关归还，请令巴夏礼电港立约提银。因汇丰言只借一次，故广东第四次汇丰借款、大东改借汇丰款、粤代川借款共约五百万两合立于同一合同上。② 总署于十二日来电，称奉旨准借汇丰五百万两，接奉电旨后，张之洞即电罗寿嵩速与伦敦定议。③

广开厘捐

咸丰三年（1853），雷以諴于江苏试行厘金，其后各省推行以供军需，成为重要财源。咸丰军兴后，广东因捐输为数不少，故暂未征厘。至咸丰八年军务紧张，广东督抚遂奏请仿照江西章程，于芦苞、后沥、白沙设厂抽收厘金，自后推广。④捐，即官、绅、民报效个人钱财的行为，有捐纳和捐输之名。

---

① 《致总署》（光绪十年十二月十八日），《张之洞全集》第 4 册，第 356 页。

② 《致总署》（光绪十一年正月初九日），《张之洞全集》第 4 册，第 359~360 页。

③ 《寄香港汇丰洋行罗》（光绪十一年正月十三日），《张文襄公（未刊）电稿》第 18 册，第 8117 页。

④ 广东清理财政局编《广东财政说明书》，《清末民国财政史料辑刊》第 8 册，第 457 页。

对于二者，学界有三种看法：一是两者各异，二是两者无实质区别，三是捐纳为捐输的一种。① 宣统年间广东编订《财政说明书》，将捐输归入"正杂各捐"，捐纳归入"捐输"，② 可见时人对二者有所区分而实则混淆。大约如许大龄所说："捐输系由士民之报效，捐纳则系卖官之行为。买官者欲求掩饰，咸谓出自援例捐输或报效议叙。此类情形，《清史列传》及各家文集、墓志中多混为一，即政府诏谕，亦往往含忽言之，不可不察。"③ 捐与厘本无涉，在督抚奏折、告示中往往将捐、厘区分，称捐为自愿报效以避加厘恶名，然所谓自愿报效实亦形同摊派勒索，当时民间、报章往往将抽厘、抽捐混用。光绪九年（1883）间，为筹办广东海防经费，两广总督张树声等劝谕捐输，并渐次增收各色厘、捐，自张之洞到粤，其进一步大行抽厘、捐纳、捐输之举。

张之洞接署两广总督后，为扩充饷源，对部分货物新抽厘金或加厘。如广东纸炮（即爆竹）向来并未抽收厘金，然"省中自海防孔急，需饷抽厘，其向设厘金者固加海防厘务，以应支需，即历未抽收，现亦议筹添设"，遂于光绪十年六月初三日开抽，每价值一两抽厘一分。又如鸦片烟土买入前已抽厘，本为不再抽收厘金之货，然张之洞札饬司局出示晓谕，命烟土熬成熟膏后抽收膏厘，于九月初一日开办，④ 如是等等。此外，张之洞等本拟对省城屠行、猪栏加抽肉厘，后因行栏争

---

① 江晓成：《清代捐输研究述评》，《中国史研究动态》2021 年第 4 期。
② 广东清理财政局编《广东财政说明书》，《清末民国财政史料辑刊》第 8 册，第 513~514、603 页。
③ 许大龄：《清代捐纳制度》，文海出版社，1977，序言第 1 页。
④ 《纸炮抽厘》，《循环日报》1884 年 7 月 30 日，第 2 版；《烟膏领牌》，《循环日报》1884 年 10 月 22 日，第 2 版。

承包厘权未举行。① 火水（即煤油）厘金于曾国荃督粤时期开办，由商人张绍英承包，每年缴厘银三万元，另再捐银一千元，每年共缴银三万一千元。其后张树声、张之洞等多次胁迫加厘、加捐，光绪十年六月初七日报纸载火水局认捐海防经费每年增至五千两，且每箱火水另加抽六分。②

在厘金制度上，张之洞议行坐贾包厘。时广东除部分厂卡兼抽坐厘外，主要实行行厘和埠厘制，货物过厂卡仅一起一验，商人为避厘金，常常将货物装轮船直接搭载至各埠，或走旱路，绕过厂卡，而行水路的货物则勾结船户隐匿，以致厘金走漏。时有举人周从谏禀请仿照盐务承商章程，将三江厘金归其承包，后张之洞发现周从谏意在包揽利权，故未允许，但他受此启发，经询厘务局委员王存善，制定章程数条，于光绪十年九月初九日札饬广东布政使司、厘务局议行坐贾包厘。其认为："厘金取之行商，行商贩诸坐贾，若责成坐贾，分行认捐汇缴，较之节节抽收、处处查验为好。"经司道、局员商议，厘务局于十二月初七日发布告示，招揽各商承包本行厘金，征收坐厘。③ 从光绪十一年初厘务局牌示中，可知中法战争期间广东包厘收缴概数（见表2-2）。

整顿厘务之外，中法战争中张之洞大开捐纳、捐输，大宗者为沙捐、绅富捐、牙捐、房铺捐、当捐。

---

① 《停止沙田各捐折》（光绪十二年三月二十一日），《张之洞全集》第1册，第390页。

② 《火水加抽》，《循环日报》1884年7月28日，第2版。

③ 《札饬东藩司厘务局议坐贾包厘》（光绪十年九月初九日），《督广咨札·咨札二》，张之洞档，甲182-196；《广东全省厘务总局示》，《循环日报》1885年1月29日，第2版。

表 2-2　广东包厘情况

包厘人	货物	包厘地点	包厘银数（每年）
谭光□等	牛皮	海康、遂溪、徐闻三县	一千元
邓祐等	猪	省城	一万七千二百元
李荔棠	汀连等纸	未知	六千大元
张绍英等	火水油	通省	一万三千元
丽源店等	铅、锡	省城、佛山	三千大元
利丰、仁丰司事李发祥	豆子	省河、汲水门	二万三千六百元
曹洪发	石蚝灰	省城、佛山	五千六百元
王其昌等	塘厘鱼	通省	二十万元
张祖□等	油厘	东江	一万三千大元
崔百巧等	汀连纸、炮皮纸、顶炮纸各色纸料	东江	一万七千大元
忠信堂	洋药膏（即鸦片熟膏）	未知	一百万两
马锡慈等	油糖、生脯	清远	一万四千元
李德成	生果、咸味品	陈村、省城、佛山、香山等处	三千二百元
陈宝	元宝、衣纸各货	未知	六千元
隆记店	莲峰纸	未知	一万元

资料来源:《商民义捐》,《申报》1885 年 3 月 19 日, 第 2 版。

沙捐又名沙田捐。所谓沙田即珠三角、潮州地区泥沙堆积后围垦而成的土地。清代沙田例须清丈、升科、纳赋, 但因田土浮动, 围垦者又为宗族大家, 故豪强往往隐匿不报。同治五年（1866）广州府各属沙田曾经清丈, 收缴花息七十余万。同治十三年（1874）日兵侵台, 各省筹议海防, 次年, 时署两广总督兼广东巡抚张兆栋命沙田每亩捐银二钱, 以助海防之用，为广东抽收沙捐旧例。[1] 光绪十年春，两广总督张树声、广东巡抚倪文蔚为筹办海防，知沙田未报、未升者尚多，援光绪元年（1875）张兆栋成案办理沙捐，即为中法战时广东沙捐由来。[2] 张之洞督粤后，鉴于沙捐数量抽收无多，曾议及升科以裕沙田捐项。八月间，张之洞得彭玉麟转交之委员郑英铭禀，称沙捐每亩捐银二钱，总共所得不过三十万两左右，为数无几，建议有司晓谕沙田拥有者以旧藩照换新藩照，具体方式为"以旧照换新照者，每亩缴银二钱；如未有照，仅以契换新照者，每亩缴银三钱；如契、照皆无，仅凭户税管业者，准其呈明缴验粮票，核确给予新照，每亩缴银二两。若由沙田溢出坦亩，其已成熟坦，每亩缴银八两；草坦每亩缴银六两；白坦每亩缴银四两；若系水坦不能试种草荪者，每亩从中酌量。每领照一张，照向章另缴照费银三钱，为省局、分局书吏办公之用"，据其言可得银百万两有余。张之洞得郑英铭之禀后，认为换照可行，并欲仿照其在山西办理马厂官荒经验，先给执凭，再奏明户部办理执照，以便清丈升科，命善后海防总局、藩司、沙田局筹议郑英铭方案。[3] 然因军务无暇，张之洞清丈

---

① 《复陈粤省事宜查酌办理折》（光绪二年闰五月初一日），《刘坤一集》第 1 册，第 454 页。花县即开办清丈丈出溢田并报承溢坦业户所缴者（广东清理财政局编《广东财政说明书》，《清末民国财政史料辑刊》第 8 册，第 223 页）。按：《广东财政说明书》谓广东于同治元年、二年及光绪十年、十一年曾开办沙捐（第 230 页），似不确。同治元年、二年疑为光绪元年、二年之误，可参考时任广东布政使高崇基所纂之《东粤藩储考》（卷 9，光绪十三年刻本，第 68、70 页）。

② 《停止沙田各捐折》（光绪十二年三月二十一日），《张之洞全集》第 1 册，第 389 页。

③ 《札藩司善后海防议沙田捐输》（光绪十年八月十八日），《督广咨札·咨札一》，张之洞档，甲 182-196。

沙田、颁发部照之议未能实行，一仍沙捐成例捐输。沙捐收数本属无多，而十一月间因新会、香山遭受水灾，张之洞批示二处免收次年沙捐，故统计光绪十年共收沙捐十四万余两，光绪十一年仅收得十一万余两。[①]

广东夙称富庶，咸同以降广东官员因筹防、办赈等原因，屡劝绅富捐输。光绪九年（1883）冬，彭玉麟、张树声、倪文蔚等奏准援照山东赈捐章程，开局劝办绅富捐输，张树声捐廉一万两，彭玉麟、倪文蔚各捐五千两，前广东巡抚裕宽捐三千两，以为倡导，然各绅富观望。至次年春，仅广东布政使刚毅、两广盐运使周兴誉各捐四千两，广东按察使沈镕经捐一千两，潮州知府朱丙寿捐五千两，其余各道府陆续捐银数千、数百两不等。[②] 张之洞督粤后，鉴于各属办理团练需费，而前劝捐输绅富大多观望，故于光绪十年六月刊发告示，以各县绅富捐输自捐自用，不再提充省用，前委派之劝绅富捐输各员即行调回，改由地方官会同各邑绅士筹办。[③] 张之洞此举本希望绅富能因自卫乡梓而踊跃捐输，但近两个月仍未捐有成数，其遂于七月二十九日札饬广东布政使、按察使，再次派委前劝捐委

---

① 《批海防沙田局委勘新香二县被灾田亩应否缓缴沙捐禀》（光绪十年十一月十五日），《张之洞督广批牍谕示》，张之洞档，甲182-199；《停止沙田各捐折》（光绪十二年三月二十一日），《张之洞全集》第1册，第389页。

② 《会奏广东团练捐输事宜折》（光绪十年正月二十八日），《彭玉麟集》第1册，第336~337页。按：从刚毅出示之告示看，所谓绅富捐输实为捐纳，见《劝捐告示》，《申报》1884年3月27日，第2版。

③ 《札善后局转发各邑就捐办团告示》（光绪十年六月二十二日），《督广咨札·咨札一》，张之洞档，甲182-196。

员前往各县催捐。① 委员催捐之举无疑形同勒捐，各绅富自愿捐输者更形寥寥。统计从光绪九年冬至十一年间，仅缴得绅富捐银十五六万两，充作东莞、新安及添补各团军火、军装之用，不敷甚多。②

牙捐本于光绪十年四月抽收海防经费成案。时省城爱育堂绅商召集各行户公议捐输事宜，各行声明愿就生意大小捐输作海防之用，认捐数目为每年三十一万余两。然而防务紧急，各行捐输不定，张之洞遂改抽牙捐。光绪十年秋冬，张之洞等查知粤省行市有九七扣平之习，命从前行户所捐防费停止，将扣平照数补足，将补足数捐出充饷。张之洞等虑及米、谷、柴薪等为民生日用，故此类货物免抽牙捐，而且规定只准本行承捐，不准外行、官吏包揽。因承办者为牙户，故称牙捐。③ 十月，广东牙捐总局开办，并告示各行首遵照抽缴。④ 其时报纸虽称各行急公好义，捐输踊跃，但实则承捐之行无几。十二月初五日，牙捐总局告示仍谓"开办以来，各行到局认缴者固属不少，然尚未见其踊跃"。⑤ 在省城官绅三令五申下，各行渐次承捐。统计光绪十年冬至十一年七月，仅收得银二十三万两。⑥

---

① 《札广东藩臬两司饬催绅富缴团防经费》（光绪十年七月二十九日），《张之洞全集》第 5 册，第 63~64 页。

② 《停止沙田各捐折》（光绪十二年三月二十一日），《张之洞全集》第 1 册，第 389 页。

③ 《粤省停止防费捐改抽牙捐片》（光绪十一年九月初四日），《近代史所藏清代名人稿本抄本》第 2 辑第 111 册，第 645~648 页。

④ 《羊城新闻》，《循环日报》1884 年 11 月 25 日，第 2 版；1884 年 12 月 6 日，第 2 版。

⑤ 《宪示登录》，《循环日报》1885 年 1 月 23 日，第 3 版。

⑥ 高崇基等纂《东粤藩储考》卷 9，第 66 页。

　　房捐之议始于光绪九年秋。时法军已派兵攻破越南顺化，胁迫越南签订《顺化条约》，将越南认定为法国的保护国，并屡破刘永福于北圻，沿海、沿边防务骤行吃紧，张树声等命省城办理团练护卫。九月初二日，省城官绅于团防局开会，商及省城商铺抽取房租作为团练经费，因士绅言近年生意殊难，故而房捐之事搁议。然而有司虽未设局抽取房捐，民间已自行抽取房捐以资团练。① 迨张之洞督粤后，民间屡有抽取房捐风闻，但张之洞虑及商务、民生，始终未设局办理。及光绪十年冬，张之洞以外警日闻、匪徒蠢动，海防耗费甚巨，札饬司局抽收房捐。十一月十七日，厘务局出具告示，先行抽收省城城厢内外，次而推及佛山、顺德之陈村、三水之西南、东莞之石龙、新会之江门，按户抽收，如租银不满一两者概免，约抽三个月。② 后因外属不易办理，并未抽及省城外各地房捐，且省城防捐仅抽捐一个月，得银七万余两。③

　　当商殷实，各省遇有筹款之举，往往劝谕当商捐输，中法战争期间广东亦收取当捐。光绪九年九月初六日，广东司道会详两广总督张树声、广东巡抚倪文蔚，以海防经费支绌，请饬各属当铺每间捐银一百两，奏明归入旧例捐输，由捐输海防经费案内分别办理奖叙。④ 其时当商捐输并未给奖，亦未收齐。光绪十年十二月十一日，广东布政使龚易图禀请张之洞等，将当捐奖叙改为捐监，派遣委员携带空白实收捐监表前往各属劝

---

① 《筹费团防》，《循环日报》1883 年 10 月 4 日，第 2 版；《抽厘风闻》，《循环日报》1883 年 11 月 9 日，第 2 版。
② 《抽捐租务》，《循环日报》1885 年 1 月 3 日，第 2 版。
③ 《停止沙田各捐折》（光绪十二年三月二十一日），《张之洞全集》第 1 册，第 390 页。
④ 高崇基等纂《东粤藩储考》卷 9，第 74 页。

捐，依据生意旺淡填给捐监人数，生意旺者捐监二名，淡者捐监一名，每名缴银一百一十两四钱三分二厘，统计自光绪十一年二月至十三年正月，当捐共收银十四万余两。[①]

上述各捐张之洞曾奏及，然中法战争中张之洞札饬收取之"捐"尚不止此五种。光绪十年九月二十四日，经众人议论、建议，张之洞札饬司局详议开源节流之策，其中开源之目达数十种之多，如：候补道李蕊议及厘金定课、盐埠转届、当商缴饷、押饷、武职捐、奖励捐、祠费、膏厘包抽、酒权承商、船税、闸捐，广州府知府萧韶议及抽收防捐、外埠劝捐、渡船埠租、开办亩捐、议抽麸捐、米羡捐助、开办牙帖、当铺领牌，前山同知陈坤议及借捐助饷，署南海县知县危德连议及抽糖捐、抽豆枯、抽闸租、抽船捐，卸任番禺县知县侯甲瀛议及开办亩捐、抽捐土丝、盐斤加价、富户捐输、监生补成，候补道钟天纬议及昭义祠捐，前候补知县邓复兴议及沙田捐免补升，通判蔡寿嵩议及钞票借款，革员徐赓陛议及盐政、关权派捐、罚款、沙捐。[②]

诸人之建议多有实行。除上文所言的沙捐、绅富捐、牙捐、房铺捐、当捐，另有如未奏报而司局议及之船捐，经张之洞、倪文蔚批准分为三等，初承饷渡及繁盛埠地每船缴银二百元，子承父业及埠地稍次者每船缴银一百元，埠地偏僻及横水渡每船缴银五十元，充作海防经费。[③] 罚款亦未汇入奏案，而冠以"捐输"之名者为数不少。如光绪十年十月二十五日，张之洞得

---

① 高崇基等纂《东粤藩储考》卷9，第75页。
② 《札司局议开源节流》（光绪十年九月二十四日），《督广咨札·咨札二》，张之洞档，甲182-196。
③ 高崇基等纂《东粤藩储考》卷9，第72页。

善后、捐输等局禀饬令海关清书一百九十二名公捐银二十二万两，"如敢抗违，应请咨商粤海关监督将该书等革役另充，以为盘踞把持者戒"。① 由此种种，可见其时厘捐名目之繁多。

截留京饷及借拨晋款

截留为清代财政用语，即凡应解交之公项银米，在途中被截，留作他用。② 截留是督抚筹集款项时常使用的手段，当事态紧急时尤甚。光绪九年（1883）八月间，因法人有以大队兵船至广东寻衅之说，清廷准张树声等将光绪九年应解京饷全数截留广东应用。③ 中法战争期间，张之洞奏请截留大批款项以应战事之急需。

张之洞截留之款主要为广东藩、运两库及粤海关京饷。广东藩、运两库及粤海关应解光绪十年京饷共九十四万两，计藩库奉拨太平关常税银十五万两、厘金银十万两、固本京饷连闰银十三万两、运库奉拨盐课银二十万两、帑息银五万两、内务府经费银五万两，粤海关奉拨洋税银二十万两、新增盈余银六万两。光绪十年春，因北圻战事紧张，广东各款先后由户部指拨作为滇、桂两军军饷。前于光绪九年十一月，法将孤拔攻陷山西，并窥伺北宁，清廷谕广西巡抚徐延旭会商云贵总督岑毓英，分饬滇、桂各军进兵，以期援应。光绪十年二月十三日，岑毓英奏报拟招募万余人驻扎兴化，以分攻宁平，直入河内，

---

① 《札饬运司谕令关书捐济边饷》（光绪十年十月二十五日），《督广咨札·咨札二》，张之洞档，甲182-196。

② 李鹏年、刘子扬、陈锵仪编著《清代六部成语词典》，天津人民出版社，1990，第123页。

③ 《清实录》第54册《德宗实录（三）》，第358~359页。

然添募新军饷项无着，请朝廷命户部拨银一百万两应用。及岑
毓英奏折到京，北宁已失，边防紧急，清廷命户部速拨有着的
款一百万两，解交滇军应用。经户部议奏，滇省需银由光绪十
年各省关应解京饷、边防经费项下指拨及另拨，其中广东指拨
盐课银八万两、粤海关洋税银十万两、太平关常税银十万
两。① 北宁陷落后，清廷下诏拿问广西巡抚徐延旭，命湖南巡
抚潘鼎新赴广西办理军务，旋改任桂抚。三月二十日，潘鼎新
奏报获悉北宁已失，请清廷饬催后军继进及筹划饷械。其后由
户部奏准于协滇银一百万两中匀拨三十万两，广东于盐课银内
匀拨四万两，于粤海关洋税银内匀拨四万两。②

　　光绪十年八月，张之洞奏告截留原协滇京饷六万两代滇军
购办军火。北宁、太原相继失守后，岑毓英虑孤军不能深入，
且值兴化缺粮，于五月二十二日奏明滇军全师退守边境，并裁
撤勇营，原拨滇军应用之一百万两，请饬各省关仍旧解京。③
广东所余粤海关协滇洋税银六万两、运库协滇盐课银四万两本
应解交户部，然前因滇军西式军火紧缺，岑毓英遂咨请两广总
督张树声代购洋枪炮，并奏明清廷军火用项在上述广东协滇饷
中扣抵。④ 张之洞督粤后，广东代滇军所购士乃打后膛枪三千

---

① 《遵旨进兵募勇催饷折》（光绪十年二月十三日），《岑襄勤公（毓英）
遗集》，文海出版社，1966，第 2199~2203 页；《清实录》第 54 册《德
宗实录（三）》，第 498、508~509 页。
② 《署理广西巡抚潘鼎新奏接据谅山军报请饬催后军继进及筹画饷械各情
形折》（光绪十年三月二十日），《清光绪朝中法交涉史料》，第 996~999
页；《清实录》第 54 册《德宗实录（三）》，第 536~547 页。
③ 《协拨京饷百万仍请解京片》（光绪十年五月二十二日），《岑襄勤公（毓英）
遗集》，第 2269~2270 页。
④ 《广东拨购洋械片》（光绪十年五月初三日），《岑襄勤公（毓英）遗集》，
第 2249 页。

支、马的利后膛枪二千支、来复枪五千支、大铜帽五百万颗、火药五百万磅及各项枪弹相继到粤，须由广东代垫八万九千余两。为筹给军火饷项，张之洞先行在粤海关解到协滇洋税银中扣抵三万两，尚余五万余两军火款未付。时广东司、局禀告张之洞，称广东司局各库已无款可垫。八月十三日，张之洞奏告将广东运库所余原协滇饷盐课银四万两，及粤海关未解滇省洋税银二万两，合共六万两，截留广东，以此垫给为滇省代购之军火。①

九月，张之洞奏请截留广东藩、运两库京饷银十九万五千两作为广东海防之用。如上文所述，光绪九年秋，两广总督张树声奏请截留本年京饷，又借汇丰银行二百万两用于广东防务。至光绪十年九月，截留光绪九年分京饷及汇丰二百万两借款已全数用尽。时屡有法军攻打广东之说，广东添募营勇、制械筑台、拦河设险用度浩繁。张之洞虽已奏准向宝源、汇丰各借五十万两，但外国洋行只准陆续支拨，难以应付海防之需。张之洞先后据广东布政使龚易图、两广盐运使瑞璋、广东善后海防局禀请，于九月初三日奏请截留广东藩库太平关未解京饷常税银九万两、厘金银一万五千两、固本京饷银六万两，广东运库未解帑息银三万两，共计十九万五千两，尽数留充广东海防经费。②

时张之洞另奏请截留粤海关洋税十七万两供唐景崧等军饷械之用。上海谈判破裂后，张之洞以"牵敌以战越为上策"，先后电请朝廷赏给刘永福记名提督及花翎，以激励其进兵，并

---

① 《代滇购办军火截留原拨协饷片》（光绪十年八月十三日），《近代史所藏清代名人稿本抄本》第2辑第111册，第17~19页。
② 《截留藩运两库京饷片》（光绪十年九月初三日），《近代史所藏清代名人稿本抄本》第2辑第111册，第62~66页。

奏起唐景崧募勇出关相助，清廷准张之洞所奏，命由广东筹给饷械，准于粤海关酌拨。① 时粤海关除协滇、协桂，并张之洞奏请截留代滇军购办军火饷项外，尚余银十七万两。九月初三日，张之洞片奏将所余光绪十年粤海关应解京饷十七万两全数截留，作为归粤之唐景崧、刘永福之军饷。②

九月十四日，张之洞电奏截留十万五千两白银以为滇、桂两军购买军火。此项银两为广东藩、运两库所筹备广东省应解光绪十年第二批京饷银及内务府经费银两。该款原拟六月十八日解交北京，时恰有法国勾结葡萄牙，由澳门登陆进攻广州之风闻，遂未按时解交。至九月北圻战事相持，十四日，张之洞电奏将此款截留作滇、桂两军购办军火之用，奉旨允准。③ 共计藩库奉拨厘金银二万两、固本京饷银三万两，运库奉拨盐课银三万五千两、帑息银一万两、内务府经费银一万两。④

中法战争期间，张之洞奏请截留藩、运、粤海关京饷银共计五十三万两，除第二批京饷十万五千两为奉旨允准截留，充当滇、桂两军购买军火之用外，其余各款均为户部议驳。对于张之洞奏请截留广东藩、运两库京饷银十九万五千两及粤海关洋税银十七万两，户部复奏称"部库存款无多，需用浩繁，尤关紧要"，然因广东海防吃紧，准广东将部拨乙酉年春季兵

---

① 《电寄·七六》（光绪十年七月初六日），《清代军机处电报档汇编》第 1 册，第 32 页。

② 《截留粤海关洋税专供粤军饷械片》（光绪十年九月初三日），《近代史所藏清代名人稿本抄本》第 2 辑第 111 册，第 70~73 页。

③ 《致总署》（光绪十年九月十四日），《张之洞全集》第 4 册，第 352 页；《电寄·一七二》（光绪十年九月十四日），《清代军机处电报档汇编》第 1 册，第 66 页。

④ 《截留京饷代云桂购军火片》（光绪十年十月二十六日），《张之洞全集》第 1 册，第 260 页。

饷动用甲申年地丁银三十万两一款，全数抵用，并准截留粤海关洋税银二万两、厘金银一万五千两、帑息银三万两，以凑足原请三十六万五千两之数。而张之洞所奏截留代滇军购办军火银六万两，则由户部咨告广东于太平关未解京饷常税银九万两中划拨。所余藩、运库及粤海关银三十万两，户部奏告全数解部，不准稍有延欠。① 然因广东海防、外援用度紧张，各款饷大多由张之洞等先行挪用，故其与户部间不免有所争执。光绪十一年正月十九日，张之洞奏前所请截留之京饷三十六万五千两均已照数支销，代滇军购办军火银六万两亦早已赶解广东海防善后总局支应，业经悉数动用。请将原奏各款全数截留，以资周转。张之洞此次所奏仍遭户部议驳，令照数解部。②

　　中法战争期间，张之洞所筹集的较大款项另有晋款二十万两。时署山西巡抚奎斌及山西布政使高崇基皆张之洞抚晋时之下属，后者对二人多有提拔，故当广东防饷支绌之际，张之洞向山西借拨大批款项。前于光绪五年（1879），因丁戊奇荒，山西向广东洋务馆借拨五万两用以赈灾。光绪十年，张之洞咨告奎斌，请其与高崇基商量，速筹归还此项赈灾款，即日解津转汇。为速咨达，八月二十八日，张之洞另电李鸿章，由天津译出递往山西，并请李鸿章与天津晋商银号商讨暂垫汇粤。九月十五日，李鸿章复电称得奎斌咨复，允将五万两汇还，十月

----

① 《截留藩运库粤海关十年分京饷折》（光绪十一年正月十九日），《近代史所藏清代名人稿本抄本》第 2 辑第 111 册，第 144～146 页。

② 《截留藩运库粤海关十年分京饷折》（光绪十一年正月十九日），《近代史所藏清代名人稿本抄本》第 2 辑第 111 册，第 150～151 页；户部北档房：《十年分京饷限满分别劝惩折》，全国图书馆文献缩微复制中心编印《户部奏稿》，2004，第 3976 页。

全行解津，届时再饬汇粤。① 时张之洞得悉奎斌筹银十万两，拟解户部备各军赏银，遂于初二日电奏，称刘永福缺饷，滇、桂各饷筹解不易，请将此十万两移赏刘永福军，由粤海关于应解南北洋经费中拨解，再由户部将此十万两发南北洋作抵。清廷对此不置可否，只谕令刘永福军加恩赏银五万两，不论何款即行解交。② 由此两事可见张之洞久有从山西借拨款项之想法。及得山西归还赈灾款五万两，十一月十七日，张之洞再次致电北洋转递奎斌与高崇基，称广东所借洋款已告罄，而购买外洋武器、本省筹防用度浩繁。因其知山西厘局、铁局、盐务、铜本皆有生息银，但晋商不愿吸纳生息，广东"与其借洋商不如借华商"，山西"与其纳利于商不如纳利于官"，可否酌提二十万两借给广东，由广东照借洋款利息按季生息解晋。十二月初三日，张之洞电奏借拨晋款，奉旨允准。③ 经张之洞、奎斌、李鸿章等节次咨商，奎斌于善后、铁捐两款内各筹银十万两，分作两批解津汇粤，第一批于光绪十一年正月十二日到津，第二批于光绪十一年三月二十五日到津，经李鸿章、盛宣怀汇寄到粤，由广东海防善后局验收充饷。④

---

① 《致天津李中堂并转致山西奎抚台》（光绪十年八月二十八日），《近代史所藏清代名人稿本抄本》第 2 辑第 25 册，第 580～581 页；《北洋来电》（光绪十年九月十二日），《近代史所藏清代名人稿本抄本》第 2 辑第 53 册，第 230 页。

② 《致总署》（光绪十年九月初二日）、《总署来电》（光绪十年九月初四日），《张之洞全集》第 4 册，第 351 页。

③ 《寄晋抚奎藩司高电》（光绪十年十一月十七日），《张文襄公（未刊）电稿》第 14 册，第 6273～6274 页；《致总署》（光绪十年十二月初三日），《近代史所藏清代名人稿本抄本》第 2 辑第 26 册，第 109～111 页。

④ 《晋省借款议息片》（光绪十一年六月二十九日），《近代史所藏清代名人稿本抄本》第 2 辑第 111 册，第 534 页。

弛禁闱姓、抽收番摊陋规

闱姓是近代广东特色赌博，即在每届文武乡试、会试、科试、岁试之年，设局卖票，令购买人圈出二十个姓，待到发榜后核对中式者之姓，圈中之姓多者为头彩，次即二彩、三彩。① 闱姓最早出现于嘉庆年间的广东佛山，后逐渐扩展到广州。同治四年（1865），为筹备军需，广东巡抚郭嵩焘会同两广总督瑞麟，奏请抽收闱姓罚款；瑞麟督粤时期，广东贪墨横行，同治十二年，瑞麟奏请援郭嵩焘例抽收闱姓罚款，充当军饷之用。光绪初元，署两广总督张兆栋、两广总督张树声皆行严禁，闱姓因此外溢澳门，在澳门繁荣；因利权外泄，朝野舆论皆有严禁与弛禁之声。② 至中法战争，因饷源紧缺，舆论及广东官绅再次有强烈的弛禁闱姓之声。

据赵利峰研究，推动闱姓弛禁的主将是广东钦差大臣彭玉麟。陈晓平进一步论说李文田、郑观应为最有力的推动者。③然而，真正促使张之洞上奏弛禁闱姓的，与其说是某些个人，毋宁说是他内心的支持及钦差、巡抚、司道、营将、官绅一同表现出来的"公情"。光绪十年五月二十一日，时任钦差大臣彭玉麟、两广总督张树声、广东巡抚倪文蔚联衔上《会奏广东积弊折》，据彭玉麟言，该疏本有弛禁闱姓一条，或碍于张树声严禁闱姓的态度而最终删去。张之洞到任之初，彭玉麟即

---

① 《论闱姓》，《申报》1875 年 7 月 23 日，第 1 版。
② 赵利峰：《晚清粤澳闱姓问题研究》，暨南大学博士学位论文，2003。
③ 赵利峰：《晚清粤澳闱姓问题研究》，第 58~60 页；陈晓平：《李文田、郑观应——闱姓赌博开禁的最有力推动者》，《澎湃新闻·私家历史》2023年 1 月 10 日，https://www.thepaper.cn/newsDetail_forward_21309155，浏览时间：2023-2-15。

录稿相示。① 迨至八月，广东款项渐次用罄，且有葡萄牙勾结法国，从澳门进攻广东省城的风闻，七月二十一日，电旨寄谕彭玉麟、张之洞，命二人预筹布置。② 时广东官绅陆续给张之洞上条陈要求弛禁阄姓。如上文所述李蕊开源节流条陈中即有"抽收阄捐"一条；广西候补知府李旬清禀请设局制造军火及海防条陈中亦有"截缉阄姓捐款"之语。③ 八月二十一日夜，彭玉麟致信张之洞言：

> 防务难松，饷项支绌，既量沙之无术，复减灶而不能，深为我公忧。项由豹帅（按：倪文蔚）寄来司道阄姓详稿，据绅士、各山长公议，光明正大，立论得体，应请批准会奏，速为办理。谚云有钱能使鬼推磨也，但不卜该承办人能即迅缴其费否耶？④

信中所称"量沙"，即前文八月张之洞札饬之沙田清丈升科之事，后未实行。由"豹帅寄来司道阄姓详稿，据绅士、各山长公议"一语可知，阄姓之事为巡抚、司道商议主持，

---

① 《筹议阄姓利害暂请弛禁折》（光绪十一年四月二十日），《张之洞全集》第 1 册，第 287 页。

② 《电寄·一一五》，《清代军机处电报档汇编》第 1 册，第 46 页。

③ 《札司局议开源节流》（光绪十年九月二十四日），《督广咨札·咨札二》，张之洞档，甲 182-196；《批广西候补知府李守旬清禀请设局制造军火及海防条陈》（光绪十年九月二十五日），《张之洞督广批牍谕示》，张之洞档，甲 182-199。

④ 《麟致湘帅》，国家图书馆善本部编《赵凤昌藏札》第 8 册，国家图书馆出版社，2009，第 443 页。按：李志茗将此函时间定作光绪十年九月二十一日（李志茗：《幕僚与事变——〈赵凤昌藏札〉整理研究初编》，第 328 页），似笔误。

得士绅支持，后诸人将会详稿寄给彭玉麟，由彭玉麟劝说张之洞。当日彭玉麟命幕僚郑观应前往面见张之洞，向张之洞陈明一切。因弛禁闹姓名声不佳，彭玉麟听取郑观应建议，将此事表面上仍归司道公办，以避怨谤。① 次日，倪文蔚寄张之洞信，亦表达了彭玉麟对诸人弛禁闹姓建议的支持：

> 闹姓详稿，顷接雪帅（按：彭玉麟）信，极口赞成，原函附呈。②

所谓的"闹姓详稿"，即广东布政使龚易图、按察使沈镕经、盐运使瑞璋、督粮道益龄、广东善后局，据广州府知府萧韶、署南海县知县危德连、署番禺县知县侯甲瀛所言而共拟的会详请奏稿。该稿称同治年间以闹姓罚款充作军饷有奏案可援，自张兆栋严禁闹姓后，利权外溢于澳门，澳门因此得有巨款购买船、炮，并接济法国，图窥省城。"为丛驱爵，有名无实，借寇资盗，有损无益。"现饷源无出，诚信堂商人张荣贵、敬忠堂商人杨世勖等呈请合办，以六年为限，共捐洋银四百四十万元。广州府知府及南海、番禺县知县已邀省城大绅和各书院山长面议，皆谓可行，且署水师提督方耀、署陆路提督郑绍忠亦请速办。③ 据《赵凤昌藏札》所藏龚易图之收信，可知所谓的"绅士"即李文田。④ 李文田，字芍农，广东顺德人，咸

---

① 《麟手札》，《赵凤昌藏札》第 8 册，第 492 页。
② 《文蔚致香帅》，《赵凤昌藏札》第 1 册，第 331 页。
③ 《筹议闹姓利害暂请弛禁折》（光绪十一年四月二十日），《张之洞全集》第 1 册，第 287 页。
④ 《文田致霭仁》，《赵凤昌藏札》第 4 册，第 456~459 页。

丰九年（1859）探花。因其学识渊博，屡典试事，在士人中颇有清望，时丁母忧。[①] 李文田不仅自己大力主张弛禁闱姓，而且面见越华书院山长叶衍兰商量此事，得叶衍兰支持。[②]

在当时饷源匮乏的情况下，张之洞内心亦应该支持弛禁闱姓。在闱姓议定以前，张之洞曾致信沈镕经谓：

> 示悉。变价事不能办，越饷无出。澳门某二必应罚缴巨款，请酌筹办法，俟闱捐事议定，望即与言定，不可令此两人逃匿，切切。将来越饷专取给于此也。[③]

"变价事"仍指沙田升科，"越饷专取给于此"表明了张之洞对闱姓的重视。可以说，广东司、道、局的此次会详，兼以彭玉麟、倪文蔚的极力支持，给了张之洞弛禁闱姓的重要舆论依据。九月初四日，张之洞对会详稿做出批示，称"当此时艰孔亟，公论攸同，本部堂亦何忍顾惜浮言，坐误大计"。张之洞准备据情入奏，并命该司道传集闱姓商人，令加缴巨款，方可准行。[④]

当张之洞等人准备上奏之际，朝堂粤籍言官对弛禁闱姓有不同的声音。九月初八日，廷旨寄谕张之洞、倪文蔚，称翰林院代递检讨潘仕钊奏《变通挽回巨款》一折，该折以筹款和防范澳门为理由，奏请弛禁闱姓，命二人详议具奏。[⑤] 据称潘

---

① 赵尔巽等：《清史稿》，第 12416~12417 页。
② 《叶衍兰致霭翁》，《赵凤昌藏札》第 1 册，第 373 页。
③ 《致芸阁》，《张文襄公手札》，张之洞档，甲 182—281。
④ 《批东善后局详请截缉闱姓》（光绪十年九月初四日），《张之洞全集》第 7 册，第 61 页。
⑤ 《清实录》第 54 册《德宗实录（三）》，第 734~735 页。

仕钊奏该折，其原因为闱姓厂商贿赂二万两，并答应事后利益均分。① 潘仕钊折上奏后，另一粤籍御史何崇光却上奏称广东省城开设闱姓厂，视澳门开厂流弊尤甚，请旨仍饬申明严禁。十一月初六日，廷旨命张之洞、倪文蔚将何崇光之折与潘仕钊所奏一并妥议。② 十一月二十七日，彭玉麟、张之洞、倪文蔚联衔电奏，称澳门以闱姓利源而富，又暗济法国窥粤，自秋间奉防澳之旨后，官绅屡有建言截缉前往澳门投买闱姓者充饷。此事正在筹议而奉朝廷妥议潘仕钊折谕旨，各司道、府县申详及水陆提督咨呈皆请弛禁闱姓，省城大绅和各书院山长皆支持。此时广东防繁饷竭，何崇光所奏立意高远而未切实情，朝廷允准暂行弛禁闱姓，广东仍随时观察，如有流弊，再行奏停。③ 广东弛禁闱姓，言路议论纷纷，对此，醇王奕譞主持其事，其致信军机处谓：

> 粤复闱姓，极透事理。闻议禁、议弛者，每为重贿所使，独彭、张、倪毫无染指，粪即有物议。有自彼来者其言如此，补偏拯急，似以用电中暂行弛禁一语为是，纷呶之患，勿顾也。希公酌之。醇亲王泐。二十八亥初。④

在奕譞的支持下，十一月二十九日，廷旨电寄彭玉麟等，

① 《清实录》第 54 册《德宗实录（三）》，第 959 页。
② 《清实录》第 54 册《德宗实录（三）》，第 787 页。
③ 《致总署》（光绪十年十一月二十七日），《近代史所藏清代名人稿本抄本》第 2 辑第 26 册，第 94~99 页。
④ 《醇亲王奕譞致军机处尺牍·四八》，《中法战争》第 5 册，第 55~56 页。

准广东暂行弛禁闱姓。[①]　如上文所述，弛禁闱姓为广东当道、绅商久已谋划、讨论、配合、施行之举，乃至潘仕钊奏请弛禁的朝堂先声，亦为广东商人背后沟通的前台舆论，张之洞等人电奏中所谓奉旨议行，不过是为避朝堂粤籍言官清议而"倒填日期"，以此颠倒因果。

番摊一名"翻摊"，主要玩法为庄家以碗随机扣豆，然后以小棍每四个拨移，赌徒下注竞猜剩余豆子数目。因易于操作，番摊在广东颇流行。此外，番摊的流行与广东武营的包庇不无关系。武营俸饷较低，咸同以后军费支绌，广东武营俸禄减成、折价发放，生计更形困难。同治年间番摊已成为广东武营的生计所系，时两广总督瑞麟言"（番摊）不可禁，禁则武营小官无饭吃"。[②]　且较之闱姓和白鸽票，番摊的危害性较小。基于上述原因，历任广东督抚对番摊皆持默许态度。

中法战争期间，因广东军费浩繁，时议及抽取赌饷作为军饷，番摊一款亦然。上文所述，九月间广东弛禁闱姓之议虽未得奏准，但张之洞已批准承充，广东赌商对承充番摊愈加积极。十月十九日，《循环日报》登载有人欲承充番摊、白鸽票两项，每年愿缴银八十万元，以六年计之，比闱姓承包款甚至多一百万元，并已请广州府、县官员向张之洞等投递禀呈。[③]由于番摊的易操作性，允许番摊承充军饷必然使赌风遍于广东各地，广东绅民禀请反对，屡见于报章。如赌商承充番摊之呈

---

① 《电寄·二四五》（光绪十年十一月二十九日），《清代军机处电报档汇编》第 1 册，第 88 页。

② 杜凤治：《望凫行馆宦粤日记》，桑兵主编《清代稿钞本》第 14 册，广东人民出版社，2007，第 92 页。

③ 《承赌传闻》，《循环日报》1884 年 12 月 6 日，第 2 版。

上禀不久，即有绅士以番摊、白鸽票为地方大害，忧心盗贼披猖，赴广州府衙门投递联名呈词，请张之洞等禁止。张之洞饬抽取番摊罚款后，又有南海生员颜文俊等联名禀请以广东世风为念，挂牌严禁。① 由于绅民的反对，张之洞亦有所顾忌，番摊承充军饷未得允许。

张之洞虽未允准承包番摊，但仍抽取番摊陋规作为军饷。十一月初七日，已有传闻称省城番摊馆捐助海防经费议有成效，由四营营将于初二日一律抽收。具体抽收方法为从武营向来收取的番摊陋规中提取四成缴官，剩余六成仍解交各武弁衙门。② 四营将是广东省城级别最高的四位绿营武职，即督标中营中军副将、广州协副将、抚标左营中军参将、抚标右营游击，由此可以反映广东武营与番摊的密切关系。番摊陋规四成报效一事最主要的推动者为广州协副将邓安邦。邓安邦，字保臣，广东东莞人，勇目出身。咸丰四年（1854）洪兵围攻广州城，邓安邦率领练勇三百人却敌，得两广总督叶名琛提拔入伍。其后在抗击英法联军、镇压入粤太平军、平定广东土客大械斗中出力，累官至广州协副将并久署、任，同治年间在广属清乡有名，与方耀、郑绍忠并称"粤东三将"。③《申报》有谓：

> 番摊赌款拟严正饷抽收一事，前经登报，兹闻此议创于邓安邦镇军。缘制军向镇军筹饷，镇军谓劝捐则民力已

---

① 《赌款难成》，《循环日报》1884 年 12 月 15 日，第 2 版；《禀查赌款》，《循环日报》1885 年 1 月 1 日，第 2 版。

② 《赌款有成》，《循环日报》1884 年 12 月 23 日，第 2 版；《穗石要谈》，《申报》1885 年 1 月 7 日，第 3 版。

③ 民国《东莞县志》卷 72《人物略》，1921 年铅印本，第 18~19 页。

穷，抽厘则民生日敝，于万无设法之中筹一良法，推番摊赌款规费甚巨，移作军饷不无少补。制军见时势如此，遂允从权办理，但武弁衙门清苦居多，向借陋规为津贴，此议若成，则拟官缴四成，其余六成仍派回各衙门云。①

番摊四成陋规抽收并未经张之洞等人奏准，而是作为武营报效开办。该款于光绪十年底开始抽收，从日后报效数目来看应为每年三十万元。②

---

①　《穗石要谈》，《申报》1885 年 1 月 7 日，第 3 版。

②　《札粮道存储开设枪炮厂经费》（光绪十五年正月十二日），《张之洞全集》第 5 册，第 136 页。

第三章 张之洞与中法战争（下）：
情报获取、交流与决策

"北黎冲突"后，中法战事再起，并波及中国沿海。为和平解决"北黎冲突"，自光绪十年（1884）六月始，两江总督曾国荃等人与法国新任驻华公使巴德诺（Jules Patenôtre des Noyers）在上海谈判，法国为胁迫清廷接受法方条件，命法国远东舰队司令孤拔（Amédée Courbet）率领兵船在中国沿海游弋。六月十五日，法国进攻台湾，意图"取地为质"。二十七日，上海谈判破裂，清廷一意主战，"北黎冲突"和平善后希望告绝，至七月初三日，马江之战爆发。三日后，清廷谕令云南、广西防军出关进攻越南，清军、法军复战于北圻。时广东虽未遭战事，但亦常有法军攻粤风闻。中法战争中，张之洞不仅积极筹集军火、饷银，且内防外援皆不遗余力。本章延续第二章的视角，钩稽中法战时张之洞筹运饷械时具体的人事联络，讨论主题在于张之洞如何通过联络各人员及札派委员获取各情报，并指示诸人筹防及为台湾等地转运兵勇和饷械。

一 "清流尽于甲申"：张之洞与马江之战前后诸政事

光绪十年发生的马江之战，不仅改变了中法交涉态势，而

且对甲申政局有着重要的影响。因马江之战的大败，在此前后
参与和战筹备的张之洞、陈宝琛、张佩纶，加以牵涉保举徐延
旭、唐炯之事，纷纷遭到处罚与罢黜，同光之际崛起的"清
流"式微。因此，马江之战前后诸事值得仔细研究。

马江之战牵涉上海谈判、福建备战、战后处置等诸事，除
福建备战外，其他相关研究并不充分，更缺乏围绕马江之战对
当时政局的整体考察。相较而言，陈寅恪的《寒柳堂记梦》
虽名为未定稿，且非历史著作，但其以世家回首旧事，对晚清
政事联系、政局演变多有洞见之处。[①]　其于"清流"之兴替，
认为是"孝钦后最恶清流"，这种说法实源于晚清民国时期，
以黄濬之说为代表："清流尽于甲申者，始于谏臣悉外放为三
会办，终于滥保唐炯、徐延旭一案……及今平情而论，西后久
恶清流，故使书生典戎，以速其败。"[②]　对于此说，高阳、孔
祥吉、王维江皆认为不然。[③]　醇王奕譞曾奏称：

> 溯自法越构难，军事遽兴，我皇太后赫然震怒，立罢
> 枢臣，重申军律。臣以菲材，受命于多事之际，情形既非
> 素悉，时势复极迫促，设非慈虑深远，乘胜允和，兵连祸
> 结，饷竭防单，大局曷堪设想。烽燧既息，圣意安不忘危，
> 于召见微臣，切实训饬，命筹长策。彼时臣即奏云："外敌
> 之窥伺易防，局外之浮嚣难靖。"盖言路近年庞杂已极，辩

---

① 《寒柳堂记梦未定稿》《寒柳堂记梦未定稿（补）》，陈寅恪：《寒柳堂
　集》，第183~241页。
② 《王旭庄与张绳庵绝交始末》，黄濬：《花随人圣庵摭忆》，第104页。
③ 高阳：《同光大老》；孔祥吉：《〈朴园越议〉与中法战争时之清廷》，
　《中国文化》1993年第1期；王维江：《"清流"研究》，上海书店出版
　社，2009。

> 论者深文曲笔，恣意所为；庸暗者随波逐流，联衔沽誉。
> 自甲申以来，圣明独断，甄别整饬，浇风为之顿敛。[1]

提示朝廷对张之洞、陈宝琛、张佩纶的不同处置，应非"以速其败"的事前阴谋，而是与马江之战前后的政局及"清流"诸人行事息息相关，即所谓"甄别整饬"的结果。"清流"诸人其后大多仕途乖蹇，庙堂之人对此讳莫如深，当事者又往往不愿详谈，以至于马江之战前后诸多史事隐而不显。

马江之战前后，张之洞与张佩纶、陈宝琛私下函电往来不断，但在"清流党向洋务派转变"的叙述线索下，张之洞任山西巡抚后与"清流"诸人的联络容易被隐藏。时陈宝琛会办南洋海防，其间参与上海谈判，张佩纶以钦差会办福建海防，张之洞署理两广总督（后实授），沪、闽、粤不仅地理相近，与中法交涉直接相关，且三人早年参与诸多政治秘事，关系较密切。张之洞与张佩纶、陈宝琛有何沟通和应援，是观察马江之战前后诸事的另一视角。

沪粤密电：上海谈判中的张之洞与陈宝琛

"北黎冲突"发生后，围绕冲突责任问题，中法各执一词。时总署与代理法国驻华公使谢满禄（Robert de Semallé）在京进行交涉，并指示驻法公使李凤苞与法国总理茹费理相商。为胁迫中国认责赔款，新任驻华公使巴德诺逗留上海而不前往天津商议"李福协定"详细条款，法国并派孤拔率领军

---

[1] 奕譞：《奏为归政在迩时局方艰敬陈管见事》（光绪十五年正月十四日），中国第一历史档案馆藏宫中档朱批奏折，04-01-15-0081-003。

舰在中国沿海游弋。二十日，茹费理令谢满禄发出最后通牒，告清廷需特旨饬北圻清军火速退出，并刊登京报，同时赔付两亿五千万法郎，限七日内照复照办，不然法国"自取押款并自取赔款"。同日总署接李凤苞来电，称接到茹费理来函，语意相同。总署照复称，若专为撤兵即可奏陈请旨，北圻清军于一个月内撤完，若执意索赔，则当将前后情节照会各国公评，用"普鲁台司特"（protest）暂行免议。① 为解决中法纷争，时任总税务司赫德（Robert Hart）主动前往上海与巴德诺会商，意在讲和。二十四日，赫德致电总署，请清廷准于七月十五日前将北圻清军调回，并电知两江总督曾国荃于二十七日前抵沪，授以与巴德诺会商之权。清廷听取赫德建议，是日降旨令北圻之滇、粤两军撤回关内，于一个月内撤竣。二十七日，电旨命曾国荃为全权大臣，陈宝琛为会办（后添许景澄），前往上海与巴德诺谈判，上海道邵友濂、前驻法参赞刘麒祥随同办理。②

　　张之洞在两广总督任上，主动打听中法交涉事宜。撤兵谕旨下达之时，另有一电旨寄谕沿海督抚、将军，言巴德诺逗留上海，不即往天津议约；并据各处电报，孤拔有集兵船占据中国地方为质、索赔兵费，令沿海地方严防，若有扑犯即拼力迎击。③ 两道

---

① 《法署使谢满禄照会》（光绪十年闰五月二十日到），《清光绪朝中法交涉史料》，第1396~1397页；《李凤苞来电》（光绪十年闰五月二十日到），《清代军机处电报档汇编》第4册，第27页；《致法使照会》（光绪十年闰五月二十一日），《清光绪朝中法交涉史料》，第1397~1398页。

② 《赫德来电》（光绪十年闰五月二十四日），《清代军机处电报档汇编》第4册，第32页；《上谕》（光绪十年闰五月二十四日），《清光绪朝中法交涉史料》，第1410页；《电寄·二三》（光绪十年闰五月二十七日），《清代军机处电报档汇编》第1册，第11页。

③ 《电寄·二〇》（光绪十年闰五月二十四日），《清代军机处电报档汇编》第1册，第10页。

谕旨和战互间，张之洞分别电询李鸿章、曾国荃交涉情况。曾国荃复电称巴德诺、赫德在沪如何商议，容有确音再复。李鸿章来电更加详细，言巴德诺在沪要求明旨撤兵，并索赔一千万镑。因朝旨于二十四日撤兵，二十七日派曾国荃赴沪谈判，最后期限得以展期半个月。索赔一节总署已照会各国公使公论。孤拔等人带兵船在福建游弋，欲取福州船政局为质，现在讲解未动，今后事变难知。① 由此，张之洞应可得知交涉大体情形。

上海谈判开议后，张之洞即与陈宝琛电报往来。陈宝琛，字伯潜，号弢庵，福建闽县螺洲人，同治七年（1868）进士。同光之交与张之洞、张佩纶等人相互应援，在庚辰午门案、伊犁交涉、琉球交涉、越南交涉中表现抢眼。光绪十年六月初七日，上海谈判正式开议，巴德诺出示三条：一革刘永福爵位，不与联络；二索赔两亿五千万法郎；三定赔偿地方与日期。经曾国荃、陈宝琛、许景澄辩驳，巴德诺允名目、数目尚可通融。次日再会谈，三人出示总署所寄历次电谕辩驳赔款之事，巴德诺谓是中国不认赔款，遂怫然而去。② 是日，张之洞电询相关情况："九老（按：曾国荃）议若何？法要求几事？公与议否？黄（按：张佩纶）告彼处危，想已悉，尊意何策保

---

① 《致天津李中堂电》《致江宁曾宫保电》（光绪十年闰五月二十六日），《近代史所藏清代名人稿本抄本》第 2 辑第 25 册，第 448、453 页；《南洋来电》（光绪十年闰五月二十七日）、《北洋来电》（光绪十年闰五月二十九日），《张文襄公（未刊）电稿》第 9 册，第 3805、3889 页。

② 《南洋大臣等来电》（光绪十年六月初八日到）、《南洋大臣来电》（光绪十年六月初九日到），《清代军机处电报档汇编》第 4 册，第 57、58 页。所谓"历次电谕"，即总署历次所寄曾国荃等"赔款万不能允"电旨，见《清代军机处电报档汇编》第 1 册，第 11、12 页。

闽？"① 陈宝琛复电未谈法之索求，却直言与曾国荃的矛盾：

> 商曾（国荃），舌几敝，与言琛专电拨，则曰此间亦
> 风鹤，有旨亦不拨。同舟如此，命也。顷又自斡巴（德
> 诺），期明日议不失体耶？家书无可言，乞致。②

电中所言曾、陈矛盾，在谈判之初即因是否拨船援助福建
而起，在军机处的调和下，此时南洋未派船前往福建。③ 然而
是否拨船援闽贯穿整个上海谈判。六月二十日后，因闽情紧
急，张佩纶屡与陈宝琛往来电信，张佩纶要求南洋拨船援闽，
言若南洋船拒不赴闽，即将管驾正法，以致曾、张二人互
讦。④ 曾、陈二人在谈判相关问题时亦各存意见。据陈家后人
回忆，曾国荃于伊犁交涉时督防山海关，为陈宝琛所劾，二人
本心存芥蒂，曾又自恃元勋，视陈为少年新进，故存藐视
之心。⑤

因两日谈判无果，法国最后通牒期限将近，曾国荃等人冀
以赔款了局。张之洞从陈宝琛处知悉了上海谈判的内外困境。
六月初九日，曾国荃、陈宝琛、许景澄与巴会晤，告以抚恤名

---

① 《寄南洋陈钦使》（光绪十年六月初八日），《张文襄公（未刊）电稿》
　　第 9 册，第 3933 页。
② 《南洋陈钦使来电》（光绪十年六月初八日），《张文襄公（未刊）电稿》
　　第 9 册，第 3927 页。
③ 《军机处拟致曾国荃电》（光绪十年六月初九日），《清光绪朝中法交涉史
　　料》，第 1521 页。
④ 《电寄·五三》（光绪十年六月二十四日），《清代军机处电报档汇编》
　　第 1 册，第 22 页。
⑤ 张允侨：《闽县陈公宝琛年谱》，收入陈宝琛《沧趣楼诗文集》（下），
　　第 709 页。

目，可许五十万两之数，巴直言为笑柄。此事三人电知总署与张之洞。① 十一日，张之洞再询陈宝琛日来会议情形，并及上海备战情况。陈复电谈及多事：

> 昨旨责轻许，令专议约，改美使调处，而巴不肯。美志仍先偿，两相左难，屡宕。议恐不成，沪防疏，又为闽虑。②

陈所言"昨旨"为初十日电旨。廷旨严斥曾国荃等"遽许"五十万两，并言现在美国愿意出为调处，如巴愿议五条细款即议，否则曾国荃、陈宝琛同回江宁备战。③ "改美使调处"，即美国驻华公使杨约翰（John Young）于初七日照会总署，称美国愿为中法纷争调停。

至初十日，最后通牒时间已过，法国又未有所举动，张之洞甚感焦虑，遂致电陈宝琛，希望其和许景澄"日赐一电，详切为要"，此后每日陈宝琛等均有消息传递。④ 然上海谈判实已虚应其事，无正式接谈，仅靠邵友濂、赫德、罗丰禄等人奔走其间。六月初十日，赫德建议总署请旨邀请三国公论。次日，法国驻上海领事李梅（Victor-Gabriel Lemaire）与委员张志均私谈，法国得三百万两恤款可以了局。同日罗丰禄与巴德

---

① 《曾制军陈许钦使来电》（光绪十年六月初九日），《张文襄公（未刊）电稿》第9册，第3941页。
② 《陈钦使来电》（光绪十年六月十二日），《张文襄公（未刊）电稿》第9册，第3965页。
③ 《电寄·三二》（光绪十年六月初十日），《清代军机处电报档汇编》第1册，第14页。
④ 《寄南洋陈钦使》（光绪十年六月十二日），《张文襄公（未刊）电稿》第9册，第3973页。

诺会晤，剖析"李福协定"所谓存在续约之误。① 以上情形曾
国荃等均电总署，并请代奏训示，然总署久未复电。十二日，
曾国荃等得巴德诺照会，称展限之期已满，日后法国将任凭举
动，无所限制。② 曾国荃、陈宝琛、许景澄告知张之洞，称巴
德诺言照会即绝书，法国听孤拔所为，三人已请旨是否离任。
陈宝琛单独致电张之洞，说明上海谈判人员的困境，言"内
外不应，先后无序"，巴德诺建议中法各出边费一千万两，分
十年付清，名目较顺，但自遭申饬后，总署对南洋去电多未回
复，因此不敢上奏。文末陈宝琛向张之洞询问"无从着手，
公安策之？"③ 而张之洞对陈宝琛此电有无回复，则笔者未见。

　　此后数日，美国调停成清廷最大希望。在久不复电后，总
署于十三日发南洋电，令三人设法与法议详约，切勿议赔款，
待美调停。电文并言已催促赫德回京。④ 曾国荃等以署电复巴
德诺照会，陈宝琛、许景澄二人遂于十四日将此情况告知张之
洞，但称"今日仍宕"。⑤ 此日总署再发曾国荃等电，称巴德
诺十二日照会虽称决裂，但仍未动手，中国既有请美国调处一

---

① 《南洋大臣等来电》（光绪十年六月初十到）、《南洋大臣等来电》（光
　绪十年六月十一日到），《清代军机处电报档汇编》第 4 册，第 60、62、
　63 页。所谓"李福协定"续约问题，参见王志强《"福禄诺节略"真相
　再研究》，《史林》2020 年第 6 期。

② 《巴德诺照会》（光绪十年六月十三日到），《清代军机处电报档汇编》
　第 4 册，第 67 页。

③ 《曾制军陈许钦使来电》（光绪十年六月十三日）、《陈钦使来电》（光绪十
　年六月十三日），《张文襄公（未刊）电稿》第 9 册，第 3981、3985 页。

④ 《发南洋大臣电》（光绪十年六月十三日），《清代军机处电报档汇编》
　第 4 册，第 64 页。赫德在沪的调停和处置可参见张志勇《赫德与中法越
　南交涉》，《近代史研究》2019 年第 2 期。

⑤ 《陈许钦使来电》（光绪十年六月十四日），《张文襄公（未刊）电稿》
　第 9 册，第 3995 页。

招，应待美国回音，如杨约翰尚未与巴德诺接洽，曾国荃等应驻沪羁縻，如巴不愿美调处，可请其将不愿之理由照会。① 可见总署之无策虚应。然至十八日，总署致南、北洋电，言昨日得谢满禄照会，法国外务部不允美国调处，美国使臣亦将大体情形告知总署。② 其后美国虽仍尝试进行调停，但此路基本已告绝。

陈宝琛早已意识到美国调停渺茫，因局势紧急，其屡向张之洞问计，然均为张之洞婉拒。在上述十三日的电文中，陈宝琛对张之洞言"美难居间，愈延愈急"。自接申饬电旨，曾国荃、陈宝琛、许景澄数告巴德诺请允美国调处，但巴德诺和茹费理均不愿。十五日，陈宝琛致电张之洞，言巴德诺不允美国调停，谈判久宕恐破裂。③ 为给谈判留有后手，陈宝琛于十三日、十五日两次单衔电告总署，请将和议改归李鸿章负责，为奕譞和军机处所拒。十七日，陈宝琛再电总署，称若派李有困难，请指示曾国荃确切办法。总署不予回复。④ 是日，陈宝琛电张之洞，言接李凤苞电六日后法议院散会，茹费理可妄为的消息，但内意专盼美调停，上海已七日不接议，"美若不效，变必急亟"。自己请和谈改归李鸿章不被允许，又无策授曾，

① 《周德润致翁同龢函第十一》，翁万戈辑《翁同龢文献丛编之四·中法越南之争》，上海远东出版社，2014，第194页；《发南洋大臣电》（光绪十年六月十四日），《清代军机处电报档汇编》第4册，第70页。

② 《致南北洋电信》（光绪十年六月十八日），《清代军机处电报档汇编》第4册，第77页。

③ 《陈钦使来电》（光绪十年六月十五日），《张文襄公（未刊）电稿》第9册，第4001页。

④ 《会办南洋陈来电》（光绪十年六月十四日到）、《陈宝琛来电》（光绪十年六月十六日到）、《陈会办来电》（光绪十年六月十七日到），《清代军机处电报档汇编》第4册，第68、74、76页。

故焦急不已。① 张之洞亦未复电。

上海谈判久宕，法国遂决意据地为质。六月十五日，法舰开炮击毁基隆炮台，次日法军乘机登陆。十八日，巴德诺照会曾国荃、陈宝琛、许景澄等，称法国已夺基隆炮台，索赔八千万法郎，警告福建勿先对游弋于闽江的法舰动手。三人将消息转告总署与张之洞。② 得悉法攻台湾消息后，张之洞与曾国荃、陈宝琛往来电报，交流基隆战事和福建状况，此外张之洞仍在关注上海谈判的走势，其于十九日、二十日、二十二日皆电询曾、陈是否已奉有旨意，二人答以总署杳无音信。③ 此时福建危急，陈宝琛再次致电张之洞问计："美议已罢，决战则已，款非曾能了。琛累请改李不报，瞻视扼腕，公能一言否？"张之洞却复以"款议疆臣不能赞一词"。④

法攻台湾，中法战端已现。二十日总署照会谢满禄，指责法国"阳为会商，阴为踞地"，同时照会各国公使公评。⑤ 是日清廷召开御前会议讨论和战。然陈宝琛电告张之洞，各方仍试图和平解决中法争端。二十三日，陈宝琛电告张之洞，北洋

---

① 《陈钦使来电》（光绪十年六月十七日），《张文襄公（未刊）电稿》第9册，第4013页。

② 《南洋大臣等来电》（光绪十年六月十九日到），《清代军机处电报档汇编》第4册，第80页；《曾制军陈许钦使来电》（光绪十年六月十八日），《张文襄公（未刊）电稿》第9册，第4021页。

③ 《寄南洋曾制军许钦使》（光绪十年六月十九日）、《寄南洋曾制军许钦使》（光绪十年六月二十日）、《寄南洋曾制军许钦使》（光绪十年六月二十二日）、《南洋来电》（光绪十年六月十九日、二十一日），《张文襄公（未刊）电稿》第9册，第4035、4049、4071、4037、4059页。

④ 《陈钦使来电》（光绪十年六月十九日）、《寄南洋陈钦使》（光绪十年六月二十日），《张文襄公（未刊）电稿》第9册，第4037、4049页。

⑤ 《拟给法署使谢满禄照会》《拟给各国公使照会》（光绪十年六月二十日），《光绪朝中法交涉史料》，第1620~1621、1622~1623页。

得李凤苞二十日、二十一日两电，法国仍有意转圜。① 陈宝琛电文中所谓的李凤苞两电，一为法国言勿邀各国公评，请令李凤苞代总署与法国相商，并赔款后即可撤福建法舰，令巴赴天津，待赔款数定，交还基隆，如此办理赔款数目不到五千万法郎；一言福禄诺按茹费理意，出示约定三条，四千万法郎即可了局。② 然而李凤苞之议最终为总署所拒。至上海方面仍为和谈做尝试。二十一日，曾国荃等派罗丰禄持福禄诺涂抹字据示巴德诺，巴允电法国外交部。③ 曾国荃、陈宝琛等人专待法国对"李福协定"续约的回音，然而二十六日，陈宝琛寄电张之洞，称得李凤苞来电，茹费理在议院言，中国虽将福禄诺字据付印《泰晤士报》，但"李福协定"第二款中国月余未办，仍是违约，故据基隆索偿，以操胜券。议员中为中国辩白者无人肯听。④ 此外，二十二日，曾国荃等以公评文照会巴德诺，巴德诺于二十四日照会予以驳斥，言词甚傲慢。照会谓任凭举动前已说明（按：即十二日巴德诺照会），怀疑曾国荃等未明晰电呈。又称再三展期，法国对福州未动手而所议未就，中国有意耽误，将归咎总理衙门。⑤ 陈宝琛、许景澄电告张之洞，三人以福禄诺亲填字据给巴德诺阅看，并严词驳复巴德诺照

---

① 《陈钦使来电》（光绪十年六月二十三日），《张文襄公（未刊）电稿》第9册，第4091页。

② 《北洋来电》（光绪十年六月二十一日到、二十三日到），《清代军机处电报档汇编》第4册，第88、94页。

③ 《南洋大臣等来电》（光绪十年六月二十一日到），《清代军机处电报档汇编》第4册，第88页。

④ 《陈钦使来电》（光绪十年六月二十六日），《张文襄公（未刊）电稿》第9册，第4137页。

⑤ 《南洋大臣等来电》（光绪十年六月二十三日到）、《南洋大臣来电》（光绪十年六月二十五日到），《清代军机处电报档汇编》第4册，第94、97~98页。

会。得悉陈宝琛所来两电，张之洞询问驳复稿大意如何。陈宝琛则言驳复无用，并得李凤苞来电称议院筹款三千八百万法郎向中国取地作押。①

自二十日清廷发布上谕，各人连日所奏和战纷杂。清廷于二十四日明发上谕，称法国要挟无理，本应即行攻击，然美国仍拟调处，不可辜负。如法国将总署照会和公评置之不理，亦不退出兵船，唯有决战。② 显见和战仍两歧。二十五日美国参赞何天爵（Chaster Holcombe）前往总署，给出杨约翰所拟调处三条办法，或三国公评，或美国做主从中调处，或杨约翰赴沪见巴德诺。③ 然而巴德诺二十四日照会到达总署后，因照会言语无理，清廷遂决计撤使备战。二十七日，总署照会美国，言中国受法国欺蒙，谢绝美国调停。并照会法国谴责巴德诺照会之语，曾国荃等即各回本职。同日电谕南洋，称巴德诺照会无理已甚，"不必再议，惟有一意主战"，曾国荃、陈宝琛回江宁办防，许景澄同往助理。④ 上海谈判终告破裂。接奉上谕后，陈宝琛于二十八日致电张之洞，称明日将离开上海办防。临行前陈宝琛与张之洞谈及闽台形势，认为福建尚属安静，台湾情况最危险。并提及其于十五日致电总署"进师南交"，认

---

① 《陈许钦使来电》《寄南洋陈许钦使》（光绪十年六月二十六日）、《陈钦使来电》（光绪十年六月二十七日），《张文襄公（未刊）电稿》第 9 册，第 4139、4141、4153 页。

② 《电寄·五○》（光绪十年六月二十四日），《清代军机处电报档汇编》第 1 册，第 21 页。

③ 《总署与美参赞何天爵问答语略》，《清季外交史料》，第 828 页。

④ 《总署致美使法议和而备战中国万难受其欺蒙照会》《总署致法使法以兵力从事中国惟有另筹办法照会》，《清季外交史料》，第 828～829 页；《电寄·五六》（光绪十年六月二十七日），《清代军机处电报档汇编》第 1 册，第 24 页。

为此时更不可缓，询问张之洞意见如何。张之洞复电赞同攻越之计，并称"捣越上计，已有旨"。但在形势判断上，认为"全台不足虑，但虑闽"。[1] 日后发展实如张之洞所料。

纵观上海谈判，陈宝琛与张之洞始终保持紧密联络，二人几乎每日皆有通电，这些电报传递了谈判的重要信息。上海谈判实自六月初十日后陷入延宕，此后陈宝琛屡向张之洞问计，但由于总署和战不决，调解出于多门，曾国荃与陈宝琛互存间隙，张之洞对陈宝琛之问计多未回复或予以婉拒。上海谈判中，张、陈二人更多充当信息交流者的角色，首次直接参与中法交涉事务以破裂收场，这为陈宝琛本人和"清流"的前景蒙上阴影，许景澄离沪不久曾寄电张之洞，指出"伯潜（按：陈宝琛）昨抵宁，无事可为，虚拘而已"。[2]

张之洞与福建备战

光绪十年四月，张佩纶被派往福建会办海防。"北黎冲突"善后之始，法船在中国沿海游弋，闰五月二十一日，孤拔派遣法船一艘进入闽口，其后法船来往不定。张之洞与张佩纶早年订有私交，对福建筹防多有支援，其派遣战船与潮勇五营援闽为学界所知。然而张之洞的其他举措，及其在事态变化中如何考虑和应援，仍需进一步发掘。

张之洞接署两广总督后，即接张佩纶求助电，积极给予援

---

① 《陈钦使来电》（光绪十年六月二十八日），《张文襄公（未刊）电稿》第 9 册，第 4187 页；《致南洋陈钦使许钦使》（光绪十年六月二十九日），《近代史所藏清代名人稿本抄本》第 2 辑第 25 册，第 488 页。
② 《江宁许钦使来电》（光绪十年七月初三日），《张文襄公（未刊）电稿》第 10 册，第 4253 页。

助。张佩纶到达福州不久，法船便骚扰闽口，时福建海防未备，而总署和战不决，对张佩纶多次去电久不复，兼以张与督抚、司道有矛盾，颇感无措。张佩纶曾致电北洋幕府章仪庆言："有饷无器，有兵无将，有险要无布置。黄初到孤立，枢意薄、督心疑、司手紧为恨。"① 可见其处境。闰五月二十四日，张佩纶询问张之洞新造水雷能否济闽。② 时张之洞尚未复电，至二十六日已有两法船集结于马尾，孤拔亦乘舰亲至，福州大震。是日，张佩纶再致电张之洞言敌船集马尾，粤无法船，请饬飞云、开济两船援闽。③此时张之洞对福建筹防和北黎冲突善后交涉情形并不清楚，在复电中询问福建防务大略情形。虽尚未得张佩纶复电，张之洞等仍于二十九日派飞云、开济两船带水雷四十枚赴闽援助。④ 在向张之洞求助前，张佩纶与福州将军穆图善、闽浙总督何璟、福建巡抚张兆栋、船政大臣何如璋联衔奏请饬南、北洋派船牵制法舰，然南、北洋皆复称无船可拨。⑤ 闰五月二十八日，张佩纶自率两营驻守马尾，次日法船在马江者已达八艘。张佩纶电告总署，称法全力注意

---

① 《致北洋幕府章琴生》（闰五月二十四日），张佩纶：《涧于集》，第 140 页。张佩纶与福建诸员矛盾之始，据张之洞幕僚赵凤昌回忆："法警日急，粤派赴闽探员回述：'丰润初到，宪体自尊，司道往谒，均不送轿。'南皮即云，将来必受掣肘。"［惜阴（赵凤昌）：《光宣纪述之二》，《人文》（月刊）第 3 卷第 10 期，1932 年，第 1 页］可窥福建各大员龃龉端倪。

② 《福州会办张来电》（光绪十年闰五月二十四日），《张文襄公（未刊）电稿》第 9 册，第 3787 页。

③ 《福州会办张来电》（光绪十年闰五月二十六日），《张文襄公（未刊）电稿》第 9 册，第 3797 页。

④ 《复福建会办张》（光绪十年闰五月二十六日、二十九日），《张文襄公（未刊）电稿》第 9 册，第 3795、3823 页。

⑤ 《福州将军等来电》（光绪十年闰五月二十日）、《北洋大臣来电》（光绪十年闰五月二十五日到），《清代军机处电报档汇编》第 4 册，第 29、32~33 页。

闽省，此时若来船牵制，战可胜，和亦免赔款，文末指责南洋各省畏法畛域，皆总署游移造成。总署无奈，请旨命张之洞等酌派师船前往援应。① 六月初一日，法船三艘退出闽江，张佩纶之气更壮，致电总署认为此时集船先发，实制胜之策，又言若南、北洋各饬两船来闽，定能逼法船出口。清廷遂再命李鸿章拨两船赴闽。② 此时各省皆不愿拨船，仅张之洞等复奏称前于闰五月二十九日已拨派两船往援。六月初五日，上谕以张之洞等"不分畛域，力顾大局"，传旨嘉奖。③

上海谈判开议前后，福建法船日增，马尾船厂益形孤危，张之洞为张佩纶筹备兵勇、传递情报，并联络各方保闽。六月初七日，闽江法船增至十一艘，并有传言法还会续调西贡兵船来闽，形势岌岌可危。因香港为重要中转地，张之洞情报搜集、武器购运较灵便。初五日，张佩纶致电张之洞，称广东所派两船未到，传闻法自西贡调七兵轮、四水雷船来闽，望其确探。两天后张佩纶再来电，称广东两船仍未到，闽防太弛，法舰日增，数日前先发可以获胜，现在危急，向张之洞询问计策。④ 张之洞复电称广东两船更换管驾故迟，探闻西贡来船不确，福建船厂可虑。对其问计则言唯有塞河、陆战，并言应以

---

① 《会办福建海防张佩纶来电》（光绪十年闰五月二十九日到），《清代军机处电报档汇编》第 4 册，第 41 页；《电寄·二七》（光绪十年六月初一日），《清代军机处电报档汇编》第 1 册，第 13 页。

② 《张佩纶电信三件》（光绪十年六月初一日），《清代军机处电报档汇编》第 4 册，第 46 页；《电寄·三〇》（光绪十年六月初三日），《清代军机处电报档汇编》第 4 册，第 14 页。

③ 《电寄·三一》（光绪十年六月初五日），《清代军机处电报档汇编》第 1 册，第 14 页。

④ 《福州会办来电》（光绪十年六月初五日、初七日），《张文襄公（未刊）电稿》第 9 册，第 3913、3925 页。

险境实告总署。对于张之洞的建议，张佩纶在复电中表达对总署的不满，认为福建情形总署知之，然总署纯是虚应。此时马江仅有船八艘，尚可先攻。木石塞河不足恃，亦未办理。① 此时张之洞另与南洋联络保闽。初八日，其电陈宝琛，告以张佩纶险境，询问其保闽之策。如上文所述，曾国荃与陈宝琛因此事发生矛盾，南洋未派船前往福建。② 此时不仅张之洞意识到福州船厂孤危，李鸿章、总署亦来电劝告张佩纶弃厂，但张佩纶执意固守马尾。初九日，张佩纶电请张之洞于香港购买大炮数尊。时张之洞遣广东布政使龚易图前往香港，探问大炮存货，并将在香港所得情报反馈张佩纶。因港炮无存，张之洞遂为闽代购炸药五吨，并言港有炸药数万吨，若需用即可购，雇船送闽。③ 初十日，法国最后通牒时间已过，上海谈判延宕，法船再来七舰，成全力注意闽省之势。香港更有福州开战的传言，为此，张之洞分别询问张佩纶、曾国荃、何璟消息是否为确，后经各方确认消息有误。④ 总署得悉沪、闽处境，意识到今昔情形不同，遂命南、北洋及广东援闽。十一日，总署寄电曾国荃，命其速派两号兵轮配齐军火，驰赴闽省，次日清廷饬

① 《致福州张大臣电》（光绪十年六月初八日），《近代史所藏清代名人稿本抄本》第 2 辑第 25 册，第 455 页；《福州会办张来电》（光绪十年六月初九日），《张文襄公（未刊）电稿》第 9 册，第 3943 页。

② 《寄南洋陈钦使》（光绪十年六月初八日），《张文襄公（未刊）电稿》第 9 册，第 3933 页。

③ 《福州会办张来电》（光绪十年六月初九日）、《寄福建会办张》（光绪十年六月十一日、十二日），《张文襄公（未刊）电稿》第 9 册，第 3943、3957、3959 页。

④ 《寄福州会办张》《寄南洋》（光绪十年六月十二日）、《寄闽督何》（光绪十年六月十三日），《张文襄公（未刊）电稿》第 9 册，第 3961、3973、3987 页。

张之洞等调派陆军前往福建。① 对于援闽电旨，各方态度不一。曾国荃等以吴淞口有法船为由，再次拒绝拨船赴闽。与曾国荃不同，张之洞对闽援助积极。其时广东筹防兵力不敷，但张之洞等仍移缓就急，赶凑潮勇五营，补足军火，派遣游击方恭率领由汕头赴闽。② 为挽马尾孤危，十二日，张之洞电寄张佩纶，建议其上陈闽危，并请旨饬南、北洋派船来援，"合数舟遥缀之，彼南亦南，彼北亦北"。是日张之洞单衔将此建议电奏。③ 张之洞之策得清廷认可，清廷电谕李鸿章、曾国荃等商定奏复。然而南、北洋并未响应，曾国荃等称事机益急，拨船援闽适以饵敌，南洋亦须自防。李鸿章来电更是讥讽张之洞所奏未深知彼此。④

六月十九日，张之洞从南、北洋处获知法军进攻台湾消息及巴德诺照会内容，遂与张佩纶交流闽台筹防措置。是日张之洞致电张佩纶，称法攻台湾，照会要求福建勿动，劝告其切宜详稳为要，勿先动手攻击法舰。⑤ 其时张之洞更希望法军牵留于台以解闽危，故劝告张佩纶应着重于闽防，勿以广东援闽之

① 《电寄·三四》（光绪十年六月十一日）、《电寄·三五》（光绪十年六月十二日），《清代军机处电报档汇编》第 1 册，第 15、16 页。

② 《南洋大臣等来电》（光绪十年六月十二日到），《清代军机处电报档汇编》第 4 册，第 62 页；《致总署》（光绪十年六月十七日），《张之洞全集》第 4 册，第 347 页。

③ 《寄福建会办张》（光绪十年六月十二日），《张文襄公（未刊）电稿》第 9 册，第 3959 页；《致总署》（光绪十年六月十二日），《张之洞全集》第 4 册，第 347 页。

④ 《电寄·三七》（光绪十年六月十四日），《清代军机处电报档汇编》第 1 册，第 16 页；《北洋大臣等来电》（光绪十年六月十六日到），《清代军机处电报档汇编》第 4 册，第 73 页。

⑤ 《寄福建会办张》（光绪十年六月十九日），《张文襄公（未刊）电稿》第 9 册，第 4043 页。

潮勇援台。① 朝廷的和战态度也是张之洞关注的重点。上文述及，此时张之洞数次电询曾国荃、陈宝琛等是否已奉明旨。自六月初一日，张佩纶屡以"先发制胜"致电总署，然廷旨皆含糊其词。十九日，张佩纶等电寄总署，称法占基隆，再请早定战计，并饬南、北洋通筹援闽。② 是日法船两艘离闽，张佩纶认为现在闽口敌情，先发可胜，然其致电张之洞，叹息内政不定、南北不应，同舟之人又惧后患，自己独力不敢决计，向张之洞问计以决行动。对此张之洞复电，称有传言法船将于二十一日晚全行到闽，福建可虑。内意不定，不能代决，其应与穆图善、何璟、张兆栋、何如璋和衷联衔奏请上意以决和战。尽管张之洞言不能代为决计，他仍与彭玉麟、张树声、倪文蔚于二十一日联衔电奏，称法船袭台聚闽，福建情形危急，请决和战之计。③ 清廷因内部和战不决，对福建、广东之电奏皆不予回复。

　　二十一日后，福州法船再增。二十二日法船九艘围马尾，另有两鱼雷船在闽口外游弋，二十五、二十六两日各再来法船一艘，张佩纶连日电奏请援，上谕屡饬南洋拨船，然如上述，曾国荃、张佩纶因拨船之事互讦，南洋仍未拨船相助。二十六日，张佩纶致电张之洞，请其先饬潮勇水、陆各一营赴福州布

---

① 《致福州张大臣电》（光绪十年六月二十一日），《近代史所藏清代名人稿本抄本》第 2 辑第 25 册，第 465~466 页。

② 《何如璋张佩纶电信》（光绪十年六月二十一日到），《清代军机处电报档汇编》第 4 册，第 85 页。

③ 《福州会办张来电》（光绪十年六月二十日）、《寄福建会办张》（光绪十年六月二十一日），《张文襄公（未刊）电稿》第 9 册，第 4047、4062 页；《致总署》（光绪十年六月二十一日），《张之洞全集》第 4 册，第 347~348 页。

置。张之洞复电潮勇已陆续进发，水陆谁先达无从遥制。① 至二十七日，上海谈判终告破裂，清廷决计撤使备战，是日上谕命沿海督抚、将军、大臣极力筹防，严行戒备，不日将有战旨，目前法人如有蠢动，即行攻击，不必顾虑。另有寄谕张佩纶就现有陆军实力布置，以专责成，法船在内者设法阻止出口，未进口者不准再入。电旨到达广东后，张之洞致电张佩纶，称电旨已有战语，询问福州防务如何。② 此后围绕福州防务与法军动向，二张对筹防多有交流。二十九日，总署接孤拔要求出闽口之信，认为其将出口攻台，遂命福建阻其出口。然张之洞却得到不同的消息，其致电张佩纶，称得准信法增陆军来闽。③ 福建方面遂于三十日将张之洞所云电寄总署，言与署电稍异，已请英国水师提督派人劝说孤拔勿退，若劝说不成再请总署交涉，福建方面实无力禁阻，"欲禁阻必先发，欲先发必济船"。④ 清廷却认为张佩纶有意借口不阻法船，在复电中命张佩纶竭力战守，不得以待船为辞推诿。

在茹费理指示下，谢满禄于二十九日向总署递交了最后通牒，要求中国赔款八千万法郎，分十年还清，若在四十八小时

---

① 《福州会办张来电》（光绪十年六月二十六日）、《寄福建会办张》（光绪十年六月二十七日），《张文襄公（未刊）电稿》第9册，第4155、4157页。

② 《电寄·五五》《电寄·五七》（光绪十年六月二十七日），《清代军机处电报档汇编》第1册，第23、24页；《寄福建会办张》（光绪十年六月二十八日），《张文襄公（未刊）电稿》第9册，第4161页。

③ 《发闽督电》（光绪十年六月二十九日），《清代军机处电报档汇编》第4册，第111页；《寄福建会办张》（光绪十年六月二十九日），《张文襄公（未刊）电稿》第9册，第4191页。

④ 《闽省将军等来电》（光绪十年十月初一日到），《清代军机处电报档汇编》第4册，第118页；《电寄·六六》（光绪十年七月初三日），《清代军机处电报档汇编》第1册，第28页。

内不接受这个要求，其将离开北京，孤拔立即取地为质。[①]　七月初一日，李鸿章转李凤苞来电，称福禄诺云清廷可先恤五十万两，俟巴德诺到津再从容商结和约。对李凤苞的建议，总署复电称愿请圣旨暂缓明发决战，请法国派人来津与李鸿章商议，议定后双方撤兵，可保和局。总署将相关情形同时告知福建。[②]　然而此时法国最后通牒已过，谢满禄出京，李凤苞亦被法国告知要离开巴黎，孤拔着手毁闽出口。初三日法舰进攻福州船政局，马江之战爆发，马尾船厂被毁。初四日到初九日法船沿闽江出口，沿岸炮台尽毁。初十日，法船聚集芭蕉门出闽江。至此，福建终以船厂、炮台被毁，水师全军覆没结局。

马江战后张之洞对张佩纶的挽救

马江惨败不仅标志着中法战争全面再起，而且进一步激化了清廷内外矛盾，福建各大员纷纷易置，陈宝琛、张佩纶遭弹劾，为徐、唐定案时处罚"清流"的先声。张佩纶尤为时论所不满，张之洞曾与各方联络以挽救张佩纶。

马江之战发生不久，张之洞从各处来电中获知福建战况。七月初三日，香港密探何献墀向张之洞报告福州已开战。[③]　其后陈宝琛、恽宝善、邵友濂、李鸿章、何璟、总署先后来电告知法国进攻福州，福建船厂被毁。初四日，张佩纶来电详告马

---

①　《茹费理致巴德诺》（1884 年 8 月 16 日），《中法战争》第 7 册，第 249 页。

②　《北洋大臣来电》（光绪十年七月初一日到）、《拟给李凤苞电信》《照录由会办张转寄闽督等电》（光绪十年七月初二日），《清代军机处电报档汇编》第 4 册，第 119~120 页。

③　《香港来电》（光绪十年七月初三日），《张文襄公（未刊）电稿》第 10 册，第 4265 页。

尾战况，并称已奏请议处，向张之洞询问计策。张之洞复电建议待法军登岸后陆战，以挽回颜面。[①] 时朝旨亦屡催福建诱敌登岸，陆路设伏，然张佩纶在致张之洞电文中，认为法国不轻易登岸，且福州无炮，必然不守，并有就此永诀之语。为此，张之洞致电李鸿章，希望其挽救张佩纶："（张电）有诀〔决〕绝语，闽河窄，陆寇少，陆战未必全输。失黄闽将溃，渠非守台、守厂将，望电阻勿为匹夫，以支危局。闽危如此，屡次电旨似不知。"[②] 李鸿章对其建言并未回复，似以张之洞"陆战未必全输"之言为不然，李鸿章曾电奏质疑"陆路用奇"之策谓："若诱敌登岸，设伏出奇，必有后门枪炮队伍始可制胜。台、省后门枪未备，后膛轻炮亦少，徒恃肉搏，难有把握。"[③] 至初十日法船出闽江，法军并未登岸，陆战之策落空。

随着中法态势变化，福建督抚、船政人员纷纷更动。马江惨败后，清廷对福建各员备战布置不甚满意，知福州船厂遭遇攻击后，电旨即谓："何璟等株守省城，不能援应；张佩纶等临事迟疑，未经先发，实属失算。"[④] 初六日、初七日，廷旨分别命漕运总督杨昌濬、前两广总督张树声督师赴闽。十八日，廷旨命大学士左宗棠为钦差大臣，督办福建军务；福州将

① 《福州会办张来电》（光绪十年七月初四日），《张文襄公（未刊）电稿》第 10 册，第 4295 页；《致福州张大臣》（光绪十年七月初四日），《近代史所藏清代名人稿本抄本》第 2 辑第 25 册，第 506 页。

② 《福州会办张来电》（光绪十年七月初六日），《张文襄公（未刊）电稿》第 10 册，第 4321 页；《致天津李中堂》（光绪十年七月初八日），《近代史所藏清代名人稿本抄本》第 2 辑第 25 册，第 514 页。

③ 《北洋大臣来电》（光绪十年七月初十日到），《清代军机处电报档汇编》第 4 册，第 149 页。

④ 《电寄·七二》（光绪十年七月初五日到），《清代军机处电报档汇编》第 1 册，第 30 页。

军穆图善、漕运总督杨昌濬帮办军务；张佩纶以会办大臣兼署船政大臣；船政大臣何如璋来京。其后清廷召何璟入京，以杨昌濬为闽浙总督。马江之战的惨败，福建诸员无疑须担其责。至八月初一日，清廷分别对福建各员予以处罚。闽浙总督何璟即行革职；福建巡抚张兆栋交部严加议处；船政大臣何如璋开缺交部严加议处；会办大臣张佩纶措置乖方，意气用事，本应从严惩办，因念力守船厂，从宽革去三品卿衔，交部议处以示薄惩；福州将军穆图善功过相抵，加恩免其置议。经吏部定议，张兆栋、何如璋革职，张佩纶降二级留于船政大臣任。

　　二张对此时的福建大员更动有所交流。前因闽台危急，廷旨命滇、桂两军进兵越南北圻牵制，派遣张树声率兵前往广西镇守越边后路。七月初五日，张树声致电总署，称赴桂须带驻扎黄埔的淮军吴宏洛五营，恐广东省城空虚，应与督抚筹商。此时广东应未接张树声赴闽电旨，清廷却认为张树声以赴桂为借口，故意拖延赴闽，遂严旨责其援闽。[①] 时彭玉麟、张之洞、倪文蔚亦联衔电奏，请留张树声防粤，免其赴桂。[②] 接奉总署电寄严旨后，张之洞等再次电奏，以法国有攻打广东之说，请免张树声赴闽。张之洞等人之说得到清廷支持，十三日廷旨命张树声暂缓赴闽。[③] 其时张佩纶亦不欲杨昌濬、张树声赴闽，

---

①　《电寄·六七》（光绪十年七月初三日）、《电寄·八二》（光绪十年七月初八日），《清代军机处电报档汇编》第 1 册，第 28、35 页；《张树声来电》（光绪十年七月初七日到），《清代军机处电报档汇编》第 4 册，第 136~137 页。

②　《致总署》（光绪十年七月初七日），《张之洞全集》第 4 册，第 348~349 页。

③　《致总署》（光绪十年七月初九日），《近代史所藏清代名人稿本抄本》第 2 辑第 25 册，第 526~529 页；《电寄·九八》（光绪十年七月十三日），《清代军机处电报档汇编》第 1 册，第 40~41 页。

致电张之洞言"张、杨纷至，更掣肘"。① 可以说，张之洞等
奏请张树声暂缓赴闽，一定程度上减轻了张佩纶的压力。而在
福建，马江战败激化各员矛盾，张佩纶屡向张之洞表达退意。
十一日，张佩纶致电张之洞，言"二何（按：何璟、何如璋）
可杀"。张之洞电询二何具体情形，张佩纶复电挑明与何璟的
矛盾，言何璟对其甚顾忌，电报请直接寄其军营，不要通过何
璟转达。② 时何璟、张兆栋、穆图善三人会衔，撤长门九营，
令黄超群两营回顾福建省城，方勋五营进守长门，并未与张佩
纶会商。张佩纶倚重黄、方二人防守船厂，此举实剥张佩纶之
军权，张佩纶将此情形分别电寄总署与张之洞。在致张之洞电
中，张佩纶认为是马江惨败后闽绅猜疑粤军，其已无兵，已将
船厂交何如璋，请张之洞为其谋退。③ 其后数日内，张佩纶与
张之洞皆有电报往来，内容多为透露福建各员矛盾，及表达退
意。对此，张之洞致电李鸿章，询以解决张佩纶与何璟矛盾之
道，李鸿章复电未予建议，仅告左为钦差，穆、杨为帮办，张
署船政更难脱身。④ 得署理船政电旨后，张佩纶电告张之洞其
已请李鸿章恳辞船政，辞呈为廷旨所拒，张之洞亦不以辞任为
然，致张佩纶电言此时去闽必不为朝廷所允，向其建议奏请以

---

① 《福州会办张来电》（光绪十年七月十一日），《张文襄公（未刊）电稿》
第 10 册，第 4417 页。

② 《福州会办张来电》（光绪十年七月十五日）、《寄福建会办张》《福州会
办张来电》（光绪十年七月十五日），《张文襄公（未刊）电稿》第 10
册，第 4417、4465、4471 页。

③ 《福州会办张来电》`（光绪十年七月十六日），《张文襄公（未刊）电稿》
第 10 册，第 4493 页。

④ 《致天津李中堂》（光绪十年七月二十日），《近代史所藏清代名人稿本抄
本》第 2 辑第 25 册，第 568 页；《北洋来电》（光绪十年七月二十三
日），《张文襄公（未刊）电稿》第 10 册，第 4595 页。

黄超群、方勋、方恭军自属，声明船厂不能守，左、杨来则自树一帜。①

八月初一日上谕下达后，张佩纶处分轻微，引发闽籍京官公呈揭劾。初五日，都察院代递翰林院编修潘炳年等三十九名闽籍京官联衔奏折，弹劾张佩纶、何如璋玩寇弃师，偾军辱国，朋谋罔上，怯战潜逃；何璟、张兆栋虽于海防无布置，然丧师辱国之罪，张佩纶为祸首，何如璋次之。初七日，万培因弹劾马尾一役，诸臣讳败捏奏，滥保徇私，请将督抚治罪，并将方勋等保案撤销。另片奏何如璋故匿战书，私兑该局银两回粤及藩司沈葆靖、台湾知府程起鹗朋谋营私。② 廷旨命左宗棠、杨昌濬一并查明具奏。

张之洞在张佩纶参案中暗予协助。八月十三日，张佩纶来电告知张之洞，称闽京官造言，知交相厄不相助。后其又言公呈是王仁堪、王仁东兄弟所纠合，呈中有将其正法之言，自己在闽屡受闽绅与何璟、穆图善掣肘，拟杨昌濬到后再请旨开去会办及船政，听候查办。对此，张之洞劝慰其称，公论难诬，只需尽职听勘，廷旨命查复，非查办，必无他虑。杨昌濬到后不必求退，即便求退朝廷亦将不许。③ 闽绅公呈和万培因奏折其时尚未公开，但从二张往来电报可知已流言纷纷。螺洲陈家

---

① 《致福州张大臣》（光绪十年七月二十四日），《近代史所藏清代名人稿本抄本》第 2 辑第 25 册，第 571 页。

② 朱寿朋编《光绪朝东华录》，第 1816～1818 页；万培因：《请置讳败捏奏的闽省诸臣重典密折》，福州市地方志编纂委员会编《福州马尾港图志》，福建省地图出版社，1984，第 153～158 页。

③ 《福州会办张来电》（光绪十年八月十三日、二十二日）、《寄会办张》（光绪十年八月二十七日），《张文襄公（未刊）电稿》第 11 册，第 4935、5061、5141 页。

是福建大族，加之有"清流"的渊源，张之洞前已致电陈宝琛，希望其发挥力量挽救张佩纶："□诚危！闻闽绅欲全〔杀〕□，何不电都下责止之？"① □字在电报中被故意涂抹，但从涂抹痕迹和上下文来看，应为"费"字。及知公呈中有将张佩纶正法之言，张之洞再致电陈宝琛，表示公呈之言骇听，望其详示参案大略。陈宝琛复电称详细参案不得闻，其兄弟二人因袒护张佩纶以致大忤乡评。② 除求助陈宝琛外，张之洞还在船政局私挪公款参案上提供了帮助。闽绅公呈中有一款弹劾何如璋将船政存款二十六万两借名采买，不告支应所绅员，私行兑粤交旗昌、汇丰等行，张佩纶狼狈为奸，朋谋罔上。九月初二日，张佩纶电告张之洞，称何如璋曾将船政局款二十万两密存香港汇丰银行，其派委员廖锡恩往取并兼采办，现因参案波及，且得廖丁忧消息，担心出事，希望张之洞派妥员赴港取回凭据转交。③ 张之洞遂派王藻章前往香港领取汇丰存款凭据。张之洞寻找罗寿嵩协助。初四日，张之洞即指示罗寿嵩查明汇丰存款和廖锡恩情况。④ 然而此事中生波折，王藻章私提船政局汇丰银行存款转存宝源银行，经张之洞下札严饬，王藻章方将款项全数取回，仍存汇丰银行，汇丰存款凭据

---

① 《致陈钦使》（光绪十年八月初十日），《近代史所藏清代名人稿本抄本》第 2 辑第 25 册，第 576 页。

② 《寄会办陈》（光绪十年八月二十四日）、《陈钦使来电》（光绪十年八月二十五日），《张文襄公（未刊）电稿》第 11 册，第 5091、5105 页。

③ 《福州会办张来电》（光绪十年九月初二日），《张文襄公（未刊）电稿》第 12 册，第 5209 页。

④ 《寄香港汇丰洋行罗》（光绪十年九月初四日），《张文襄公（未刊）电稿》第 12 册，第 5225 页。

由张之洞取回。[①]

　　因闽绅和福建各员排挤，张佩纶处境益形窘迫，张之洞等为其谋求退路。九月初三日，杨昌濬抵达福州，次日《申报》将闽绅公呈全文刊登。[②] 晚清时期官员、士绅多有阅读《申报》的习惯，《申报》之举无疑形成舆论压力。而在福建，张佩纶感受到闽绅与杨昌濬等人的排挤，致电张之洞称自杨到来，闽绅日纠生徒向杨呈词，作为参案佐料，其拟自陈求罢，以免受诬。其后又来电透露其对杨昌濬看法及自身处境的思考："关西（按：大儒杨震，借指杨昌濬）通饬有马江之战陆营奋勇者寥寥，后云与左、穆决不饶尔，未会某衔，见几而作。拟疏请先开会办，将营务文案撤去，以避权免祸。"并请张之洞将方恭五营调回广东。[③] 时陈宝琛已奉母归葬丁忧在籍，张佩纶拟援沈葆桢之例，以陈宝琛接任船政大臣，询问张之洞意见。[④] 对张佩纶境况，张之洞建议其自辩其诬，且宜早谋划退路，但张之洞不愿在张佩纶谋退中过露行迹，认为调回方军，需由杨昌濬主持，陈宝琛夺情无谓，其亦不宜代闽谋划。[⑤] 九月二十三日，电谕命张佩纶毋庸会办，专管船政事宜。因会办已解，兼之船政之位遭觊觎，张佩纶再向李鸿章、

① 《札催候补王道藻章取回船政局款》（光绪十年九月初八日），《督广咨札·咨札二》，张之洞档，甲 182-196。

② 《奏稿照登》，《申报》1884 年 10 月 22 日，第 2 版。

③ 《福州会办张来电》（光绪十年九月初六日、二十四日），《张文襄公（未刊）电稿》第 12 册，第 5253、5529 页。

④ 《福州会办张来电》（光绪十年九月二十五日），《张文襄公（未刊）电稿》第 12 册，第 5517 页。

⑤ 《致福州张大臣》（光绪十年九月二十七日、十月初二日），《近代史所藏清代名人稿本抄本》第 2 辑第 25 册，第 629、630、643 页。

张之洞、陈宝琛等人表达退意。此时张之洞对其谋退表示支持，建议其由穆图善、杨昌濬代奏开缺。张之洞寻求李鸿章协助，其于十月初二日寄电李鸿章，力言"公宜为黉计"。① 在二张的请求下，初五日，李鸿章电奏请令张佩纶回京候议，船厂交按察使裴荫森代办，然为清廷所拒，命张佩纶留于船政大臣任上。② 为使张佩纶离任，张之洞、李鸿章曾谋划张佩纶前往越南或朝鲜，十五日张之洞致电李鸿章，称张佩纶欲出越南关外，请其联络广西巡抚潘鼎新协助。李鸿章复电言出关饷项无着，无人替代船政，自请、代请朝廷皆恐难准，如张之洞电奏奉允，其自当联系潘鼎新帮忙。③ 赴越之议论无果后，张佩纶谋划赴朝。时值朝鲜甲申政变爆发，李鸿章拟举荐张佩纶带兵前往朝鲜平叛，清廷却以吴大澂赴朝。张佩纶遂再次电寄张之洞，请起代决。张之洞却复电称左宗棠已抵达福州，须待查办之事勘定后，方能代决任退之计。④

　　十月二十七日，钦差大臣左宗棠抵达福州。如第一章所述，光绪六年、七年间"清流"对左宗棠、李鸿章有所离合，左宗棠未抵闽时，廖寿丰已致电张之洞称："黉与左居窘哉！

---

① 《致福州张大臣》（光绪十年十月初二日），《近代史所藏清代名人稿本抄本》第 2 辑第 25 册，第 643 页；《寄北洋》（光绪十年十月初二日），《张文襄公（未刊）电稿》第 13 册，第 5611 页。

② 《北洋大臣来电》（光绪十年十月初五日到），《清代军机处电报档汇编》第 4 册，第 278 页；《电寄·一九四》（光绪十年十月初六日），《清代军机处电报档汇编》第 1 册，第 73 页。

③ 《致天津李中堂》（光绪十年十月二十日），《近代史所藏清代名人稿本抄本》第 2 辑第 25 册，第 673 页；《北洋来电》（光绪十年十月十六日），《张文襄公（未刊）电稿》第 13 册，第 5771 页。

④ 《船政张来电》（光绪十年十月二十九日到），《张文襄公（未刊）电稿》第 13 册，第 5945 页；《张佩纶致陈宝琛信札·二九三》，陈星整理《陈宝琛张佩纶往来信札》，上海古籍出版社，2020，第 253 页。

此时遑造船、责守厂耳。"① 然而，左宗棠等人在参案复奏中，却对张佩纶有所回护。十二月初七日，左宗棠与杨昌濬联衔上《查复马江失守被参偾事各员情形折》，对张佩纶被参之事总结道：

> 张佩纶才识夙优，勇于任事，以文学侍从之臣初涉军事，阅历未深……惟张佩纶以会办大臣出驻马尾，不提一旅，身临前敌，尚属不避艰险，初意非仅保全船厂。及师船被毁，本志不遂，往来彭田，面目憔悴，此则其咎无可辞而心尚可悯也。既经革去三品卿衔，而人言不已，应请旨交部议处，以示薄惩。②

据张佩纶所言，陈宝琛、张之洞皆曾致信左宗棠为其参案关说。③ 左宗棠等人之回护是否与陈宝琛、张之洞的来信有关，暂且存疑。

"清流" 之甄别整饬

光绪十年（1884）九月、十一月，已革云南巡抚唐炯、广西巡抚徐延旭分别押解到刑部，上谕命军机大臣、大学士会

---

① 《江宁来电》（光绪十年七月二十一日），《张文襄公（未刊）电稿》第10册，第4579页。

② 《查复马江失守被参偾事各员情形折》，《清季外交史料》，第975页。按：时间据军机处随手登记档考订，见中国第一历史档案馆编《清代军机处随手登记档》第120册，国家图书馆出版社，2013，第262页。

③ 《张佩纶致陈宝琛信札·二八五》《张佩纶致陈宝琛信札·三〇二》，《陈宝琛张佩纶往来信札》，第248、253页。

同刑部审讯，按律定拟。① 十二月十二日，经众人定议具奏，唐炯、徐延旭及保荐二人之诸人各得处罚，其中"清流"诸人境遇不一：

> 张之洞保荐徐延旭兼资文武，实属失当。惟该督于简任两广后，征兵筹饷，颇著勤劳，着从宽交部察议。陈宝琛、张佩纶力举唐炯、徐延旭堪任军事，请饬分统滇粤各军出境防剿，卒至偾事，贻误非轻。张佩纶会办闽省防务，马尾一役，尤属调度乖方。陈宝琛着交部严加议处，张佩纶着即行革职。该员尚有被参之案，即着来京听候查办。②

其后吏部奏定，陈宝琛降五级调用，张之洞仅降一级留于两广总督任上。"清流"诸人仅张之洞获轻微处罚，这与其在马江之战前后的表现关系密切。从目前材料看，奕譞的态度在其中起了重要作用。

马江之战前，与南、北洋对福建的漠视不同，张之洞等人积极援助福建，因此得奕譞赞赏和廷旨嘉奖。福建筹备海防时，张佩纶屡请朝廷饬南、北洋拨船援闽，李鸿章、曾国荃皆不应，张佩纶归怨于总署。醇王奕譞对张佩纶多次来电颇不满，在致军机处函中言："乘讲拨船，谅不致被抢，一则冀事有益，一则免闽借口。如此办理，再无成效，何、张（按：何如璋、张佩纶）之咎，无可诿卸矣。"③ 可见总署请旨饬南、

---

① 中国第一历史档案馆编《光绪朝上谕档》第 10 册，第 272~273、368 页。
② 《清实录》第 54 册《德宗实录（三）》，第 834 页。
③ 《醇亲王奕譞致军机处尺牍·二》，《中法战争》第 5 册，第 39 页。

北洋拨船实为无奈之举。此时沿海各督抚，唯张之洞等人于光绪十年六月初四日电奏，称已先于闰五月二十九日调拨飞云、济安两船赴闽援助，但不知是否有益。① 此时张之洞等人之电，无疑为总署解围，奕譞致信军机处谓："粤督拨船可嘉，似可请旨嘉奖，以励其余。"在醇王奕譞的建议下，军机处奏闻慈禧太后。六月初五日，张之洞等得清廷传旨嘉奖。② 六月初十日后，马尾船厂形势孤危，清廷再次命南北洋、广东派遣水陆各军援闽，此时又仅广东诸人联衔电奏派遣游击方恭率潮勇五营往援，电旨再次嘉奖，谓诸人"派营援闽，力顾大局，殊堪嘉尚"。③

此外，在对法策略上，张之洞亦与奕譞想法相契。七月初九日，张之洞献"以德制法"之策，电请总署代奏，其奏称现福建危急，德国与中国和睦，请电驻德公使李凤苞谒见德皇，恳请德国设法力助，不应只发空评。④ 张之洞此件似因用语不当，在奕譞的建议下未由总署呈递慈禧太后，但奕譞对张之洞之策极赞赏，称是"极好机会"。⑤ 八月后，法国注力于台湾，张之洞请总署代奏"日夜扰敌之策牵制"。张之洞认为

---

① 《致总署电》（光绪十年六月初四日），《近代史所藏清代名人稿本抄本》第 2 辑第 25 册，第 454 页。

② 《醇亲王奕譞致军机处尺牍·一〇七》，《中法战争》第 5 册，第 71 页；《电寄·三一》（光绪十年六月初五日），《清代军机处电报档汇编》第 1 册，第 14 页。

③ 《致总署》（光绪十年六月十七日），《张之洞全集》第 4 册，第 347 页；《电寄·四一》（光绪十年六月十八日），《清代军机处电报档汇编》第 1 册，第 18 页。

④ 《致总署》（光绪十年七月初九日），《近代史所藏清代名人稿本抄本》第 2 辑第 25 册，第 533～534 页。

⑤ 《醇亲王奕譞致军机处尺牍·五八》，《中法战争》第 5 册，第 60 页。

外援难至台湾，唯有以台守台，建议朝廷将台湾义民封以五等爵位，由义民轮番日夜扰敌，疲其兵力，耗其弹药，使法国坐困，再由官军相机攻击。① 张之洞之策甚合奕譞之意，其在致信军机处诸人时谓"香涛论台事机当，其日夜扰敌之策，与拙间恰合；惟五等云云，殊露张慌，且恐后难为继。明日似可奏请照其意办"。二十四日，电旨寄谕台湾督办刘铭传，命招募兵勇，激励民团筹防，即为张之洞之策。②

马江之战后，中法战事全面再起，张之洞幕后援助台湾、支持越南不遗余力，奕譞对张之洞赞赏道：

> 顷阅香涛两电，其探甚详，其论甚当，一片诚悃，似驾乎各固吾围诸公之上，宜有奖谕，并择善立办，希诸位裁夺。醇亲王泐。初一酉正。③

"香涛两电"指光绪十年九月三十日张之洞致总署两封电报。第一封电报张之洞言其已密和洋人筹得与台湾通信及向台湾汇银办法。现其访求得愿往台湾将弁十余人，令设法潜渡。其所购之各项军火，亦派员运往泉州，相机分起雇民船转运。并向朝廷报告其从台湾、香港密探处所得的法兵、法船消息。第二封电报称振全局在争越南，请朝廷允准广东向汇丰银行再

---

① 《致总署》（光绪十年八月二十二日），《张之洞全集》第 4 册，第 350～351 页。

② 《醇亲王奕譞致军机处尺牍·六九》，《中法战争》第 5 册，第 63 页；《电寄·一四八》（光绪十年六月十八日），《清代军机处电报档汇编》第 1 册，第 57～58 页。

③ 《醇亲王奕譞致军机处尺牍·一八》，《中法战争》第 5 册，第 45 页。

借款一百万两，分济滇、桂各军。① 十月初二日，廷旨电寄张之洞等，赞许其"筹济台越军事，具见公忠，深堪嘉尚"，命照电奏所言妥速办理秘密援台事宜。所请再借汇丰银一百万两亦允准依行。② 十一月十一日，张之洞电奏称先后接济台湾之五万两银及军火已到，现又由华商分三起汇银五万两援台；至军火方面已派员四出，于汕头、南澳、泉州、厦门一带设法雇船，分批转运。次日又电奏为援台之前温州镇总兵吴鸿源力筹饷械。③ 清廷再次来电嘉奖谓"张之洞屡济台军可嘉，仍妥筹援济"。④

　　张之洞屡济闽、台及越南，为其赢得政治退路。与之对比，则是马江之战前后奕𫍽对张佩纶的种种不满。前于光绪九年（1883），醇王奕𫍽被派会同筹办法越事宜，而张佩纶在总署与奕𫍽直接共事，据赵凤昌回忆：

　　　　甲申朝局之变，高阳（按：李鸿藻）出枢，醇邸（按：奕𫍽）援引济宁（按：孙毓汶）……丰润（按：张佩纶）为高阳不平，对醇邸颇见辞色。丰润其时兼译署会议，病后销假到朝房，与枢值仅隔一墙壁，醇邸在值

---

① 《致总署》（光绪十年九月三十日），《近代史所藏清代名人稿本抄本》第 2 辑第 25 册，第 636~641 页；《致总署》（光绪十年九月三十日），《张之洞全集》第 4 册，第 353 页。

② 《电寄·一九一》（光绪十年十月初二日），《清代军机处电报档汇编》第 1 册，第 72 页。

③ 《致总署》（光绪十年十一月十一日、十二日），《近代史所藏清代名人稿本抄本》第 2 辑第 26 册，第 56~58、59~62 页。

④ 《电寄·二三三》（光绪十年十一月十三日），《清代军机处电报档汇编》第 1 册，第 84 页。

房，丰润高声谓"张佩纶死了，就不会议罢！"邸闻而默然，其不悦则可知之。南皮（按：张之洞）告我："丰润意气虽太盛，鲠直亦难得。"①

赵凤昌的记述为张之洞所告，其事当不谬。在奕譞致翁同龢信中，亦可佐证此事。奕譞谓："子房（按：汉初功臣张良，代指张佩纶）初识，乃一孟浪少年，少按即塌，须大加历练，始克负荷。"②然而张佩纶会办福建海防后，不仅将南、北洋不拨船援闽归咎于总署，而且举措有前后矛盾之处，令奕譞对张佩纶大为不满。前于六月十四日，因法船日来，闽厂危急，张佩纶与何如璋电寄总署献"塞河先发"之策。③二十九日，总署电命福建阻孤拔出闽口，张佩纶等却以粤电所称与总署来电相异回复，并告以福建无力阻止法船。得福建复电后，奕譞致信军机处，认为福建借口等船待援，张佩纶前请塞河先发，此时于塞河要着却转生疑虑，若让孤拔逃脱闽口，是张佩纶之重咎。④及马江之战爆发，闽浙总督何璟、福建巡抚张兆栋奏请江西振武五营赴闽相助。然而张佩纶前与曾国荃互讦，曾电请停止振武五营赴闽，何璟等人现电请援，以致奕譞认为援军迟缓，实为张佩纶之电

① 惜阴（赵凤昌）：《光宣纪述之二》，《人文》（月刊）第 3 卷第 10 期，1932 年，第 1 页。
② 《醇亲王致翁同龢函第四十七》，《翁同龢文献丛编之四·中法越南之争》，第 118 页。
③ 《会办张大臣等来电》（光绪十年六月十五日到），《清代军机处电报档汇编》第 4 册，第 72 页。
④ 《醇亲王奕譞致军机处尺牍·一九》，《中法战争》第 5 册，第 45 页。

所误。① 张佩纶解任福建会办亦与奕譞相关。九月初二日，穆图善奏告朝廷，张佩纶将其得力之凯字营调防他处，而代以张所信任之方勋守长门。穆图善奏折到京后，引发奕譞对张佩纶不满，在其主导下张佩纶解任会办。②

十二月十二日，军机大臣、大学士会同刑部定拟徐、唐一案，而在此前，多日有恙、久不入值的奕譞致信军机处，言其定案当日将会抱病前往。③ 可以猜测奕譞对"清流"诸人的不同态度，应影响最后的定案结果。二十五日左宗棠、杨昌濬查复张佩纶等参案之折到达京城，清廷对折中回护张佩纶之语甚不满。两日后，清廷发布上谕，谓张佩纶调度乖方、掩饰取巧，张佩纶前因滥保徐延旭等，已降旨革职，左宗棠等奏请交部议处，殊觉情重罚轻，决定将张佩纶从重发往军台效力赎罪。至于左宗棠与杨昌濬，廷旨谓二人未切实详查复奏，所奏语多含糊，对张佩纶处分意存袒护开脱。二人皆传旨申饬。④ 陈宝琛曾致信张之洞言："木腐蠹生，中枢实以主者。"⑤ 专指醇王奕譞主导其事，可谓中的之语。

---

① 《闽督等来电》（光绪十年七月初五日到），《清代军机处电报档汇编》第 4 册，第 130~131 页；《醇亲王奕譞致军机处尺牍·五》，《中法战争》第 5 册，第 41 页。

② 穆图善：《奏为沥陈闽防实在情形事》（光绪十年九月初二日），中国第一历史档案馆藏宫中档朱批奏折，04-01-01-0947-071；《醇亲王致翁同龢函第六十》，《翁同龢文献丛编之四·中法越南之争》，第 261 页。

③ 《醇亲王奕譞致军机处尺牍·二七》，《中法战争》第 5 册，第 49 页。

④ 《清实录》第 54 册《德宗实录（三）》，第 849~850 页。

⑤ 《宝琛致孝达》，《赵凤昌藏札》第 7 册，第 447 页。

二 法国攻粤风闻与广东筹防举措

光绪八年（1882），清廷派遣滇、桂两军进入北圻暗助刘永福，时中法双方尚未直接交战，但法方已知中国为越南战场的总后方，颇思进犯。李脱谈判之时，脱利古曾谓："中国如不管越事，则彼此无损和好；如欲视越为属国，无论明助暗助，势必失和。"脱利古之语意存恫吓，且其时有法廷议进攻天津风闻，李鸿章恐法兵船"北犯津沽，南闯粤海"，请清廷饬沿海各省备御。清廷遂命沿海督抚实力筹防，不可虚应故事。① 广东毗连越南，且对北圻各军负有直接接济之责，屡得法国攻粤风闻。时广东海防大体有省防、琼防、廉防、潮防四路，各路海防于张树声督粤时大体完备，迨张之洞接署两广总督，广东防御（尤其是省城防御）始终是其关注的重点。张之洞根据局势变化，在张树声举措的基础上，进一步完善广东海防体系。

广东防务与粤省电报线架设

广东架设电报线之议始于瑞麟督粤时期，后因故未行。② 张树声督粤后，在大东、大北公司争夺中国电报架设权及中法越南交涉的背景下，广东电报线迅速铺设。电报不仅是迅捷传

---

① 《密陈法越交涉遵旨统筹全局折》（光绪九年五月十二日），《李鸿章全集》第 10 册，第 184~185 页；《清实录》第 54 册《德宗实录（三）》，第 294 页。
② "中研院"近代史研究所编印《海防档·丁·电线》，1957，第 260 号文，第 305~307 页。

递情报的工具，而且是权力施行的媒介。中法战争期间，张之洞因广东防务需要延展粤省电报线，利用电报搜集信息、传达指示，形成"上行下达"的权力系统。

张之洞到任两广总督前，省港线、广州—龙州线等主要电报线已架设完成。光绪八年省港线动工，后经新塘乡民阻挠及大东公司拒接香港的风波，光绪九年最终接通，于广东省城、香港设立电报局。[①] 省城电报局由王荣和负责。王荣和，总兵衔两江补用副将，同治初年入淮军，光绪六年由李鸿章派为津沪线工程总办，先后督办沪粤、龙州等电报事务。[②] 因王荣和管理省城电报局，消息较灵通，遇有中法交涉及广东防务信息，其皆直接禀告张之洞。张之洞接篆不久，即得王荣和电禀。光绪十年闰五月二十七日，王荣和向张之洞禀告所接香港电报局来电，称上海西商电述法人关于"北黎冲突"的一切需索，清廷皆不允，和议恐有变。[③] 香港华洋交集，毗邻广东省城，因此张之洞在港札派委员、联络多方以获取情报。除临时委派的人员如温子绍、祁兆熙、王藻章外，张之洞档案中常见的香港情报来源人有何献墀、罗寿嵩、赖镇边和璧德满（John Pitman，又作彼得曼、卑文等）。何献墀、罗寿嵩的大体履历前文已做介绍，张之洞与二人的相识和筹措饷械不无关系。光绪十年，广东布政使龚易图在港购买洋炮，同时打探法船有无自西贡赴闽的消息。六月初七日，龚易图禀告张之洞从

① 《广州九龙陆路电线归并电报官局承受折》《自设省港陆路电线实在情形片》，《张靖达公（树声）奏议》，第 529~535 页。
② 《王荣和议恤片》（光绪十六年十月二十九日），《李鸿章全集》第 13 册，第 502 页。
③ 《省电局来电》（光绪十年闰五月二十七日），《张文襄公（未刊）电稿》第 9 册，第 3811 页。

何献墀处所得的相关消息，同时录呈何献墀的来电，由此张之洞与何献墀结识。① 目前所见何献墀与张之洞的第一封直接通电，是七月初三日何献墀电禀法国进攻福州，这是张之洞最早得到的关于马江之战的电报。② 张之洞与罗寿嵩的联系不知起于何时，可能与汇丰借款有关，现存二人最早的联络材料是委员祁兆熙与罗寿嵩于八月十七日电禀刘铭传克复基隆。二十四日，张之洞致电二人："十七克基之说何据？即刻详复。"③ 赖镇边，号磐石，广东东莞人，咸同时随其兄转战江南，历任署龙门协副将、琼州镇总兵、大鹏协副将，驻扎九龙城寨长达十三年。④ 七月十七日，张之洞札派赖镇边密探法船在香港的动静，当日，赖镇边电寄张之洞八点钟有法白战船一只来港。⑤ 璧德满原为英国海军军人，退役后在上海从事商贸，与英国、日本商政人员均有联系，据张之洞所言此时其为香港参赞。⑥ 张之洞与璧德满认识应是通过龚易图介绍。六月二十二日，龚易图禀告张之洞从璧德满处所获香港情报，同时称璧德满最贪财，可直接利用其打听情报。⑦ 璧德满醉心中国事务，在马江

---

① 《龚藩司禀》，《张文襄公（未刊）电稿》第 4 册，第 1462 页。

② 《香港来电》（光绪十年七月初三日），《张文襄公（未刊）电稿》第 10 册，第 4265 页。

③ 《寄香港委员祁汇丰洋行罗》（光绪十年八月二十四日），《张文襄公（未刊）电稿》第 11 册，第 5097 页。

④ 《赖镇边列传》，佚名辑《清代粤人传》（中），中华全国图书馆文献缩微复制中心，2001，第 607 页。

⑤ 《饬赖协电报在港法船札》、《大鹏协来电》（光绪十年七月十七日），《张文襄公（未刊）电稿》第 10 册，第 4501、4506 页。

⑥ 薛轶群：《日本首任驻外武官福原和胜在华活动探析》，《抗日战争研究》2021 年第 2 期；《札知县张衍鋆筹办海防事宜》（光绪十年七月初六日），《张之洞全集》第 5 册，第 59 页。

⑦ 《龚藩司禀》，《张文襄公（未刊）电稿》第 4 册，第 1471～1472 页。

战役发生后，其曾上张之洞条陈，经张之洞批示，会同知县张衍鋆秘密前往香港招募水师和洋弁。① 此后璧德满往来广州、香港间，时有重要情报传递。省港线外，当时另一条广东主要的电报线为广州—龙州线，该线兴建于光绪九年。十年十一月二十八日，两广总督张树声奏请将广州电报线延展至广西，直抵中法战争后方之龙州。② 张树声之议奉旨允准，广州、龙州间电报线于光绪十年闰五月竣工，途经浔州、南宁，皆有设电报局。

时省城海防分为三路，前路为虎门，中路为黄埔，西南路为南石头，三处均设有电报局或报房。在架设省港线时，张树声认为虎门、白土冈（按：位于黄埔长洲岛）炮台为省城门户，遂添设陆路分支电线各一道以速军报。③ 虎门为广东水师提督衙署所在，中法战争期间张之洞与广东水师提督方耀常通过虎门电报线联络，若方耀外出，虎门电报事务由水师提标中军参将何长清料理。方耀，字照轩，广东普宁人。咸丰、同治年间征剿土匪有功，同治七年（1868）署潮州镇总兵，光绪九年署水师提督。其在广东发明"清乡"之法，权势煊赫一时。④ 何长清，号榆庭，广东香山人。同治二年武进士，同治年间转战四川、云南。光绪元年回到广东，时为水师提标右营游击。⑤ 虎门若有外国船只进口，方、何二人皆会禀告张之洞，如光绪十年闰五月二十八日，虎门电知十二点半有德国兵船一

---

① 《张衍鋆会同璧德满前往香港密办事》，《张文襄公（未刊）电稿》第 3 册，第 1153 页。
② 《筹款展接广州至龙州电线折》，《张靖达公（树声）奏议》，第 468~472 页。
③ 《添设虎门白土冈陆路支线片》，《张靖达公（树声）奏议》，第 535~536 页。
④ 《方耀列传》，《清代粤人传》（中），第 563~579 页。
⑤ 民国《香山县志续编》卷 11《列传》，1920，第 33~34 页。

艘进口。① 方耀久任粤将，地方权势煊赫，且为水师提督，人脉很广，中法战争期间其曾安排部下往港澳侦探，档案中最常见者为在澳门之侦探阳江镇千总彭鸿飞。七月十三日，方耀致电张之洞，称接港电，法兵轮三艘由九洲门去，或往澳门、崖门，请张之洞告各军严防，并称据彭鸿飞从澳门来信，访查得澳门、九洲、鸡头一带洋面无法船。② 由此可见彭鸿飞之作用。长洲设有前两广总督张树声行营，时黄埔由张树声统领淮军驻守。张树声与张之洞亦常以电报联系，目前所见二人最早往来电报为七月十一日，张树声电告张之洞其已抵达长洲，及报告长洲布防及各处布水雷情形，请张之洞随时电告西报及谕旨。③ 九月初八日，张树声病逝，长洲淮军其后归淮将吴宏洛统领。张之洞督粤后，在沙角、南石头增设电报房。沙角位于伶仃洋东岸，与对岸之大角、蒲州，合为虎门前敌门户，彭玉麟到粤后在三处新建炮台，湘将娄云庆率部驻守沙角。光绪十年闰五月间，王荣和奉张之洞谕，于虎门至沙角间添设电线。虎门至沙角电线大约于七月完工。七月二十九日，张之洞即电娄云庆询问炮台修筑情况。④ 南石头为蕉门、横门、磨刀门、虎跳门、崖门诸河到达省城的总道，湘将陶定昇在此防守，亦

---

① 《虎门来电》（光绪十年闰五月二十八日），《张文襄公（未刊）电稿》第 9 册，第 3811 页。

② 《虎门来电》（光绪十年七月十三日），《张文襄公（未刊）电稿》第 10 册，第 4450 页。

③ 《张宫保来电》（光绪十年七月十一日），《张文襄公（未刊）电稿》第 10 册，第 4414~4415 页。

④ 《省电局来电》（光绪十年闰五月二十七日），《张文襄公（未刊）电稿》第 9 册，第 3811 页；《寄沙角娄军门》（光绪十年七月二十九日），《张文襄公（未刊）电稿》第 10 册，第 4689 页。

为彭玉麟行营所在。南石头电报房设于八月十九日，是日张之洞致电彭玉麟，询问电报房设于陶定昇行营抑或雪帅公馆，及是否有总署刊印之《电信新法》。① 省防的情报流通与琼防、廉防、潮防有所不同。一方面，彭玉麟、张树声的资历和名望皆高于张之洞，故各情报或电禀张之洞，或电禀彭、张二人，而得到情报后，彭玉麟、张树声、张之洞对如何筹备防御皆有各自的建议，故省防更多的是三人情报相互交流后合议筹商的结果；另一方面，省防各路相距较近，若有事筹议，面商、书信往来较便，省防各电报更多充当信息沟通和命令及时下达的媒介。

潮州与省城的电报往来主要依托沪粤线。光绪八年十二月初八日，李鸿章奏请招商接办由沪至浙、闽、粤各省沿海电报线，以抵制英美等列强觊觎该线，保护中国利权。该线于光绪九年初动工，然因款项问题及改以先修广州—龙州线，沪粤线闽粤段久未竣工。② 沪粤线闽粤段至光绪十年九月方告成，十六日，负责沪粤电线的佘昌宇禀告张之洞，言九月十二日闽粤电线合龙于分水关。③ 沪粤线闽粤段途经建宁、福州、兴化、泉州、厦门、漳州、汕头、潮州、惠州、广州等地。中法战争期间，潮州、汕头并非防范法舰进攻的重点区域，故张之洞与潮州、汕头的电报往来大多与防务无关，其时张之洞主要利用潮汕小港与台湾临近的优势，通过电报指示闽粤秘密委员，将饷械转运至台湾。

琼州、廉州与越南水陆相望，久有法军袭琼、袭廉传闻。

---

① 《寄彭宫保》（光绪十年八月十九日），《张文襄公（未刊）电稿》第 11 册，第 5027 页。

② 夏维奇：《晚清电报建设与社会变迁——以有线电报为考察中心》，人民出版社，2012，第 106～110 页。

③ 《粤闽电线工次来电》（光绪十年九月十六日），《张文襄公（未刊）电稿》第 12 册，第 5414 页。

为迅捷军报，张之洞力促架设横廉钦雷琼电报线。光绪十年六月二十六日，张之洞电寄李鸿章，谈及琼州无电报线，请其饬盛宣怀筹办。此后张之洞屡询李鸿章琼线情况。① 张之洞本欲大东公司在架设香港至越南海防水线时，绕道至琼州，然至七月初五日，李鸿章电告张之洞，称香港至海防电线已成，不能更改绕道。得李鸿章来电后，是日张之洞遂另与盛宣怀联络，私下往来电商琼线事宜。② 张之洞与李鸿章、盛宣怀商设琼线之际，架设廉州电报线之事亦提上日程。七月十二日，张树声寄电张之洞，言及法国注意粤疆，省城电报局尚有七八百里电线，若有余款办廉州线亦为要务。张之洞遂于八月示谕绅民添设由广西横州至广东廉州电线，严饬沿途各地方官一体照料保护。③ 时张之洞电请盛宣怀对横廉电报线铺设予以支持，并告言廉州线拟作陆线至琼州海峡北岸（即雷州），再作海线到达琼州。④ 考虑到法军可能破坏海线及海线架设困难，张之洞饬王荣和、盛宣怀分别在港、津与大北公司商谈架设雷琼海线事宜。⑤ 及至八月二十五日，张之洞方电告李鸿章，其已托盛宣怀商妥琼州造线事宜，望李鸿章赐教。李鸿章复电称海线仍由

① 《寄北洋》（光绪十年六月二十二日），《张文襄公（未刊）电稿》第 9 册，第 4073 页。

② 《北洋来电》（光绪十年七月初五日）、《寄津海关盛道宣怀》（光绪十年七月初六日），《张文襄公（未刊）电稿》第 10 册，第 4293、4311 页。

③ 《张宫保来电》（光绪十年七月十二日），《张文襄公（未刊）电稿》第 10 册，第 4425 页；《造电线示》（光绪十年八月十四日），《张之洞督广批牍谕示》，张之洞档，甲 182-199。

④ 《寄盛道宣怀》（光绪十年八月十五日），《张文襄公（未刊）电稿》第 11 册，第 4971 页。

⑤ 《寄电报局王副将》（光绪十年八月二十五日），《张文襄公（未刊）电稿》第 11 册，第 5117 页；《致天津盛道台》（光绪十年八月二十五日），《张之洞全集》第 7 册，第 277 页。

大东公司代造方妥。① 然张之洞致电盛宣怀，认为大东公司是英国资本，恐有妨碍，大北公司虽有俄国股份，但俄于廉、琼无利益，② 故雷琼线最终仍归大北公司承办。其后张之洞就雷琼海线铺设事宜与王荣和、盛宣怀往返筹商。待廉雷陆线、雷琼海线诸事宜定议，张之洞于九月十七日致电盛宣怀，请其订立合同，有应斟酌变通之处请李鸿章代定。③ 横廉、廉雷、雷琼电报线架设就此大体议定。其后张之洞又将电报线延展至钦州。十一月十三日，张之洞寄电王荣和，告以添设廉钦电报线，命其速买木料及派遣勘路委员。④ 迨各路线工即将完工，张之洞遂于二十九日电奏架设横廉钦雷琼电报各线。横廉线于十二月十九日竣工，途设浔州、廉州、北海电报局；廉琼线于光绪十一年二月二十九日竣工，途设雷州、琼州电报局；廉钦线于二月初十日竣工，设钦州电报局。各电报线费用在海防经费项下动支。⑤

法军攻粤传闻

中法战争期间，张之洞依靠电报从各人员处迅捷地获知法

---

① 《致天津李中堂》（光绪十年八月二十五日），《张之洞全集》第 7 册，第 277 页；《北洋来电》（光绪十年八月二十六日），《张文襄公（未刊）电稿》第 11 册，第 5129 页。

② 《致天津盛道台》（光绪十年九月初一日），《张之洞全集》第 7 册，第 279 页。

③ 《致盛道宣怀》（光绪十年九月十七日），《近代史所藏清代名人稿本抄本》第 2 辑第 25 册，第 593 页。

④ 《寄电局王副将》（光绪十年十一月十三日），《张文襄公（未刊）电稿》第 14 册，第 6189 页。

⑤ 《致总署》（光绪十年十一月二十九日），《张之洞全集》第 4 册，第 355 页；《展设钦廉雷琼电线片》（光绪十一年五月二十五日），《张之洞全集》第 1 册，第 300 页。

舰的动向，从而猜测法军有攻粤的意图。这些猜测虽最终证实大多风鹤，但客观反映了战局变动，以及战时张之洞等筹防者和广东社会的心态。结合此背景，方可理解张之洞等人的防务举措。

张之洞抵达广东后，即得法军进犯中国沿海的消息。时在中法双方政府授意下，法国新任驻华公使巴德诺与两江总督曾国荃等围绕"北黎冲突"善后问题进行交涉，为迫使清廷就范，法国远东海军司令孤拔率兵舰于中国沿海游弋。光绪十年闰五月二十五日，张之洞得李鸿章转寄电谕，知悉法军欲于中国"取地为质"。① 马江之战前，除联络各方，密切关注中法和战局势，张之洞亲自出巡省城外海、内河各炮台及省城外陆军各营垒，积极筹办省城、琼廉、潮州防务。② 其时法舰主要集中于闽台，间至上海、北洋，法船虽未注力于粤，但为防法军突袭，广东无备，二十九日张之洞曾单衔电奏，请朝廷明白照会各国公使中国各口设防，兵船进口将击阻。然清廷并未回复。③ 至六月十五日，因声索赔款未果，法军进攻基隆，张之洞认为法军攻台有利于缓解大陆沿海各口的压力，其致电总署称"敌注台则闽解，他海口亦舒矣"。④ 所谓"他海口"自应包括广东省城、琼廉、潮州各口。

基隆之战后，法国知分军各口力所不逮，遂决定集中兵

---

① 《总署来电》（光绪十年闰五月二十五日），《张文襄公（未刊）电稿》第9册，第3791页。

② 胡钧：《张文襄公年谱》，第73~74页。

③ 《寄总署电》（光绪十年闰五月二十九日），《张文襄公（未刊）电稿》第9册，第3821页。按：《张之洞全集》改作闰五月三十日（《张之洞全集》第4册，第347页），今依《张文襄公（未刊）电稿》韵目。

④ 《致总署》（光绪十年六月二十四日），《张之洞全集》第7册，第273页。

力。因法舰于福州已有时日，不愿空手而罢，孤拔决意毁闽出
口。七月初三日，马江之战爆发，其后数日法舰连破福州各炮
台，于初十日出闽口齐聚马祖。自马江之战至第二次基隆之战
间，清廷未悉法军进一步意向，张之洞屡从各处线报中，得法
军图粤风闻。七月初九日，张之洞得恽宝善电，称探闻孤拔致
电巴德诺攻打广东。次日省城电报局来电，称接到闽电，法船
一同出口，扬言欲攻打广东。① 由于港、闽的探报，此时法船
的动向引发张之洞关注。十一日，方耀称接港电，有两艘法国
兵舰停泊在灯笼洲。此后两日，方耀陆续探报法船多艘陆续从
九洲门出口，或去澳门，或去崖门，请张之洞切知防备。张之
洞猜测法人必从澳门停泊，待装足军火、食物窥伺虎门，即电
告张树声传知各营统领严防。彭玉麟则认为从九洲门出口的法
船应过澳门往琼州，应饬琼州防备。② 因法船于九洲门出口后
去向不明，张之洞命各方密查法船去向。十五日，彭鸿飞电告
张之洞，称前两日确查澳门附近洋面无法船，次日温子绍亦探
报法船未往琼，张之洞知法军齐集澳门以窥虎门或去琼州的猜
测实为虚妄。③ 然而此时张之洞等又得孤拔、远东舰队副司令
利士卑（Lespes）到港之信。十四日，两艘法国兵船进港，何
献墀称法铁甲船"加里仙尼"由闽到港修理，兵船"檐刻"

① 《上海恽令来电》（光绪十年七月初八日）、《省电局来电》（光绪十年七
月初十日），《张文襄公（未刊）电稿》第 10 册，第 4355、4389 页。

② 《虎门来电》（光绪十年七月十一日、十二日、十三日），《张文襄公
（未刊）电稿》第 10 册，第 4415、4426、4450 页；《致长洲张宫保》
（光绪十年七月十三日），《近代史所藏清代名人稿本抄本》第 2 辑第 25
册，第 543~544 页；《彭钦使来电》（光绪十年七月十三日），《张文襄
公（未刊）电稿》第 10 册，第 4449 页。

③ 《香港来电》（光绪十年七月十五日、十六日），《张文襄公（未刊）电
稿》第 10 册，第 4474、4483 页。

到港，但认为只是保护书信船，非欲攻打省城。张之洞本对此两船并不在意，但次日张树声电告张之洞，称两船该日仍未去，且七点半孤拔坐铁甲船来港，船上旗号尚有船续来，港人均言扰粤。① 其后张树声再次来电，称得何献墀、方耀电，何电言法现无扰粤意，仅利士卑在港，而方电则言孤拔船到港。何、方两电矛盾，张树声猜测孤拔、利士卑皆在香港，认为不可不备。② 十六日，张之洞得香港关于孤拔、利士卑行踪确电。该电称法国于香港停泊两艘铁甲船、一艘木船，铁甲船在修理，木船护商，两艘铁甲船即孤拔、利士卑坐船，利士卑在港，孤拔在基隆，扰粤尚缓。港电虽称扰粤尚缓，张之洞仍寄电张树声、方耀等"勿懈军心"。③ 其后又有法国将于七月二十八日攻粤传闻。二十五日，张之洞接港、闽多封电报，港电言法兵一千名自港往助基隆，在香港购小轮，于二十八日发往台湾；璧德满电称法在港购买两艘小轮，该日驶赴基隆；张佩纶来电言传闻二十八日广东开仗。种种迹象引起张之洞的注意，他一面饬何献墀密查，一面寄电诸统领严防。④ 其后两日张之洞再得香港多封探报。何献墀报香港赶修炮台，另一密探祁兆熙称法兵船"丹"载兵一千名从西贡到香港，拟攻台湾。方耀则接二十六日香港探报言法人于三五日内以小兵船一两艘

---

① 《香港来电》（光绪十年七月十四日）、《长洲来电》（光绪十年七月十五日），《张文襄公（未刊）电稿》第 10 册，第 4453、4474 页。

② 《张宫保来电》（光绪十年七月十六日），《张文襄公（未刊）电稿》第 10 册，第 4486 页。

③ 《致长洲张宫保虎门方军门》（光绪十年七月十六日），《近代史所藏清代名人稿本抄本》第 2 辑第 25 册，第 552 页。

④ 《寄香港安泰公司何》《寄虎门方军门》《寄长洲张宫保》（光绪十年七月二十五日），《张文襄公（未刊）电稿》第 10 册，第 4615～4616 页。

到虎门窥视。各电内容皆与法国二十八日攻粤风闻吻合，张之洞数令虎门、长洲做好准备。① 除香港外，此时法国在澳门、廉州附近皆有所动作。七月二十一日，总署电告彭玉麟、张之洞等，称探闻法国现与葡萄牙密约，打算从澳门通过陆路进攻省城，饬广东严密侦探并防备。时另有香山居民密函法人在黄梁都南北水地方造扒船千只、草艑船五百只，招募澳门等处莠民，企图潜入内地。张之洞札派委员会同香山县知县刘秉奎、前山都司陈冕密查。② 八月间，张之洞频得法国窥视廉州消息。八月初七日，潘鼎新电称法船至芒街登陆，散给教民军装；时任钦州团练督办冯子材函称七月二十二日法国大轮船两只、白龙尾一只及舢板数只载法兵至岳山港，旋驶进芒街窥视，不知用意；龙门协副将梁正源禀法轮三只在竹山港停泊，用舢板抵海宁；高州镇总兵张得禄、龙门协副将梁正源又禀教民三百人忽到北海。张之洞遂札饬钦州知州余鉴海、钦州营参将莫善喜严备法人，并命钦廉地区出示晓谕解散教匪。③

法船于闽出口后，孤拔欲北上攻击华北，茹费理老成持重，不欲扩大事端，阻孤拔北上，二人龃龉，法舰亦未有明确

---

① 《香港来电》《寄长洲张宫保》《寄虎门方军门中军何游击》（光绪十年七月二十七日）、《寄长洲张宫保》《寄虎门方军门中军何游击》（光绪十年七月二十八日），《张文襄公（未刊）电稿》第 10 册，第 4656、4669~4670、4670~4671 页。

② 《电寄·一一五》（光绪十年七月二十一日），《清代军机处电报档汇编》第 1 册，第 46 页；《札催香山县协查法人造船》（光绪十年七月二十九日），《督广咨札·咨札一》，张之洞档，甲 182-196。

③ 《札饬钦州余牧暨莫参将严备法人》（光绪十年八月初十日）、《札钦廉出示解散教匪》（光绪十年八月十一日），《督广咨札·咨札一》，张之洞档，甲 182-196。

动向，至八月，法国海军部命孤拔停止攻击华北计划，全力攻据基隆。[①] 八月十四日，张之洞接邵友濂来报，称接闽电法舰大队南行。法舰实往基隆，然当时张之洞并不知法军南行意图，遂电告方耀、娄云庆、吴宏洛传知各营严防。[②] 此后基隆、淡水战事及法国封锁台湾消息传至，清廷即知法国力注台湾。

法国虽力注于台，但张之洞始终担忧法国偷袭琼州或省城。时洋报屡有传言法国占据台湾后，将别图海南，张之洞札饬琼州镇、道速办琼防。[③] 在致张佩纶的电文中，亦可见张之洞当时的担忧："闻法虏既作朱一贵（按：清初，朱一贵曾于台湾发动起义），后又欲作苏子瞻（按：北宋时期苏轼曾被贬琼州），果然直是束手。"[④] 而省城为广东全省重地，香港间有法国大船停泊，皆引起张之洞警觉。九月十七日，法船"地里暗焚"到港，因该船为战舰且向在基隆，张之洞急询何献墀、罗寿嵩该船为何突然到来。[⑤] 两天后赖镇边报法船加足煤粮，已一同开动，未知何往。因不知何船发动且去向不明，张之洞电告娄云庆、何长清，命二人传知沙角、大角各炮台格外

---

① 邵循正：《中法越南关系始末》，第 204~206 页。
② 《上海来电》（光绪十年八月十四日），《近代史所藏清代名人稿本抄本》第 2 辑第 53 册，第 161 页；《寄虎门方军门沙角娄军门长洲吴统领》（光绪十年七月十四日），《张文襄公（未刊）电稿》第 11 册，第 4953 页。
③ 《札琼州镇道速办琼防》（光绪十年八月二十八日），《张之洞全集》第 5 册，第 67~68 页。
④ 《寄会办张》（光绪十年八月二十七日），《张文襄公（未刊）电稿》第 11 册，第 5141 页。
⑤ 《寄安泰公司何》《寄汇丰洋行罗》（光绪十年九月十七日），《张文襄公（未刊）电稿》第 12 册，第 5423 页。

留意探查。① 十月初七日，何献墀报昨日利士卑乘"奴加都路烟"兵船由淡水到港，张之洞命罗寿嵩、何献墀二人速探利士卑因何事乘船到港。②

光绪十年十月下旬，受战事和瘟疫影响，法国于台湾减员严重，报纸再次有法国改攻粤的传闻。十一月初一日，法战船"依士甸"及"揸杜理诺"同日由台湾抵港，香港风传法国有进攻广东之意。张之洞亦五接密报法有窥广之意。③ 十二月二十三日，香港电禀西报称法国于台湾死伤甚多，欲只守基隆，其余各船分派封锁中国沿海口岸，或先禁广东省河。时法恰有二兵船到港，传闻与法领事共谋攻粤。④ 光绪十一年正月二十八日，香港忽然戒严，是日何献墀、罗寿嵩皆有电信达于张之洞，但二人所言不一。何电言香港戒严为英法失和，罗电则称英、俄因争夺"西印度麦拿连"准备开衅。⑤ 此事引起张之洞关切，在罗电文中批语："俄英争印度备港何为？自是防粤有事耳。"⑥

其时越南战局的变动亦使张之洞有两广并急之感。光绪十

---

① 《香港来电》《寄沙角娄军门虎门水提中军何》（光绪十年九月十九日），《张文襄公（未刊）电稿》第 12 册，第 5441、5444 页。

② 《香港来电》《寄汇丰洋行罗安泰公司何》（光绪十年十月初七日），《张文襄公（未刊）电稿》第 13 册，第 5663、5661 页。

③ 《法船到港》，《循环日报》1884 年 12 月 19 日，第 2 版；《寄潘中丞》（光绪十年十一月十八日），《张文襄公（未刊）电稿》第 14 册，第 6287 页。

④ 《香港来电》（光绪十年十二月二十三日）、《寄长洲吴军门虎门何游击》（光绪十年十二月二十六日），《张文襄公（未刊）电稿》第 17 册，第 7409、7545 页。

⑤ 所指当是英俄 1885 年平狄危机（Renjdeh Crisis）。

⑥ 《何绅来电》《香港来电》（光绪十一年正月二十八日），《近代史所藏清代名人稿本抄本》第 2 辑第 53 册，第 675、679 页。

年十一月后，张之洞等奏派之冯子材、王孝祺军出关援越，并拟令钦廉出兵袭越之敌；法国援军亦于十一月后陆续抵达越南，对谅山一路采取攻势。越南战事胶着，时有法船于钦廉洋面游弋。十一月十八日，高州镇总兵张得禄通过横廉线工电禀张之洞，称十五日有两艘法船驶至北海港。① 自是钦廉情况先行通过电报达于张之洞。二十五日，张得禄寄电张之洞，报告此两艘法船数日动向，称传言法人将于二十五日封锁北海港，二十七日来战。张之洞认为法船到北海，必是知冯军出关，故来阻止接济饷械，饬知张得禄力防法军登岸。② 时张之洞已着手准备钦廉各军出袭越南，以为冯、王二军响应，但光绪十一年正月十二日，张得禄电言三艘法轮于初六日驶入岳山洋面，又派船载兵登陆越南先安州，扬言攻芒街。芒街与钦州东兴仅一河之隔，张之洞觉攻守易势，只得令张得禄等稳守待变。③ 法国封锁北海前后，张得禄、何献墀等相继电禀法军于钦廉之举动，钦廉形势更显紧急。二十日，何献墀禀告法国通知香港明日起封禁北海及东京洋面；二十三日，何献墀再电法兵将由北海登陆，以攻桂军后路。④ 张得禄亦于二十一日电告张之洞，称法国将于二十二日起封锁北海；其后于二十三日又寄张

---

① 《横廉线工来电》（光绪十年十一月十八日），《近代史所藏清代名人稿本抄本》第 2 辑第 53 册，第 289 页。

② 《高州镇张来电》（光绪十年十一月二十五日）、《寄高州镇张龙门协梁》（光绪十年十一月二十三日），《张文襄公（未刊）电稿》第 15 册，第 6513、6411 页。

③ 《北海来电》（光绪十一年正月十二日），《近代史所藏清代名人稿本抄本》第 2 辑第 53 册，第 440 页；《寄高州镇张钦州余莫陈梁三将》（光绪十一年正月十六日），《张文襄公（未刊）电稿》第 18 册，第 8221 页。

④ 《香港来电》（光绪十一年正月二十日、二十三日），《近代史所藏清代名人稿本抄本》第 2 辑第 53 册，第 572、619 页。

之洞三封电报，禀告是日北海英国领事携带眷属下船，北海人心惶惶，两艘法船绕行北海未停向东，及谣传法国急攻芒街。① 二月二十九日，两艘法船前来封锁北海港，偶增至三四艘，二月初八日向北海军营施放两炮，先后由张得禄、委员刘保林及李璲电达于张之洞。②张之洞汇奏时屡言钦廉告急。

直至光绪十一年四月，广东逐渐解防。二月二十二日，清廷谕沿海各省将军督抚、云桂督抚、统兵大臣中法已议和，约定各处三月停战，法国即开各处封口。台湾于三月初一日停战开口，然北海封口久未开。二月二十二日后，张之洞仍屡接钦廉电报，称法未约战而开炮，北海法船去而复来封口，琼州镇、道亦禀法船至榆林港测量水文，张之洞仍饬钦、廉、琼严防。③ 至四月十六日，张之洞接署高州镇总兵梁正源电禀，称法船于初九日后驶去未再来。④ 其后《中法越南条约》于二十七日画押，中法战时广东筹防结束。

张之洞之筹防举措

张之洞接署两广总督后，即巡历各口炮台和省城内外各军营垒，积极筹备广东防务。经其布置，至光绪十年（1884）

---

① 《北海来电》（光绪十一年正月二十二日到），《近代史所藏清代名人稿本抄本》第 2 辑第 53 册，第 597 页；《张镇来电》（光绪十一年正月二十三日），《张文襄公（未刊）电稿》第 19 册，第 8481~8483 页。

② 《张镇来电》《方参将来电》《李守来电》（光绪十一年正月三十日到）、《李守来电》（光绪十一年二月十三日到），《近代史所藏清代名人稿本抄本》第 2 辑第 53 册，第 690、697、700 页；第 54 册，第 173 页。

③ 《致总署》（光绪十一年三月初六日），《张之洞全集》第 4 册，第 371~372 页。

④ 《梁署镇来电》（光绪十一年四月十六日到），《近代史所藏清代名人稿本抄本》第 2 辑第 55 册，第 205 页。

九月，广东海防粗备。九月初三日，张之洞上《敬陈海防情形折》，为其筹备广东海防的大致方略。张之洞将广东海防分作省防、琼防、廉防、潮防，但如其所奏，由于饷械匮乏，广东当道无法兼顾全省各口海防，故"不能不全力专顾省防"。其他各口则札饬地方官办理。① 清代海防方针从前期"重防其出"转变为"重防其入"，但由于缺乏铁甲战舰，晚清海防主要依托炮台防御，辅助以勇营、师船、团练、水雷，呈现聚集收拢的特点。

同治年间，广东当道已陆续在海防重点区域新修、改建一批新式炮台，自中法越南交涉以来，钦差大臣彭玉麟、两广总督张树声先后派员在虎门、省河、黄埔各处择要修筑新式炮台。光绪十年三月二十二日，张树声、倪文蔚奏称虎门之上横档，黄埔之白土冈、白鹤冈、大坡地、西冈、后山嘴，沙路之马鞍山、石嘴山，渔珠之鱼山、狮山炮台完工，并拟在虎门外之沙角、大角修筑炮台。② 张之洞督粤后，派员继续勘修沙角、大角炮台，并在沙角、威远、下横档、上横档、大角、鱼珠、沙路等处增设炮台，添置巨炮。沙角、大角炮台至十月大致完工，各处所增之台、炮亦于光绪十一年六月告竣。③ 光绪十年十一月后，法船屡到廉州，有封锁北海传闻，因此张之洞认为于北海建造新式炮台亦为紧迫之举。十一月二十九日，张

---

① 《敬陈海防情形折》（光绪十年九月初三日），《张之洞全集》第 1 册，第 251~253 页。

② 《两广总督张树声等奏粤东续修炮台已据报兴工折》（光绪十年三月二十二），《清光绪朝中法交涉史料》，第 1191 页。

③ 《续修沙角等处炮台片》（光绪十年十月二十六日）、《添建炮台军械所片》（光绪十一年七月初一日），《张之洞全集》第 1 册，第 259、312~313 页。

之洞札饬善后局拨银五千两予署廉州营游击刘干清，命高州镇总兵张得禄督饬刘干清于北海冠头岭、打鱼庄修建新式炮台，限四十日完工。[1] 除新式炮台外，张之洞曾札饬广州府各县在内河各要隘修筑土台、安设土炮，以资防守。[2] 加上各地方官为筹备海防自行兴修的炮台，至中法战事结束时，广东当道为应对越南交涉重修、新筑、改建之主要炮台如表 3-1 所示。

表 3-1 中法战争期间广东新修炮台

区域	地点	台、炮数	兴修时间
虎门	沙角	六所，计正台十三座、副台二座，洋炮十六尊	光绪十年依旧废台改建新式
	大角	三所，计三座，置洋炮三尊	光绪十年依旧废台改建新式
	蒲州	一所，计三座，置洋炮三尊	光绪十年新建
	威远	三所，计十三座，置洋炮八尊	光绪十一年增修改从新式
	上横档	一所，计八座，置洋炮七尊	光绪十年从旧台改建新式
	下横档	一所，计六座，置洋炮七尊	光绪十年从旧台改建新式
黄埔	长洲	五所，计十五座，置洋炮十五尊	光绪九年新建
	沙路	三所，计九座，置洋炮九尊	光绪十年新建
	鱼珠	三所，计七座，置洋炮七尊	光绪十一年新建
南石头	东滘口	三所	光绪十年建土炮台
陈头	陈头口	一座	光绪十一年建土炮台
	蔗围口	一座	光绪十一年建土炮台

---

[1] 《拨张镇炮台经费札》（光绪十年十一月二十九日），《张文襄公（未刊）电稿》第 15 册，第 6541 页。

[2] 《札广州府塞河筑台》（光绪十年七月二十四日），《张之洞全集》第 5 册，第 62~63 页。

续表

区域	地点	台、炮数	兴修时间
汕头	苏安山	一座	光绪十年新建
	南港	一座	光绪九年新建
	北港	一座	光绪九年新建
北海	地角	三所	光绪十一年新建
水东	兴宁	一座	光绪十年重修
	龙头沙	一座	光绪十年重修
海口所	海口	一座	光绪十年改建
	镇琼	一座	光绪十年新建

　　资料来源：《广东海图说》，陈建华主编《广州大典》总第238册，广州出版社，2015。

　　咸同军兴后，勇营崛起，炮台驻守、水陆各路重点防御多由勇营承担。中法越南交涉期间，湘、淮军相继随彭玉麟、张树声进入广东，省防一路湘、淮、粤军云集，经彭玉麟、张树声的布置，基本形成虎门湘军、黄埔淮军、省城粤军的省防格局。具体而言，署水师提督方耀负责威远、上横档、下横档炮台防务；湘军提督娄云庆之军进扎沙角炮台；湘军提督王永章负责大角、蒲州炮台防务；淮军提督吴宏洛之军驻守长洲；淮军总兵王孝祺之军驻守沙路；署广州协副将邓安邦之军驻守鱼珠；游击黄增胜之军驻守中流砥柱炮台；湘军提督陶定昇之军驻守南石头。[①] 至省城外防务，彭玉麟、张树声先后奏派总理营务处候补道王之春、高州镇总兵张得禄率部分军队往琼州、廉州择要驻扎，并命各与署琼州镇总兵吴全美、高廉雷琼团练

---

① 《奏报到粤布置折》（光绪九年十一月二十四日）、《进扎虎门外要隘折》（光绪十年二月二十八日），《彭玉麟集》第1册，第316~317、340~341页。

督办冯子材、李起高联络布防。① 张之洞接署两广总督后，大体延续彭、张二人的布防格局，而于防御空虚处派营填扎，并对相应人事有所调整。光绪十年六月、七月间，经张之洞巡防各防御处所，且与彭玉麟、张树声、倪文蔚商议后，时其部署、调整如下。

闰五月二十八日，以淮军提督蔡金章旧伤复发为由，奏请以粤将郑绍忠接署广东陆路提督。②

六月初四日，札饬赤溪协副将吴迪文管带轮船十号、红单船十号驻泊虎门横档，水师提标左营游记黄廷耀统带轮船十号、红单船四号驻泊黄埔。③

六月初五日，照会水师提督方耀添募两营驻扎威远后山，陆路提督郑绍忠添募两营驻扎南石头，淮军提督蔡金章管带广济军三营驻扎沙路，并札饬邓安邦添募两营驻扎波罗庙，顺德协副将利辉雇募拖船三十号防守陈头、五斗口。④

六月十一日，札饬署顺德协左营都司邓镇邦统带轮船四号归彭玉麟调遣，以巡查各海口。⑤

六月二十二日，札委督标中军副将王世清统带省河轮船。⑥

---

① 《筹防琼廉并省城门户片》（光绪十年二月十四日），《彭玉麟集》第 1 册，第 339 页。

② 《委郑绍忠等递署提镇副将各缺折》（光绪十年闰五月二十八日），《近代史所藏清代名人稿本抄本》第 2 辑第 111 册，第 3~4 页。

③ 《札饬吴副将黄游击带船策应各炮台》（光绪十年六月初四日），《督广咨札·咨札一》，张之洞档，甲 182-196。

④ 《咨照水陆提督并札各将领添募》（光绪十年六月初五日），《督广咨札·咨札一》，张之洞档，甲 182-196。

⑤ 《札中广二协暨邓都司拨轮船听差》（光绪十年六月十一日），《督广咨札·咨札一》，张之洞档，甲 182-196。

⑥ 《札中军王副将统带省河轮船》（光绪十年六月二十二日），《张之洞全集》第 5 册，第 56~57 页。

七月初八日，饬副将黄德耀于沙路一带添设勇营，归提督蔡金章调遣。①

七月初十日，命署阳江镇左营守备黎炳泰、新会营右营守备尹林安、尽先守备叶良各募勇五百名，归郑绍忠统率调度，分扎吉山一带。②

七月二十一日，札饬总兵刘宝春制造舢板三十只，募足水勇，作巡防水雷之用。③

七月二十九日，札委咨调来省之阳江镇总兵黄廷彪统带省河各红单船、拖船、扒船，总办省河防务。④

八月十三日，批准钦州营参将莫善喜添募一营，分防钦州。⑤

八月二十八日，因吴全美病逝，奏请以刘成元接署琼州镇总兵。⑥

除上述新填扎之地外，原驻防各勇营，张之洞亦视情形命各统领分别增募。统计光绪十年六月、七月，广东省防增募营勇12400人、拖船20号、红单船6号，潮防添募炮勇500人，

---

① 《札饬黄副将德耀招募》（光绪十年七月初八日），《督广咨札·咨札一》，张之洞档，甲182-196。此件原档标题如此。

② 《札饬尹守备林安募营驻扎吉山》（光绪十年七月初十日），《督广咨札·咨札一》，张之洞档，甲182-196。

③ 《札刘总兵宝春管带巡雷船勇》（光绪十年七月二十一日），《督广咨札·咨札一》，张之洞档，甲182-196。

④ 《札委阳江镇黄廷彪统领水军各船总办省河防务》（光绪十年七月二十九日），《张之洞全集》第5册，第64页。

⑤ 《札营务处海防军装各局据莫参将禀边防情形》（光绪十年八月十三日），《督广咨札·咨札一》，张之洞档，甲182-196。

⑥ 《刘成元署琼州镇片》（光绪十年八月二十八日），《近代史所藏清代名人稿本抄本》第2辑第111册，第42页。

廉防添募营勇 2000 人，琼防添募营勇 1000 人。①

　　光绪十年、十一年之际，省防驻守勇营又有较大增募和更动。主要原因有二：其一，如上文所述，时风传法国将弃台改攻粤，广东省城戒严，兼以法扰钦廉，两广形并急之势；其二，因援台助越，张之洞先后奏派王孝祺、吴宏洛率军赴越及援台，王、吴二军原驻防之沙路、长洲，皆需他营移防，原驻防沙路之蔡金章率部驻防长洲，沙路防御改调原驻蒲洲的刘树元负责，张之洞并命各营增募勇丁填扎。自八月后，广东省、潮、廉、琼各防复添募营勇 8654 人、舢板 30 号。② 此外，为密筹钦廉出兵奇袭越南之事，张之洞先后命参将陈荣辉抽调琼军三营、游击方沿统带潮勇五营前往钦州。③ 因张之洞觉廉防统领张得禄调度无策，光绪十一年正月二十四日，其札饬署龙门协副将梁正源接署高州镇总兵兼统各营，以备钦廉出袭，作为冯子材、王孝祺二军援应。④

　　团练是清代辅助兵力不足的常见方式，光绪九年五月，清廷谕令沿海督抚筹办海防，时任两广总督曾国荃即函商方耀、郑绍忠、邓安邦、吴迪文于北江各属、东莞、新安等处秘密举办团练，因吴迪文生于海澳，曾国荃另命其将各澳渔户联络编

---

①　《添募水陆勇营折》（光绪十年十月二十六日），《张之洞全集》第 1 册，第 258~259 页。

②　《续增勇丁并规越援台各营补陈备案折》（光绪十一年五月二十五日），《张之洞全集》第 1 册，第 293~294 页。

③　《批署雷琼道王之春禀请派兵袭取海防》（光绪十年十一月二十五日），《张之洞全集》第 7 册，第 64 页；《札游击方沿调防钦廉》（光绪十年十二月十八日），《张之洞全集》第 5 册，第 73 页。

④　《札副将梁正源署高州镇兼统各防营》（光绪十一年正月二十四日），《张之洞全集》第 5 册，第 77 页。

集。① 张之洞督粤时，各属团练已办有一定规模，光绪十年七月十一日，张之洞咨会各营与各属团练联络，以备援应。具体为：方耀联络东莞濂溪、竹溪两社；邓安邦联络鹿步司及新安团练；郑绍忠催办番禺三十六乡团练，并派守备刘居德联络三元里、江村、石镇、南海九十六乡团练；利辉驻防五斗口，联络佛山团练；黄德耀联络沙茭公所。② 此外，如本书第二章所述，张之洞督粤后，屡饬各县积极捐输，以作团练经费。除命各属、各统领举办团练，广东当道起用大绅、凤将督办各地团练事宜。光绪九年，彭玉麟、张树声、倪文蔚奏告延请前太常寺卿龙元僖、前光禄寺卿黎兆棠、前户部郎中叶衍兰、前直隶大顺广道黄槐森、吏部主事麦宝常等主持省城团练事宜；前广西提督冯子材、前左江镇总兵李起高、户部主事潘存等督办高、廉、雷、琼各属团练。光绪十年六月二十一日，张之洞另咨请李文田会同各绅办理省城及近省各属团练。③

在办理团练的过程中，豪强和勇营将领可乘机拓展地方权势，且办理团练有虚报名额、冒功领奖、借端抽捐等流弊。李文田曾向张树声报告，东莞已由邓安邦心腹、游击邓奋鹏兴办团练，但邓奋鹏大失人望，濂溪、竹溪自绅士至妇孺无不切齿痛恨。④ 奉张之洞咨请办理省城团练后，李文田亦写信给张之

---

① 《遵旨密地豫筹海防疏》（光绪九年六月十一日），梁小进整理《曾国荃全集》第 2 册，岳麓书社，2006，第 164 页。

② 《咨会各营联络民团》，《张文襄公（未刊）电稿》第 10 册，第 4399~4401 页。

③ 《会奏广东团练捐输事宜折》（光绪十年正月二十八日），《彭玉麟集》第 1 册，第 336 页；《咨李学士举办团练》（光绪十年六月二十一日），《张之洞全集》第 5 册，第 55~56 页。

④ 张树声档，《近代史所藏清代名人稿本抄本》第 1 辑第 36 册，第 246~247 页。

洞，称"虎门团练莫吃紧于濂、竹二溪，此两处均为宝臣（按：邓安邦）所据，且联络照轩（按：方耀），不容掺入"。① 由此可见，因举办团练颇有利益，豪强和勇营将领掌控着各地团练，即便具有官方背景的大绅亦颇难主持具体的事务。张之洞在奏请李文田督办团练的电报中谓："（团练）上年即经饬办，因经费观望，洞到任后督饬员绅劝办，略有规模，然尚须有公正大绅督率董劝，更为得力。"② 可见大绅之作用更多为劝导捐输团练经费。

　　中法战争期间，为加强省城各口海防，两广总督张树声、张之洞在任内先后命于虎门至省城主要航路布设水雷，英国洋人柏专敬（J. A. Betts）主要负责其事。同治十三年（1874），因日兵侵台，中国海防紧急，直隶总督李鸿章聘请柏专敬组建天津水雷局，任命其担任教习。光绪九年（1883），柏专敬应两广总督张树声之邀，在黄埔设立水雷局，并先于沙路安防十一个沉雷。③ "李福协定"签订后，广东省防的水雷布设一度暂停，直至"北黎冲突"后再次开展。大致在张之洞接任不久，其已文告水雷局各员安设水雷。六月二十五日，张之洞再次催办水雷，其命淮军提督杨安典督催水雷局各员兼工赶办。④ 时柏专敬于沙路、鱼珠继续布雷，及七月，广东屡有法船于福建出口后攻粤之风闻，柏专敬着手于虎门布设水雷。据

---

① 《李文田致张之洞、倪文蔚》，《赵凤昌藏札》第 4 册，第 388~389 页。

② 《致总署》（光绪十年十月初七日），《近代史所藏清代名人稿本抄本》第 2 辑第 25 册，第 645 页。

③ "The Torpedo Defence of Canton," *The North-China Herald and Supreme Court & Consular Gazette*, 1890-1-24.

④ 《照会杨提督催办水雷》（光绪十年六月二十五日），《张文襄公（未刊）电稿》第 9 册，第 4113 页。

其回忆，其于虎门之上下横档、蒲州、沙角、舢板洲，黄埔之沙路、鱼珠，西江来省航道（或为南石头）皆布有各色水雷。[1] 柏专敬对共事之诸位总督皆有评价，对李鸿章、张树声评价颇高，而对张之洞则称其"强烈排外"（intensely anti-foreign），推究原因，除张之洞性格使然外，应与张之洞屡次催问、插手水雷布设之事不无关系。如七月十三日，张之洞寄电张树声，称虎门最紧要，若下雷晚则可虑。二十四日，张之洞再次向张树声催问沙路系雷几日完工。[2] 此外，前文已述及张之洞照会杨安典催办水雷，及虎门、黄埔之水雷布设完成后，张之洞却谓不合式，札委候补道周炳勋会同杨安典遍查雷位。[3] 张之洞对水雷、鱼雷局局员施在钰的批示，可显示其对柏专敬的态度："鱼、水两雷关系极要，事理又极细，仰即督饬两局委员教习人等认真经理，勿专恃西人为生活。"[4]

塞河为广东当道应对战事时阻止敌船的常用手段。最重要的航道为虎门至省城一路。前于光绪九年，两广总督张树声、广东巡抚倪文蔚饬将沙路、鱼珠拦阻，用船载石沉入水底，加竖木桩，并于沙路建造木桥联络两岸营勇，木桥留口数丈。张之洞署任后，因屡得法人攻粤风闻，即议将该河道完全堵塞以备御。光绪十年七月十三日，张之洞电寄张树声，称虎门接港

---

① "The Torpedo Defence of Canton," *The North-China Herald and Supreme Court & Consular Gazette*, 1890-1-24.

② 《寄长洲张宫保》（光绪十年七月十三日），《张文襄公（未刊）电稿》第10册，第4446页；《寄长洲张宫保》（光绪十年七月二十四日），《张文襄公（未刊）电稿》第13册，第5603页。

③ 《札委道员周炳勋查验水雷》（光绪十年八月十四日），《张之洞全集》第5册，第66页。

④ 《水雷鱼雷局候补道施禀接事批》（光绪十年十一月初七日），《张之洞督广批牍谕示》，张之洞档，甲182-199。

电言法船由九洲门出口，或由澳门攻粤，请其饬吴宏洛购料，速将沙路木桥口塞断。① 经张之洞与张树声电商，议定将沙路完全塞断，鱼珠一处留口门七丈以备华洋船只行驶，并照会各国于十七日上午十一点塞河，若防务紧急，鱼珠所留口门亦一并塞断。② 然其时反对塞河者不少。英国领事照会称鱼珠留口七丈于航船不便，恐生事端，张之洞、张树声筹商后，改以鱼珠留口十五丈。③ 此外，何献墀亦来电，称现在宜与他国和处，塞河恐碍商务且扰民心，得法实有意犯粤之信，再塞口犹未迟。张之洞电告张树声，因港电商情不便，详议熟思后以塞鱼珠留沙路为宜，望飞饬沙路勿塞，速塞鱼珠。④ 张树声复电似不悦，称塞沙路屡次电商奉准，今已成事难改，若已塞复拆，于理事均未便。张之洞只好表示"既塞则已"。⑤

除黄埔外，其他各口张之洞亦先后札饬各地方官、统领填塞。光绪十年六月二十五日，张之洞札催利辉、黄廷耀拦阻陈头、五斗口，谓其已三令五申尚未竣工，"足见积习疲惰、信口支吾，实堪痛恨"，要求文到十日内竣工，倘再疲玩即严参二人。⑥

---

① 《寄长洲张宫保》（光绪十年七月十三日），《张文襄公（未刊）电稿》第 10 册，第 4446 页。
② 《照会各国塞河》，《张文襄公（未刊）电稿》第 10 册，第 4477~4478 页。
③ 《致长洲张宫保》（光绪十年七月十七日），《近代史所藏清代名人稿本抄本》第 2 辑第 25 册，第 553 页；《张宫保来电》（光绪十年七月十八日），《张文襄公（未刊）电稿》第 10 册，第 4531 页。
④ 《香港来电》（光绪十年七月十七日），《张文襄公（未刊）电稿》第 10 册，第 4503~4504 页；《致长洲张宫保》（光绪十年七月十八日），《近代史所藏清代名人稿本抄本》第 2 辑第 25 册，第 554 页。
⑤ 《张宫保复电》（光绪十年七月十八日）、《寄长洲张宫保》（光绪十年七月十九日），《张文襄公（未刊）电稿》第 10 册，第 4503~4504、4547 页。
⑥ 《札催利副将辉黄游击廷耀拦河工程》（光绪十年六月二十五日），《督广咨札·咨札一》，张之洞档，甲 182–196。

七月初二日，张之洞分别札饬黄增胜、陶定昇填塞省河附近之中流砥柱及大黄滘，各留口十五丈，并札派委员前往崖门、虎跳门、蕉门、磨刀门、横门等处查看情形，筹议填塞各河道。① 因费用无出或阻碍商贸，各地方官、统领皆久未办理塞河工程，张之洞虽屡次电催、札饬塞河，然应者寥寥。即便填塞之处效果实亦不佳，柏专敬言"任何现代战船承受比刮伤油漆稍多一点的损坏即可安全穿过它"，"整个工程虚有其表"。②

三　对台情报获取及秘密转运

台湾为中法战争期间的"第二战场"，对中法战争全局有较大的影响。光绪十年六月始，法国花费数月之久，牵制大量兵力于台湾而未克，导致越南战场的失利，但因其攻占基隆、澎湖，封锁全台，从而获得谈判筹码，最终"不胜而胜"。因台湾在中法战争中具有全局性地位，故先行关于中法战争的研究，对基隆、沪尾（淡水）等战役皆有涉及。③ 台湾孤悬海外，若缺乏大陆的援助，难以持久抵抗，具体实行则往往取决于南北洋、闽浙、广东督抚的态度。时任两广总督张之洞在对台联络与转运方面尤显积极，但因为现通行的各版本《张文襄公全集》《张之洞全集》留下相关材料较少，其时张之洞如

---

① 《照会陶提督填塞内河》（光绪十年七月初二日），《张之洞全集》第 5 册，第 58 页；《为札饬委员筹办事》（光绪十年七月初二日），《张文襄公（未刊）电稿》第 6 册，第 2523 页。

② "The Torpedo Defence of Canton," *The North-China Herald and Supreme Court & Consular Gazette*, 1890-1-24.

③ 相关研究可参见葛夫平《新中国成立以来的中法战争史研究》，《史学月刊》2014 年第 7 期。

何获取台湾情报，通过何人、何办法将兵勇、饷银、武器转运至台湾，学界知之不详，研究失诸简略。① 本节利用中国历史研究院、中国国家图书馆藏张之洞档案，梳理钩稽其中的人事联络，可对中法战时张之洞对台举措做进一步补充。

中法战局与张之洞援台

光绪九年（1883）十一月十二日，中法双方于越南山西正面交战，中法战争爆发，其后清军在越南战场节节败退，至次年四月十三日，李鸿章与法方代表福禄诺签订"李福协定"，规定中法双方撤兵停战，然闰五月初一日，法军贸然至北黎地区，中法再次开火。为和平解决"北黎冲突"，清廷谕令云贵总督岑毓英、广西巡抚潘鼎新将越南滇、桂防军撤回，并派署两江总督曾国荃为全权大臣，陈宝琛、许景澄为会办，前往上海与法新任驻华公使巴德诺进行和谈。因法国声索赔款被清廷拒绝，上海和谈陷入停滞，法国决意据地为质。六月十五日，法舰开炮击毁基隆炮台，次日法军乘机登陆，因遭清军反扑退回兵舰。张之洞援台即源于基隆之役后朝旨的屡次敦

---

① 吴玫统计了中法战时，包括张之洞在内的沿海省份督抚对台各项援助数目，指出大陆是台湾后路根本（《中法战争期间大陆对台湾的支援》，《台湾研究集刊》1989年第4期）。张之洞对台援助，在其有关传记中大多有所提及，如冯天瑜讨论张之洞对法战守筹备，对此事略有言及（《张之洞评传》，第59页）；相较而言，谢放对张之洞援台各阶段论述较详细（《张之洞传》）。各版本张之洞传记因篇幅问题，无法详究此事，可做进一步探讨。在论文方面，唐上意《中法战争中的张之洞》（《历史研究》1983年第5期）是第一篇相关专题论文，该文言张之洞破除各省畛域，向闽台、滇桂献策援兵、助饷助械，对抗法全局做出贡献；冀满红考察了张之洞与台湾的关系，涉及中俄伊犁交涉、中法战争、甲午战争时期（《张之洞与台湾》，《台湾研究》1999年第2期）。其他著作谈及张之洞与中法战争、台湾的关系，大多不出以上主题。

促，随着战局的变动，张之洞态度有所不同，反映其相关的利益考量。

基隆之役后，出于保台考虑，清廷敦促闽粤、南北洋向台湾转运兵勇、饷械。二十三日，电旨谕令张之洞等赶筹大批军火，设法由台南运往台北，源源接济刘铭传。[①] 然而相较于援台，张之洞判断台湾足以自守，更看重台湾对福建法船的牵制作用。其致陈宝琛电言："省（按：刘铭传）小胜可喜，非喜胜，喜其致法而解闽也。法注台、留台，我利。占地不震惊，一；兵食不外求，二；非战无他策，三。"[②] 张之洞对福建安危的关注，除因法舰主要游弋福州、基隆外，更因张佩纶时以钦差身份会办福建海防。二张早年订有私交，在"北黎冲突"前，时任山西巡抚的张之洞与在京的张佩纶屡有联络，以清议言战，中枢对此便生不满，张佩纶的外放不免有放逐之意。因此，当张佩纶等人奉诏，准备以广东援闽之粤军赴台时，张之洞劝阻张佩纶称粤军为艰难凑拨，台、闽有别，重在福建。[③] 二十四日，张之洞单衔电寄总署献牵制之策，大致内容为上引致陈宝琛电，称法军图取台湾是中国之利，台湾"土人颇强，兵食足用"，希望总署激励刘铭传诱敌，将法军牵制于台湾，以解福建之围，并举郑成功为例证明台湾能战胜外夷。[④] 然朝廷对张之洞"兵食足用"的判断并不为然，醇王在致军机处

---

① 《电寄·四八》（光绪十年六月二十三日），《清代军机处电报档汇编》第 1 册，第 21 页。

② 《致江宁陈钦使电》（光绪十年六月二十二日），《近代史所藏清代名人稿本抄本》第 2 辑第 25 册，第 467 页。

③ 《致福州张大臣电》（光绪十年六月二十一日），《近代史所藏清代名人稿本抄本》第 2 辑第 25 册，第 465~466 页。

④ 《致总署》（光绪十年六月二十四日），《张之洞全集》第 7 册，第 273 页。

函中，谈及张之洞以法攻台为得计，尚欲令台湾诱敌，对他处却以为忧，评价其"见解不同，有如此者"。① 廷旨数次以台防危急，电催张之洞等拨派驻粤淮军赴台，力筹饷械，勿分畛域。因得屡催电旨，七月初一日，张之洞等复电，奏称竭力搜得卑钵北洋步枪一千二百支、子弹五十二万颗、炮药一万零二十磅及协饷二万两，准备在香港雇船运往淡水。② 此即张之洞等人首次对台湾的援助。

在中法交涉层面上，基隆之役改变了和战态势。因台湾开战，清廷于六月二十日召开御前会议讨论和战问题，内部吁战呼声较高。经御前会议各员讨论，清廷决意对法作战，七日后寄谕各省将军、督抚已一意主战，并饬曾国荃等回江宁筹办防务，上海谈判破裂。七月初三日，马江之战爆发，法军舰开炮攻击福州船政局，接连攻毁闽安、金牌炮台，其后法军舰驶出闽口齐聚马祖。清廷令滇、桂防军出关越南，至此北圻战事再起，并波及中国沿海。

八月十三日，法舰分兵进攻基隆、淡水。清廷得悉法军再攻台湾的消息，于十五、十九两日，谕令李鸿章、曾国荃、张之洞等赶筹军火接济台湾，并以广东距台较近，令彭玉麟、张之洞等不遗余力，赶紧援济。③ 两奉接济电旨后，张之洞等人

① 《醇亲王奕譞致军机处尺牍·七〇》，《中法战争》第 5 册，第 63 页。
② 《电寄·六一》（光绪十年六月二十八日），《清代军机处电报档汇编》第 1 册，第 26 页；《发两广总督张之洞电》（光绪十年六月二十九日）、《收北洋转寄南洋粤督折电》（光绪十年七月初二日），《清代军机处电报档汇编》第 4 册，第 110、121 页；《致总署》（光绪十年七月初一日），《张之洞全集》第 4 册，第 348 页。
③ 《电寄·一三七》（光绪十年八月十五日）、《电寄·一四二》（光绪十年八月十九日），《清代军机处电报档汇编》第 1 册，第 53、55 页。

本欲照首次援台办法，派人到香港觅雇船只将饷械运往台湾，然而九月初五日，孤拔宣布封锁台湾，常往来于港、台间的英国轮船多不愿赴台，张之洞等人援台方式发生转变，通过多种渠道向台湾提供支援。二十日，张之洞电寄总署，言其试以汇款形式向台湾提供饷银。① 而军火和兵勇方面，张之洞主要通过闽粤间的小港向台湾潜运。其时法舰主要游弋于台湾岛北部的基隆和淡水，台南和闽粤间诸多小港难以顾及，经多方部署，张之洞于三十日电寄总署，称已访求得湘、淮及习台将弁十余人，令其设法潜渡，军火已派员运往泉州一带相机分起雇民船潜渡。② 其后广东对台多起转运，均通过小港路线潜运。

滇、桂防军出师后，两军饷械均需张之洞力筹，加以秘密援台，实颇费心力。张之洞亦自知其难，但上海谈判破裂，马江之战惨败，"清流"陷入困境，加以朝旨屡催，不得不为此无奈之举。九月十八日，廷旨电寄张之洞等人，严责以援台事宜久未奉复。张之洞在复电中不无辩白称"台事甚急，昼夜忧愤"。③ 而在私人的电文往来中，张之洞表达了其真实想法。十月二十三日，针对张之洞焦愤情况，张佩纶来电劝告，认为张之洞秘密援台力所不能，其言外非大舰队，内非联络士民不可渡台，似宜设法上复，知难而退，不必台、越兼顾，劳费两穷。对此，张之洞向其表明心迹："援台极知艰难，中旨敦促，

---

① 《致总署》（光绪十年九月二十日），《张之洞全集》第 4 册，第 353 页。
② 《致总署》（光绪十年九月三十日），《近代史所藏清代名人稿本抄本》第 2 辑第 25 册，第 636~641 页。
③ 《电寄·一七七》（光绪十年九月十八日），《清代军机处电报档汇编》第 1 册，第 68 页；《致总署》（光绪十年九月二十日），《张之洞全集》第 4 册，第 353 页。

206

不得不竭力冒险为之。"① 这反映了张之洞敏锐的政治嗅觉。

尽管援台艰难，张之洞的秘密援助仍持续至中法停战后。经数次潜运，张之洞已将部分军火运至台湾。光绪十一年（1885）二月二十日，张之洞准备毛瑟枪二千支、新林明敦枪一千支、子弹二百万颗，及枪炮火药、炸药等，再次委员分解至泉州、厦门、汕头一带潜渡。② 但其后中法停战，二十二日，朝旨电寄，谕以沿海、滇、桂各督抚中法归和，越南宣光以西三月十一日停战，宣光以东及台湾三月初一日停战。三月初三日，为避免节外生枝，总署电令张之洞停运军火前往台湾。③ 对此，张之洞于十一日、十三日电寄总署，力争和约不可恃，认为法人未退澎湖，且运台各件在停战前已起运至闽粤一带，请继续将饷械运台。总署复电不免透露不满，称张之洞所寄两电已转奏，对其警告道："所云若漏痕迹，恐有违言，希慎密酌办。"因得总署警告，张之洞只好电寄闽粤秘密转运委员，命暂停运台军火，等中法和约议定再运。④ 四月二十七日，《中法越南条约》在京正式画押，张之洞当日即电泉、厦、汕一带委员，"所有运台各件，即雇轮开行"。⑤ 其后法军

---

① 《致粤督张》（光绪十年十月二十三日），张佩纶：《涧于集》，第161页；《致福州船政张大臣》（光绪十年十月初七日），《近代史所藏清代名人稿本抄本》第2辑第25册，第650~651页。

② 《致总署》（光绪十一年三月十一日），《张之洞全集》第4册，第373页。

③ 《总署来电》（光绪十一年三月初三日），《近代史所藏清代名人稿本抄本》第2辑第54册，第489页。

④ 《发两广总督张之洞电》（光绪十一年三月十四日），《清代军机处电报档汇编》第4册，第519页；《致汕头陈牧马鸿图》（光绪十一年四月初一日），《张之洞全集》第7册，第316页。

⑤ 《致泉州汕头厦门》（光绪十一年四月二十七日），《近代史所藏清代名人稿本抄本》第2辑第38册，第136页。

相继于五月初九日、六月十一日退还基隆、澎湖，张之洞对台湾的饷械转运至此方才结束。据刘铭传统计，光绪十一年三月以后张之洞委员陆续解交台湾饷银十余万两、后膛枪三千支，为众督抚中所仅有，刘称赞其"尤见始终如一"。①

中法战时张之洞和台湾文报往来

中法战时台湾孤悬海外，与大陆并无电报联通，文报往来尤为困难。其时张之洞可从总署、驻外使臣、南北洋、札派之委员、报纸等多途径获取台湾相关信息，但获知真实情况及支援饷银，均要与台湾直接联络。虽然法国一度封锁台湾，但在整个中法战争期间，张之洞仍能与台湾防务督办刘铭传、台湾道刘璈等人保持文报往来，其委员和坐探发挥了关键作用。

光绪十年六月十八日、十九日，张之洞连得南北洋来电，确悉基隆之役发生，但仍不清楚具体情形，直至二十三日，张之洞得曾国荃转寄之福建提督彭楚汉电报，方知基隆具体战况。② 清廷方面亦至十八日方得悉基隆发生战事，可见台湾文报迟滞。为解决台湾文报问题，张之洞屡次电寄李鸿章，希望其力促架设台湾至大陆电报线。③ 然而架设海线花费巨大，李

---

① 刘铭传：《奏奖道员邵友濂龚照瑗片》，《刘壮肃公（省三）奏议》，文海出版社，1968，第 607 页。

② 《曾制军陈许钦使来电》（光绪十年六月十八日）、《北洋来电》（光绪十年六月十九日）、《南洋来电》（光绪十年六月二十三日），《张文襄公（未刊）电稿》第 9 册，第 4021、4033、4097 页。按：《南洋来电》原档标注时间为二十四日，今依韵目修改。

③ 《致天津李中堂电》（光绪十年六月二十二日），《近代史所藏清代名人稿本抄本》第 2 辑第 25 册，第 468 页。

鸿章复电表示为难，此事遂无果。

　　台湾战事初起时，张之洞与台湾的文报往来，主要是通过福建水师提督彭楚汉。彭楚汉，字纪南，湖南武童，早年投效湘军统带长江水师，同治十三年（1874）任福建水师提督，驻扎厦门。[①] 前丹麦大北电报公司私设沪港水线，并在厦门鼓浪屿引线上岸，光绪九年厦门电报局与大北电报公司定议合作，共用水陆线。厦门设立文报局，通过"电报-船只"方式与台湾进行文报往来。张之洞接曾国荃二十三日转寄之电报后，开始关注彭楚汉，当日其致电张佩纶询问诸事，其中询及"彭楚汉何如"。[②] 张之洞与彭楚汉直接电报联络应在马江战后，其时法船在福建出口，去向不明，张之洞颇担忧法船进攻广东，彭楚汉复电称法船有赴香港修理之说。[③] 目前所见张之洞与刘铭传最早的电报往来即由彭楚汉转寄，七月十六日，刘铭传致电张之洞，希望其示以近日越南情形，并言基隆外停泊法船三艘。张之洞复电告知刘铭传越南及香港情形，并询问广东首批济台饷械是否到达及台湾战况。[④] 这标志着张之洞与台湾建立联络。台湾封口前张刘间直接电报往来如下。

　　（1）八月十三日，刘铭传复张之洞七月二十七日电。广东援台饷械未到。八月初十、十一两日基隆发生炮击，未见胜

① 《遵查彭楚汉被参各节据实复陈折》（光绪十年十二月初六日），《左宗棠全集》第 11 册，第 9802~9803 页。

② 《寄福建会办张》（光绪十年六月二十三日），《张文襄公（未刊）电稿》第 9 册，第 4093 页。

③ 《厦门复电》（光绪十年七月十一日），《近代史所藏清代名人稿本抄本》第 2 辑第 53 册，第 117 页。

④ 《厦门来电》（光绪十年七月二十一日到），《近代史所藏清代名人稿本抄本》第 2 辑第 53 册，第 137 页；《致台湾刘省帅》（光绪十年七月二十四日），《近代史所藏清代名人稿本抄本》第 2 辑第 25 册，第 572~573 页。

负，基隆口仍有三艘法船，如有详情请即示。

（2）十三日，张之洞复刘铭传八月十三日电。饷已到台郡交讫，械现已解台。法添船三艘往基隆。北洋接李凤苞电，法全力扰基隆，请扼守煤矿。越南未接仗。

（3）十六日，张之洞电寄刘铭传，请其就地赶制土药土枪。

（4）二十日，刘铭传复张之洞十三日电，并致电张树声，告知十三日法分兵基隆、淡水，弃守基隆回援淡水后路，形势危急。

（5）二十五日，刘铭传来电告知二十日淡水之役战况。

（6）二十七日，张之洞复刘铭传二十五日电，赞赏其淡水获胜，并言洋报谓法军大败，似气夺，问能否再扰。询问传闻十七日大胜确否？基隆留下几营？华安何时到何时回？淡水能否就地募勇？

（7）九月初六日，刘铭传复张之洞二十七日电，南洋仅来兵六百，淡水自二十日捷后法未登岸，基隆近未接仗，但兵死饷绝，全台危急，请告张树声。①

以上各电均由彭楚汉收发，然后以船只往来厦、淡。此外，彭楚汉曾为广东钦差大臣彭玉麟下属，因此刘璈等将领的信件，彭楚汉时有抄递。九月初四日、初五日、初六日，淡

---

① 分见《台湾督办刘来电》（光绪十年八月十三日、二十日），《张文襄公（未刊）电稿》第 11 册，第 4935、5041 页；《致台北刘爵帅（厦门彭提台转寄）》（光绪十年八月十三日）、《致台北刘爵帅》（光绪十年八月十六日）、《致淡水刘爵帅》（光绪十年八月二十七日），《张之洞全集》第 7 册，第 276、278 页；《厦门来电》（光绪十年八月二十五日、九月初六日），《近代史所藏清代名人稿本抄本》第 2 辑第 53 册，第 199、211 页。

水、台南分别有轮船进入厦门，彭楚汉接到刘铭传、刘璈、提督孙开华来信，随即抄呈彭玉麟。刘铭传信中谈及八月二十日后基隆、淡水无战事，但河口外有法船游弋。刘璈与孙开华之信则痛斥刘铭传第二次基隆之役中失守基隆，并言基隆可复。① 张之洞借此亦与刘璈取得联系。可以推断，张之洞从彭楚汉致彭玉麟的禀文中，得知台湾湘淮之争与二刘矛盾。

全台封口后，厦门文报困难，台湾文报主要由泉州所获。九月十一日、十二日，张之洞分别电函刘铭传、刘璈，商守台、汇款、济械、通信等法，均请彭楚汉重价雇渔船夜渡新竹、鹿港，然而二十一日彭楚汉来电仍称二刘函电"无从寄去"，直至十一月初五日张之洞方得刘铭传复电。② 厦门虽仍偶得台湾文电，但究属迟滞，为解决大陆与台湾的文报往来问题，刘璈在鹿港、泉州两处设立道济公栈，委员经理，以小船暗渡，此后张之洞所得台湾电报多由泉州所获，通过沪粤电报线寄达。沪粤电报线于光绪十年开通，该线闽粤段经过福宁、福州、兴化、泉州、潮州、惠州、广州，泉州所收台湾文报，或直接电寄广州，或由福州转寄。如十一月十九日，福州转寄刘铭传致闽浙总督杨昌濬电，称法添兵添船，台北危急，请设法调二三千劲旅由台南上岸，商南北洋以兵船护送。十二月初四日，泉州转刘铭传寄张之洞电，请张之洞速

---

① 《张文襄公（未刊）电稿》第 2~3 册，第 879~881、897~899、1055~1056 页。

② 《致淡水刘爵帅厦门彭军门转寄》（光绪十年九月十一日），《张之洞全集》第 7 册，第 280~281 页；《寄彭提督》（光绪十年九月十三日）、《彭提督来电》（光绪十年九月二十一日），《张文襄公（未刊）电稿》第 12 册，第 5367、5479 页。

调吴宏洛部来台。①

除了依靠泉州译寄电报与台湾联络，张之洞还利用秘密转运人员传递刘铭传、刘璈书信。目前所见，张之洞曾派云骑尉白维桢赴台，光绪十年十月十七日取得刘铭传手书回粤。② 十一月初八日，张之洞寄刘铭传信，告知汇款与军火转运方法，并越南各军战况，此信随香港洋商所汇银票一并寄达。③ 十二月广东解饷委员林国祥、洋人渣永顺谒见刘璈，并将张之洞约定旗语、挂灯暗号单交与刘璈。④

为便于在台搜集信息，张之洞于九月后先后派遣坐探赴刘铭传、刘璈处，向其禀报台湾具体情形并负责转递文报。前述秘密转运人员，同时兼有侦探职责。在林国祥札文中，张之洞命其俟领到收款回文，即赴台北刘铭传、福建陆路提督、台湾镇暨各统领行营、台北府等处详询近日军情，随往基隆就近侦探敌踪，迅速回粤禀复。⑤ 但这些为临时性的任务。目前所见，张之洞派遣在台南、台北的常驻坐探有徐赞彪、钱湘南、张贵文等。徐赞彪，四川人，广东记名总兵，刘铭传旧部。钱湘南，县丞衔，张之洞督粤时期屡派为委员。张贵文，副将衔，湘军旧部。上文所述，九月间张之洞访求得湘淮及熟悉台

① 《福州来电》（光绪十年十一月十九日）、《刘爵帅来电》（光绪十年十二月初四日泉州发电），《近代史所藏清代名人稿本抄本》第2辑第53册，第292、299~300页。

② 《寄总署》（光绪十年十一月三十日），《张文襄公（未刊）电稿》第12册，第6573页。

③ 《致刘省帅》（光绪十年十一月初八日），《张之洞全集》第12册，第42页。

④ 《密饬援台机宜札》（光绪十年十二月十三日），《张文襄公（未刊）电稿》第16册，第7107~7109页。

⑤ 《札林都司国祥密解台饷兼侦探》（光绪十年十月初八日），《督广咨札·咨札二》，张之洞档，甲182-196。

事将弁十余人潜渡台湾，其中张之洞札派淮军旧部徐赞彪"赴台坐探"。① 徐赞彪于十一月二十六日抵台南，与随同入台将弁由刘璈派往刘铭传处效力，钱湘南、张贵文留于台南差委。钱、张二人前蒙张之洞札委随徐赞彪入台，先于徐赞彪潜渡台湾，并于二十三日将台湾南北情形共同禀告张之洞。② 十二月初，张贵文被刘璈派往恒春驻守，台北、台南各禀文此后皆由钱湘南递交张之洞，如其禀文中所言："现张副将（按：张贵文）已奉札管带恒胜营，驻扎恒春，昨已赴营任事。徐镇（按：徐赞彪）以大帅（按：张之洞）札谕台南尚须坐探一人，此次随来诸将皆目不识丁，况又无留驻台南者，乃与刘观察（按：刘璈）面商以台南坐探饬卑职分任，现在台北沪尾民船难行，台北应禀文件亦送卑职处设法转递……台北实在情形，一俟徐镇缮函寄来再为速递。"③ 从档案中可见三人时有禀文传递。

　　台湾停战后，大陆与台湾的文报往来恢复，张之洞在台坐探先后撤回。光绪十一年三月十三日，杨昌濬转厦门所得刘铭传来电，称台湾初一日停战开口，基隆初三日停战，民情欢欣，洋款可直接由厦门洋商轮解往。二十二日，彭楚汉来电言淡水、厦门间商轮已往来不阻。④ 因淡水、厦门间文报往来恢复，战时所设道济公栈被裁撤。十四日，钱湘南禀请张之洞撤

① 《札杨守玉书赴闽侦探密运济台军火》（光绪十年九月二十四日），《督广咨札·咨札二》，张之洞档，甲182-196。
② 《贵文、湘南禀张之洞》，《张之洞存札》，张之洞档，甲182-485。
③ 《湘南禀张之洞》，《张之洞存札》，张之洞档，甲182-485。
④ 《杨制台来电》（光绪十一年三月十三日），《近代史所藏清代名人稿本抄本》第2辑第54册，第583页；《彭提督来电》（光绪十一年三月二十二日），《近代史所藏清代名人稿本抄本》第2辑第55册，第13页。

销坐探差使，但因澎湖仍为法军所据，被张之洞拒绝。目前所见，四月初三日，钱湘南上张之洞一禀，该禀文称因和议未定，台湾照常戒备，并报告台湾、澎湖法兵情况；台湾军饷艰难，绅富抗捐，刘璈出示告示暂于三月停捐，撤营以苏民困。直至八月初一日，钱湘南仍由台南发来禀文，内容为声明为何拒收张之洞给予的八十两办公费用。① 钱湘南等人撤差之札文暂未发现，但其后钱湘南已回到广东，而张之洞于九月奏言记名总兵徐赞彪台防事竣回粤。② 可以推测，中法战时广东潜渡台湾的坐探应于光绪十一年八月、九月间撤回。

沪港情报搜集与转运

上海、香港华洋交集，洋行、报馆、领事馆林立，消息往来和武器转运较灵便。中法战时，张之洞在沪、港两地安排相关人员，这些人员大多非张之洞专门札派的委员，然常有关于台湾的重要信息提供。依靠沪、港人员，张之洞得以搜集台湾情报，向台汇款和运解饷械。

中法战前，时任山西巡抚的张之洞即在上海安排相关人员，为自己提供中法越南交涉信息。张之洞调署两广总督后，通过上海与广州电报，继续与邵友濂等人联络。马江之战前一天中午，邵友濂发电告知张之洞法国驻华公使谢满禄下旗出京，驻法公使李凤苞被告知离法，并言"梅（按：法国驻上海领事李梅）私语法廷决不空手而罢"。开战次日，张之洞收

① 《湘南禀张之洞》，《张之洞存札》，张之洞档，甲 182-485；《侦探台湾委员县丞衔钱湘南禀》，《广东广西各知府禀文》，张之洞档，甲 182-360。

② 《请留武员差遣补用片》（光绪十一年九月），《张之洞全集》第 1 册，第 333 页。

到邵友濂、恽宝善来电，告知福州开仗，福建水师战船七艘全部被击沉。① 可见上海情报的迅捷和重要性。邵友濂、恽宝善给张之洞传递的情报，也包括台湾的消息。光绪十年八月十四日，邵友濂、恽宝善相继来电，称原在马祖的法船大队出口，前往台湾。十七日张之洞致电邵友濂询问第二次基隆之役情况。淡水之役后，张之洞再电邵友濂，令速示淡水、基隆消息。② 其后邵友濂、恽宝善就基隆与淡水的战况、法舰在台湾动向、南洋援台举动与张之洞反复电报往来。然而上海的情报多由报馆、领事、福建转告，因此也有不确之处。如二十六日，张之洞电询邵友濂，称据刘铭传二十三日电台局危迫，邵前报告言十七日基隆大胜有何依据？九月二十八日，恽宝善来电称《字林西报》接厦门消息，淡水被法攻据。对此，张之洞直接在该电报上批语"不确"。光绪十一年二月二十八日，张之洞致电恽宝善，称二月十八日法攻淡水消息恐不确。③ 尽管如此，张之洞对上海情报依旧相当重视，其曾电寄邵友濂言"请饬恽令有要闻须发电"。④

---

① 《上海邵道来电》（光绪十年七月初二日、初四日）、《上海恽令宝善来电》（光绪十年七月初四日），《张文襄公（未刊）电稿》第 10 册，第 4237、4277~4278 页。

② 《上海恽令来电》《上海邵道来电》（光绪十年八月十四日）、《寄上海道邵》（光绪十年八月十七、二十四日），《张文襄公（未刊）电稿》第 11 册，第 4961、4963、4999、5091 页。

③ 《寄上海道邵》（光绪十年八月二十六日），《张文襄公（未刊）电稿》第 11 册，第 5125 页；《上海来电》（光绪十年九月二十八日），《近代史所藏清代名人稿本抄本》第 2 辑第 53 册，第 261 页；《致上海永保栈恽》（光绪十一年二月二十一日），《近代史所藏清代名人稿本抄本》第 2 辑第 38 册，第 2 页。

④ 《寄邵道友濂》（光绪十年八月十二日），《张文襄公（未刊）电稿》第 11 册，第 4921 页。

香港开埠较早，邻近广东省城，且为法舰停靠、修理、物资补充中转站，除临时札派的委员外，何献墀、罗寿嵩二人在香港为张之洞提供中法战事重要信息。从前述何献墀、罗寿嵩各电可知，二人在香港提供的情报，如同上海情报一样，包括诸多中法战事内容。二人对台最主要的情报搜集工作，是向张之洞报告越南及台湾地区法舰的式样及到香港的时间。其时法舰在中国沿海往来不定，清廷虽已基本判断法军目标在台湾，但张之洞始终担心法舰进攻广州或琼州，何、罗二人的相关情报有利其对法舰进一步动向做出判断。如七月二十五日，张之洞致电何献墀，称其得悉法添兵一千名，从香港前往基隆，并在港购买小轮船，疑心实为攻粤，要求确探速复。九月十七日，张之洞致电何、罗，询问法船"地里暗焚"号向在基隆，为何突然来香港，是否有攻打广州的企图。①

何献墀、罗寿嵩外，大鹏协副将赖镇边亦由张之洞札派，在港打听法船动向。中法战争期间，张之洞与赖镇边的往来电报有近百封，最后一封电报发于光绪十一年四月二十一日，就数量而言不可谓少，内容多为赖镇边发电禀告张之洞法船动向。其任务似乎仅仅局限于打听法船信息，电报的私密性、重要性不及何献墀、罗寿嵩二人。

除安排人员获取情报外，张之洞多次派员于沪港觅雇洋船，以向台湾转运饷械和兵勇。前文所述，张之洞首次援台饷械即由香港雇船前往。法封全台后，轮船往来台湾困难，张之洞对台援助主要通过闽粤小港渔船，但渔船装载量少，

---

① 《寄香港安泰公司何》（光绪十年七月二十五日），《张文襄公（未刊）电稿》第 10 册，第 4615 页；《寄汇丰洋行罗》《寄安泰公司何》（光绪十年九月十七日），《张文襄公（未刊）电稿》第 12 册，第 5423 页。

大批兵勇难以潜渡，张之洞冀以洋船载兵渡台。因朝旨屡促拨兵援台，张之洞等拟以粤勇方恭五营援台，后改以在粤淮军吴宏洛部。光绪十年十月二十一日，张之洞致电曾国荃、邵友濂，询问有何雇船之法。次日再电邵友濂，询问能否代雇威利或平安轮船，令赴潮州载军赴台。① 洋人麦士尼亦被张之洞电询能否设法代筹台事，张之洞告以"雇船尤要"。② 与此同时，张之洞派郑观应前往香港秘密租买洋船。郑观应，号陶斋，广东香山人，早年为太古轮船公司买办，后历任上海电报局总办，轮船招商局帮办、总办。中法战争期间，郑观应由钦差大臣彭玉麟调往广东，总办湘军营务处事宜。③ 光绪十年十一月二十一日，郑观应发电张之洞，报告其已抵达香港，秘密寓居泰来栈，暗托张廷桢密探渡台轮船。④ 据二人往来函电，郑观应在香港曾与德船威利、平安、益德利、得时马，英船布路布地士、海龙，美船占那各船主、行主接触。邵友濂、郑观应在沪、港觅雇洋轮不乏接近成议者，但最终并无成效："所有访得各轮屡经密议，或酬价已成，旋即中悔；或船老价巨，无理居奇；或经理已允，船主阻

---

① 《致曾制台上海道》（光绪十年十月二十一日），《近代史所藏清代名人稿本抄本》第 2 辑第 26 册，第 1 页；《寄邵道》（光绪十年十月二十二日），《张文襄公（未刊）电稿》第 13 册，第 5869 页。

② 《寄牲厚洋行麦士尼》（光绪十年十月二十三日），《张文襄公（未刊）电稿》第 13 册，第 5871 页。

③ 戴逸、林言椒主编《清代人物传稿》下编第 1 卷，辽宁人民出版社，1984，第 335~343 页。

④ 《香港来电》（光绪十年十一月二十一日），《张文襄公（未刊）电稿》第 14 册，第 6332 页。

拦；或诸事议妥，忽称他售。种种变幻支吾，无非惮于东渡。"①

　　台湾封口后，张之洞在沪、港觅雇洋船转运兵械虽无成效，然其借助在港商人，向台湾进行多笔汇款。对台汇款事务张之洞原欲托香港、淡水的汇丰银行完成。九月十二日，张之洞致电驻英公使曾纪泽，询问能否与英外交部商量，重资托台北、淡水英领事汇饷通信。曾纪泽复电请张之洞派能员到香港，与汇丰银行总办商汇台之事，其已请英国汇丰行主发电给香港商量汇款之事。② 张之洞即派罗寿嵩等人前往办理。尽管有曾纪泽在背后协助，但经过两次协商，汇丰汇台饷银事仍不成功，罗寿嵩不得不来电言"台饷仍未有路，能汇再禀"。③ 因银行汇款不成，十月十七日，张之洞电寄广东按察使沈镕经，称听闻广东水师提督方耀向人言台饷有汇兑之法，望沈镕经详细问明即办。④ 十一月初四日，张之洞咨照方耀，盛赞其与台商"情谊联络，素足取信"，饬善后局向香港行商挪借洋银三万元，交方耀汇台。二十六日，张之洞再饬方耀设法汇兑洋银二万元给援台之吴鸿源部。接奉张之洞咨文后，方耀即派部下前往潮州、汕头、香港询问殷实行商情况，令不论从汕头

---

① 《饬催速筹运台军械札》（光绪十一年二月二十日），《张文襄公（未刊）电稿》第20册，第8889~8890页。
② 《致驻英曾钦使》（光绪十年九月十二日）、《驻英曾钦使来电》（光绪十年九月十四日），《张文襄公（未刊）电稿》第12册，第5357、5379页。
③ 《香港来电》（光绪十年九月二十三日），《张文襄公（未刊）电稿》第12册，第5523页。
④ 《寄虎门方军门沈臬台》（光绪十年十月十七日），《张文襄公（未刊）电稿》第13册，第5787页。

还是香港，务设法将汇票附搭小船潜渡台湾。① 除令方耀联络港、潮商人，张之洞另托英人璧德满联系洋商汇兑。九月三十日，张之洞电寄总署称"汇银两次电由伦敦英商转托港商，不允，兹与一洋人商允以相机汇兑，俟取有台湾收银确据，随时照付"。② 电报中之"洋人"即璧德满。从电文推断，张之洞应在汇丰汇款无果后即联络璧德满从中经理对台汇款事宜。在张之洞的指示下，璧德满向台湾汇洋银五万元，以接济吴鸿源添募土勇。③

综上所述，沪、港情报是张之洞台湾信息的重要来源之一，若对照张之洞寄总署电文，可以发现其报告台湾等地的消息，往往照抄沪、港来电。依托沪、港人员，张之洞多次尝试向台转运兵械、汇兑饷银，然法封全台后，沪、港转运大多无果，军火、兵勇转运主要由下述张之洞在闽粤一带札派的秘密委员完成。

闽粤秘密转运委员

闽南、粤东一带离台湾较近且港口众多，康熙收复台湾后，闽、粤、台间商贸、移民、偷渡频繁。中法战争期间，由

---

① 《咨水师方提督筹汇台饷》（光绪十年十一月初四日），《督广咨札·咨札二》，张之洞档，甲182-196；《饬解运台湾军饷札》（光绪十年十一月二十六日），《张文襄公（未刊）电稿》第14册，第6465页；《方提督咨汇解台饷》（光绪十年十二月十四日），《张文襄公（未刊）电稿》第16册，第7131~7134页。

② 《致总署》（光绪十年九月三十日），《近代史所藏清代名人稿本抄本》第2辑第25册，第636~637页。

③ 《照会吴镇汇解军火》，《张文襄公（未刊）电稿》第14册，第6297~6298页。

于法国的封锁，厦门、香港等沿海大港与基隆、淡水轮船往来受阻，闽粤督抚利用闽粤交界小港潜运兵勇、饷械。张之洞札派委员前往厦门、泉州、汕头、南澳等处，负责秘密转运援台饷械。

厦门是与台湾联络的重要港口，光绪十年九月后，厦门与淡水的文报往来虽受阻，但仍常有渔船往来，闽浙总督杨昌濬、福建水师提督彭楚汉其时即派出雇船尝试潜渡鹿港、新竹等地。九月二十二日，张之洞已命丁忧知县蔡德芳前往厦门一带秘密布置，[①] 但在闽活动的关键委员应为山西补用知府杨玉书。杨玉书，四川华阳人，同治十三年分发至山西，张之洞抚晋时受到赏识。[②] 光绪十年九月二十四日，张之洞札派杨玉书至泉州，秘密雇用民船，将军火运台，其后杨玉书在厦门、泉州、福州多处联络沟通。[③] 杨玉书在厦门的主要任务之一，即协助前温州镇总兵吴鸿源潜渡及为其转运饷械。吴鸿源，字春波，厦门人，咸同年间镇压闽浙等处小刀会起义获战功，授温州镇总兵，同治二年（1863）曾赴台助剿戴潮春起义，中法战时以病里居。[④] 吴鸿源在闽台一带素有威名，光绪十年七月初一日，张之洞电奏可否令吴鸿源募勇援台。[⑤] 八月二十九日，上谕令吴鸿源带勇迅速设法赴台援助，因吴由张之洞奏请援台，后者对此事颇着心思。九月十三日，张之洞致电彭楚

① 《饬蔡令接济台湾札》，《张文襄公（未刊）电稿》第 12 册，第 5485~5486 页。

② 秦国经主编《清代官员履历档案全编》第 3 册，第 627 页。

③ 《札杨守玉书赴闽侦探密运济台军火》（光绪十年九月二十四日），《督广咨札·咨札二》，张之洞档，甲 182-196。

④ 民国《厦门市志》卷 23《列传》，民国抄本，第 47~49 页。

⑤ 《致总署》（光绪十年七月初一日），《张之洞全集》第 4 册，第 348 页。

汉，询问吴鸿源现在何处。① 杨玉书大约在十月前往厦门，十五日，张之洞电寄彭楚汉询问"杨守玉书已见否？现何往？"彭回复杨已在厦门，但尚筹无头绪。② 二十二日，张之洞致杨玉书一封密电：

> 道子已成军否？渠忧无饷，愚能使之有饷，忧无械，愚能使之有械，唯波撼岳阳下句如何？如渠愿往，并有其法，速密示。孝标、孔彰议有端倪，两君能了即听之，不能完卷再分洞，不拘各半。③

"道子"指唐代画家吴道子，代指吴鸿源；"波撼岳阳"下句为"欲济无舟楫"，指无船渡台；"孝标""孔璋"分指南朝梁文人刘峻（字孝标）和建安七子之一的陈琳（字孔璋），指代另两个秘密转运委员刘保林及陈占鳌（下文详述）。文意为询问吴鸿源是否成军，请其不要担心饷械，我（即张之洞）自当力助。然无船只如何解决？如吴愿往台并有办法，请密示。刘保林和陈占鳌转运有端倪，二人能协助吴渡台即听之，不能就再想办法。二十四日，杨玉书来电称吴鸿源打算只身东渡，吴希望张之洞电商南洋派江苏道杨嘉善来厦襄办。张之洞即询吴鸿源只身东渡，如何筹运勇、械，杨嘉善为何人。

---

① 《致厦门彭军门》（光绪十年九月十三日），《近代史所藏清代名人稿本抄本》第 2 辑第 26 册，第 339 页。

② 《寄彭提督》（光绪十年十月十五日）、《彭提督来电》（光绪十年十月十七日），《张文襄公（未刊）电稿》第 13 册，第 5755、5779 页。

③ 《致杨守》（光绪十年十月二十二日），《近代史所藏清代名人稿本抄本》第 2 辑第 26 册，第 9 页。

杨玉书电复吴鸿源在台募土勇，广东的接济交其三子，必能寄到台湾，并言杨嘉善可用。① 至十一月初五日，杨玉书来电称吴鸿源于初三日渡台，请赐后膛枪一千余支，派淮军宿将马宗骏赴汕头督运。对此，张之洞指示汕头秘密转运委员刘保林准马宗骏督运，但另筹精械。②

为解决吴鸿源饷械，十一日张之洞电请福建钦差大臣左宗棠奏拨厦门海关税收汇运吴鸿源，广东助以精械，然左宗棠电复厦门税关支绌。对此，张之洞表示无奈，望福建筹得他款，拨给吴鸿源专饷。③ 除了联络福建筹给专饷，十二日张之洞致电总署，请将上海新购一千支云者士得枪转解吴鸿源，由其子吴文彬在厦门解运，另外给专饷交叶文澜和吴文彬解运，请饬左宗棠等酌办，以后其仍当设法济以利器。④ 朝廷准张之洞所请，叶文澜和吴文彬即在厦门为吴鸿源转运。叶文澜，厦门人，戴潮春起义时曾于厦门转运粮饷，其为汇丰银行买办，并有候补道衔。叶文澜于九月十二日已受杨昌濬委托，负责汇饷之事。十四日，张之洞即电寄彭楚汉，言"厦汇丰洋行候选

---

① 《厦门来电》（光绪十年十月二十四日、二十六日），《张文襄公（未刊）电稿》第 13 册，第 5887、5901~5902 页；《致杨守》（光绪十年十月二十五日），《近代史所藏清代名人稿本抄本》第 2 辑第 26 册，第 13~14 页。

② 《杨守来电》（光绪十年十一月初五日），《张文襄公（未刊）电稿》第 13 册，第 6035 页；《寄汕头委员刘通判》（光绪十年十一月初九日），《张文襄公（未刊）电稿》第 14 册，第 6119 页。

③ 《致左中堂》（光绪十年十一月十一日）、《致福州左中堂杨制军》（光绪十年十一月十七日），《近代史所藏清代名人稿本抄本》第 2 辑第 26 册，第 52~53、72 页；《左相来电》（光绪十年十一月十五日），《张文襄公（未刊）电稿》第 14 册，第 6211 页。

④ 《致总署》（光绪十年十一月十二日），《近代史所藏清代名人稿本抄本》第 2 辑第 26 册，第 59~62 页。

道叶文澜人甚能，熟台事，祈与商通信济械之法"。①在接朝廷准叶文澜负责转运吴鸿源专款之电后，光绪十一年四月十六日，张之洞令叶文澜速解广东所汇之五万元，由台北刘铭传转交吴鸿源收，如吴鸿源已收到之前广东所汇之七万元，则由刘铭传收取。至二十三日，叶文澜来电称已派员由商轮解往台北，交刘铭传验收。② 吴文彬，字叔南，千总，杨玉书所言之吴鸿源三子。光绪十年十一月初八日，张之洞电寄彭楚汉，令其速觅吴文彬。上文张之洞为吴鸿源所请一千支云者士得枪，即由吴文彬转运，并于十一年正月初四日到达台湾卑南。③ 为给吴鸿源继续筹备精械，二月十六日张之洞札派云骑尉白维桢、都司马鸿图等管解林明敦枪一千支、子弹一百万颗及火药、铜帽等军火往厦门，再交吴文彬设法转解吴鸿源。④ 然不久中法停战，此项济台军火于四月后方抵台湾。以上各饷械均由张之洞札饬杨玉书在厦门负责料理。

张之洞在闽粤一带秘密转运的重要委员另有陈占鳌和刘保林。陈占鳌，广东潮州柘林人，山西候补道，张之洞在晋时下属。其于光绪九年被张之洞派为坐探，往香港、广东省城打听中法越南交涉消息，张之洞督粤后陈占鳌继续在香港等处活

① 《寄彭提督》（光绪十年九月十四日），《张文襄公（未刊）电稿》第 12 册，第 5383 页。

② 《致厦门汇丰洋行叶道台文澜》（光绪十一年四月十六日），《近代史所藏清代名人稿本抄本》第 2 辑第 38 册，第 96 页；《叶道来电》（光绪十一年四月二十三日），《张文襄公（未刊）电稿》第 23 册，第 10431 页。

③ 《寄厦门彭提督》（光绪十年十一月初八日），《张文襄公（未刊）电稿》第 14 册，第 6105 页。

④ 《密饬拨解济台军火札》（光绪十一年二月十六日），《张文襄公（未刊）电稿》第 19 册，第 8752 页。

动。刘保林，四川华阳人，监生报捐通判，指发广东试用，受张之洞重用。光绪十年十月初一日，因杨玉书来函转运军火、协助吴鸿源及方恭五营渡台事繁，张之洞于是另札刘保林会办。十七日，刘保林禀告经查汕头潜运较易，张之洞遂秘札刘保林、陈占鳌驻汕头办理台湾转运事务。① 十一月初二日，张之洞电刘保林，询问日来布置是否有眉目。② 刘保林、陈占鳌往来汕头、南澳间，一面在汕头与张之洞保持电报联络，一面赴南澳负责秘密转运。二十二日，刘保林再次发来电报，称其昨日已回汕头，已将军火分作两批全数运抵铜山（即今漳州东山岛），等顺风即行渡台。③ 而在此之前，张之洞派广东从九张锡藩另管解军火赴汕头。二十四日，张之洞电寄刘保林，称张锡藩先一步到达汕头，由柘林潜运军火，令其速查明情况。刘保林电复张锡藩十月二十六日到达汕头，军火在柘林请人代押。④ 通过小船潜渡，经南澳、柘林、铜山等闽粤交界小港，刘保林、陈占鳌共完成三批军火秘密转运，分别于十二月初五日、十二月初七日、十二月十一日到达台湾，统计共运前膛大吉洋枪二千支、枪炮弹药十万磅、铜帽百万颗。

三批军火转运完成后，光绪十一年二月十六日，张之洞札

① 《札刘倅保林会办台湾侦探接济》（光绪十年十月初一日）、《密札派员驻汕办理台湾转运》（光绪十年十月十七日），《督广咨札·咨札二》，张之洞档，甲 182－196。

② 《寄汕头电报局廖通判刘保林》（光绪十年十一月初二日），《张文襄公（未刊）电稿》第 13 册，第 5977 页。

③ 《汕头来电》（光绪十年十一月二十一日），《张文襄公（未刊）电稿》第 14 册，第 6331 页。

④ 《寄汕头电局通判刘》（光绪十年十一月二十四日）、《汕头来电》（光绪十年十一月二十五日），《张文襄公（未刊）电稿》第 14 册，第 6411、6451 页。

派从九宋诚等人管解军火运汕，由陈占鳌设法觅船潜运刘铭传，又令盐大使陈天佑、知县段鸿举等管解毛瑟枪二千支、子弹一万颗，设法觅船解赴台湾。① 得张之洞札，陈占鳌于二十八日来电询宋诚所解各件约何日可到汕头，已着手寻觅小船以便妥运。三月初五日，陈占鳌再次来电告知转运情形，称已雇用渡台民船两艘，请张之洞指示宋诚到汕日期及军火件数，同时透露厦门雇用运械的平安轮船，在澎湖洋面被法人截留。对此，张之洞复电询问平安轮船被截后民船是否尚肯赴台，能否不经澎湖直达卑南或鹿港，如有妥法拟寄后门枪一千支，交民船分五起运台。② 正当陈占鳌筹划军火潜运时，三月初一日台湾停战，大陆沿海与台湾的轮船往来恢复，初八日陈占鳌复电张之洞，称得东转运局电，宋诚等人管解军火由省河阿美轮船解台，毋庸运汕转解，是以终止。③ 三月初三日，清廷下令停运军火渡台，闽粤一带军火转运暂停。二十一日马鸿图、张锡藩等管解军火至汕头，陈占鳌等来电称有民船肯往台湾，询问马鸿图等所解军火是否转运，张之洞对此指示："有旨停运渡台，军火暂勿运，稍候之。和约成则运，款局败亦运。"④ 其

---

① 《密饬拨解台军火札》（光绪十一年二月十六日），《张文襄公（未刊）电稿》第 19 册，第 8751～8753 页。

② 《陈牧来电》（光绪十一年二月二十八日、三月初五日），《近代史所藏清代名人稿本抄本》第 2 辑第 54 册，第 404、502 页；《致陈牧占鳌》（光绪十一年三月初七日），《近代史所藏清代名人稿本抄本》第 2 辑第 38 册，第 29 页。

③ 《陈牧来电》（光绪十一年三月初八日），《近代史所藏清代名人稿本抄本》第 2 辑第 54 册，第 528 页。

④ 《陈牧张令来电》（光绪十一年三月二十一日），《近代史所藏清代名人稿本抄本》第 2 辑第 55 册，第 6 页；《寄陈牧占鳌马都司鸿图》（光绪十一年四月初二日），《张文襄公（未刊）电稿》第 22 册，第 10001 页。

他转运军火情况相似。如四月十九日，段鸿举来电称其于十三日到达泉州，等待顺风渡台。张之洞复电言运台各件有旨不能起解，候示再运。^① 至二十七日，张之洞发电杨光铨、陈天佑、陈占鳌、彭楚汉、叶文澜，称中法详约已画押，法舰停止巡查，所有运台各件即雇轮船开行，较民船妥速。^②

杨玉书、刘保林、陈占鳌另曾料理方恭五营渡台和试办对台汇款。方恭五营原为马江战前张之洞援闽之粤军，马江战后闽浙总督杨昌濬、钦差大臣左宗棠各带湘军来闽，福建大军云集，且朝廷屡促广东派军援台，张之洞遂与左宗棠等商量以此五营援台，拟令至泉、厦、南澳一带设法渡台，杨玉书前往福州面见左宗棠等具体磋商。光绪十年十一月十七日，张之洞电询杨玉书谒见福建当道情形，告知其方恭五营在福州径渡台湾，请其转告方恭之弟福建候补道方勋照料。^③ 然因潮勇思归，且沪港雇轮不顺，张之洞电商福建当道饬方恭各营回汕，打算从汕头或南澳暗渡。方恭五营到汕后，张之洞数电刘保林在汕头负责料理，并密查弁勇情形，分晰禀告。^④ 刘保林在汕头遵行照办，然因刘铭传不愿粤军援台，十二月二十九日，张

---

① 《解台饷委员来电》（光绪十一年四月十九日），《近代史所藏清代名人稿本抄本》第 2 辑第 55 册，第 248 页；《致泉州广东委员段鸿举杨光铨》（光绪十一年四月十九日），《近代史所藏清代名人稿本抄本》第 2 辑第 26 册，第 504 页。

② 《致泉州厦门》（光绪十一年四月二十九日），《近代史所藏清代名人稿本抄本》第 2 辑第 38 册，第 136 页。

③ 《寄候补府杨》（光绪十年十一月十七日），《张文襄公（未刊）电稿》第 14 册，第 6263 页。

④ 《寄汕头通判刘游击方》（光绪十年十一月二十七日、二十九日）、《寄汕头通判刘》（光绪十年十一月二十九日），《张文襄公（未刊）电稿》第 15 册，第 6516、6565~6566 页。

之洞札派方沿统带五营弁勇前往钦州，驻守广西各军后路，并派刘保林经理该军营务，一同赴钦。① 潮勇援台之议遂无果。对台汇款方面，张之洞曾札饬刘保林、陈占鳌在汕头负责对台汇款事宜，先行试办一万两。据陈占鳌来电，其于光绪十一年二月十六日将汇票附船前往台湾。② 此后中法停战，未见陈占鳌在汕头有其他汇款行为。

中法画押后，杨玉书由闽旋粤，陈占鳌被张之洞派往肇庆、梧州等处清查关税，加之前已派往钦州的刘保林，三人在闽粤一带小口秘密转运的任务完成。因转运得力，战后三人各得张之洞保奏，并再次委派参与中法勘界、整顿厘金、琼州开发等事。

四　张之洞与北圻战事

北圻局势与中法交涉进展始终密切相关。自北圻问题发生，清廷饬滇、桂各军出关，暗助刘永福之黑旗军。李宝、李脱谈判破裂后，中法间终诉诸武力，中法战争即开端于越南山西之战。"北黎冲突"善后期间，上谕命北圻各防军按"李福协定"撤回关内，以昭大信，滇、桂两军奉旨入关，北圻战事暂息。及中法上海谈判延宕，法国攻打基隆，朝议已多言战，未几，中法和议不成，马江之战爆发，清廷饬滇、桂各军

---

① 《札委方游击刘倅派队赴钦》（光绪十年十二月二十九日），《督广咨札·咨札二》，张之洞档，甲182-196。

② 《札陈牧占鳌汇济台饷》（光绪十一年正月十九日），《督广咨札·咨札三》，张之洞档，甲182-196；《汕头来电》（光绪十一年二月十七日），《近代史所藏清代名人稿本抄本》第2辑第54册，第229页。

复进越南以为牵制，北圻战事再起。广东省城与北圻前线相隔虽远，但张之洞接署两广总督之时，滇、桂、粤及越南间已建立一定的信息交流渠道，张之洞与滇桂各统领、委员保持着密切联系，相互传达情报。通过有效的情报搜集，张之洞掌握北圻战事信息，在幕后为滇、桂各军筹运兵勇、饷械，并调和各统领矛盾，对前线人事进行调整。

张之洞与北圻复进的策划

上海谈判期间，中法间和战不定，张之洞等人与滇、桂各军互通情报以应时变。时入越清军分东、西两路。桂军驻扎东路谅山以南至屯梅、谷松一带，广西巡抚潘鼎新驻谅山，屯梅、谷松为湘军王德榜、方友升及粤军方长华部，均归潘鼎新节制；西路保胜以上由云贵总督岑毓英之滇军和刘永福之黑旗军驻守。光绪九年间，因广西布政使徐延旭领兵出关，时任广西巡抚倪文蔚在广西省城桂林至镇南关外沿途各州设立腰站步夫，与广西前线互通文报。① 以桂林为中心，沿漓江南行，经梧州进入西江，东达广东，往西经浔州、南宁、龙州、镇南关到达越南，出越南宣光省可至西路滇军防所，此为联络云南、越南北圻、广西、广东的驿递路线。为传达边关军报，广州—龙州电报线亦架设完成。张之洞督粤后，利用驿递和电报与滇、桂联络。上海谈判破裂前张之洞与滇、桂各部统领往来的相关电、咨见下。虽或有缺失，然足反映滇、桂、粤交流信息之广泛。

---

① 《广西巡抚倪文蔚奏添设站夫飞递文报片》（光绪九年六月初七日到），
《清光绪朝中法交涉史料》，第 327 页。

（1）闰五月二十六日，张之洞电潘鼎新，转寄二十四日撤军及法舰骚扰中国沿海，命沿海各督抚严防两道谕旨。①

（2）六月初一日，潘鼎新电复奉二十四日电旨撤兵入关训练。②

（3）六月初二日，潘鼎新咨会，得岑毓英咨滇军奉五月初五日谕旨撤回大滩等处防守。③

（4）六月初五日，南宁左江道彭世昌电禀张之洞，接岑毓英谕，奉闰五月初八日廷旨在原处驻守，与桂军联络一气以备不虞。④

（5）六月十九日，张之洞电潘鼎新，转寄十八日电旨嘉奖彭玉麟等派方恭潮勇五营援闽，现上海谈判未定，若决裂，须出奇制胜，除潘鼎新、岑毓英驻扎关内联络声势外，询问广东能否出奇兵从钦廉小路前进。又转寄上海来电，言法国已夺基隆炮台，巴德诺照会索八千万法郎，警告福建勿先动手。⑤

（6）六月二十二日，潘鼎新电张之洞，桂军各部于二十日皆遵旨入关，请张之洞随时电示关于基隆谕旨。王德榜电禀张之洞，所部已回驻龙州，请示近日和局和海防情形。张之洞

---

① 《致潘抚台电》（光绪十年闰五月二十六日），《近代史所藏清代名人稿本抄本》第2辑第25册，第443～447页。按：编者误"潘抚台"为潘霨，下同。

② 《西抚潘复电》（光绪十年六月初一日），《张文襄公（未刊）电稿》第9册，第3887页。

③ 《滇督咨具奏官兵撤回大滩等处防守各情一折奉旨由》，《张文襄公（未刊）电稿》第9册，第3891～3892页。

④ 《南宁左江道彭来电》（光绪十年六月初五日），《张文襄公（未刊）电稿》第9册，第3917页。

⑤ 《致张〔潘〕抚台电》（光绪十年六月十九日），《近代史所藏清代名人稿本抄本》第2辑第25册，第456～457页；《寄西抚潘》（光绪十年六月十九日），《张文襄公（未刊）电稿》第9册，第4029页。

电潘鼎新，告知李鸿章来电所言基隆十五日、十六日战况。①

（7）六月二十三日，潘鼎新电张之洞，基隆获胜可喜，请随时告知津、沪各报。②

（8）六月二十四日，张之洞电潘鼎新，转寄二十日闽防电旨。③

（9）六月二十五日，彭玉麟电潘鼎新，转寄二十三日电旨命潘鼎新查明方友升、王德榜两军瘴亡将士请恤，并补募足额，等待秋凉候旨进兵。张之洞电潘鼎新，转寄其所接厦门彭楚汉台湾详细战况来电。④

（10）六月二十八日，方长华禀所部拔队入关情形。张之洞电潘鼎新，汇告李凤苞、李鸿章、福建来电。⑤

上述除奉旨转寄的电报、咨文外，许多无涉滇、桂的电旨、情报亦由张之洞告知潘鼎新。如闰五月二十四日海防电旨，未言转寄潘鼎新，然张之洞电告潘鼎新，认为和局恐归决

① 《西抚潘复电》《龙州王统领德榜来电》（光绪十年六月二十二日），《张文襄公（未刊）电稿》第9册，第4077、4079页；《致潘抚台电》（光绪十年六月二十二日），《近代史所藏清代名人稿本抄本》第2辑第25册，第470~471页。

② 《西抚潘来电》（光绪十年六月二十三日），《张文襄公（未刊）电稿》第9册，第4089页。

③ 《致潘抚台电》（光绪十年六月二十四日），《近代史所藏清代名人稿本抄本》第2辑第25册，第475~477页。

④ 《致潘抚台电》（光绪十年六月二十五日），《近代史所藏清代名人稿本抄本》第2辑第25册，第478~479页；《寄西抚潘》（光绪十年六月二十五日），《张文襄公（未刊）电稿》第9册，第4119页。

⑤ 《方道拔队入关禀》（光绪十年六月二十八日），《张文襄公（未刊）电稿》第9册，第4159页；《致潘抚台电》（光绪十年六月二十八日），《近代史所藏清代名人稿本抄本》第2辑第25册，第486页。

裂，"不敢不奉闻"。① 这些关于中法和战的电报，张之洞不时
告潘鼎新通过滇、桂及越南间的驿递路线转咨岑毓英。六月二
十四日电文末张之洞即言"请达岑帅"。二十五日关于台湾情
况的电报，张之洞请潘鼎新"并达岑帅"。潘鼎新于二十三日
亦来电请张之洞随时转寄津、沪电报，"以便转告岑帅"。② 可
见两广、云贵间之联系。

　　当闽台告警之时，张之洞等即献滇、桂进军以牵敌之策。
光绪十年六月十八日，廷旨电寄广东钦差大臣彭玉麟等，言上
海谈判未就，法情叵测，万一决裂须出奇制胜，命潘鼎新、岑
毓英"务将现驻关内各军切实训练，听候调遣，彼此联络声
势，庶足迅赴事机，牵制敌势"，并着彭玉麟等筹划"广东能
否别出奇兵，由钦廉小路前进"。若别有制胜之策，均着电奏
请旨。二十日，彭玉麟、张树声、张之洞、倪文蔚联衔电奏复
旨，称钦廉险远，广东无兵可抽拨。滇、桂两军皆入关，相距
甚远，难以联络。牵制出奇之策，唯有请旨封刘永福为越王，
资助军火，并明言滇、粤三路出师相助。③ 其时并非仅张之洞
等献滇桂进军之策，前上海谈判延宕，陈宝琛曾于六月十五日

---

① 《致潘抚台电》（光绪十年闰五月二十六日），《近代史所藏清代名人稿本
　　抄本》第 2 辑第 25 册，第 447 页。

② 《致潘抚台电》（光绪十年六月二十四日），《近代史所藏清代名人稿本抄
　　本》第 2 辑第 25 册，第 477 页；《寄西抚潘》（光绪十年六月二十五
　　日）、《西抚潘来电》（光绪十年六月二十三日），《张文襄公（未刊）电
　　稿》第 9 册，第 4119、4089 页。

③ 《电寄·四一》（光绪十年六月十八日），《清代军机处电报档汇编》第 1
　　册，第 18 页；《致总署电》（光绪十年六月二十日），《近代史所藏清代
　　名人稿本抄本》第 2 辑第 25 册，第 462~464 页。

电请总署代奏闽若开仗，即宜急电滇、桂两军进剿，以牵法势。① 但其时清廷无和战之决定，遂未置可否。及张之洞等复奏之时，法攻基隆及刘铭传大胜之消息传来，廷议渐趋强硬。二十三日，廷旨电寄张之洞等，称"募兵图越牵制法人内犯，亦制敌之策"。然刘永福封越王断不可行，命潘鼎新、岑毓英勤加操练，待秋凉候旨进兵。②

上海谈判延宕，闽台告警，各方调解复不奏效，至二十七日清廷发布谕旨，上海谈判"不必再议，惟有一意主战"，命曾国荃、陈宝琛即回江宁办防，和议终归破裂。是日另有廷旨寄谕张之洞等，命岑毓英饬令刘永福先行进兵规复北圻，岑毓英、潘鼎新入关各军陆续进发，不日将明发谕旨宣战，并将刘永福加恩录用。又命方友升、王德榜补募足额，已催鲍超迅赴云南会同岑毓英办防。③ 六月二十八日，张之洞寄潘鼎新两电。其一转寄二十七日电旨，望其知照岑毓英；其二汇告李凤苞、北洋、福建来电，强调"势难成议""廷议主战"。得张之洞来电，潘鼎新即告谅山本有数营，已饬前队进发，一面约会滇军东下牵制宣光、太原法军，以护桂军后路。④

为助滇桂进军，张之洞等人谋令刘永福赴敌。北宁之战

---

① 《会办陈来电》（光绪十年六月十五日到），《清代军机处电报档汇编》第 4 册，第 73 页。

② 《电寄·四八》（光绪十年六月二十三日），《清代军机处电报档汇编》第 1 册，第 21 页。

③ 《电寄·六〇》（光绪十年六月二十七日），《清代军机处电报档汇编》第 1 册，第 25 页。

④ 《致潘抚台电》（光绪十年六月二十八日），《近代史所藏清代名人稿本抄本》第 2 辑第 25 册，第 484~486 页；《西抚潘来电》（光绪十年六月三十日），《张文襄公（未刊）电稿》第 9 册，第 4215 页。

后，刘永福先后退驻兴化、临洮、嘉榆关、头关、宾河关等处。因刘永福奉旨录用进兵，张之洞于六月三十日致电威远军统领方长华，命其饬部众将其军裁撤后，所余之军火运解赴越，传知刘永福派队迎提。① 后因山深路远，转运不易，张之洞将此项军火全数拨唐景崧，改助刘永福以军饷。② 前彭玉麟于六月三十日致函张之洞，认为廷旨加恩录用不实，恐不能服刘永福之心，建议张之洞奏请授刘永福以记名提督并给花翎，以慰其心。为激励刘永福进兵，张之洞听取彭玉麟建议，二人遂于七月初六日联衔电请总署代奏。③

除刘永福外，张之洞另奏起唐景崧出关入越。唐景崧，字维卿（一作薇卿），广西灌阳人。同治十年（1871）进士，吏部主事。光绪八年（1882），因法国入侵越南北圻，唐景崧自请出关联络刘永福黑旗军。光绪九年，中法战争爆发，唐景崧率部在越南山西、宣光等地抗击法军。时其与广西巡抚潘鼎新不和，称病居于龙州。④ 张之洞与唐景崧之弟唐景崇有师生之谊，曾向其弟表达奏调唐景崧之意。前于光绪十年六月二十日，张之洞致信唐景崧请其至广州相商。⑤ 及奉主战电旨，张之洞于七月初二日电寄潘鼎新，询问唐景崧住处，并致电唐景崧请其迅速至

---

① 《寄威远军统领方道长华》（光绪十年六月三十日），《张文襄公（未刊）电稿》第 9 册，第 4213 页。

② 《龙州方道长华来电》（光绪十年七月初三日）、《寄方道长华》（光绪十年七月初四日），《张文襄公（未刊）电稿》第 10 册，第 4261、4285 页。

③ 《彭宫保函》，《张文襄公（未刊）电稿》第 5 册，第 1935 页；《致总署》（光绪十年七月初六日），《近代史所藏清代名人稿本抄本》第 2 辑第 25 册，第 512~513 页。

④ 赵尔巽等：《清史稿》，第 12733~12734 页；唐景崧：《请缨日记》，文海出版社，1973，第 339~340 页。

⑤ 唐景崧：《请缨日记》，第 342~343 页。

粤面商。① 次日潘鼎新答以其已见唐景崧，拟就方长华未散之数营归唐景崧统领，将来经宣光、太原会合刘永福。及得潘鼎新电报，张之洞电寄唐景崧，请其招募四营，方军军火全数相赠，改助刘永福饷银二万两，请其带去，是否来粤面商，尚视其情况而定。初五日，唐景崧致电张之洞，称其遵招四营，将亲身前往，不至广东面商，如有长文请张之洞驿递，并请先行镌用景字营关防。② 是时张之洞并电总署，称"牵敌以战越为上策，图越以用刘为实济"，唐景崧与刘永福相得，且久在越地，已命其募四营出关与刘永福合为犄角，并济以饷械，请总署代奏。③

七月初三日，马江之战爆发，其后法船毁闽出口。法人连攻台、闽，清廷遂于七月初六日下进兵之诏，谕军民法国渝盟肇衅，不得已而用兵，陆路各军迅速前进。④ 是日另有廷旨寄谕张之洞，认可其"牵敌以战越为上策"之说，刘永福赏给记名提督并戴花翎，唐景崧赏加五品衔，命张之洞传令二人奋发进剿，饷械由广东筹给。并命岑毓英、潘鼎新督率所部前进，相机筹办。⑤

---

① 《致潘抚台》《致唐主政景崧》（光绪十年七月初二日），《近代史所藏清代名人稿本抄本》第 2 辑第 25 册，第 499、500 页。

② 《潘抚台来电》（光绪十年七月初三日）、《致唐主政》（光绪十年七月初四日），《近代史所藏清代名人稿本抄本》第 2 辑第 25 册，第 501、509～510 页；《龙州唐主事景崧来电》（光绪十年七月初五日），《张文襄公（未刊）电稿》第 10 册，第 4301 页。

③ 《致总署》（光绪十年七月初四日），《张之洞全集》第 4 册，第 348 页。

④ 《谕军民人等法国渝盟肇衅不得已而用兵电》，《清季外交史料》，第 843～844 页。

⑤ 《电寄·七六》（光绪十年七月初六日），《清代军机处电报档汇编》第 1 册，第 32 页。

　　滇桂各部既奉诏一个月内入关，此时又命仓促进兵，将士皆病。自下滇桂进军之诏，潘鼎新、岑毓英等屡以瘴深饷缺奏请缓进，然廷旨多次严催滇桂进军。张之洞除转寄廷旨外，多次电询各军进军准备和关外各情。如七月十九日，张之洞电寄潘鼎新，并请知照岑毓英，称奉十八日电旨"现已秋高瘴减，迅速进发，不得借词迁延，致干重究"。八月十七日，因法人再攻台湾，张之洞转寄潘、岑十六日电旨，命滇桂迅速进兵以期牵制。① 在廷旨严催和张之洞力促下，滇、桂各部相继进发。桂军苏元春、杨玉科部于七月初七日复进谅山填扎旧垒。八月初二日，潘鼎新出关驻谅山。十四日，苏元春部已进至船头，与法军接仗，攻克陆岸。至八月中，桂军三十七营分三路，北黎之兵（周寿昌、方友升、蒋宗汉等军）已至郎甲，谷松之兵（苏元春、陈嘉等军）已至船头，牧马之兵（马盛治军）已至新街，以谅山为后路节节前进。② 唐景崧则命所部两营先行进发，其于二十日从龙州启程出关，走牧马、苏街直逼宣光，以会刘永福。③ 西路滇军方面，自奉七月十九日严旨后，岑毓英即乘小舟下文盘州会见刘永福等人，令滇军、刘永福部于八月初十日分道前进。八月中下旬，滇军进至宣光附

① 《致潘抚台》（光绪十年七月十九日），《近代史所藏清代名人稿本抄本》第 2 辑第 25 册，第 560~561 页；《寄西抚潘》（光绪十年八月十七日），《张文襄公（未刊）电稿》第 11 册，第 4997 页。

② 《西抚潘来电》（光绪十年七月初七日），《张文襄公（未刊）电稿》第 10 册，第 4317 页；《西抚潘来电》（光绪十年八月二十一日、十八日），《张文襄公（未刊）电稿》第 11 册，第 5053、5011 页；唐景崧：《请缨日记》，第 361 页。

③ 唐景崧：《请缨日记》，第 361~362 页。

近，驻扎离宣光十里的馆司地方。① 至此滇、桂各军复进越南，北圻战事再起。

张之洞对滇桂战事之支援

桂、滇两军复进北圻后，原拟东西并进，合力进取。八月间潘鼎新奏报桂军于谅平分为东西两路，苏元春先行率队由谷松进发，周寿昌、方友升、蒋宗汉合队由屯梅、北黎一路前进，经其与岑毓英函商，计划待滇军克复宣光后，滇、桂两军会合以规复北宁。② 法军则谋先破桂军急取谅山，再回救宣光。八月十八日，法军与桂军战于船头附近之尼村，遇苏元春、陈嘉部抵抗，遂退扎船头附近相持；此时法军与方友升、周寿昌等军战于郎甲，二十日双方激战，法军大胜，郎甲桂军退扎北黎，法军一部进驻郎甲，其余法军转援船头。八月二十日后法国援军先后抵达船头，苏元春、陈嘉军虽迭胜，但郎甲败讯传至船头，桂军士气大沮，复战损失惨重，夜焚船头而退，桂军入越之路告绝。③

其时桂军营务处设于龙州，委员李必昌、蔡希邠负责后路文报收发和转运事宜。李必昌，江西临川人，知府衔，光绪十年三月经潘鼎新奏调随同赴广西办理越南军务，总理后路营务处兼管转运军械、粮饷。蔡希邠，江西新建县人，光绪五年

---

① 《官军进取馆司关法人退守宣光折》（光绪十年九月初二日），《岑襄勤公（毓英）遗集》，第 2326~2329 页。

② 《桂抚潘鼎新奏会合滇粤各军力图进取折》，《清季外交史料》，第 895~896 页。

③ 邵循正：《中法越南关系始末》，第 211~213 页。

（1879）任龙州同知，自光绪九年七月会办桂军营务处。① 滇、桂进军前，张之洞与李必昌、蔡希邠已有电报往来。如光绪十年七月初八日，张之洞电寄蔡希邠，望其询问李极光、李定胜、黄云高是否愿来广东遣用。二十七日，李、蔡二人电禀张之洞桂军接济唐景崧军火事宜。② 八月二十三日，潘鼎新、李必昌电告张之洞桂军战况，言法分船头、郎甲、那阳三路进攻，李必昌之电禀称"局势甚危"。③ 前桂军奉命撤回关内，与潘鼎新不和之诸将先后告病，禀请张之洞撤军。张之洞遂将威远军方长华部裁撤，④ 并拟将湘军王德榜部调回江南，后为左宗棠、曾国荃奏留于广西。自桂军复进北圻，廷旨、张之洞屡催王德榜进军，王德榜军拟赴牧马驻守桂军后路，然称病缓行。及得李必昌、蔡希邠告以法军三路进攻之信，九月初八日，张之洞再电寄王德榜，命其速援潘鼎新，"恐严旨诘问，洞无辞以对"，并电李必昌、蔡希邠，询以王德榜军具体情况。次日，王德榜复电张之洞，告以经与潘鼎新会商同扑那阳。李、蔡二人亦禀告王德榜认守那阳一路，已允出兵，所统八营已募齐。⑤

---

① 秦国经主编《清代官员履历档案全编》第 5 册，第 293、373 页。

② 《寄龙州蔡丞希邠》（光绪十年七月初八日）、《龙州来电》（光绪十年七月二十七日），《张文襄公（未刊）电稿》第 10 册，第 4351、4653 页。

③ 《龙州来电》（光绪十年八月二十三日发），《近代史所藏清代名人稿本抄本》第 2 辑第 53 册，第 194~195、198 页。

④ 《寄威远军统领方道长华》（光绪十年六月二十五日），《张文襄公（未刊）电稿》第 9 册，第 4115 页。

⑤ 《致龙州王藩台》（光绪十年九月初八日），《张之洞全集》第 7 册，第 280 页。按：编者以"王藩台"为王之春，实误。《寄龙州营务处李同知蔡》（光绪十年九月初八日）、《王藩司复电》《龙州来电》（光绪十年九月初九日），《张文襄公（未刊）电稿》第 12 册，第 5281、5301~5302 页。

为支援桂军，张之洞等先后奏派广东各军相助。十月十一日，彭玉麟、张之洞、倪文蔚电奏由广东派出前广西提督冯子材、右江镇总兵王孝祺率军出关支援桂军。十一月二十九日，张之洞又单衔电奏待冯、王二军深入，将密饬钦州分道袭越。① 此前张之洞已多方准备。冯子材，号萃亭，广东钦州人。咸丰年间从向荣、张国梁镇压太平军，历任广西提督、贵州提督。曾三次奉命入越平叛。光绪八年告病开缺，十年由两广总督张树声奉旨委为高廉雷琼团练督办。② 六月二十一日，到任不久的张之洞即致信冯子材，询其钦州团练情形，表示若事机急迫，即派其袭取广安、海防。冯子材复信愿亲率劲旅先发，请张之洞设法筹解饷械。十月初七日，张之洞咨会冯子材率军出关，委派前署廉州知府黄杰管理萃军营务处。③ 为备冯子材出关，张之洞札饬辑西轮船装运军火赴龙门，由钦州地方官派员助运军火至冯营，并电饬龙州电报局委员谈震临将《电报新法》交给冯子材，以速军报。④ 王孝祺，号福臣，安

---

① 《寄总署》（光绪十年十月十一日），《近代史所藏清代名人稿本抄本》第2辑第25册，第663~665页；《致总署》（光绪十年十一月二十九日），《张之洞全集》第4册，第354~355页。

② 《清史列传》，中华书局，1987，第4937~4938页；冯子材：《粤督奏复督办高廉雷琼团练折》，都启模编《军牍集要》卷9，文海出版社，1988，第1~3页。

③ 《致冯萃亭》，《张之洞全集》第12册，第36页；冯子材：《复张制帅书》，都启模编《军牍集要》卷9，第10~14页；《咨冯提督拨军赴越协剿》（光绪十年十月初七日），《张文襄公（未刊）电稿》第13册，第5643~5647页。

④ 《札军火局起卸军火地方》（光绪十年十月十七日）、《札钦州牧起运军械》（光绪十年十二月十七日），《督广咨札·咨札二》，张之洞档，甲182-196；《寄龙州电局》（光绪十年十一月十六日），《张文襄公（未刊）电稿》第14册，第6240页。

徽合肥人，淮系将领。光绪六年由张树声奏调来粤，九年补广西右江镇总兵。据张之洞幕僚赵凤昌称，其与王孝祺相熟，故向张之洞推荐，然彭玉麟称湘淮之间，王孝祺实为"看马"。① 由此可见，冯、王之奏起，张之洞实皆有大力。其时张之洞等人计划广东出军四路，以冯子材率十八营攻那阳，王孝祺率八营援谅山，钦州参将莫善喜、陈荣辉共率八营由东兴出边攻海阳，唐景崧率军助滇军、黑旗军攻宣光。②

自八月中下旬中法两军激战于船头、郎甲，桂军、法军无力再战，均相持待援，又值越南雨季，东路停战两月之久，此时中法战事集中于西路宣光。八月，桂军既败，清廷欲西路各军牵敌于宣光。前因谅山告急，潘鼎新拟命牧马守军回援船头，以唐景崧代守牧马。九月初一日，张之洞寄电唐景崧，告以唐军以约会刘永福为主，牧马不宜久留，仍须速进。③ 前廷旨已屡命岑毓英、刘永福进军，自桂军败于东路，边臣以法军四路来犯入告，廷旨再命岑毓英督军进攻宣光以牵制敌势。④ 为传达西路军报，清廷曾询两广、云桂督抚展设龙州至云南马白关电报，但因用款甚多而未成，故龙州各委员亦负责张之洞与西路各统领的联络。九月初十日，张之洞发电李必昌、蔡希

---

① 《清史列传》，第 4978~4980 页；《赵凤昌所记之冯子材》，黄濬：《花随人圣庵摭忆》，第 473 页。

② 《分遣广军规越折》（光绪十年十二月二十七日），《张之洞全集》第 1 册，第 262 页。

③ 《致龙州唐主政》（光绪十年九月初一日），《张之洞全集》第 7 册，第 279 页。

④ 《电寄·一八七》（光绪十年九月二十五日），《清代军机处电报档汇编》第 1 册，第 70~71 页。所谓四路即太原、安世、陆岸、北黎。

郯询问边情，其中问及刘永福与部下黄守忠是否不和。[①] 委员唐镜沅专门负责西路各军（尤以唐景崧部为主）的联络和转运。唐镜沅，字芷庵，广东试用直隶州州判，广西灌阳人，副贡。光绪八年奉委驻关外。光绪十年八月，张之洞应唐景崧要求，委派坐探唐镜沅驻扎龙州，管理景军后路事宜。[②] 在发电李必昌、蔡希邠同日，张之洞亦致电唐镜沅，命其将关外军情随时发报，并询牧马、宣光、兴化路程，各军驻扎地点及法军行动和人心向背。[③] 其后围绕唐景崧行程、宣光战事、刘黄矛盾，张之洞与唐镜沅往返发电。滇军自达宣光城下，三战皆捷，四面围困宣光；黑旗军进取宣光东南左育，九月二十三日至二十七日迭次与法军交战；十月后，滇军会黑旗军、唐景崧军围攻宣光，攻城甚猛。初一日，唐景崧至沽化，探得宣光战事，致信唐镜沅伤其电禀张之洞。唐镜沅之禀于十四日电达张之洞，自是日起唐景崧十月初五、初八、初十、十七、十九，十一月初六、初十等日战信皆唐镜沅转禀，为张之洞获知西路战事的重要渠道。[④] 为加速唐景崧军文报传递，十月十七日，张之洞寄电唐镜沅，命其每隔三四十里即设台站连接宣光和龙

① 《致龙州营务处李同知蔡》（光绪十年九月初十日），《张之洞全集》第 7 册，第 280 页。
② 《附录倪中丞寄潘中丞电》（光绪十年八月十九日），《张文襄公（未刊）电稿》第 11 册，第 5023 页；《龙州来电》（光绪十年七月二十三日到），《近代史所藏清代名人稿本抄本》第 2 辑第 53 册，第 145 页；《寄唐主事景崧》（光绪十年八月初九日），《张文襄公（未刊）电稿》第 11 册，第 4879 页。
③ 《致龙州唐委员》（光绪十年九月初十日），《近代史所藏清代名人稿本抄本》第 2 辑第 25 册，第 589 页。
④ 《龙州来电》（光绪十年十月十四日），《近代史所藏清代名人稿本抄本》第 2 辑第 5 册，第 330~331 页。

州，"此专为景军、刘军而设，不必再候潘帅、岑帅商酌"。①

　　除通过桂军、景军营务各委员联系东西两路各统领，获知前线各事摘要报告清廷外，张之洞对北圻战事的支援另有转运饷械。广东对桂军转运路线由水路经梧、浔、邕至龙州，与驿递路线基本重合；广东援滇有两路，一出龙州经越南宣光，一由南宁入百色过开化、广南，皆达滇军防所。滇、桂各军所需饷械，即由龙州李必昌、蔡希邠、唐景崧负责向广东求拨并设法转运。梧州知府梁俊、左江道彭世昌亦在转运中发挥重要作用。梁俊，字彦臣，号灼庵，河南孟县人，同治四年（1865）进士，在谏垣五年，有直名，光绪九年（1883）授梧州府知府。目前所见最早的往来材料为张之洞于光绪十年七月二十日致电梁俊，询问唐景崧饷是否已转解及买马事宜。② 彭世昌，字香九，江西庐陵人，咸丰十年（1860）进士，历翰林院编修、巡城御史、户科给事中，迁广西左江道。光绪十年六月初五日，南宁左江道彭世昌即电禀张之洞，转达岑毓英之谕。③梧州为连接两广之地，南宁为赴龙州顿舍之所，又是运滇、运越分歧之区，张之洞多向梁、彭下达料理转运之指示。如十一月初四日，因委员雷震瀛解刘永福饷赴百色，张之洞命彭世昌妥派员役照料。二十七日，关外战事正酣，急需武器，张之洞

①　《致唐委员》（光绪十年十月十七日），《近代史所藏清代名人稿本抄本》第 2 辑第 25 册，第 679 页。
②　民国《孟县志》卷 6《人物上》，1932，第 616~617 页；《寄梧州府梁守俊》（光绪十年七月二十日），《张文襄公（未刊）电稿》第 10 册，第 4557 页。
③　民国《庐陵县志》卷 17《耆献志·列传·宦业》，1920，第 52 页；《南宁左江道彭来电》（光绪十年六月初五日），《张文襄公（未刊）电稿》第 9 册，第 3917 页。

派员运解潘鼎新枪支，命梁俊、彭世昌预为雇船，以待设法速解，① 如是等等。此外梁俊、彭世昌二人另受张之洞指示，监督沿途兵勇、解运委员，禀告相关情况。② 为速饷银转运，张之洞与各地方官、委员商量汇兑之法。九月十二日，张之洞致电潘鼎新，言粤东解桂关外饷路途遥远，请其电檄梁俊从梧州税关提银七八万两存龙州，待广东解饷到梧州，即由梧州致电龙州先行拨解，后再由梧州解龙州补足拨额。其后张之洞电询梁俊是否奉潘鼎新谕办理汇款，梁俊复电以无款可筹借，汇兑之事遂暂未成。③ 十一月十六日，张之洞欲转解潘鼎新营饷二万两、唐景崧转运局饷一万两，再询唐镜沅、彭世昌、梁俊、浔州府知府何昭然能否汇兑或有何妥速方法。时诸员皆以商号、钱庄资本不大电复。④ 至十九日，彭世昌来电建议可由百

① 《寄左江道彭委员雷》（光绪十年十一月初四日），《张文襄公（未刊）电稿》第 13 册，第 6015 页；《寄梧州府梁左江道彭》（光绪十年十一月二十七日），《张文襄公（未刊）电稿》第 15 册，第 6499 页。

② 光绪十年十一月二十日，张之洞先后致电梁俊、彭世昌，询问王孝祺军过梧、邕日期。因王军过浔州时发生哗变，张之洞命梁俊密禀实在情形。十二月十六日，张之洞电彭世昌，称委员曹荣快解唐饷三万两，蔡峋解桂枪一千五百支，均由梧州转解，石镇径解唐、桂枪，询问何日到南宁，以后饷械过南宁随时电报。见《寄梧州府梁》《寄左江道彭》（光绪十年十一月二十日）、《寄梧州府梁》（光绪十年十一月二十二日）、《寄左江道彭》（光绪十年十二月十六日），《张文襄公（未刊）电稿》第 16 册，第 7209 页。

③ 《致龙州潘抚台》（光绪十年九月十二日），《张之洞全集》第 7 册，第 281 页；《寄梧州府梁》（光绪十年九月二十一日）、《梧州府梁来电》（光绪十年九月二十二日），《张文襄公（未刊）电稿》第 12 册，第 5477、5487 页。

④ 《寄运局唐》《寄左江道南宁府浔州府梧州府》（光绪十年十一月十六日）、《龙州景军转运局唐来电》（光绪十年十一月十七日）、《梧州府梁来电》《左江道彭来电》（光绪十年十一月十八日），《张文襄公（未刊）电稿》第 14 册，第 6241~6242、6271、6279、6280 页。

川通负责汇兑。① 经张之洞、彭世昌、南宁电局委员潘伟琛往返电商措置，十二月初七日，张之洞告岑毓英、潘鼎新、唐景崧，言滇饷由百川通、左江道各汇二万两，桂饷由左江道汇四万两，刘饷解现银二万两、左江道汇唐镜沅转解三万两。② 此后张之洞援滇、桂饷即运、汇并行。及冯子材、王孝祺出关，粤、桂、滇、刘、唐各军转运事宜烦琐，二十八日，张之洞奏设东、西转运局。广东省城设东转运局，由两广盐运使瑞璋、候补道阎希范、蒋泽春总理，会同广东藩臬两司、粮道、各局筹商办理；龙州设西转运局，南宁设西转运分局，由时驻龙州之广西按察使李秉衡、左江道彭世昌总理。冯、王、刘、唐军饷由广东专门负责，张之洞另札委张赓云会同唐镜沅驻龙州总办四路转运及台站侦探事宜，刘思敏随同办理转运。③

北圻战事复起后，清廷总体应对迟缓，各疆臣大多坐视，张之洞等虽联络多方，积极援助滇桂兵勇、军火、饷银，但以地方督抚筹兵、谋械、备款，战机久失。潘鼎新谓"以中国全力御一岛夷绰有余地，奈此疆彼界，苦乐不均，坐视缓急"，④ 实非借口。桂军既败于东路后，滇、黑旗、景军又久攻宣光不下，滇、桂两路并进，会师共规北宁之计徒成画饼。

---

① 《左江道彭来电》（光绪十年十一月十九日），《张文襄公（未刊）电稿》第 14 册，第 6307 页。

② 《寄岑宫保潘中丞唐主政》（光绪十年十二月初七日），《张文襄公（未刊）电稿》第 16 册，第 6972~6973 页。

③ 《分设东西转运局片》（光绪十年十二月二十八日），《张之洞全集》第 1 册，第 266 页；《札张守赓云总办四路转运》（光绪十年十一月十八日）、《札饬营务处派员随局差委》（光绪十年十一月十九日），《督广咨札·咨札二》，张之洞档，甲 182-196。

④ 《潘中丞来电》（光绪十年十月十八日），《张文襄公（未刊）电稿》第 13 册，第 5793 页。

十月后，法国增兵赴越，十一月后陆续抵达越南，北圻战局岌岌可危。

清军败退与张之洞因应

桂军知法增兵赴越，并为牵制宣光之敌计，先行挑兵往攻船头法军。苏元春军于十月二十九日与法军战于船头附近纸作社，法军败退。[①] 王德榜由那阳进板峒，谋攻船头法军后路，并与苏元春约共攻船头，未及约定时间，十一月十八日法军攻王德榜于丰谷，王德榜大败，夜退板峒。二十四日，李必昌电告张之洞王德榜军败况。得李必昌信后，张之洞一面电王德榜，询问丰谷之挫细情，一面电命助桂军之冯子材、王孝祺催队出关，互相援应，分道并举。[②]

二十二日后，北圻法军由法国海军部改隶陆军部，谋于十二月中旬攻占谅山。时潘鼎新守谅山，王德榜守那阳，苏元春守谷松，杨玉科守北黎。十二月十九日北圻法军分军出发，一路攻那阳王德榜守军，一路攻谷松苏元春军。王德榜军于二十二日、二十三日皆获小胜，然其时法军主攻谷松一路。苏元春军自十九日战至二十二日，终以不敌从谷松撤至谅山，前营驻扎谅山前之威坡，谅山告警。前于初九日，李鸿章电告张之

---

① 邵循正以纸作社之战清军为冯子材部（《中法越南关系始末》，第 217 页），误。时冯军尚未出关，据当时潘鼎新、李必昌、唐镜沅之电，此战清军实为苏元春军。其中李必昌来电尤详，见《龙州营务处李来电》（光绪十年十一月初六日），《张文襄公（未刊）电稿》第 14 册，第 6061~6062 页。

② 《西营务处李来电》（光绪十年十一月二十四日）、《寄王藩司》（光绪十年十一月三十日），《张文襄公（未刊）电稿》第 15 册，第 6413、6587 页；《致冯军门王镇台》（光绪十年十一月二十五日），《近代史所藏清代名人稿本抄本》第 2 辑第 26 册，第 79~80 页。

洞，探得法国将于三四日内数路来攻，望加意防备。张之洞已命冯子材所派赴那阳的萃军八营为王德榜接应，又命王孝祺先挑两营出关前进备战。① 二十日潘鼎新、李必昌、李秉衡同时电告谷松激战，张之洞电寄潘鼎新、冯子材、王孝祺，再命萃军八营驻那阳附近，王孝祺挑四营往谅山之东助战。② 其后数日内张之洞屡命冯子材军力顾王德榜，王孝祺军力顾谅山。因战事焦灼，张之洞于二十四日电寄冯子材、王孝祺、龙州电报局委员谈震临，令三人无论有事无事，日发一电，随路设站，兼程飞报。③ 谷松既失，潘鼎新遂调各军尽回谅山以顾后路，时龙州各委员已觉不妥。二十六日唐镜沅致电张之洞，称据李必昌言北黎杨玉科军、车里王德榜军俱由潘鼎新调回谅山，是自撤藩篱，谅山必成孤注，恐不易守。对此张之洞电告王德榜、杨玉科、潘鼎新等人斟酌而行。④ 此时法于谷松息军数日

① 《北洋来电》（光绪十年十二月初九日），《张文襄公（未刊）电稿》第16册，第7017页；《致冯军门王镇台》（光绪十年十二月十一日），《近代史所藏清代名人稿本抄本》第2辑第26册，第146~148页。按：冯子材得张之洞告王德榜丰谷之败信后，先挑八营前进，但其时萃军八营实未在那阳，仍驻扎于思陵之爱簟隘，二十日方有四营进次那阳附近之峒朴。

② 《潘鼎新来电》《西皇司李来电》《西营务处李来电》《寄冯军门潘中丞》（光绪十年十二月二十二日），《张文襄公（未刊）电稿》第16册，第7295、7297、7299页；《寄右江镇王潘中丞》（光绪十年十二月二十二日），《张文襄公（未刊）电稿》第17册，第7382页。

③ 《致冯军门王镇台龙州电局谈委员》（光绪十年十二月二十四日），《近代史所藏清代名人稿本抄本》第2辑第26册，第197页。

④ 《运局唐来电》（光绪十年十二月二十六日），《张文襄公（未刊）电稿》第17册，第7509页；《致王藩台冯军门》《致杨军门》（光绪十年十二月二十六日）、《致潘抚台李臬台西营务处李》（光绪十年十二月二十七日），《近代史所藏清代名人稿本抄本》第2辑第26册，第205~209、213~214页。

后再进，二十七日、二十八日与苏元春军激战于威坡。李必昌
于二十八日即有电禀张之洞谅山战事，时廷旨亦命冯子材、王
孝祺迅赴前敌接应，并着王德榜奋勇图功，张之洞遂电命王孝
祺亲自率队往援谅山，冯子材饬萃军八营抄击，"如谅山见贼
而两军未接仗，两君之责也"。其后张之洞电寄冯子材，请其
斟酌出关督战。① 潘鼎新亦札调各军回援，然潘鼎新军命屡
改，各军一日数调，兼以其待众寡恩，事权不一，各军又路远
消息难通，诸统领或坐视，或救援不及，无一营往助谅山，二
十九日谅山失陷，潘鼎新退入镇南关。

法军攻占谅山后，于光绪十一年（1885）正月初二日分
军往援宣光。时滇军、黑旗军、景军已围宣光达三月之久，
光绪十年十一月后岑毓英、唐景崧、刘永福、唐镜沅连连有
电报、咨文、禀文告知张之洞各军获胜情形，至十二月中
旬，刘永福得左育，滇军次第收复安平、陆安、沾化及宣光
城外之连山、同安、中门、安岭，城外敌营炮台亦悉数被
除。二十二日，彭世昌转岑毓英电及唐镜沅转唐景崧电，皆
告张之洞宣光"可望得手"。② 清廷亦望攻克宣光以缓法军
东路攻势，然而二十七日，张之洞得唐镜沅禀，探闻有法军
退至船头往援宣光，张之洞即电告唐景崧、岑毓英，并请知

① 《西营务处李来电》（光绪十年十二月二十八日）、《寄潘中丞冯军门王镇
台西营务处》《寄冯军门王镇台》（光绪十年十二月二十九日），《张文
襄公（未刊）电稿》第 17 册，第 7617、7681、7683 页；《电寄·二七
六》（光绪十年十二月二十七日），《清代军机处电报档汇编》第 1 册，
第 98 页。
② 《岑宫保来电》《唐主事来电》（光绪十年十二月二十二日），《张文襄公
（未刊）电稿》第 16 册，第 7363、7367 页。

会刘永福，待敌援到前，速攻、招并行，以破宣光城。[①] 至
光绪十一年正月十三日，法援军到达端雄；十六日法军攻刘永
福于左育，刘永福抵御甚猛而黄守忠军不救，刘永福终于不支
溃退；次日，滇军与法军接战亦败退，宣光之围遂解。[②] 前唐
景崧军会滇军、黑旗军围攻宣光，岑毓英屡奏未叙景军之功，
因景军由张之洞奏起，唐景崧致张之洞电文中颇露微词，请其
主衔奏报景军情况。此时宣光解围，唐景崧无心恋战，于二十
日致信张之洞，言其现暂扎沽化，拟拔队回牧马就粮械。[③] 清
军谋得宣光之计功亏一篑。

潘鼎新自退守镇南关后，札调各军回至镇南关。杨玉科军
由北黎退文渊，苏元春军数营守艽封（苏元春本人入镇南
关），左右共卫镇南关。潘鼎新并饬峒朴之萃军八营、谅山之
王孝祺四营入关护卫，然张之洞认为冯、王二军不战入关，必
干朝廷之怒，电告二人谅山之战无营往助，现却欲入关，二军
必须一战，否则即将王孝祺及管带萃军营官弹劾。[④] 谅山之败
主要原因即事权不一。前以谅山紧急，张之洞已电潘鼎新、王
孝祺、冯子材，告以冯、王二军均听潘鼎新调度，不为遥
制，[⑤] 然二军为广东奏派，多听张之洞驱使，张之洞又屡以电

①　《唐主事来电》（光绪十年十二月二十七日）、《寄唐主政岑宫保》（光绪
　　十年十二月二十九日），《张文襄公（未刊）电稿》第 17 册，第 7571、
　　7681 页。

②　邵循正：《中法越南关系始末》，第 221~222 页。

③　《唐主事来电》（光绪十一年正月二十六日），《张文襄公（未刊）电稿》
　　第 19 册，第 8549 页。

④　《寄右江镇王西抚潘》《寄冯军门》（光绪十一年正月初二日），《张文襄公
　　（未刊）电稿》第 17 册，第 7735、7736~7737 页。

⑤　《致龙州潘抚台王镇台》《致龙州潘抚台冯军门》（光绪十年十二月二十三
　　日），《张之洞全集》第 7 册，第 285~286 页。

报干涉二军行止；王德榜虽与潘鼎新有姻亲，但朗军由两江奏派，因湘淮之间，王德榜更愿意听从曾国荃或左宗棠调遣，张之洞在饷械筹给上多考虑湘淮平衡，王德榜兵败丰谷后，张之洞温语安慰，并派冯军支援，不似潘鼎新宽己责人，故王德榜多与张之洞就近往商。谅山鏖战之时，潘鼎新分电李鸿章、张之洞，请饬各军均听其调派。① 至潘鼎新退守镇南关，清廷方得李鸿章电报，于光绪十一年正月初三日命王德榜、王孝祺等军听候潘鼎新调遣，以一事权，冯子材放广西军务帮办，所统各军亦归潘鼎新调派，② 但此时谅山早已失守。

谅山失后，张之洞欲命清军出击以支局势。初三日，张之洞电奏饬莫善喜、陈荣辉两军由钦州疾进，以分法军之势。其后张之洞致电潘鼎新、冯子材、王孝祺、王德榜、杨玉科、苏元春等人，称法军新得谅山，布置不稳，请诸人考虑乘机合击规复谅山。③ 时莫、陈、潘各军均准备就绪，但法军的进攻态势使张之洞等袭钦复谅的设想徒成空言。初三日，法轮驶入钦州附近洋面，并在越南新安州载兵登岸，张之洞等探得法军将占芒街，遂于十七日电奏钦州各军"变攻局为守局"。④ 而在越南战场，初九日法军进攻文渊，文渊守将杨玉科阵亡，潘鼎新

① 《急寄译署》（光绪十一年正月初二日），《李鸿章全集》21 册，第 441页；《龙州来电》（光绪十年十二月二十九日），《近代史所藏清代名人稿本抄本》第 2 辑第 53 册，第 362 页。

② 《电寄·二八一》（光绪十一年正月初三日），《清代军机处电报档汇编》第 1 册，第 100 页。

③ 《致总署》（光绪十一年正月初三日），《张之洞全集》第 4 册，第 359 页；《寄潘抚台冯军门王镇台王藩台杨军门苏军门李臬台运局唐州判》（光绪十一年正月初五日），《张文襄公（未刊）电稿》第 18 册，第 7869~7870 页。

④ 《致总署》（光绪十一年正月十七日），《张之洞全集》第 4 册，第 361~362 页。

弃镇南关，远退至龙州。法入镇南关居一日，十一日焚关退至文渊。镇南关失守后，龙州大震，钦廉告警，彭玉麟、张之洞等欲调冯子材回防钦廉以固广东门户，兼保桂军后路。冯子材则以广西紧急，电请张之洞等暂留镇南关安抚人心，并收拢溃兵。①

　　滇、桂两军相继失利，诸将帅互多怨谤，张之洞力图调和各军矛盾。左育之败，刘永福归咎黄守忠不救援，黑旗军与滇军亦互诋。张之洞即饬唐景崧调黄守忠随军助剿自赎，粤给饷械，并作书与刘永福排解。二月二十六日，张之洞电奏为刘、黄、滇军转圜，称黄军力不能援而非不援，滇军可扩充，刘军可复振。② 广西为张之洞兼圻之地，其对潘鼎新尤为不满。谅山失陷后，桂军诸将怨谤潘鼎新，潘鼎新则责王德榜、冯子材坐拥大军，调度不援，掣肘尤甚。初五日张之洞致电彭玉麟，言"琴帅（按：潘鼎新）此时似无甚主见，西防有何善策"。③ 因潘鼎新得李鸿章之支持，张之洞亦询李鸿章解决之策。初七日，张之洞电寄李鸿章，请其电嘱潘鼎新对诸将开诚布公。张之洞觉潘鼎新不致遽罢，且替人尤难，对李鸿章建言请让防津之广东提督张曜为督办统带桂军，潘鼎新守关内后路。李鸿章却认为张曜所部皆北人，且少利器，以张之洞的建议为不然。④

---

①　《致总署》（光绪十一年正月二十七日），《张之洞全集》第4册，第363页；《冯帮办来电》（光绪十一年二月初三日到），《张之洞全集》第7册，第296~297页。

②　《致总署》（光绪十一年二月二十六日），《张之洞全集》第4册，第366~367页。

③　《寄虎门彭宫保》（光绪十一年正月初五日），《张文襄公（未刊）电稿》第18册，第7873页。

④　《寄李中堂》（光绪十一年正月初七日）、《北洋来电》（光绪十一年正月初九日），《张文襄公（未刊）电稿》第18册，第7913~7914、7993页。

谅山、镇南关相继陷落，潘鼎新并未获重咎，十三日，廷旨命其戴罪立功，而严旨责冯子材、王德榜经潘鼎新飞催不至，若再玩延当军法处置。时张之洞已饬李秉衡及龙州委员密查实际情形，得十三日廷旨后，张之洞复奏，称潘鼎新无人掣肘，苏元春、陈嘉为良将，虽败可用，冯子材老成得军心，潘鼎新宜责己恕人，同心救危，望朝廷详查潘鼎新所奏。① 经与彭玉麟往返函电相商，二月初六日，二人联衔电奏潘鼎新调度无方，请另简员督办桂军，如朝廷一时难得其人，请令张曜督师，李秉衡暂时护理广西巡抚，办理后路。② 因张之洞、彭玉麟痛诋潘鼎新，初八日，廷旨命潘鼎新、王德榜即行革职，苏元春督办广西军务，李秉衡护理广西巡抚。

镇南关、临洮大捷及清军全撤入关

当广西巡抚更替之际，桂、滇两军于东、西两路相继取得大捷。二月初五日至初六日，冯子材携王孝祺往袭文渊，后退回镇南关关前隘。次日法军扑关前隘，冯子材、王孝祺两军力战，苏元春、王德榜军亦相继助战，法军四面受敌，于初八日溃退谅山。十二日，桂军诸部会攻谅山，法统帅尼格里重伤，次日清军克复谅山，分路追击法军。十五日，陈嘉、王德榜军攻克谷松，冯子材复屯梅，镇南关、谅山一路获捷。与此同时，初八日，滇军亦于西路临洮府大败法军。冯子材、王孝祺、岑毓英之捷报于初五日至二十六日相继电达广东，张之洞

---

① 《总署来电》（光绪十一年正月十三日）、《致总署》（光绪十一年正月十五日），《张之洞全集》第 4 册，第 361 页。
② 《致总署》（光绪十一年二月初六日），《张之洞全集》第 4 册，第 365 页。

皆据报先行电奏总署。① 法失谅山之信传至巴黎，十四日法国
下议院开会，茹费理求增加两亿法郎为军费之提案遭否决，该
案投票为信任投票，因未获支持，茹费理内阁倒台。张之洞在
十六日已获茹费理去职之信。②

此时，张之洞却接停战撤兵电旨。二月二十二日，李鸿章
来电，言总署函称中法和议于十九日在巴黎画押，奉旨停战撤
兵。宣光以东三月初一日停战，十一日撤兵，二十一日全行撤
回；宣光以西三月十一日停战，二十一日撤兵，四月二十二日
全行撤回；台湾三月初一日停战，法国即开各处封口。③ 此
前，盛宣怀、罗寿嵩、郑观应已相继电禀张之洞，透露中法之
事已订约。时张之洞已得谅山获胜及茹费理内阁倒台的消息，
遂电奏望朝廷详酌停战撤兵之事。④ 自奉撤军谕旨，张之洞于
二十三日两次单衔电奏不可撤兵，并言电线断数日，初一日停
战旨意难达，须法兵退还澎湖、基隆，我军方可撤兵，且其已
催冯子材、王孝祺进攻北宁，以钦州兵袭越南，只可等续有战
报再定。二十五日张之洞再次单衔电奏，称保胜、谅山不可让

---

① 见《张之洞全集》第 7 册，第 297~299、301 页；《张之洞全集》第 4
　册，第 367、368~369 页。

② 《香港来电》《郑道来电》（光绪十一年二月十六日），《近代史所藏清代名人
　稿本抄本》第 2 辑第 54 册，第 195、196 页。

③ 《北洋来电》（光绪十一年二月二十二日），《张文襄公（未刊）电稿》
　第 20 册，第 8959 页。

④ 《津海关盛道来电》（光绪十一年二月二十日）、《香港来电》（光绪十一
　年二月二十一日）、《郑道来电》《寄总署》（光绪十一年二月二十二日），
　《张文襄公（未刊）电稿》第 20 册，第 8907、8942、8968、8951~8952
　页。按：《张之洞全集》亦将张之洞电奏收录，但经王树枏删节改动，文
　意大变，其删改用意不明。见《致总署》（光绪十一年二月二十二日），
　《张之洞全集》第 4 册，第 367 页。

法，冯、王两军现拟规复北宁，请饬苏元春、岑毓英军进兵牵制，以北宁换保胜、谅山，全局可振。① 张之洞所奏为清廷所不满。二十五日，清廷电旨寄谕张之洞，称中法两国已画押，难失信，严令张之洞急递各处如期撤兵，"倘有违误，致生他变，惟该督是问"。及得张之洞二十五日电，清廷再次严旨电谕张之洞饬令防军如期停战撤兵，"倘有违延，朝廷固必严惩"。② 为此，张之洞不得不电奏辩解，称停战及两次严旨都已电传，自己所争不过条陈备采，线阻信迟不过预先陈明，此为三事，并非违旨。③

停战之旨张之洞先后以电、咨文传达各营，并按总署要求派粤海关税务司吴得禄（F. E. Woodruff）携委员徐殿兰、孙鸿勋、韦振声、邝其照备文赴越，分投各军营。二月二十四日，张之洞得总署电寄撤兵谕旨后，随即转寄苏元春、冯子材、李秉衡、王德榜、王孝祺、西转运局、唐景崧、岑毓英等。然张之洞告苏元春、王德榜、冯子材、王孝祺其已电请缓撤，希望各军于初一日前再建奇功，克复北宁。④ 自得二十五日严旨，张之洞亦不再坚持缓撤，于二十六日将严旨电寄龙州，请龙州

---

① 《致总署》（光绪十一年二月二十三日、二十五日），《张之洞全集》第 4 册，第 367~368 页。

② 《北洋转总署来电》（光绪十一年二月二十五日），《近代史所藏清代名人稿本抄本》第 2 辑第 54 册，第 353~354 页；《总署来电》（光绪十一年二月二十八日到），《张之洞全集》第 4 册，第 368 页。

③ 《致总署》（光绪十一年二月二十九日），《张之洞全集》第 4 册，第 369 页。

④ 《寄苏督办等》《寄苏督办李护院王藩台》《寄冯帮办王镇》（光绪十一年二月二十四日），《张文襄公（未刊）电稿》第 20 册，第 9016~9017、9015、9023 页。

译出后由李秉衡分投各营，各军按二十二日电旨停战撤兵。[①]
为防再次出现类似"北黎冲突"的事件，二月二十八日，总
署电告张之洞，称停战撤兵之旨须立即备文派员，协同广东税
务司乘船前往河内，向谅山、宣光各军分投。此事应为背后促
成"巴黎草约"的赫德推动，除传达谕旨外，其另有催促和
监督滇、桂各军撤兵之意。后总署又来电催促，称据"巴黎
草约"第三款，如谕旨传达有阻滞，法国可帮助，仍命张之
洞延请广东税务司官员设法由轮船速寄河内，嘱法国官员转
达。[②] 时张之洞已请广东税务司吴得禄携文亲赴香港交法领
事，转交商轮将谕旨带往越南宣达。赫德等人亦派雷乐石自沪
赴越。然而河内提督勃里也（Bréire de L'Isle）要求吴得禄亲
自携员往宣光一路宣布谕旨，三月初四日，张之洞遂派遣委员
随同吴得禄前往滇军军营宣旨。[③]

　　时滇、桂各统将虽向张之洞力言不可撤兵，但无奈廷旨屡
次严催，各军遂相继开拔入关。三月初四日，桂军督办苏元春
来电，告张之洞等其已遵旨通饬桂军各军依限停战撤兵，拟于
二十一日齐抵广西边界。[④] 桂军自三月十四日起有序撤兵，至
二十日皆撤回广西。[⑤] 唐景崧于二月二十七日在牧马接唐镜沅

① 《寄冯帮办等》（光绪十一年二月二十六日），《张文襄公（未刊）电稿》
　　第 20 册，第 9095 页。
② 《总署来电》（光绪十一年二月二十八日），《近代史所藏清代名人稿本抄
　　本》第 2 辑第 54 册，第 405、408 页。
③ 《寄总署并寄天津李中堂》（光绪十一年三月初四日），《张文襄公（未
　　刊）电稿》第 21 册，第 9341 页。
④ 《苏督办来电》（光绪十一年三月初八日到），《近代史所藏清代名人稿本
　　抄本》第 2 辑第 54 册，第 527 页。
⑤ 《广军会合各军保关克谅撤兵回界折》（光绪十一年四月初二日），《张之
　　洞全集》第 1 册，第 282 页。

函报，得张之洞电寄之撤兵谕旨，其后唐镜沅陆续转达张之洞电报。三月十五日，唐景崧遵旨撤兵，是日自牧马开拔入关，十九日抵龙州。① 岑毓英于三月初八日接张之洞电寄之撤兵谕旨，随即传谕滇军停战撤兵。后吴得禄等于十五日抵滇军军营交文，并面见岑毓英、刘永福后回粤销差。其间岑毓英虽有意拖延，然经廷旨命张之洞电寄严催后，岑毓英于五月初二日行抵蒙自入关，滇军及黑旗军则皆于五月中下旬撤至云南界内。② 至此滇、桂各军全行撤兵入关。

① 　唐景崧：《请缨日记》，第 531~568 页。
② 　《遵旨停战撤师仍严密整备折》（光绪十一年三月十三日）、《两广总督委员航海咨会撤师销差回粤片》（光绪十一年三月二十六日）、《撤师驻边调度情形折》（光绪十一年五月初十日）、《关外各军及刘永福所部一律撤抵滇界折》（光绪十一年六月初八日），《岑襄勤公（毓英）遗集》，第 2481~2488、2503、2535~2542、2543~2550 页。

第四章 广东财政与张之洞
自强举措的顿挫

"洋务"为张之洞立身名世的根基，时谓"（张之洞）凡所设施，皆提倡新政"。[①] 民国时期，王兰荫已对张之洞所兴举的自强事项进行梳理，包括开办西学学堂、军事改革、创设工厂、筹建铁路等。[②] 在山西巡抚任上，张之洞已逐步开展自强举措，但由于其抚晋时间较短，且山西为僻远之地，许多自强举措实际无法实行。广东地处沿海，为较早开展自强举措的省份之一，张之洞督粤后进一步吸纳洋务人才，在两广大举推行自强措施。在广东洋务运动史中，学者普遍认可张之洞督粤时期是比较重要的阶段，[③] 因此，在人物传记和专题研究中，对张之洞在粤的自强举措多有论述，已积累了不少的研究成果。[④] 然而相较于张之洞在湖北所实行的自强事宜（如筹建汉

---

① 《清实录》第 60 册《宣统政纪》，第 368 页。

② 王兰荫：《张之洞之富强政策》，《师大月刊》（32 周年纪念专刊）1934年 12 月。

③ 如赵春晨认为"自张之洞离开之后，广东洋务运动复又陷入沉闷局面，一直到甲午战争和洋务运动结束为止"。（《洋务运动在广东》，《广东社会科学》1992 年第 4 期）

④ 代表论著有冯天瑜《张之洞评传》、唐上意《张之洞督粤时期的洋务新政》［《广东民族学院学报》（社会科学版）1994 年第 1 期，后该文收录于唐上意《中法战争与张之洞》中］等。

阳铁厂），学界对其在广东的各项举措研究较薄弱，大多限于史事的描述，其反响、效果以及与时局的关系仍需进一步考察。筹措经费是开展自强举措的关键，本章着眼于中法战争前后广东的财政情况，探讨在时局的变动中，张之洞在粤自强事项的兴举和困境。

一　张之洞在粤自强举措

咸同年间，清廷开展自强事宜，但受丁戊奇荒和地方情势的影响，自强举措旋兴旋止，至中法战争前后，因筹备战事需要，相关自强举措再度开展。中法战争期间，张之洞着手主持兴筑新式炮台、修建电报线、编练新式练军、筹建轮船等事宜。这些举措与中法战事直接相关，但并非仅为应战争一时之急，从当时的目的来看，实兼具转移风气、渐达自强的"新政"性质。① 中法战后清廷朝野讨论大治水师，借此契机，张之洞在粤的自强举措全面铺展。本节主要叙述张之洞在粤开展自强举措的时局背景，对其具体措施做简要介绍。

中法战争期间张之洞的自强举措

中法战争中的自强举措多与海防相关，晚清广东督抚的奏

---

① 张之洞饬命编设广胜军、广安水军，即有所谓"推行诸营以期待次第改观"及"为粤省内河水师开此风气"之目的〔《教练广胜军专习洋战片》《创造炮划设立广安水军折》（光绪十一年五月二十五日），《张之洞全集》第 1 册，第 298、302 页〕。又如架设电报线，时人已称："电线之利，微特军兴时可以传递警报，使一处有信而各处皆可预备，调兵筹饷，策应临时，庶无贻误也；即平日官场传报，消息千万里之相阻，瞬息可以直达，朝野内外如在庭阈之间，岂不声气相通，而下情又不至上壅焉？至于商旅之赖此者，尤觉便利无穷矣。"（《论创办电线本意》，《申报》1881 年 6 月 15 日，第 1 版）

折往往将同光之际作为广东办理海防之始。实际上，两次鸦片战争后，清廷皆曾谕令沿海将军、督抚讲求海防善后事宜，但相较而言，同治甲戌日兵侵台所引发的海防讨论，是参与人数最多、争论最激烈的一次。同治十三年（1874），日本借口琉球"属民"在台番地被杀（即"牡丹社事件"），派兵入侵台湾，最终清廷以赔偿日本白银五十万两，并承认琉球为日本属国，换取日本撤兵。牡丹社事件引起清廷震动，九月二十七日，总理衙门上海防亟宜切筹一折，拟陈练兵、简器、造船、筹饷、用人、持久等各条，请旨饬沿海督抚详议。① 时署两广总督兼广东巡抚张兆栋逐条议复外，另片奏陈广东已着手编练水陆各师，购买水雷、洋炮、洋枪，改以西式作法兴筑虎门炮台，试造浅水轮船三号等各事项。② 故日后粤省督抚多言此为广东海防权舆。

自同治十三年筹办海防，虎门、省河之炮台多采取西法兴修，但由于兴修西式炮台花费巨大，牡丹社事件和平解决后，原用于兴修炮台的经费被挪用，工程中辍。从光绪五年（1879）两广总督刘坤一的奏折中即可知当时的窘境："惟粤东近年库项匮绌异常，办理海防并无专款，是以炮台则工程作辍，船炮则购置无多，各前督臣办理数年，迄未就绪……时因办理惠州府属土匪兵勇薪粮等项，无款可筹，不得不挹彼注兹，在于海防经费项下暂行支应。近日琼州府属詹、临客匪滋事，征调频仍，军饷所需，亦因库款不充，又在海防经费项内暂行借支解济，以致海防本款无可供支，炮台尚难完工，更无

---

① 　《清实录》第 51 册《穆宗实录（七）》，第 915~916 页。

② 　张兆栋：《奏为遵旨筹议海防事宜开列清单》（同治十三年十二月二十六日），台北故宫博物院藏军机处月折档，故枢 003595/603000678-051。

论置买船炮之巨款。"① 直至中法越南交涉期间，广东新式炮台的修筑方有所加快。光绪九年，因得法船来华挑衅风闻，清廷饬沿海督抚筹办海防。在张树声的主持下，虎门之沙角、大角、上下横档、威远，黄埔之鱼珠、沙路等炮台陆续建成安炮。张之洞接署两广总督后，进一步扩建虎门、黄埔各处炮台。其抵粤视察各河口后，觉省防炮台单薄，遂于虎门、黄埔各处添设炮台十八座，"均采取西法作露天台式，以灰沙洋泥层层舂筑，皆有暗道、兵房、药库。滨海余地较宽者，酌量加筑濠墙"，并于城内添建炮台军械所。② 为给各台筹备巨炮，光绪十年七月初一日，张之洞即向李凤苞求购二十一生炮十余尊。八月初五日、九月初八日，张之洞又电示李凤苞分别购订二十一生炮四尊、十二尊。③ 张之洞分拨其中克虏伯二十一生后膛大炮十六尊，用于装备虎门、黄埔新修之各炮台。此外，张之洞饬令新修牛山炮台。光绪十一年（1885），张之洞命招募之德弁周览省防形势，德弁皆谓广东省河东路北岸之牛山地方为鱼珠各营后路，张之洞遂核定于牛山建筑新式炮台七座，安设英国钢炮四尊、德国钢炮三尊。④ 牛山炮台所用各炮前已通过驻外公使购得。光绪十年十二月初四日，张之洞电请驻英

---

① 《试办抽捐海防经费片》（光绪五年五月初一日），《刘坤一集》第1册，第595页。

② 《添建炮台军械所片》（光绪十一年七月初一日），《张之洞全集》第1册，第312~313页。

③ 《致巴黎李钦使》（光绪十年七月初一日），《近代史所藏清代名人稿本抄本》第2辑第25册，第495页；《寄驻德李钦使》（光绪十年八月初五日），《张文襄公（未刊）电稿》第11册，第4843页；《寄驻德钦使》（光绪十年九月初八日），《张文襄公（未刊）电稿》第12册，第5295页。

④ 《建筑牛山炮台完竣折》（光绪十三年十月二十五日），《张之洞全集》第2册，第36页。

公使曾纪泽代订阿姆斯特朗十二吨后膛炮五尊，牛山炮台所用之炮取自其中。[1] 德国钢炮则由新任驻德公使许景澄购买。光绪十一年三月二十七日，张之洞电寄许景澄，称广东于伦敦存有六千七百余镑，已电曾纪泽汇至柏林，请其代购克虏伯二十一生三十五倍口径台炮一尊，四日后张之洞再次电托许景澄添购同款克虏伯台炮两尊，连前共三尊，皆运至黄埔。[2]

中法战争期间，广东海军的建设因筹议海防有所发展。同光年间，粤省督抚曾奏调、购买、仿造多只轮船，但大多供捕盗、缉私、转运之用，广东兵船仅有从马尾船厂调拨之飞云、济安两艘。其后因援助福建海防，二船皆毁于马江之战。中法战争中，因无船防御和阻止法船来往接济，张之洞经与署水师提督方耀筹议，欲制造浅水轮船十余艘，以期驱敌于各河口内外。[3] 张之洞督粤后，属下众人所呈之条陈、清折中，不少即建议购买、制造浅水轮船，尤需注意者，为梁肇骐之清折。梁肇骐清折对建造浅水轮船相关事宜论述详细，与日后张之洞所奏《试造浅水轮船折》颇多类合之处：

> 窃思海防守口之法，必要角口建造炮台，当战时必要炮船护守……今想出一款小炮船，以利巡防、守缉炮台之用。船身长七丈余，船阔一丈五尺，船深五尺，平时食水深三尺……配用大炮一位，克虏伯八吨重之后膛炮计万余

---

① 《寄驻英曾钦使》（光绪十年十二月初四日），《张文襄公（未刊）电稿》第15册，第6909页。

② 《寄驻德许钦差》（光绪十一年三月二十七日、四月初一日），《张文襄公（未刊）电稿》第22册，第9905、9957页。

③ 《试造浅水轮船折》（光绪十一年五月二十五日），《张之洞全集》第1册，第300~301页。

斤者……又格林炮二位，快枪十枝……此船在香港定造，其价过贵，如在黄埔坞坞工自制，计四个月可完。①

窃惟海防之要，无论战守，必有水师战船以援炮台，炮台以护战船。……查黄埔向有船澳，系光绪三年前督臣刘坤一购之英商者。乃博访水师将弁，招致香港工匠，采取香港华洋船厂图式，令明于算理者推究斟酌，度华工之所能为者拟成一式。大率长英尺十一丈，广一丈八尺，舱深八尺六寸，吃水六尺……船头后膛巨炮一，船尾中等后膛炮一，前后桅盘悬连珠炮各一，船腰两旁配连珠炮各一。②

梁肇桀的履历不详，仅知其籍贯为广东，时为候补游击统带师船。③ 梁肇桀是方耀下属，张之洞或受梁之清折启发，与方耀筹商浅水轮船之事。经过筹议，光绪十一年，张之洞派委广东按察使沈镕经、候补道施在钰，会同方耀督饬各员弁，先行试造浅水轮船四艘，于二月间开始兴工。④

浅水轮船制造难速，时张之洞议及创设舢板内河水师。为防法国以小船突入省城，张之洞先后命副将利辉率艇船分防陈头、五斗口，阳江镇总兵黄廷彪统带各段扒船以做策应。然而

---

① 《梁肇桀呈造船折》，《张文襄公（未刊）电稿》第 7 册，第 3207~3209 页。
② 《试造浅水轮船折》（光绪十一年五月二十五日），《张之洞全集》第 1 册，第 300~301 页。
③ 光绪《重修登州府志》卷 36《武秩上》，光绪七年刻本，第 25 页；《特参不职文武各员折》（光绪十一年正月十九日），《张之洞全集》第 1 册，第 272 页。
④ 《试造浅水轮船折》（光绪十一年五月二十五日），《张之洞全集》第 1 册，第 301 页。

张之洞虑及艇船笨滞、扒船陈朽，久思解决之策。光绪十年十月，总兵柏正才禀请添练舢板防守内河，颇合张之洞之意，其后张之洞饬署南海县知县危德连会同柏正才先行试造舢板一艘。① 光绪十一年正月，广东试造之舢板告成，经张之洞查验大体合用，与彭玉麟筹商定议后，其札饬危德连、记名提督王光耀、柏正才仿照长江水师式样，督造舢板一百只，限一个月内完工。舢板水师编成一军，统名"广安水军"。②

中法战争期间，张之洞还着手编练洋枪练军。同治元年（1862），英、法同时为广东训练洋枪队，为广东洋枪练军之权舆。然而广东洋枪队编练人数较少，且英、法教习亦于不久后撤回，同光年间广东布防以绿营和地方勇营为主。张之洞久以土枪为无用，在山西期间曾编练洋枪练军。张之洞督粤不久，命檄调之山西补用都司张福启招募亲军一百名，驻扎督署供其调遣。光绪十年六月十八日，张之洞札派山西千总胡文达操练亲军，练习洋式火器。③ 其后，张之洞复添派德国人威勒士斯地（又称"威勒西"）充任督标亲军洋教习。④ 经数月华、洋教习操练后，光绪十一年正月初五日，张之洞认为亲军操练已渐有成效，但人数无多，难以御敌，故札饬张福启再招

---

① 《批总兵柏正才禀请添练舢板防守河港》（光绪十年十月十九日），《张之洞全集》第 7 册，第 62 页；《札同知危德连等赶造炮划》（光绪十一年正月二十日），《张之洞全集》第 5 册，第 77 页。
② 《札同知危德连等赶造炮划》（光绪十一年正月二十日），《张之洞全集》第 5 册，第 77 页。
③ 《饬教习洋枪札》（光绪十年六月十八日），《张文襄公（未刊）电稿》第 9 册，第 4017 页。
④ 《札留德弁充教习》（光绪十年十月十七日），《督广咨札·咨札二》，张之洞档，甲 182-196。

募亲军四百名，编足一营。① 洋枪亲军规模无多，张之洞在粤所着重编练之洋枪练军为广胜军。光绪十一年正月初五日，张之洞札饬奏调来粤之山西委用记名总兵李先义招募五营勇营，在广东先行招募三营，另外两营由李先义派员赴天津、江北一带招募。所招募的五营勇营统名为"广胜军"，由总兵李先义充当统领，都司吴良儒充当营官。其中粤勇三营，张之洞恐"省城一带类多无根游勇，市井油滑"，命李先义赴韶关、清远一带招募。② 据张之洞所奏，广胜军专习炮准、卧枪、散队、夜战、疾行、逾壕登山、造地营、安地雷，兼演洋式火箭、行军电线等项，并兼派洋弁为教习。其营规、纪律、筑营、掘壕等工作则采用湘、淮规制。"期于专备洋战，避短用长，务成劲旅。俟一军练有成效，再当推行诸营，以期次第改观。"③

广东电报线的架设亦在中法战时筹备海防的背景下推广。自电报引入中国后，中国朝野对是否自办电报争论不已，牡丹社事件后，引入电报已形成一定的舆论与思想基础，但反对者仍众。同治十三年，广东商人禀请架设粤港线，因福建架线引发争端，未被两广总督瑞麟批准。④ 光绪九年张树声主持架设粤港、广州—龙州电报线，为广东自造电报线之始。时广东架

① 《札都司张福启添募亲军》（光绪十一年正月初五日），《督广咨札·咨札三》，张之洞档，甲182-196。

② 《札总兵李先义招募广胜军》（光绪十一年正月初五日），《张之洞全集》第5册，第75~76页；《札饬李镇先义赴北江招勇》（光绪十一年正月十八日），《督广咨札·咨札三》，张之洞档，甲182-196。

③ 《教练广胜军专习洋战片》（光绪十一年五月二十五日），《张之洞全集》第1册，第298页。

④ 夏维奇：《晚清电报架设与社会变迁——以有线电报为考察中心》，第57~70、128页。

设电报线阻力仍大，不仅地方士绅阻挠，省中大员亦有不同意见，张之洞门生、广东按察使沈镕经曾禀张之洞曰：

> 粤西界属毗连，镕经到此已及一月，而从无一真实消息，邮政之坏，莫此为甚。大吏则创为电报之说，约需六七月之间始能竣事，固属缓不济急，即便告成，而耗费数十万，用军之事一夫足以坏之，其何所取焉？而宪章早决，近俗喜夷，此亦无可阻挠。①

然而张树声以速递军报为由，力持推行自建电报。中法战争期间，张之洞在原有广州—龙州电报干线的基础上，主持展设钦廉雷琼电报线，以传达廉、琼及越南军报。该线由原广州—龙州电报线横州段支出，经灵山、合浦到达廉州，南抵北海；由廉州东经遂溪、海康、徐闻渡海抵琼州；自廉州西出架线达钦州；又由龙州延展至镇南关后路之幕府。总计线路长上千里。②

中法战后广东自强举措的铺展

在筹备海防的过程中，张之洞意识到中外的差距。《中法新约》签订后，张之洞上《筹议海防要务折》，奏陈其对海防、自强事宜的看法。该折开篇即言"自强之本，以操权在我为先，以取用不穷为贵"，提出了宜急筹划的三个方面："首曰储人才""次曰制器械""次曰开地利"。针对以上海防急务，张之洞在折中称拟设立广东水陆师学堂、广东矿务局，

---

① 《张文襄公（未刊）电稿》第 2 册，第 838 页。
② 《展设钦廉雷琼电线片》（光绪十一年五月二十五日），《张之洞全集》第 1 册，第 300 页。

为广东培养洋务人才及开发广东清远、惠州等处铁矿。并拟借福州船政局铸造巨炮轮船，广东自行造枪、造雷、造药。① 中法战后张之洞的许多自强举措即照此布置。

同光之际朝野虽已大规模筹议海防，但光绪初年发生的丁戊奇荒，一定程度上冲击了自强事业。在丁戊奇荒期间，原用于各项自强举措的经费，被清廷先后挪移作为赈灾抚恤银。② 及至中法战争后，清廷将目光重新转向自强事宜。清廷上层的态度无疑是关键。慈禧太后在翁同龢奏对时言"海师宜建""中国人材何以不如外国"，反映了战后其对海防的重视。③ 时慈禧太后借左宗棠、李鸿章两折，谕令沿海督抚筹议海防事宜。光绪十一年正月二十五日，福建钦差大臣左宗棠上《请旨敕议拓增船炮大厂以图久远折》，提出开铁矿，并拓马江船厂，兴工铸炮，请下内外臣工议。④ 此折并未发予各大臣讨论，而是被留中。至五月，直隶总督兼北洋大臣李鸿章奏称于天津仿照西法创设武备学堂，作为储备陆军人才之用。⑤ 初九日，清廷颁布上谕，称"现在和局虽定，海防不可稍弛，亟宜切实筹办善后，为久远可恃之计……当此事定之时，惩前毖后，自以大治水师为主"。并将两折抄发李鸿章、左宗棠、彭玉麟、穆图善、曾国荃、张之洞、杨昌濬阅看，命诸人各抒所

---

① 《筹议海防要策折》（光绪十一年五月二十五日），《张之洞全集》第 1 册，第 295~298 页。

② 朱浒：《赈务对洋务的倾轧——"丁戊奇荒"与李鸿章之洋务事业的顿挫》，《近代史研究》2017 年第 4 期。

③ 陈义杰整理《翁同龢日记》第 4 册，第 1942 页。

④ 《请旨敕议拓增船炮大厂以图久远折》（光绪十一年正月初四日），《左宗棠全集》第 11 册，第 9821~9825 页。

⑤ 《创设武备学堂折》（光绪十一年五月初五日），《李鸿章全集》第 11 册，第 98~99 页。

见，全局通筹。① 除上述诸人外，刘铭传、黄体芳、吴大澂、
延茂、秦钟简、李元度、叶廷春等亦上折参与讨论。诸人的意
见由总署、李鸿章、奕譞汇奏，共分海部、水师、筹饷、制
造、维商局、辟台疆、筹陆路、河运、屯田九条，可见所议实
非仅海军，已涉及诸多自强事宜。总署等奏称目前宜以精练海
军为第一要务，但经费、人才支绌，请于北洋先练一军，选派
王大臣、疆臣会同办理。九月初五日，慈禧太后颁下懿旨，派
醇亲王奕譞总理海军事务，所有沿海水师悉听调遣，派奕劻、
李鸿章会同办理，善庆、曾纪泽帮同办理。② 除海军事宜，其
他各事项亦次第举办。如七月二十八日，上谕命四川总督丁宝
桢、云贵总督岑毓英、云南巡抚张凯嵩筹议开办铜矿及兼开铁
厂事宜。九月初五日，懿旨命福建巡抚改为台湾巡抚，常驻台
湾，由闽浙总督详细筹议改设事宜。初九日，懿旨命各省将
军、督抚裁减兵勇以筹海军饷需；又命曾国荃等筹商酌裁长江
水师事宜；又寄谕杨昌濬、张之洞、倪文蔚等预筹招商集股，
开采福建、广东煤、铁矿，以为制器之用；③ 等等。朝臣、疆
吏明显感受到当时风气的转向。翁同龢谈及慈禧太后规复制
钱、筹集铜源时，谓"窃观圣意甚坚"。张之洞亦曾就开矿事
宜致电李秉衡，言"朝廷目前甚着意矿务"。④

---

① 《清实录》第 54 册《德宗实录（三）》，第 935 页。
② 中国第一历史档案馆编《光绪朝朱批奏折》第 64 辑，中华书局，1995，
第 841~851 页；《清实录》第 54 册《德宗实录（三）》，第 1023 页。
③ 《清实录》第 54 册《德宗实录（三）》，第 996、1023、1026~1027、
1028 页。
④ 陈义杰整理《翁同龢日记》第 4 册，第 2032 页；《致龙州李护院》（光
绪十二年九月初七日），《近代史所藏清代名人稿本抄本》第 2 辑第 27
册，第 70 页。

张之洞于五月底即接奉廷议上谕，而筹思复奏甚久。在复奏前张之洞搜集相关船械信息以便措辞。八月十一日，北洋所定的定远、镇远号铁甲船到香港停泊，张之洞派遣委员蔡锡勇、赵彦滨、水师提督方耀前往观看，并详细询问了定远、镇远的制式。① 八月二十日，张之洞致电许景澄询问德国伏尔铿厂铁舰、哈孙鱼雷船价格，希望另造铁舰三艘、雷船六艘合为一军，供广东使用。同日致电曾纪泽，询问英国阿姆斯特朗水带铁舰价格样式。张之洞在给曾纪泽的电文中，表达了"拟奏制"的想法。② 直到九月初四日，张之洞方复奏提出大治水师十一项事宜。"一曰分地"，将海军分为北洋、南洋、闽洋、粤洋四大支，各设统领，听督抚节制，总统于总理衙门；"一曰购船"，在外洋购买铁甲巨舰；"一曰计费"，广东将与许景澄、曾纪泽往返商量粤船样式价格；"一曰筹款"，拟动用洋药税厘并征款；"一曰定银"，拟请户部垫款八十万两作为船炮定金；"一曰养船"，以所收的鸦片税厘作为经费；"一曰修船"，暂借香港船澳修理，徐筹开拓黄埔船澳；"一曰练将"，派遣员弁出洋练习；"一曰船厂"，视事机而定在粤设厂；"一曰炮台"，购买大炮在沿海修筑炮台；"一曰枪械"，拟将广东原有机器、军火两局合并为城西增步一局。③ 张之洞大治水师折规划颇为宏大，甚至在战后财政困难的情况下显得不切实

---

① 《致香港缉西轮船蔡守锡勇》（光绪十一年八月十七日），《近代史所藏清代名人稿本抄本》第 2 辑第 38 册，第 201 页。

② 《致柏林许钦差》（光绪十一年八月二十日），《近代史所藏清代名人稿本抄本》第 2 辑第 6 册，第 435~436 页；《致伦敦曾钦差》（光绪十一年八月二十日），《近代史所藏清代名人稿本抄本》第 2 辑第 38 册，第 202 页。

③ 《筹议大治理水师事宜折》（光绪十一年九月初四日），《张之洞全集》第 1 册，第 325~329 页。

际，朝廷虽称洋药税作为经费尚无把握，但仍有"该督所奏各节，着交海军衙门，随时察度情形，俟饷项有着，次第推广办理"之语。①以此为契机，张之洞铺展各项自强举措，大致计有如下方面。

添设各路电报线　中法战争后，张之洞因勘界、防务、通商、绥靖地方等原因，在两广先后饬命架设梧州—桂林线、钦州—东兴线、琼州岛线、岸步—高州线、南宁—剥隘线、汕头—潮州线、广州—南雄线各电报线。至光绪十五年，汕头至潮州府城、广东省城至韶州府南雄州电报线完工。张之洞奏称"添设东、西两省各路电线，业已全功告成"。②

大规模修筑西式炮台　为加强海防、边防，中法战争后张之洞原拟于广州、潮州、廉州、琼州及广西边境各处兴修、改造炮台数十座，由于经费支绌，最后竣工之炮台仅琼州秀英炮台及广西边境各炮台。秀英炮台兴筑于光绪十三年，是年冬张之洞出巡广东各海口，亲至琼州海口视察后，命于海口城西之秀英山兴修新式炮台。该处炮台于光绪十七年完工，共有台五座、克虏伯大炮五尊。③ 广西边境炮台的修筑为边防所需。《中法新约》签订后，清廷谕令两广督抚切筹边防，张之洞、李秉衡联衔复奏，拟于镇南关东、西两路筑台安炮。④ 其后法

---

① 《清实录》第 54 册《德宗实录（三）》，第 1049 页。

② 《添设各路电线折》（光绪十三年十一月二十七日）、《添设电线援案保奖出力各员折》（光绪十四年十一月），《张之洞全集》第 2 册，第 50~52、148 页。

③ 《建筑琼廉海口炮台折》（光绪十五年九月二十日），《张之洞全集》第 2 册，第 273 页；民国《琼山县志》第 2 册，邓玲、邓红点校，海南出版社，2004，第 535 页。

④ 《筹议广西边防折》（光绪十二年二月二十五日），《张之洞全集》第 1 册，第 369~370 页。

国拟开通谅山至新开通商口岸龙州之铁路，张之洞及广西边臣觉法人蓄意深入，复拟于桂越边境再添筑炮台二十座。① 据广西巡抚马丕瑶于光绪十六年所奏，龙州城外公母、象岭、彬桥、连城诸山，及白云岭、青山岭、马鞍山、南关口石山皆建有炮台，"剖山之顶而坎其中"，并安置洋炮。② 可见张之洞督粤时期广西边境修筑炮台的规模。为装备炮台，张之洞联络驻外公使大量购买洋炮。光绪十三年闰四月二十四日，张之洞致电驻德公使许景澄，请其代购克虏伯十五生三十五倍口径长炮五十尊，每炮炮弹二百颗，分十年运华。③ 以上各炮原拟用于潮州等处炮台，后张之洞亲巡各海口，觉廉、琼防务较潮州更为紧急，故于光绪十四年正月初七日致电新任驻德公使洪钧，托其将未造之四十五尊炮改造为二十四生三十五倍口径长炮二十尊。时张之洞又拟建造炮堤，安放车炮以配合琼州炮台，故其后又电请洪钧订购七生半车炮一百零二尊、八生车炮三十尊。④ 广西边境各炮台最早装备之洋炮亦由张之洞向德国订购，光绪十五年（1889）十月初七日，张之洞致电洪钧，请其另向克虏伯订购十二生三十五倍口径新式长炮二十尊，各配

---

① 《广西边关修筑炮台请拨部款折》（光绪十五年十月二十日），《张之洞全集》第 2 册，第 301 页。

② 《查阅边防炮台折》（光绪十六年十一月初八日），《马中丞（丕瑶）遗集》，文海出版社，1973，第 179 页。

③ 《致柏林许钦差》（光绪十三年闰四月二十四日），《张之洞全集》第 7 册，第 408 页。

④ 《致柏林洪钦差》（光绪十四年正月初七日），《张之洞全集》第 7 册，第 423 页；《致柏林洪钦差》（光绪十五年九月十一日），《张之洞全集》第 8 册，第 22~23 页。按：光绪十五年九月十一日致洪钧电报所言"六生半车炮一百尊"为"七生半车炮一百零二尊"笔误，见《致柏林洪钦差》（光绪十五年九月十五日），《张之洞全集》第 8 册，第 23 页。

弹一百颗，声明"系陆路炮台用"。[1]

建造轮船　光绪十一年底，广东于中法战争期间先行试造的四艘浅水轮船陆续完工，命名为广元、广亨、广利、广贞。时清廷已议大治水师，张之洞觉四艘浅水轮船合广东旧有中小轮船，不足以应备海防，故于光绪十三年六月十四日，奏告广东续制兵轮十艘，名曰广甲、广乙、广丙、广丁、广戊、广己、广庚、广辛、广壬、广癸。广甲为铁胁快轮，广乙、广丙、广丁为穹甲快轮，广庚、广辛、广壬、广癸为河海并用中号兵轮。由于广东经费不足，张之洞奏告以上各船请福州船政局协造。至于广戊、广己两船为浅水轮船，张之洞前于光绪十二年十一月，派前任按察使于荫霖、员外郎熊方柏于黄埔设立船厂开造。[2] 光绪十五年十月十八日，张之洞以惠、潮、高、廉一带洋面巡防需轮，且广东船局须日有所事为由，奏告续造铁臂钢皮钢壳双桅兵轮两艘，名为广金、广玉。[3]

开办水陆师学堂　光绪三年（1877），时任两广总督刘坤一捐廉十五万两，奏明生息拟设实学馆，为储备洋务人才之需，此项储备银两不久因丁戊奇荒被移作河南、山西、陕西赈灾银。光绪六年，随着灾情减缓，各省陆续归还广东赈灾银，两广总督张树声、广东巡抚裕宽动用此款，于长洲设立西学馆，教习西洋语言、算法，但因经费支绌，规模不大。张之洞

---

① 《致柏林洪钦差》（光绪十五年十月初七日），《张之洞全集》第 8 册，第 26 页。

② 《续造兵轮折》（光绪十二年六月十四日），《张之洞全集》第 1 册，第 550~551 页。

③ 《续造兵轮片》（光绪十五年十月十八日），《张之洞全集》第 2 册，第 296 页。

督粤后，一度将西学馆改名博学馆，但其时博学馆积弊已深："支应李肇沅并不遵定章办理，劣迹多端，各员亦不常川在馆办事，教习尚有缺额，学生告假告退，漫无限制，书籍器具携去不还，经费诸多浮冒，皆被李肇沅侵吞入己。津贴不公，器具不备，书识听差，徒挂虚名，快艇常泊省城，防御亦欠周密。"故光绪十三年闰四月十八日，张之洞札饬将博学馆改设为水陆师学堂。① 六月十四日，张之洞、广东巡抚吴大澂联衔奏告买地筑厂，添设学舍、教习、书籍、仪器等各项事宜，并请调福州船政局吴仲翔来粤差委，任学堂总办。② 是年广东水陆师学堂开办，至张之洞离粤前共招收四批学生。光绪十五年，张之洞奏陈矿学、化学、电学、植物学、公法学可济时需，以资自强，故于水陆师学堂内设立洋务五学。五学教习均延请洋人，由张之洞致电驻英公使刘瑞芬代觅。③

训练驻粤八旗　清朝入关后，确定了首崇满洲的原则，各省重要城市有旗营驻扎。自康熙平定三藩，主要军事、巡防任务改由绿营承担，驻防旗营逐渐窳败。咸同军兴导致勇营崛起，清廷屡有仿照勇营加饷练旗之议。中法战争后此议再兴，时张之洞亦在粤省加饷训练驻粤八旗。前于光绪六年，时任广州将军长善挑选甲兵一千五百名训练洋枪、洋炮、洋式阵法，后其又将旗营水师并入，编为两翼。中法战时张之洞命善后局为新

---

① 《札饬整顿博学馆弊端改设水陆师学堂》（光绪十三年闰四月十八日），《督广咨札·咨札八》，张之洞档，甲182-197。

② 《创办水陆师学堂折》（光绪十三年六月十四日），《张之洞全集》第1册，第548~550页。

③ 《设立洋务五学片》（光绪十五年十月十八日），《张之洞全集》第2册，第295~296页；《致轮墩刘钦差》（光绪十五年七月十八日），《张之洞全集》第8册，第16页。

式旗营加饷，作为广州城内驻扎巡防之资。光绪十二年三月二十四日，张之洞奏陈以原巡防之资作为广州驻防旗营训练加饷，并拨给新毛瑟枪一千五百支、克虏伯七生半后膛车炮十二尊，由广州将军继格交各营操练。① 因继格等咨会旗营洋炮为数较少，张之洞不久后再添购克虏伯洋炮十二尊，发给旗营合练。②

机器试铸制钱、银圆 咸丰四年（1854），因战时财政的迫切，兼以受嘉庆末年以来银贵钱贱趋势和铜价日益高涨的影响，清廷开始铸造大钱，制钱制度开始崩溃。③ 同治年间，咸丰大钱贬值已达极点，随着战争逐渐结束，清廷议及规复制钱，并在中法战争后渐趋积极。在此背景下，张之洞经与广东布政使高崇基商议，欲在广东购办机器铸造制钱。光绪十二年十月初六日，张之洞电寄刘瑞芬、许景澄，问购英国、德国铸钱机器。④ 至于所用铜、铅原料，张之洞原拟中外兼用，故曾分别电致贵州巡抚潘霨、云贵总督岑毓英、驻英公使刘瑞芬、驻日公使徐承祖，询问各地铜、铅价格。⑤ 因滇黔铜、铅价格过昂，最终试铸只使用日本铜和英国铅。此外，18 世纪后期，

---

① 《旗营加饷犒赏各饷照旧支放并拨枪炮片》（光绪十一年五月二十五日），《近代史所藏清代名人稿本抄本》第 2 辑第 112 册，第 253~254 页。

② 《广东驻防旗营添练洋炮厚集劲旅片》（光绪十四年五月十四日），《张之洞全集》第 2 册，第 97 页。

③ 魏建猷：《中国近代货币史（1814~1919）》，文海出版社，1974，第 61~64、69~79 页。

④ 《致轮墩刘钦差巴黎许钦差》（光绪十二年十月初六日），《张之洞全集》第 7 册，第 363 页。

⑤ 《致贵州巡抚潘》（光绪十三年二月二十九日）、《致云南岑宫保》（光绪十三年三月初一日）、《致东京徐钦差》（光绪十三年六月初三日），《近代史所藏清代名人稿本抄本》第 2 辑第 27 册，第 254~255、264、381~382 页；《致轮墩刘钦差》（光绪十三年五月初八日），《近代史所藏清代名人稿本抄本》第 2 辑第 39 册，第 447 页。

外国银圆大量流入中国，广东全省皆用外国银圆，造成货币紊乱，现银外流。广东机器铸钱因设想兼用中外铜、铅，故拟搭铸银圆以免亏折过大。十一月初九日，张之洞电告刘瑞芬，言明铸钱机器须能兼铸银圆。经往来电商，光绪十三年二月二十八日，张之洞电请刘瑞芬订立合同，代订铸钱兼铸银圆机器。① 光绪十四年十二月底，铸钱机器到达广东，张之洞派候选道蔡锡勇、江苏知县薛培榕在省城东门外之黄华塘购地设厂，于次年四月二十六日开炉试铸，至八月已制成制钱二万余缗。② 至铸造银圆一事因户部驳回，奉旨并未开铸。然而无法铸造银圆，势必使广东钱局造制钱越多，亏折越大，故张之洞设法奏请准许开铸。八月初六日，张之洞上折称汇丰银行供给银条，请广东钱局代为附铸银圆。广东钱局已试铸银圆大小五种，每种十枚，奏请御览。③ 直到光绪十六年，清廷方准开铸流通。

设立枪弹厂 中法战争期间，广东为滇、桂各军购运军火，兼济各枪子弹。因子弹消耗量大，张之洞命海防善后局委员在上海泰来洋行订购制弹机器一副到粤。时广西巡抚潘鼎新亦在泰来洋行订购枪弹机器一副，由委员解至广东，拟运广西。广西机器运抵广东不久，中法战争结束。光绪十一年八月初七日，广西巡抚李秉衡电告张之洞，称广西用款拮据，无力

①　《致轮墩刘钦差》（光绪十二年十一月初九日），《近代史所藏清代名人稿本抄本》第 2 辑第 7 册，第 206 页；《致轮墩刘钦差》（光绪十三年二月二十六日），《张之洞全集》第 7 册，第 395 页。
②　《开铸制钱及行用情形折》（光绪十五年八月初六日），《张之洞全集》第 2 册，第 220~221 页。
③　《洋商附铸银元请旨开办折》（光绪十五年八月初六日），《张之洞全集》第 2 册，第 222~224 页。

办理机器局，且现在广西存储弹药较多，希望机器暂留广东，或运南宁存储。① 接李秉衡来电后，张之洞即将机器留于广东使用，并选派江苏补用知县薛培榕会同地方官，在番禺石井墟购地设立枪弹厂，该厂于光绪十三年五月落成开火试造。②

除了上述各项举措外，张之洞曾欲在广东设立枪炮厂、织布局、炼铁厂，其后不久张之洞移鄂，三厂并未开办。然而张之洞经与驻英公使刘瑞芬、驻德公使洪钧往返电、函咨商，离粤前已花费巨款向英、德两国订购相关机器。其中包括造枪机器一副、造炮机器一副、造刺刀机器全副，总价银三十余万两；织布机一千张，连纺纱、染纱、轧花、提花机器及汽炉、锅炉、水管、汽管、机轴等件，外加运费、保险共银四十余万两；熔铁大炉两座，连同炼熟铁、钢炉，压板、抽条兼制铁路各机器，共约银三十九万五千两，并已先付订金十三万一千六百七十两。③ 如何处理各项机器，日后粤、鄂、户部各方不免争论。

二 自强举措款项的筹集

清代中前期财政基本为"量入为出"，每年均系额征额支，遇有战事、灾荒、河工等紧急事件，则动用盈余或开捐以补不足。咸同以后支出陡增，原有财政体系已难适应。作为新

---

① 《李护抚台来电》（光绪十一年八月初七日到），《张之洞全集》第 7 册，第 330 页。

② 《创设枪弹厂片》（光绪十三年五月初三日），《张之洞全集》第 1 册，第 532 页。

③ 《筹建枪炮厂折》（光绪十五年七月初七日）、《拟设织布局折》（光绪十五年八月初六日）、《筹设炼铁厂折》（光绪十五年八月二十六日），《张之洞全集》第 2 册，第 215、224、263 页。

兴事务，各项自强举措并无专门经费，需要设法挪移或另行筹措。中法战争后，张之洞为铺陈和维持各项自强举措，在粤额外筹集大量款项。

善后局款

善后局本为各省督抚所设处理军务善后的局所，同光以后渐成非常例收支的总汇之地。广东善后局源于军需总局。咸丰四年（1854），因广东洪兵起义进入高潮，各路吃紧，防剿支应纷繁，两广总督叶名琛、广东巡抚柏贵奏告于省城设立军需总局，以专责成。① 随着洪兵起义、土客械斗、太平军余军、霆军叛勇相继被镇压，自咸丰年间起绵延十余年的广东地方动乱结束。同治八年，两广总督瑞麟奏告将军需总局裁撤，改设善后总局。② 同光之际粤省筹备海防，广东设立海防局，实亦由善后总局兼理，故广东善后总局又称善后海防局或海防善后局、海防局（下文简称善后局）。

军需总局负责军费的收支，由于各项自强举措多为首创且与军工相关，故自强举措之支应或出于军费，比如李鸿章在创设江南制造总局一折中，即言月需经费"容臣随时于军需项下通融筹拨"。③ 广东的自强举措亦如此。自同治元年（1862）

---

① 《叶名琛等奏请于省城设立军需总局以应支发折》（咸丰四年闰七月二十九日），中国第一历史档案馆编《清政府镇压太平天国档案史料》第15册，社会科学文献出版社，1994，第312页。

② 瑞麟：《奏为广东地方裁撤军需总局改设善后总局以节省经费事》（同治八年九月二十八日），中国第一历史档案馆藏军机处录副奏折，03-4775-104。

③ 《置办外国铁厂机器折》（同治四年八月初一日），《李鸿章全集》第2册，第201页。

始，军需总局款已成为当时广东开展自强举措的重要款项来源之一。表4-1为同治二年七月至九月广东军需总局收支银数目清单。

表4-1　同治二年七月至九月广东军需总局收支银数目

单位：两

收支	款项	数目
收款	同治二年夏季分支存银	4111.182
	藩库地丁银	123400
	运库盐课银	60000
	粮道库屯田变价银	60000
	韶关商捐银	25543.031
	厘务局三成厘金银	23000
	捐输局捐项银	38666
	借用富商银	11724.349
支款	派往北江巡防并办理蓝山善后水陆各起兵勇经费银	30484.511
	高州防剿各起兵勇经费银	153096.12
	罗定、西宁、阳江等处防剿各起兵勇经费银	33579.1
	新宁广海寨防剿各起兵勇经费银	33105.6
	满汉八旗及各营弁兵会同英法国弁兵习练技艺经费银	11794.75
	采办硝磺制造军装火药工料等银	31465.506
支款（补支）	提督昆寿前在梧州军营旧欠勇粮银	3000
	八旗右司领给已故乍浦副都统来存上年留粤防剿旧欠盐菜银	440
	派往东江并省城、佛山等处巡防水陆各勇旧欠口粮银	31614.647

资料来源：郭嵩焘《广东省城军需总局自同治二年七月至九月收支银款及积欠数目清单》（同治二年十二月十八日），台北故宫博物院藏军机处档折件，故机095049/094412。

从表4-1中可见，同治初年广东军需总局大项收入来自藩、运、粮库的提移及各项厘捐，主要支发兵、勇各营军费。表4-1中所谓"满汉八旗及各营弁兵会同英法国弁兵习练技艺经费银"为广东洋枪队薪粮。同治元年，英国为广东训练洋枪队，各官兵及洋人教习薪粮由军需总局筹给，军火则由时任两广总督的劳崇光捐廉购买。为争夺广东洋枪队的控制权，法国与总理衙门交涉，要求与英国成案一律。次年法国教习到粤，广东当道即酌拨官兵，交法国教习训练，"所有应支薪粮及添制军械等项，均按照前定章程由军需总局筹拨，核实支给"。① 由此可知，具有自强性质之洋枪队薪粮混入军费中支发，且为数不少。

军需总局改设后，善后局成为广东各项善后事宜的总枢，及同光之际兼办海防，善后局地位已相当重要。广东善后局款除用于勇营饷银外，绝大部分即作为相关自强事项用款。如同治十三年，两广总督瑞麟、广东巡抚张兆栋奏设广东机器局仿造外洋枪炮、轮船，所有支出"俱由善后局筹给"。② 光绪元年，两广总督刘坤一设立增步军火厂，买地建屋、购买机器等事宜花销均由善后总局筹支。③ 张之洞督粤时期，其所主持兴修之虎门、黄埔、省河各炮台，展设梧州—桂林线、钦州—东兴线、琼州岛线、岸步—高州线、南宁—剥隘线等电报线，以及广东驻防旗营添练洋炮队新增炮兵口粮，据张之洞所奏皆统

---

① 《同治元年十一月二十四日两广总督劳崇光奏》《同治二年三月十三日署两广总督晏端书片》，中国科学院近代史研究所史料编辑室、中央档案馆明清档案部编辑组编《洋务运动》第3册，上海人民出版社，1961，第460、464~465页。

② 光绪《广州府志》卷65《建置略二》，光绪五年刊本，第12页。

③ 《设厂制造军火片》（光绪四年五月二十七日），《刘坤一集》第1册，第534页。

由善后局款支出。① 光绪九年至光绪十四年（即大致为张之洞督粤时期），广东善后局办理海防善后收支各款数目见表4-2。

表4-2　光绪九年至十四年广东善后局办理海防善后收支各款数目

单位：两

收支	款项	数目
收款	藩库提拨银	10023513.72697
	运库提拨银	1506273.268
	粤海关拨解银	732922.53
	厘务局提拨银	2285156.9977
收款	五次汇丰借款除拨济云南、广西、台湾各省及彭鲍各军并提拨抵还外实收银	5573922.8059
	借汇丰赔偿沙面洋行偿价银	143400
	太古洋行抽缴香港轮渡水脚银	52476.951
	山西借款	200000
	海防新例捐输局拨银	765046
	赈捐局拨解银	86671
	李文田等捐款	23486.88
	潮州府、佛山厅、番禺、顺德、香山、新会绅富团捐	221910.0155
	绅富捐助海防经费	113063.132
	新金山、小吕宋等埠华商捐助海防经费	59747.131
	省城及附省房捐	74534.783
	牙捐	10000
	肇庆府黄江税厂、潮州府税厂提解新增节省防费	73547.306452

① 《添建炮台军械所片》（光绪十一年七月初一日），《张之洞全集》第1册，第313页；《建筑牛山炮台完竣折》（光绪十三年十月二十五日）、《添设各路电线折》（光绪十三年十一月二十七日）、《广东驻防旗营添练洋炮厚集劲旅片》（光绪十四年五月十四日），《张之洞全集》第2册，第36、51、97页。

续表

收款	各属客产变价银	18633.306452
	截缉澳门闱姓捐饷	2380000
	查办赌匪梁沛霖等案内追出私收闱姓银	54772.48
	革绅温子绍承办机器局罚款	20000
	追缴提督蔡金章所部广济军棚价并教习薪工银	1911.68
	陕西、河南、山西等省解还前借广东实学馆存款银	150000
	江南省协拨提督吴宏洛统带武毅右军赴粤防饷	141954.7910837
支款	薪粮二十二款	14838901.01317
	采买十二款	5414600.63736
	制造六款	1499161.1636
	工程十一款	1668985.7630073
	杂支三十三款	2318592.370688

说明：薪粮款为中法战争期间两广所招募的勇营、外省来粤之湘淮军以及战后留防防军的军费，驻防八旗洋操官兵、广胜军、广安水军薪粮用银亦在其中。采买款为购买外洋枪炮、军火、轮船、雷艇以及机器、物料费用。制造款为制造弹药、兵勇军装，仿造外洋军火零件，制造水雷，制造广元、广亨、广利、广贞浅水轮船，制造广安水军舢板，制造广源运船费用。工程款为兴修西式炮台，展设各路电报线，建盖广东水陆师学堂，建造军械所、筑钱局、枪弹厂及购买相关机器费用。杂支款主要为各委员、洋弁办公费用及薪水支出。

资料来源：张之洞《呈广东省光绪九年至十四年底止办理海防善后收支各款数目清单》（光绪十五年十月二十日），中国第一历史档案馆藏军机处录副奏折，03-6025-039。

从表4-2可知，张之洞督粤时期之善后局款入款大致以藩库提银、汇丰借款、厘捐各款、闱姓收款、山西借款为大宗。至于支款名目繁多混杂，自强款项、局所开销、委员薪水、中法战时筹防军费统由善后局款支出。

藩库提款主要以"海防经费"名义拨支、借支善后局。同治年间，瑞麟等人开征沙田溢坦花息和洋药厘金。广东沿海沙田田亩不清，照例应五年清丈一次，但鲜有举行，以致旧沙有田多税少，新坦有匿而不报情形。同治五年（1866），广州府各属清丈沙田，丈出溢田并报承溢坦业户所缴者为"花息"。① 洋药厘金为进口鸦片款项。同治七年，瑞麟为防进口鸦片走漏厘金，同时出于与洋海关争夺鸦片款项控制权的目的，于香港、澳门附近设厂抽收厘金。② 该两项资金被瑞麟等人用于购买七艘英法轮船、添置炮械及薪工、煤炭、修补机器等经费；其后广东陆续制造内河轮船十六艘，各项工价亦在于洋药厘金项下拨支。③ 可见至同治年间，沙田捐输及鸦片厘金已成为广东自强举措的重要款项。光绪元年，借筹办海防契机，张兆栋命沙田每亩捐银二钱，用作海防经费，然而此款收数无多。刘坤一督粤后，即欲专设海防经费。光绪五年，刘坤一奏告于通省洋药抽捐海防经费，由商人黄进源等包抽包缴，先行试办五年，是为广东海防经费之始。原于同治七年开始抽收的洋药厘金亦借支善后局作为海防经费。④ 自广东设立海防专款，每当海防告急，粤省当道皆于沙田和鸦片两项加抽海防经费。光绪六年，因中俄伊犁交涉，俄船于中国沿海游弋，广东抽收洋药膏厘作为洋药海防经费的补充，该项膏厘与海防经费一并验抽；时广东当道并饬令沙坦报承斥卤年久成熟未经加升者，每亩捐银一两免于处罚，该项罚款亦拨充海防经费。⑤

---

① 广东清理财政局编《广东财政说明书》，《清末民国财政史料辑刊》第 8 册，第 223 页。

② 高崇基等纂《东粤藩储考》卷 9，第 58 页。

③ 《光绪三年四月初八日两广总督刘坤一等奏》《光绪三年五月十二日两广总督刘坤一等奏》，《洋务运动》第 2 册，第 364、372 页。

④ 《试办抽捐海防经费片》（光绪五年五月初一日），《刘坤一集》第 1 册，第 595~596 页；高崇基等纂《东粤藩储考》卷 9，第 59 页。

⑤ 高崇基等纂《东粤藩储考》卷 9，第 60、69 页。

广东海防经费于中法战争前后大量扩充。如第二章所述，为应对中法战争，两广总督张树声、张之洞等人先后加抽各色厘捐。从时任广东布政使高崇基所纂之《东粤藩储考》中，可知广东藩库提拨善后局海防经费的款目有洋药厘金、洋药海防经费、补抽洋药膏厘、各官绅捐输海防经费、各行捐海防经费、牙捐海防经费、沙田办捐海防经费、沙坦报承斥卤年久成熟未经加饬捐海防经费、沙田捐输海防经费、各属渡船捐海防经费、铺屋捐海防经费、当商捐海防经费、当户报捐监生正项部费银两、西煤海防经费诸项。① 各款之来源、数目、征收时段于《东粤藩储考》中记载颇详，不再赘述。总而论之主要为沙捐、进口鸦片厘金、捐输三类。张之洞主持展设钦廉雷琼电报线之工料费用即由海防经费项下动支；其创设广东水陆师学堂时，所需购地、筑舍、添置书籍、机器费用，及员弁、教习、学生薪费，除博学馆原有每年息银外，不足部分亦奏明于海防经费项下添补。②

闱姓收款是善后局款中仅次于藩库提银和汇丰借款的部分，是张之洞开展自强举措的重要款项。光绪十年十一月二十九日，广东弛禁闱姓之议为清廷允许，广东司道批饬诚信堂商人张荣贵等、敬忠堂商人杨世勋等公同承办闱姓，开收充饷，张荣贵等、杨世勋等各认缴饷二百万元，杨世勋等另有报效。据张之洞等所奏，张荣贵、杨世勋共捐银四百四十

---

① 高崇基等纂《东粤藩储考》卷9，第58~79页。按：沙田办捐海防经费、铺屋捐海防经费由善后局经理，当户报捐监生正项部费银两由捐输局与藩署生息科合办，故此处不列为藩库提银。

② 《展设钦廉雷琼电线片》（光绪十一年五月二十五日）、《创办水陆师学堂折》（光绪十三年六月十四日），《张之洞全集》第1册，第300、549~550页。

万元（即报效之数为四十万元），以六年为限，五个月内先缴一百五十万元，其余二百九十万元按年分缴。① 不久，张之洞即于闱姓款内提洋银二十万元，交广东水师提督方耀应用，先行试造浅水轮船四艘。② 张之洞任内开设或拟开设之广东钱厂、织布局、炼铁厂，其设厂、购买机器用度多取自闱姓。由于闱姓弊端日显，张之洞在奏报时多含糊其词。光绪十三年正月二十四日，张之洞奏告购买机器以试铸制钱，购买铸钱机器、建造铸钱厂需银三十余万两，广东省库无力承担，经与弛禁商人酌议，令其代向富商挪借，将来陆续归还。③ 所谓的"弛禁商人""富商"实即诚信、敬忠两堂闱姓商人。光绪十五年，张之洞奏告拟设织布局，据其推算购买织布机器需银四十万两，织布工料约银十万两，购地建造厂房需银数万两。④ 时值举行乡、会试恩科，张之洞命善后局员劝令闱姓商人另外认捐洋银四十万两，作为订购机器之本钱，又令闱姓商人于光绪十六年承充新商时，再捐银五十六万两，为将来建厂和织布局常年经费。⑤

由于广东盗匪之风颇张，勇营在清乡过程中花销巨大，善后局款常常移缓就急，用于支出勇营薪粮，影响自强举措的开

---

① 《闱姓批词》，《申报》1885 年 1 月 29 日，第 2 版；《筹议闱姓利害暂请弛禁折》（光绪十一年四月二十日），《张之洞全集》第 1 册，第 287 页。

② 《试造浅水轮船折》（光绪十一年五月二十五日），《张之洞全集》第 1 册，第 301 页。

③ 《购办机器试铸制钱折》（光绪十三年正月二十四日），《张之洞全集》第 1 册，第 486 页。

④ 《拟设织布局折》（光绪十五年八月初六日），《张之洞全集》第 2 册，第 224 页。

⑤ 《粤省订购织布机器移鄂筹办折》（光绪十六年闰二月初四日），《张之洞全集》第 2 册，第 333 页。

展，故部分善后局款被张之洞提作专款，用于自强事宜。广胜军编练之款取于山西借拨善后银等专款。光绪十年十二月，因广东防急饷绌，清廷允准张之洞借拨山西善后银二十万两。晋款分作两批，分别于次年正月十二日、三月二十五日由天津汇寄广东。① 张之洞给善后局的札文强调："（广胜军军饷）系在山西借款二十万两、肇庆府黄冈厂罚款八万五千元内支给，一时略可支持。除从前善后局垫拨该军罚项，应饬如数扣还，此外无论何项要需，均不得在晋款、罚款两项内动拨。"② 表4-2中之肇庆府黄江税厂、潮州府税厂提解新增节省防费则为购炮专款。光绪十二年三月二十一日，张之洞奏报查革肇庆黄江税厂、潮州东关税厂积弊。其命黄江税厂历年欠解之加征盈余、桥羡共一万二千两全数解足，原额之外所余约每年三万两全数归公，又命潮州税厂每年额外解银二万两。黄江、潮州税厂每年额外所余并名为"额外节省防费"，该款每年四季报解善后局，专充海防经费。在附片中，张之洞奏将此款专门存储，作为广州府海口炮台购买五门洋炮之用。③ 此后因黄江税厂额外余银增至五万余两，所解较原来加倍，张之洞奏明以额外节省防费购买十五生后膛长炮五十尊，用于各处炮台。④ 此项十五生长炮中的四十五尊改造为二十四生长炮二十尊，另配弹药，改以装配廉琼炮台，其改造之费亦以"额外节省防费"相抵，

① 《筹借晋款陈明片》（光绪十一年七月），《张之洞全集》第1册，第316页。
② 《札饬专款存储支放广胜军勇饷》（光绪十一年四月二十八日），《督广咨札·咨札四》，张之洞档，甲182-196。
③ 《查革肇潮两府税厂积弊折》《存储炮台专款片》（光绪十二年三月二十一日），《张之洞全集》第1册，第383、384页。
④ 《肇庆税收加倍请分年购炮折》（光绪十三年六月十三日），《张之洞全集》第1册，第544~545页。

另加增之银七万两于沙田经费项下补足。^①

挪移与报效

挪移他款是筹集自强举措款项办法之一，如同治三年（1864）广州同文馆于省城创办，所需之馆租、廪饷、薪工等项从粤海关征收之船钞中提移。^② 张之洞督粤时期，其主持兴修广西炮台、购买洋炮的大量费用，亦为设法挪移而得。筑台费用张之洞原拟从洋款中提取。中法战争期间，云贵总督岑毓英屡次电、咨请广东为滇军借洋款一百万两，时张之洞多次向外国洋行借款，已难再借。因前粤省为出关之鲍超一军代借汇丰洋款一百万两，张之洞等从此中拨款援滇。光绪十一年三月初九日，张之洞电奏提鲍超款分济滇、桂各四十万两，鲍军先解十万两，剩余十万两若鲍超催促再拨，如缓即停候拨。所议奉旨允准。^③ 中法战争结束后，滇、桂、粤陆续撤防裁营，鲍超军需已非紧急。六月十九日，张之洞与李秉衡联衔奏明，将所余鲍饷十万两移作广西边境修筑炮台之用。然而不久此议有变，光绪十一年四月间，因恽宝善于战时代购之克虏伯八生车炮九十三尊运抵中国，尚欠尾款十万两，张之洞移缓就急，将所余鲍款十万两用以支付克虏伯炮尾款。广西边境兴修炮台所

---

①　《建筑琼廉海口炮台折》（光绪十五年九月二十日），《张之洞全集》第 2 册，第 274 页。

②　《开设教习外国语言文字学馆折》，《毛尚书（鸿宾）奏稿》，文海出版社，1972，第 1279 页。按：所谓船钞又称船料，是元、明、清对商船征收之税，原按船只大小、长宽及路程远近，分等收钞，后因估算困难，改以船只梁头长宽为标准，故又称"梁头税"。

③　《致总署》（光绪十一年三月初九日），《张之洞全集》第 4 册，第 372 页。

需之十万两，张之洞奏改于购买美国气炮存款项下支出。① 光绪十四年间，法国拟开通谅山至龙州铁路，广西边境陆续增修新式炮台，另外尚需银约十八万两，洋款余项并不足供兴修桂边炮台之用。张之洞经与广西提督苏元春、广西巡抚马丕瑶筹商，奏请由户部咨会各省关拨款解赴广西应用。②

广西各台所配长炮费用，张之洞拟从广西协饷中挪移。张之洞原计炮款需十八万余两，奏请拟由广东垫付，从广东协广西饷银中每年扣五万两，分作三年扣还，尚缺三万两，由其到鄂后每年加解广西一万两。所需运费、保费待其查明，再由协饷中续扣。此后因运、保费用另需二万两，张之洞改以分四年扣还，每年从广东协广西饷中扣抵四万两，不足之数亦由湖北加解广西凑足，以作边防之用。③

由于劝捐报效可作为外销，免于造册，故亦为督抚筹集自强款项的常见手段。广东续造兵轮、设立枪炮厂之经费皆取诸所谓的官绅报效。光绪十三年六月十四日，张之洞奏称署广州协副将邓安邦、顺德协副将利辉等邀集文武官绅，自光绪十二年起至十四年秋止每年认捐共四十二万两；广东盐运使亦劝谕盐埠商人分年认捐，筹银三十八万两。两宗捐款共八十万两，皆用以扩造兵轮。后因福建船厂协造之广东兵轮需改设船炮，

---

① 《筹办廉琼炮台折》《购配克虏伯炮解交徽辅各军折》（光绪十一年九月初四日），《张之洞全集》第 1 册，第 330~332 页。
② 《广西边关修筑炮台请拨部款折》（光绪十五年十月二十日），《张之洞全集》第 2 册，第 301 页。
③ 《筹定广西边防折》（光绪十五年九月二十日）、《广西边关修筑炮台请拨部款折》（光绪十五年十月二十日），《张之洞全集》第 2 册，第 277、301 页。

原捐购炮费用不敷应用，张之洞奏告再次劝捐报效以便完工。① 除兵轮外，光绪十五年七月初七日，张之洞奏枪炮为广东边防、海防急需，外洋采购窒碍颇多，只有设厂自制枪炮，方免受制于人，为自强持久之计。因广东款需浩繁，现督同司道、将领仍向绅商劝捐，各绅商允自光绪十五年至十七年续捐三年，所捐之款指定专充购买铸造枪炮机器和建造厂房经费。②

张之洞所言之捐输报效款，盐商捐款为仓盐盈余，文武官绅捐为四成罚款。③ 广东盐商配盐时每百包抽三包存储官仓，作为滇盐、旗盐等项公盐，待抽存的仓盐积有成数，盐商缴纳盐价领运，所缴盐价即为仓盐价。④ 所谓的仓盐盈余不知具体为何款，从名目上看应该是盐商所缴仓盐价外浮收之款。仓盐盈余所收无几，每年大约五万两，捐输报效款最主要者为"四成罚款"（或称"四成报效""四成经费"），每年定额报效数目为三十万元。从开设枪炮厂之札文中可知其详，有谓：

> 广东省前托闽厂协造兵轮应需加增协费，并改设耳台，添购炮位，以及粤厂续制浅水轮船，需费尚多。前次

---

① 《续造兵轮折》（光绪十三年六月十四日），《张之洞全集》第 1 册，第 550 页；《加增闽厂协造兵轮经费并声明办法折》（光绪十四年五月初八日），《张之洞全集》第 2 册，第 93 页。

② 《筹建枪炮厂折》（光绪十五年七月初七日），《张之洞全集》第 2 册，第 214 页。

③ 《致海署天津李中堂》（光绪十六年正月十五日），《张之洞全集》第 8 册，第 41 页。

④ 广东清理财政局编《广东财政说明书》，《清末民国财政史料辑刊》第 8 册，第 324~325 页。

指缴四成罚款，不敷应用。上年夏间，经本部堂饬据署广州协黄副将金福、顺德协利副将辉、署大鹏协何副将长清筹议禀复，除光绪十四年四月起截至年底止，仍照前数收缴报解外，又自光绪十五年正月起，再将罚款捐缴四成，以三年为期，按照原定数目，每年仍以三十万为率，解交粮道库收储备用……仰该道遵照札饬办理，自光绪十五年正月起续收三年四成罚款，每年三十万元，按月核收，另款存储，专充开设枪炮厂经费，毋得挪作别用。①

"四成罚款"实为赌饷陋规。第二章言及，中法战争期间张之洞抽收番摊四成陋规作为军饷，战事结束后，此款似并未停止抽收。直到光绪十三年，张之洞将"四成罚款"作为报效，提取用作续造兵轮经费。张之洞曾致电海军衙门，谓"四成罚款"款目零碎，故未形诸公牍，② 实因"四成罚款"出于赌饷陋规，故如同掩饰闱姓款一般，张之洞在有关续造兵轮、枪炮厂的历次奏议中皆含糊其词，仅声明为"文武报效"。

三　广东绅民对张之洞筹措自强经费的态度

在中法战后风气渐开的情形下，一些有识之士表达了对张之洞自强举措的支持。时陈宝琛丁忧在乡，读张之洞《筹议

---

① 《札粮道存储开设枪炮厂经费》（光绪十五年正月十二日），《张之洞全集》第5册，第136~137页。

② 《致海署天津李中堂》（光绪十六年正月十五日），《张之洞全集》第8册，第41页。

大治水师事宜折》后，表达其赞叹："读海防复章，字字切稿，归重粤闽，尤不刊之论。"① 在福州船政局协造广东兵轮之事上，陈宝琛在背后出力不少。如其在阅看广东浅水兵轮后，建议张之洞不需向外洋购买重舰，可请福州船政局帮忙制造。又如陈宝琛言其知悉船政人员底细，向张之洞推荐造轮监工。② 可见张之洞请闽厂协造粤轮，实得陈宝琛的支持。张之洞也曾获舆论支持。《申报》发表《论开矿实为当今急务》一文言："矿非不可开，只视经办之人何如耳。天下事得人则理，失人则废，岂独矿务哉？封疆大吏能如张香帅之公忠体国者当不乏人，凡有矿苗之地，必将次第开挖，则请以斯论为先路之导。"③ 对官办鼓铸制钱，《申报》在张之洞的批示后赞赏道："张制军者可谓明也已矣！可谓远也已矣！"④

　　然而，在开展自强举措过程中，张之洞好为大举，为广东绅商所诟病。比如在开采矿务的问题上，张之洞在其《筹议海防要务折》中言已设矿务局以开地利，但直到光绪十四年（1888），报纸指出当时广东商民咸以之为畏途，开矿毫无成效。⑤ 在机器制钱方面，张之洞在《购办机器试铸制钱折》中列举多项数据，信誓旦旦地言："如此则矿商鼓舞，开采日蕃，价值渐减，熔炼渐精，即专用内地铜铅鼓铸，不至亏折。"实际上，广东钱局开办之初即亏损过大，开铸三个月后

---

①　《橘洲致壶公》，《赵凤昌藏札》第 7 册，第 455 页。

②　《陈宝琛致广雅前辈》《琛致张之洞》，《赵凤昌藏札》第 7 册，第 433~434、440~441 页。

③　《论开矿实为当今急务》，《申报》1886 年 12 月 3 日，第 1 版。

④　《书粤督驳集股铸钱批示后》，《申报》1886 年 6 月 28 日，第 1 版。

⑤　《珠江夏涨》，《申报》1885 年 5 月 14 日，第 3 版。

就不得不暂时停工。① 张之洞在粤筹集额外大量款项用于自强举措，类于苛捐杂税，尤为广东绅民所不满。

反抗厘捐

从上文所述可知，张之洞督粤时期自强举措款项多出自善后局款，主要入项是藩库提银、汇丰借款、厘捐、闱姓、山西借款等。中法战争后，各种借款即行停止，藩库提银亦多以厘捐为主，故中法战争后各项自强举措用款实多取自厘捐。

如第二章所述，中法战争期间，张之洞为筹集海防款项，在广东广开厘捐。厘金一项采取坐贾包厘制。坐贾包厘制之弊端，有谓："（包商）将各江厂卡立包给各举行，自行抽收，所缴费银，以一半呈缴欠饷，一半饱其私囊。"② 即其一，为攫取更大的利益，包厘商人必然巧立名目，在完缴额定的厘金之外，额外收取各种款项；其二，包厘商人为防走漏，多处设卡、巡船查截，致滋骚扰。因其弊端显著，故日后粤官有"从前各商包厘之案，无一能有效果"之言。③ 各项捐输为累民之举，中法战争期间弊端已现，其中以牙捐为最。开设牙捐之时，张之洞曾奏明"民生日用所需，一切生理，微薄零星，概免抽收。只许本行承捐，其有外行包揽者，查出即行革惩"。④ 但承捐利益甚大，外人承包牙捐者不少，而行内诸人

---

① 《购办机器试铸制钱折》（光绪十三年正月二十四日），《张之洞全集》第 1 册，第 486 页；《钱局述闻》，《申报》1889 年 3 月 24 日，第 2 版。
② 《谕止包厘》，《申报》1900 年 11 月 27 日，第 9 版。
③ 《各商包厘应难照准》，《香港华字日报》1915 年 10 月 25 日，第 4 版。
④ 《粤省停止防费捐改抽牙捐片》（光绪十一年九月初四日），《近代史所藏清代名人稿本抄本》第 2 辑第 111 册，第 646 页。

为争承捐权，往往相互禀控，不惜械斗火并。据当时新闻报纸载，至光绪十一年（1885）二月初，开办牙捐仅四个月，因争承捐权，广州府衙门禀控之案达十余起之多，其中特别提及省城水果行各铺为争承捐权而分派斗殴，以及东莞等县抵制承捐人抽收糖捐之事。① 此外，民生日用本免于抽捐，然粤省官吏为筹集饷需，此后几至无行不抽、无物不抽。光绪十一年二月，牙捐局批准鞋行抽捐，甚至猪食之洋糠亦被抽捐，激起众怒，百姓将抽捐公所拆毁。② 时有谓"粤垣自设牙捐局，而后各行贸易借端居奇，价值日增"。③ 因滋生物议，张之洞不得不于二月初四日出示晓谕安民：

> 两广总督部堂张、广东巡抚部院倪，为明白晓谕以安商情事。照得广东海防吃紧，需用浩繁，不能不借资民力，此乃万不得已之举。本部堂、本部院体察商艰，所有开办抽捐章程，均系博采公论，以为可行，严饬各局详慎妥办，不许丝毫苛扰，总期有筹饷卫民之益，决不为病商厉民之政。海防事竣，即行停止。诚恐商民人等未能周知，分条晓谕于后。特示。
>
> 一，牙捐为抽收九七补平而设，自应归各行自设公所抽捐，断不准分设厂卡、巡船拦抽行商，生事滋扰。惟东省市镇繁庶，其是否本行，省局无从知悉，往往彼此争充，各执一词。嗣后尔等如系真正本行，即速赴局禀明。其已开办者，每年缴饷若干，归尔本行承认，不再加增；

① 《牙捐迭控》，《循环日报》1885 年 3 月 19 日，第 2 版。
② 《牙捐迭闻》，《循环日报》1885 年 3 月 26 日，第 2 版。
③ 《薪米增价》，《循环日报》1885 年 4 月 2 日，第 2 版。

未开办者，亦即赴局具报，各按应抽数目承缴，不得隐匿。同一本行之中，归认数多者承办。如本行多抽少报、隐匿中饱者，查出从重惩罚。倘该局有需索使费，碍难具禀之处，准向本部堂、本部院衙门呈递。

一，海防经费由张前部堂饬局开办，系归各行承办，现在抽收牙捐，亦归本行，事略相等。凡某行承缴牙捐者，即免某行海防经费，以示体恤。其未抽牙捐以前，海防经费照旧抽收，不准格外苛索，稍涉病民。

一，包厘为恤商便民而设，查商船经过厂卡报验完厘，司巡留难需索在所不免，是以新定包厘章程，准各本行商人自行承缴，所过厂卡决不重抽，永无需索留难之苦，意在减卡，岂可添卡？本行包定后，只准按厘则抽收，在市镇设立公所稽察数目，不准私设巡船、厂卡，拦截行船，致滋骚扰。该商人如有递禀为难之处，准向本部堂、部院衙门呈递。

一，无论承缴牙捐、海防包厘，各行如有私自设卡安船，拦截行旅，妄捏牌示，扰索商民者，责成广州府，中、广两协查拿严办。[1]

为平息众怒，二月初六日，张之洞札饬广东布政使将原牙捐局委员分别撤差记过，改委"素恰舆情"之官绅入局办理。[2]

在战时开增厘捐以筹集军饷本可理解，中法战争结束后，

---

[1] 《明白晓谕以安商情示》（光绪十一年二月初四日），《督广公牍·谕示》，张之洞档，甲182-199。

[2] 《札东藩司改委牙捐局员》《札东藩司申儆牙捐局务》（光绪十一年二月初六日），《督广咨札·咨札三》，张之洞档，甲182-196。

各色加增之厘捐本应即行停止，但张之洞为筹集自强款项，采取缄默态度，不出具停抽告示，故各官、绅、商继续以"海防经费"名义加厘抽捐。兹仍以牙捐为例。尽管张之洞前已晓谕安民、更换牙捐局员，但是中法战后因牙捐而生之事件依旧不减。如光绪十一年五月，石龙县县丞俞士标报告，石龙土布行配义堂、大亨店等在七眼桥设立厂卡，拦截水客，凡未入行者不准到墟购买布匹，以致妇女大多停工；十九日，水客千人在县丞衙署鼓噪，请免牙捐，乘机拆毁布行会馆。① 又如七月间，新安县知县唐大琬禀称，该县商民呈控包厘商人何其莹在汲水门设立巡船、厂卡，拦抽布头牙捐。② 又如雷州糖行有外行承包牙捐，借"糖食"二字中的"食"字抽及所有民间食物，以致众怨沸腾。③ 对于以上牙捐滋事案，张之洞皆批饬牙捐局员处理，并勒令包厘商人撤去船、卡，但牙捐抽收仍旧。张之洞之暧昧态度正如其在石龙布匹牙捐一事的批词中所谓："牙捐为海防需饷而设，本系万不得已之举，该配义堂等只宜体察众情，照章抽收……其水客及妇女人等嗣后该行照章抽捐，亦不得借词违抗，恃众生事，致干查究。"④

广东久未停捐及相关骚动引起朝堂御史言事。光绪十一年十一月初七日，御史熊景钊奏称广东派收富捐、房捐、牙厘捐

---

① 《批东莞县王令煦禀石龙土布行牙捐滋事请仍准水客赴墟贩买》（光绪十一年五月二十七日），《张之洞督广批牍谕示》，张之洞档，甲182-199。

② 《批新安县唐令大琬禀商民呈控何其莹在汲水门设立船厂拦抽匹头牙捐》（光绪十一年七月二十四日），《张之洞督广批牍谕示》，张之洞档，甲182-199。

③ 《致沈芸阁·八》，《张之洞全集》第12册，第40~41页。

④ 《批东莞县王令煦禀石龙土布行牙捐滋事请仍准水客赴墟贩买》（光绪十一年五月二十七日），《张之洞督广批牍谕示》，张之洞档，甲182-199。

及鱼、肉、油、酒等捐，并征收沙田捐，以致小民苦累，请饬广东当道裁撤。① 熊景钶，贵州贵筑人，同治十年（1871）进士，时为山东道监察御史。② 熊景钶与下文所述之粤籍言官梁耀枢为同榜进士，此奏是否出自梁耀枢之意不得而知，但熊景钶之折无疑引起清廷的关注。廷旨寄谕张之洞等，称现在海防已定，防营渐散，前因办理防务所征收的沙田捐输应即行裁撤，此外因办防新增的各项捐输，需一律停止，以恤商民，并命广东督抚将情形详晰具奏。③ 光绪十二年（1886）三月二十一日，张之洞等复奏，详细说明广东各项捐输之来历、征收日期、收数及用途。谓捐输各款皆用于海防，向商民筹捐之举与其他各省相同；广东旧案现章、收数用款，未能人人深悉，以致局外之人见名目繁多，以为都是新创名目，苛捐杂派，传为苦累小民。并言现既奉有谕旨，除未奏及的当捐外，其余各项捐输皆于年底陆续停止。尽管广东开办的大部分捐输已停止，但张之洞等在复奏中强调归还洋款、户部催增、三路办匪、剿办琼州客黎、水陆巡防、建筑各海口炮台等事项处处需饷，广东饷源短绌，仍应妥筹办法。④

反对弛禁闱姓

闱姓款为张之洞督粤时期广东自强款项的重要来源。广东当道弛禁闱姓之初，粤省绅民即有不同看法，并通过朝堂粤籍

---

① 熊景钶：《奏为粤东沙田派捐累民请饬裁撤事》（光绪十一年十一月初七日），中国第一历史档案馆藏军机处录副奏折，03-6215-048。
② 秦国经主编《清代官员履历档案全编》第 4 册，第 483 页。
③ 《清实录》第 54 册《德宗实录（三）》，第 1070 页。
④ 《停止沙田各捐折》（光绪十二年三月二十一日），《张之洞全集》第 1 册，第 388～391 页。

言官潘仕钊、何崇光表达意见。在醇王奕譞的支持下，闱姓得以弛禁，然而在粤绅民、朝廷言官关于"严禁""弛禁"的争论并未停息。

当闱姓奏准弛禁之时，张之洞接廷寄翰林院侍读梁耀枢、顺天府府丞杨颐联衔奏折。该折沥陈闱姓复开，将致科场舞弊、商贾受累、奸民纵恣、赌匪横行四害，请旨严禁；声称澳门闱姓如今已减数甚多，只要严申禁令，便可不使利源外流。[①] 梁耀枢，号斗南，广东顺德人，同治十年（1871）状元。杨颐，字蓉浦，广东茂名人，同治四年进士。[②] 与二人相反，同为顺德籍的大绅李文田，不仅在弛禁闱姓过程中力主其事，而且当闱姓引发的科场案发生后，仍为闱姓辩护。其致信张之洞谓：

> 闱姓厂之弊只是乘此机会，作中饱耳。谢教单一缴，措手不及，不能及时挖补，如一座琉璃屏矣。外间有云枪手串通闱姓厂作弊，此姑妄听之可耳。要之，幕友不能看坐号册，此事不能欺公，不必深求，但取充饷，则通人之论也。一二委员每欲借此加闱姓厂罪名，此其用意甚多，一笑置之可也。[③]

对于禁、弛闱姓争论，张之洞等以弛禁为是。光绪十一年

---

①　梁耀枢、杨颐：《奏为风闻广东闱姓赌博诡谋复开请旨严禁事》（光绪十年十一月初六日），中国第一历史档案馆藏军机处录副奏折，03-5512-006。

②　民国《顺德县志》卷20《列传五》，1929年刻本，第2页；光绪《茂名县志》卷5《人物二·选举表》，光绪十四年刊本，第37~38页。

③　《李文田致张之洞》，《赵凤昌藏札》第4册，第432~433页。

四月二十日，彭玉麟、张之洞、倪文蔚联衔，复奏潘仕钊、何崇光及梁耀枢、杨颐之折，称弛禁闱姓由广东司道、首府、首县会详，得省城大绅和广东水、陆提督支持，并详细说明严禁有资敌、养寇、自耗、妨政、扰民五害。何崇光等各折立意虽高，但不考实情，熟权利害，则仍以弛禁为是。至于科场弊端则设立各种办法杜绝，如有流弊，即行奏请停止。①

当争论之际，广东即因闱姓发生科场案，引起了粤省绅民的骚动和粤籍言官的奏事。三月二十六日，梁耀枢奏参广东学政叶大焯串同幕友舞弊，在广州科试中录取了神、羽两个小姓，绅民传言学政得七十万金；其后在惠州科试，学政对钟、王大姓大多不录，而文、彭小姓录取较多，复得百万金。群论喧嚣，众人拆毁学署。叶大焯复试将文、彭两姓扣除，又致人情汹涌，省城调兵勇前往弹压。其后，言官黄煦、邓承修先后于五月二十五日、六月初十日奏闻此事。② 黄煦，字霁亭，一字式敬，江西南丰人，同治四年进士，时为河南道监察御史。邓承修，字铁香，广东惠州归善人，咸丰十一年（1861）举人，捐资刑部郎中，时为鸿胪寺正卿。③ 黄煦、邓承修所言与梁耀枢之折大体相同，而黄煦之折甚至有厨师暗进巴豆汤，致

① 《筹议闱姓利害暂请弛禁折》（光绪十一年四月二十日），《张之洞全集》第1册，第286~289页。
② 梁耀枢：《奏为风闻广东学政叶大焯营私舞弊与署中幕友串同取巧请旨斥革并严查事》（光绪十一年），中国第一历史档案馆藏军机处录副奏折，03-7388-029；黄煦：《奏为广东闱姓舞弊请旨严饬查办事》（光绪十一年五月二十五日），中国第一历史档案馆藏军机处录副奏折，03-7188-044；《劾学臣按试惠属闱姓舞弊疏》（光绪十一年六月初十日），邓承修：《语冰阁奏议》，文海出版社，1967，第345~346页。
③ 民国《南丰县志》卷21《人物传六·宦业三》，1924年铅印本，第23页；《清史列传》，第5036~5046页。

使叶大焯无法阅卷，及广东督抚将闱姓舞弊款提充军饷之语。由于言官连番上奏，廷旨命张之洞确查此事。① 言官奏事之先，广东绅民已谣言纷纷。光绪十一年（1885）二月二十四日，张之洞与倪文蔚出具告示，声明鉴于目前之流言，难保无棍徒包枪、舞弊射利，除惠州录取之部分人员已由叶大焯扣除外，二人已饬广州府知府、南海县知县、番禺县知县密速查拿相关人员，若士商军民人等有线索，可向总督衙门禀报或扭送相关人员，无论密禀、拿获，将赏给花红。②

张之洞等虽严查科场案，但对闱姓仍持弛禁态度。李文田在科场案后不仅为闱姓辩护，且得知梁耀枢参奏广东学政之折后，致信张之洞称："比闻同乡家信，复有集矢棘闱者，不省是何用意。倘欲验之于鲸澳，则害益深矣。未知何人手笔，故不能悬揣其用心也。"③ 可见其仍以弛禁可收回外流于澳门的饷源之利为是。对于梁耀枢之折，则认为有人主使。张之洞的意见大体相同。七月初一日，张之洞复奏已严缉相关人员，并派广州府知府萧韶截缴投买小姓之闱姓银作为军饷，以及命其严审此案。对于闱姓，张之洞称不可使闱姓败坏科场风气，但亦不可因学政关防不严而失去此海防利源。④ 经数月调查，十二月初一日，彭玉麟、张之洞、倪文蔚联衔上奏查明此案，称广州府科试查明录取神、羽两姓并无流弊；对于惠州科试，张之洞等人将罪名全部推给学政幕僚杨谦，言其与匪人吴子衡等

① 《清实录》第54册《德宗实录（三）》，第916、948、958页。
② 《严拿闱姓舞弊棍徒示》（光绪十一年二月二十四日），《督广公牍·谕示》，张之洞档，甲182-199。
③ 《文田致督部大公》，《赵凤昌藏札》第4册，第435~436页。
④ 《复奏惠州科试闱姓滋弊折》（光绪十一年七月初一日），《近代史所藏清代名人稿本抄本》第2辑第111册，第547~555页。

往来勾串，听嘱多荐小姓，图得谢银，至于学政叶大焯并无串通舞弊；惠州科场案的发生，在于叶大焯漫无关防，临事不觉，阅卷草率，回护任性，故其主要之咎不在闱姓，而在于衡文者校阅不严；张之洞等人并举本年乙酉科乡试为例，称因关防严密，故所取多系名宿，舆论翕然，武闱亦无异议。① 最终，惠州科场案以阅卷生员戴罗俊、萨庭荫革去生员，并杖一百、流三千里，叶大焯即行革职，未获之逸犯杨谦、吴子衡、卫荣熙继续追缉，获日定地充徒而结案。②

尽管此后广东并未发生较大的科场案，但朝堂言官、广东绅民对张之洞弛禁闱姓之举仍批评不绝。光绪十二年二月十一日，在阅读张之洞等人对惠州科场案的复奏后，御史冯应寿奏称张之洞等人所谓严防可杜弊之说是治末而未正本，广东赌风最盛，只有规复旧章声明严禁，方可绝弊源而正人心。③ 清末民初流传着一句讥讽联语，以张之洞弛禁闱姓与"清流"处境相联系，言为："八表经营，也不过山右禁烟，粤东开赌；三边会办，且看侯官降级，丰润充军。"④ 考察其言源流，并非仅为张之洞身后人们对他一生的盖棺定论，而是张之洞督粤时期，广东绅民对他的评价。在《赵凤昌藏札》中，有一封无落款的信，里面提及"近日"唐炯出狱加巡抚衔督办云南铜矿，可知该信写于光绪十三年。该信即有此联，但文意略有不同，信中言："南皮开赌，中外哗然，外布楹联'八表经

---

① 《查明广东学政闱姓滋弊折》（光绪十一年十二月初一日），《近代史所藏清代名人稿本抄本》第 2 辑第 111 册，第 715~732 页。

② 《清实录》第 54 册《德宗实录（三）》，第 1110 页。

③ 冯应寿：《奏为广东闱姓赌风最盛请旨严禁事》（光绪十二年二月十一日），中国第一历史档案馆藏军机处录副奏折，03-5512-075。

④ 《张之洞大开赌禁》，刘禺生：《世载堂杂忆》，第 54~55 页。

营，只落得山右禁烟，粤中开赌；三处钦使，且看陈蕃债事，张郃败兵’。"①"八表经营""粤中开赌"之语，反映了当时广东绅民对张之洞大规模实行自强举措和弛禁闹姓的不满。

反对报效

报效之款取于仓盐盈余和四成罚款，所谓"报效"历来与摊派、勒捐无异。仓盐盈余之"盈余"并非字面意思一般，为财政宽裕后出现的"闲款"，而是属于仓盐价"常例"之外匿而不报的款项，乃额外强行浮收之款。收取仓盐盈余必然加重盐商负担，为盐商所不愿。在筹捐造船经费的札文中，张之洞命两广盐运使"督饬"富裕盐商捐款，此举不免有强制性：

> 添造大号、中号各式兵轮为粤海水师之助，屡与在省司道再四筹商办法。上年五月据署广州协副将邓安邦暨各营将等禀请，定期集捐制造本省内河浅水兵轮，每年三十万元，合银二十一万两，两年共四十二万两，当经批准，饬令按月移交粮道库存储作为造船经费，复经面饬前署运司蒋泽春暨公所委员等于殷实商埠设法筹捐，以三年为限，专备制造大号轮船及配用炮械之需。据该署司面禀，业经设法劝办，商情颇为踊跃等情……（广甲、广乙、广丙、广丁、广庚、广辛、广壬、广癸、广戊、广己）尚短银三十八万两，应在殷实商埠内设法劝谕筹捐，以成盛举。该商人食毛践土有年，本省海防大计，理应不容漠

---

① 《致竹君》，《赵凤昌藏札》第7册，第14页。

视，且缉私得此大支兵轮逡巡六门内外，枭私易以捕拿，正引自可畅销，于商人贸易本图亦殊有益。况前署运司及公所委员等，于此项商捐早经筹办，具有端绪，兹应饬该署运司再行剀切晓谕，作速捐缴，庶可早日观成。①

劝捐四成罚款情形相似。光绪十四年底，续造兵轮的报效款收取期满，张之洞拟接续劝捐三年作为开设枪炮厂专款。其奏折谓各绅商以款巨力绌，颇形观望，经司道、武弁竭力开导方允续缴。②

相较于仓盐盈余，四成罚款为赌款陋规，当时在广东争议尤甚。该款自光绪十年始，至光绪二十一年止，连续抽收十余年，几成定例收取之款。前文已述，中法战争期间，广东绅民对抽收四成番摊陋规已有担忧，反对之声不绝，四成罚款长时间抽收后，其流弊危害愈加显现。两广总督谭钟麟、广东巡抚马丕瑶总结四成罚款有四害：一为赌势日张，因赌抢劫、仇斗、伤毙人命案件层出不穷，荼害生民；二为百姓不务正业，以赌为业，以致骨肉相残、妻离子散、大坏人心；三为武营公开收取番摊陋规，纪纲法度荡然无存；四为因赌滋盗，盗案之风日盛。③ 二人所言之相关事件在当时报章中比比皆是。如《循环日报》载，光绪十年十一月，有刘、

---

①　《札运司筹捐造船经费》（光绪十三年闰四月十八日），《督广咨札·咨札八》，张之洞档，甲182-197。

②　《筹建枪炮厂折》（光绪十五年七月初七日），《张之洞全集》第2册，第214页。

③　谭钟麟、马丕瑶：《奏为广东省裁革陋规严禁赌馆事》（光绪二十一年闰五月十五日），中国第一历史档案馆藏宫中档朱批奏折，04-01-01-1003-050。

陈两姓秀才与十八甫番摊馆赌徒争赌规，致被赌馆羁留；二十六日有兵勇十余人前往番摊馆拿匪，番摊馆人竟与兵勇互殴，以致兵勇被伤，线人毙命；五月二十七日有匪徒数人以利刃、洋枪抢夺靖远街番摊赌徒银钱；① 光绪十五年《申报》载，德兴桥番摊馆有无赖勒索规费，两方互斗，互相施放洋枪，伤及路人；② 等等。抽收四成罚款前，武营庇赌为私下行为，此后时人竟以武营公开庇赌为常事。光绪十一年八月二十一日《循环日报》有谓，自省城盛设番摊等各项赌博，每日派收陋规并不少减，西关菜栏街顺德水师署前甚至设立"众人馆"，总司派收各项赌规事宜。③

因四成罚款的社会危害性，省中大员亦普遍有反对意见。光绪十二年间，省城盗风恣肆，抢劫之案频仍，时任广东按察使于荫霖向张之洞禀请裁去陋规，并请声明严禁。然而张之洞却言赌为广东痼习，骤难变更，故此后未禁止。④ 张之洞离粤不久，广东司道即向新任两广总督李瀚章表示番摊理当严禁，乃竟以为利，殊属有乖政体。⑤ 由此可见广东司道对抽收四成罚款久有不满。直到光绪二十一年，两广总督谭钟麟、广东巡抚马丕瑶查复雷琼道杨文骏、琼州镇总兵杨安典参案时，发现有四成罚款一项，认为因区区三十万元之利而使风俗、吏治日坏，

---

① 《恩释茂才》，《循环日报》1885 年 2 月 24 日，第 2 版；《摊馆伤兵》，《循环日报》1885 年 1 月 15 日，第 2 版；《抢摊被获》，《循环日报》1885 年 7 月 14 日。

② 《粤垣春语》，《申报》1889 年 3 月 22 日，第 3 版。

③ 《索规溺毙》，《循环日报》1885 年 9 月 29 日，第 2 版。

④ 《穗垣杂述》，《申报》1886 年 4 月 4 日，第 2 版。

⑤ 《羊城雁信》，《申报》1889 年 11 月 30 日，第 2 版。

实属得不偿失，遂奏明四成罚款自是年五月起一律裁革。①

四 中法战后时局与张之洞自强困境

光绪十一年（1885）五月二十五日，张之洞递交《筹议海防要务折》《教练广胜军专习洋战片》《雇募德弁片》《展设钦廉雷琼电线片》《试造浅水轮船折》《创造炮划设立广安水军折》多份折片，为其在粤开展自强举措的宣声。上述自强举措关涉防务大多已经施行，清廷一定程度上允许张之洞的作为。中法战争后，张之洞在粤铺陈自强举措，筹集自强款项，但受到广东绅民反对而举步维艰。此外，中法战后时局的影响不可忽视。时清廷财政状况、人事变动无不使张之洞有掣肘之感，至慈禧归政前后，张之洞在粤的自强举措已难以为继。

清廷自强举措对广东财源的侵夺

光绪十一年九月初五日，海军衙门成立，清廷欲使之成为沿海水师的统一指挥机构，并拟创建北洋海军，作为全国海军的先行示范。为筹集海军军费，清廷拟将广东六厂洋药、百货税厘并归税务司征收。六厂为广东新安、香山之汲水门、九龙司、长洲、佛头洲、马骝洲、前山寨六处税厘厂。瑞麟督粤时期为防止往来港澳的轮船走漏鸦片厘金，故设立六厂收取洋药

---

① 谭钟麟、马丕瑶：《奏为广东省裁革陋规严禁赌馆事》（光绪二十一年闰五月十五日），中国第一历史档案馆藏宫中档朱批奏折，04-01-01-1003-050。

厘金，其后兼收洋药和百货税。光绪十二年六月，因广东财政紧张，张之洞饬六厂兼收百货厘金。① 光绪十三年，借洋药税厘并征的契机，总署奏请六厂之洋药和百货税厘统由税务司经理，以补朝廷帑项：

> 臣等查香港、澳门六厂抽收厘金，带征洋药正税，自同治十年前督臣瑞麟等奏请开办以来，每年征收税数十六七万两，而用费亦在十五六万两，仍于帑项无裨。现既设立税司，议在海关并征，六厂本无药厘可收，至每年抽收百货厘金十余万两，应统由税司经理，以省糜费而一事权。②

税厘并征一事不仅使广东交出六厂，且以澳门主权为交换（详见本书第五章），两广总督张之洞、广东巡抚吴大澂、粤海关监督增润均表示反对，或单衔或联衔电奏、上折，其中以张之洞、吴大澂的联衔奏折所论尤详，共列举逾险、混界、侵权、扰民、有碍海防、虚诳不实、要挟无已七大流弊。③

张之洞尤其关心广东的厘金财源问题，其曾致电总署言"（六厂）实为粤省咽喉，此外零星涓滴而已"。④ 张之洞督粤时期，六厂之税厘主要有三类专门支出。其一为归还每年洋款费用。中法战争期间，张树声、张之洞向汇丰、宝源洋行先后

---

① 《致总署》（光绪十三年二月初五日），《张之洞全集》第 7 册，第 391 页。
② 《总署奏澳门屡经议约未成拟办洋药税以一事权折》，《清季外交史料》，第 1318 页。
③ 《税司代收新香六厂货厘宜防流弊折》（光绪十三年四月二十五日），《张之洞全集》第 1 册，第 514~518 页。
④ 《致总署》（光绪十三年五月十七日），《张之洞全集》第 7 册，第 409 页。

借款约九百万两，其中奏明本省使用、本省归还者为四次汇丰借款，约共五百万两，每年本息应还八十万两。光绪十一年（1885）底，因广东洋药厘金、洋药帖饷、洋药海防经费、洋药膏厘四项收取短缺，张之洞等命署广东布政使萧韶、广东厘务局挂牌招商承办。其后商人黄昌礼等并请承包洋药四项厘饷，每年认缴八十五万两，经张之洞允准，广东司道出示晓谕，于十二月开办。① 后张之洞体察情形，决定从洋药四项包厘中提取八十万两，专备广东偿还每年洋款。② 其二为巡缉经费。因广东盗风张炽，光绪十二年五月二十二日，张之洞奏告在广东省城设立公所，民捐民办，抽取巡缉经费作为巡勇、练兵、扒船、悬赏、购线之用。该项巡缉经费即由六厂代抽。③其三便是自强款项。厘务局提银为仅次于藩库提银的海防善后款项，数目巨大。张之洞门生袁昶在致张之洞的信中，即明确地指出六厂尽归税务司管理对广东自强举措财源的侵害：

> （光绪十三年）三月初一日钧处朔、东三电言洋人包揽厘金，正欲为渐图尽免内地厘金地步，指陈大害数端，极为肫切恳到。现各省全靠厘金挹注军、边海各防，本省练兵、炮台之用，若将来此项短绌，平时已形窘涸，有急更战守无资。④

---

① 《宪示照录》，《申报》1886 年 3 月 1 日，第 2 版。
② 《洋药厘捐已奏准专还洋款无从提解折》，《张之洞督广折片》，张之洞档，甲 182-198。
③ 《筹捐巡缉经费折》（光绪十二年五月二十二日）、《六厂货厘宜尽征尽解并请免指拨片》（光绪十三年四月二十五日），《张之洞全集》第 1 册，第 519 页。
④ 《袁昶致张之洞》，《赵凤昌藏札》第 4 册，第 257~258 页。

尽管张之洞、吴大澂、增润激烈反对六厂税厘尽归税务司管理，但朝廷为筹集海军款项，严旨饬令三人照办。在寄谕中，清廷点明了六厂税厘对朝廷自强举措的重要性："海军创设，筹饷万难，有此办法，冀可岁增巨款，纵令六厂区区十余万之数，全行蠲弃，亦无顾惜。"① 在朝廷的严饬下，张之洞亦不再表达反对意见。光绪十三年五月十一日，香澳六厂交税务司经理。②

清廷与广东地方关于海防款项的争夺另有海防捐。光绪十年九月初五日，因中法战事军需用款紧张，慈禧太后颁布懿旨，命军机大臣、户部、总理衙门、奕譞通盘筹划。经过会商，奕譞等奏会同商拟开源节流共二十四条办法，另折奏请暂准户部及各省开捐实官常例以裕饷项，奉旨允准。③ 开捐之折言明，自开此项海防捐后，从前顺天、直隶、河南、浙江、安徽、湖北、广东、福建、云南开办的各项捐输即行停止，各省海防捐由藩司一手核办，按月咨报户部，由户部拨给各省粮台、军营，实收实销，限一年后停止。④ 光绪十一年三月，中法战事结束，户部拟将所收海防捐拨为海军衙门经费及东三省练兵之需。广东于二月开办海防捐，照限期应于光绪十二年二月停止，然而至光绪十一年十二月底，广东原开的沙捐、绅富捐、牙捐等各项捐输停止，饷需顿形紧张，是以张之洞等奏请海防捐展期一年，奉旨允准。时闽浙总督杨昌濬、台湾巡抚刘铭传以台湾孤悬海外、筹款维艰，奏请展缓海防捐一年，并将

① 《总署来电》（光绪十三年三月初六日到），《张之洞全集》第 4 册，第 398 页。
② 《收粤海关监督电》（光绪十三年五月十六日到），《清代军机处电报档汇编》第 5 册，第 154 页。
③ 《清实录》第 54 册《德宗实录（三）》，第 730 页。
④ 中国第一历史档案馆编《光绪朝上谕档》第 10 册，第 427~428 页。

款项留于台湾使用，经户部议奏允准。张之洞、倪文蔚遂于光绪十二年三月二十四日具折，称琼州、廉州一带海、边临越，防务较台湾更吃紧，而广东原有捐输已停，财政困难，恳请援照台湾成案，将光绪十二年海防捐划留广东，作为琼廉海防、边防之用。① 张之洞等人之请得户部议准，但户部言明光绪十三年所收之海防捐仍应专款存储，等待部拨。接奉部咨后，光绪十二年十一月二十三日，张之洞奏琼州剿黎、廉州防务需款并急，请将明年海防捐仍留广东使用，并请光绪十三年二月到期后再展限一年。② 张之洞所请本奉旨允准，但其后遭户部议驳。户部称海军衙门经费、东三省练兵饷较广东尤形重要，外省收捐将有碍京捐，不能因广东一省而改奏定之案，张之洞所请留用光绪十三年海防捐，及再展缓一年，均毋庸议。琼廉所需款项应由广东另行妥筹。张之洞在复章中不无讽刺地说道："具见部臣维持国计，兼顾边防。"称广东实无可筹之款，广东捐输不碍京捐，反而因广东华侨众多有益京捐，请允准再展限一年，且在次一年内，广东无论收捐多少，必提足二十万两解交海军衙门作为经费，剩余捐款方留于本省使用。③ 张之洞之复章请求得清廷允准，然而不久再遭户部议驳，户部仍以粤省捐输、捐纳有关部捐全局为由，请旨停止广东展限捐输。为

---

① 张之洞、倪文蔚：《琼廉边海兼防首冲最要饷需无出拟请仍将新例实官捐输划留本年防费并附片》（光绪十二年三月二十四日），《近代史所藏清代名人稿本抄本》第 2 辑第 147 册，第 301～319 页。

② 《琼黎廉界防剿并亟饷需无出恳请截留捐输银两并再展期以纾边急而维大局折》（光绪十二年十一月二十三日），《近代史所藏清代名人稿本抄本》第 2 辑第 149 册，第 152～161 页。

③ 《琼廉防饷无出请准留用捐输一年折》（光绪十三年二月十九日），《张之洞全集》第 1 册，第 503～504 页。

补偿张之洞，户部准张之洞截留光绪十三年筹边军饷二十万两，固本京饷十三万两准缓解一年，并留用光绪十三年正月至三月海防捐，专作琼廉防饷。①

中法战争后，清廷议及筹边练旗，所增款项由户部向各省指拨，新增之款有京师旗营加饷和筹边军饷。

光绪十一年，刑部侍郎薛允升上练旗兵以固根本之折，经户部等奏议就每年报部兵、勇饷三千四百万两之数，各省裁节至三十万两，作为加练京师旗兵军饷。② 八月二十二日，懿旨命各省督抚切实裁汰勇营、局所，自明年起各省每年可得若干，先行奏报，限十一月内复奏。③ 其时各省陆续奏报，唯广东迟迟未复奏，光绪十二年二月，廷旨寄谕张之洞、倪文蔚，命二人力顾大局，设法撙节，筹定数目迅速奏闻，不可以无可报解为辞复奏塞责。④ 对于朝旨的催促，三月二十四日，张之洞等复奏力言广东财政艰难，京师旗营加饷万难筹措，但因懿旨命办，又涉八旗根本，不敢稍存推诿，故饬司道设法向商号借凑十万两汇解户部，至于日后出项，容指定专款后再行奏报。⑤ 十二月，张之洞奏明每年只能勉强筹措报解十万两。然而，由于

① 《展限续收捐银请核准解京十万折》（光绪十三年闰四月二十日），《张之洞全集》第 1 册，第 525～526 页。按：固本京饷起源于同治二年（1863），是年署礼部左侍郎薛焕奏请筹饷练兵，在直隶设立四镇，每镇一万人，神机营兵亦分于四镇教练，所需饷项即为固本京饷。见罗玉东《中国厘金史》，商务印书馆，2010，第 206 页。

② 吴廷燮：《清财政考略》，《清末民国财政史料辑刊》第 20 册，第 373～374 页。

③ 《清实录》第 54 册《德宗实录（三）》，第 1012～1013 页。

④ 《清实录》第 55 册《德宗实录（四）》，第 23 页。

⑤ 《旗营加饷先向商号借拨十万两折》（光绪十二年三月二十四日），《近代史所藏清代名人稿本抄本》第 2 辑第 112 册，第 244～252 页。

广东财源紧张，京师旗营加饷未能筹定专款，每届只能分批报解，且具体款项为到处借、挪而得。如光绪十四年三月，第一批旗营加饷在司库各款中筹银二万两；五月则从商号借垫三万两作为第二批。①

筹边军饷银起源于光绪十年奏准之近畿防饷，是年因中法战事近畿各省办理防务，户部奏准将节省西征军饷作为明年近畿防饷。其后因沿海、沿边各省办防，纷纷截留京饷等项，经户部奏准，自光绪十二年起近畿防饷改为筹边军饷，按年指拨。② 户部指拨广东光绪十二年筹边军饷数目为二十万两，因广东财政困难，五月间张之洞奏请减为每年五万两，待宝源借款还清后加解为每年十万两，至光绪二十二年（1896）广东中法战时所借洋款全部还清后再每年解足二十万两。然而户部议复筹边要需，不得轻议减解，驳回张之洞所请。是年广东应解筹边军饷，由张之洞等东移西凑，分作三批，凑足二十万两解交户部。③ 此后户部每年指拨广东二十万两，直至光绪十八年正月奏明改为筹备饷需。如同京师旗营加饷，筹边军饷一款张之洞每届皆艰难筹集。

司农常熟

光绪十一年秋间，接连有大学士去世，朝堂发生人事调

---

① 《筹解旗营加饷第一批银数折》（光绪十四年三月初六日）、《筹解旗营加饷第二批银数折》（光绪十四年五月十四日），《张之洞全集》第 2 册，第 67~68、96~97 页。

② 罗玉东：《中国厘金史》，第 208 页。

③ 《报解丙戌年第三批筹边军饷数目委员起程日期折》（光绪十二年十一月二十五日），《近代史所藏清代名人稿本抄本》第 2 辑第 149 册，第 330~339 页。

整。八月十九日，钦差大臣、东阁大学士左宗棠在福建病逝；
九月初六日，武英殿大学士灵桂去世。十一月二十九日，协揆
恩承、阎敬铭授大学士。阎敬铭仍照大学士管部例管理户部，
但因其已正拜，照例不能再任堂官，所遗户部尚书一缺由工部
尚书翁同龢调任。照清代制度，户部"掌天下之地政与其版
籍，以上养万民。凡赋税征课之则、俸饷颁给之制、仓库出纳
之数、川陆转运之宜，百司以达于部，尚书、侍郎率其属以定
议。大事上之，小事则行，以足邦用"。[①] 即全国的钱粮收支
皆由其掌握。按照规定，钱粮出入存储皆有定额，即所谓额
征、额支、额拨、额储；若无额者则有案，征无额则户部令尽
征尽解，支无额则令实用实销，拨无额、储无额则令随时报
拨、报储，皆据案入销。[②] 各项自强举措钱财为额外事项，需
向户部咨告立案，用度则据案奏销，户部尚书对各项自强举措
所需经费的准驳态度尤为关键。

　　中法战争期间，由于款项问题，张之洞与户部即有所争
执。光绪十一年六月十九日，张之洞在致唐景崧的电文中便言
及自己半年以来筹备海、边防，却因用度问题不被同僚、士
绅、户部理解的苦况："饷竭兵哗，何论防乎？半年来洞大为
饷所困，僚属诋之，粤绅怨之，司农憎之。省事省钱便好，疆
土在所不计也。国威、边患，抑又迂矣！"[③] 司农即为户部代
称。然而，因张之洞前在山西巡抚任上，于阎敬铭起复一事中
发挥了重要作用，故张之洞与时任户部尚书阎敬铭保持着较好

①　《光绪会典》，文海出版社，1967，第87页。
②　《光绪会典》，第104页。
③　《致龙州唐主政》（光绪十一年六月十九日），《张之洞全集》第7册，第
　　327页。

的关系。其后阎敬铭虽不再任户部尚书，但仍以大学士管理户部。由于阎敬铭资历高且为人刚介，新任户部尚书翁同龢对阎敬铭较尊重，张之洞在钱粮事项上，往往请阎敬铭从中协调。光绪十三年，张之洞致信阎敬铭谓：

> 六厂事，部、署议复公牍已奉到，此举自是已成之局，难于挽回，然钧轴维持之盛心，固已感佩弗缓矣……征信册仰承垂谅，谨当先办十县咨达，谢谢。海军咨查捐输事，语似活动，然先既云事出有因，自因原谅，后查已否报部，及余存若干，终不慨然免解，究未能深喻，海署意若何？是否稍作波折仍可邀免，伏望赐示（即认解之十万亦已挪还洋款）。盖粤力断无从补解也。洋款已垫六十万，各库一空，诸饷停发，京部各款亦不能解，若不能将药厘照数拨还，直是死证。固知荩怀必不能坐视，叩恳叩恳。①

此信谈及多事，皆关于广东地方财政与户部财政的问题。从"六厂事"一句可知此前张之洞应托阎敬铭力为维持，但无法挽回。在交出六厂前，张之洞曾奏准从洋药税厘中划留八十万两，专备广东归还洋款之用，② 但是当年此款交付即有拖延，故信末张之洞恳求阎敬铭请户部照数拨还洋药厘数。征信册发轫于光绪十一年十二月，其时内阁、户部奏正供钱粮缺额

---

① 阎敬铭档，《近代史所藏清代名人稿本抄本》第 1 辑第 18 册，第 367~373 页。

② 《广东洋药税厘照原数划留专还本省洋款折》（光绪十三年正月二十四日），《张之洞全集》第 1 册，第 488~489 页。

过大，地方官吏征收积弊又多，故清廷令户部颁征信册并拟定章程册式，颁给各省造册。① 由于广东各县积欠较多，皆拖延上报，张之洞无法按时造册。光绪十三年五月，其分别致电浙江按察使萧韶、江苏布政使易佩绅、江宁布政使许振祎，询问能否按时完成造册，有无展缓的办法。② 当张之洞阅邸抄，知悉安徽上奏展缓时，便又致电安徽巡抚陈彝，询问如何用语。③ 最后在阎敬铭的缓颊下，户部准许广东先办十个县的造册。"海军咨查捐输"即为海防捐事，光绪十三年闰四月二十日，张之洞奏称在接奉户部第二次议驳海防捐展期咨文前，广东海防捐已展收一个月，共二十六万余两，该款已全数支用，只可凑足十万两解部交海军衙门应用，剩余十六万余两请免批解。④ 照张之洞致阎敬铭信中所言，该项奏明报解之十万两亦已被张之洞全数挪用，且张之洞恐海军衙门追缴剩余十六万余两，故请阎敬铭主持。

与张、阎间尚能维持较好关系不同，新任户部尚书翁同龢与张之洞却因财政问题互生嫌隙。据张之洞所言，其与常熟翁家关系并不浅。翁同龢之兄翁同书为张之洞业师，同治年间，翁同书被曾国藩弹劾下狱，张之洞曾两度往视；翁同书儿子翁曾源为张之洞同榜状元。同治三年，翁同书发往新疆效力赎

① 《清实录》第 54 册《德宗实录（三）》，第 1107 页。
② 《致杭州萧臬台》（光绪十三年五月十七日）、《致苏州易藩台》（光绪十三年五月十七日）、《致南京许藩台》（光绪十三年五月二十日），《近代史所藏清代名人稿本抄本》第 2 辑第 39 册，第 462、463、471、472 页。
③ 《致安徽陈抚台》（光绪十三年五月二十日），《近代史所藏清代名人稿本抄本》第 2 辑第 39 册，第 472 页。
④ 《展限续收捐银请核准解京十万折》（光绪十三年闰四月二十日），《张之洞全集》第 1 册，第 526 页。

罪，翁曾源随同前往，张之洞曾录诗相送，日后张之洞自注此诗，表明其与翁同龢之矛盾，有谓："药房先生（按：翁同书）在诏狱时，余两次入狱省视之。录此诗，以见余与翁氏分谊不浅。后来叔平相国（按：翁同龢）一意倾陷，仅免于死，不亚奇章之于赞皇，此等孽缘，不可解也。"① 对此，许同莘曾在《张文襄公年谱》中解释，认为张之洞与翁同龢情谊始终不薄，自注仅有感而发，不可以词害意。② 许同莘所言似略有隐讳。同光之际，翁、张之间已因办理"洋务"意见不同而有嫌隙。伊犁交涉期间，上谕特命张之洞前往总理衙门与议，张之洞曾致信李鸿藻，称沈桂芬软弱，不修战备，遇事百般阻挠，且以廖寿恒、翁同龢为辅，各事不可为。③ 至翁同龢任户部尚书，张之洞与翁同龢间之不快屡见于《翁同龢日记》。光绪十二年五月二十二日，张之洞上折沥陈广东财政艰窘情形，分拟节省、请缓、奏请另筹三条方法，其中请缓一条即请拟将部拨催补京协各饷，斟酌缓急，分别缓解、减解、带解、抵解、免解。张之洞之奏请其后尽被户部驳斥，翁同龢知此事恐有后续，日记中言"以后此等事要着意。记之"。④ 在前述海防、大举自强各案中，张之洞对户部的屡次驳复甚不悦，其情已见诸各奏章，而翁同龢在奏对时，则谓张之洞"恢张"。⑤ 广

---

① 《送同年翁仲渊殿撰从尊甫药房先生出塞》，《张之洞全集》第 12 册，第 445 页。

② 许同莘编《张文襄公年谱》，《北京图书馆珍本年谱丛刊》第 173 册，第 658 页。

③ 李宗侗、刘凤翰：《李鸿藻年谱》，第 243 页。

④ 《财政艰窘分拟办法折》（光绪十二年五月二十二日），《张之洞全集》第 1 册，第 409 页；陈义杰整理《翁同龢日记》第 4 册，第 2039 页。

⑤ 陈义杰整理《翁同龢日记》第 4 册，第 2089 页。

东交出六厂后，张之洞多次催促户部拨还广东奏准之八十万两洋药税厘，更是让翁同龢不胜其烦。光绪十三年十月初五日，翁同龢在日记中记载："得阎公书，仍称病，并以香涛加信见示，断断于八十万之药厘也。"紧接着还写了一句"夜不适"，不知道是其实际身体情况有恙，还是烦心于张之洞的"斤斤计较"。①

张之洞兴办自强事项喜好大举，又往往事后上奏，翁同龢不免有所不满，户部屡有议驳之折。光绪十三年（1887）六月十四日，张之洞奏陈广东续造十艘兵轮，其中八艘由福州船厂协造。因所支之款为盐商和文武报效款，张之洞请免造册咨部报销。张之洞原设想为"粤济闽费，闽济粤工"，造船额外产生之工料费用由福州船厂经费支出，然而船政大臣裴荫森奏请船厂报销工料时，户部认为张之洞已声明兵船由广东捐办，则工料费用亦须由广东支出汇报，驳回裴荫森所请。其后裴荫森奏请援照开济快船成案，仍请由船厂报销，再遭户部驳复。② 至机器铸造制钱、银圆，张之洞在上奏前已电请驻英公使刘瑞芬订立购买合同，户部在议复折中，怀疑张之洞所言铸钱"不致亏折"之语，奏请命张之洞详细核算，据实复奏，并要求张之洞奏明折中所称"弛禁商人"系何项商人。张之洞附片中请兼铸银圆，户部则谓"事关创办，尚需详慎筹划，未便率尔兴办"。③

---

①　陈义杰整理《翁同龢日记》第 4 册，第 2149 页。
②　《续造兵轮折》（光绪十三年六月十四日），《张之洞全集》第 1 册，第 551 页；《加增闽厂协造兵轮经费并声明办法折》（光绪十四年五月初八日），《张之洞全集》第 2 册，第 92 页。
③　《开铸制钱及行用情形折》（光绪十五年八月初六日），《张之洞全集》第 2 册，第 220 页。

慈禧归政前后张之洞自强事业的难继

光绪十二年六月初十日，慈禧太后召见醇王奕譞及军机大臣，是日颁布懿旨，称垂帘听政本一时权宜之计，今皇帝学有所成，应遵照同治十三年懿旨即行亲政，命钦天监于明年正月选择吉期举行亲政典礼。经醇王奕譞、礼王世铎等群臣劝谏请缓归政，十八日，慈禧太后允群臣所请，决定于光绪帝亲政后再训政数年。① 光绪十三年正月十五日，光绪帝御太和殿，受王公大臣、文武百官朝贺，正式亲政。②

光绪亲政当年，黄河于郑州段发生决口。晚清时期，因清廷内外交困，河工废弛，黄河屡屡决口断流改道。光绪十三年八月，黄河南岸郑州下汛十堡决堤，黄河夺淮入海，河南、安徽、江苏"三省地面约二三十州县尽在洪流巨浸之中，田庐人口漂没无算"。③ 三十日，清廷谕令户部预筹的款，以应抢办河工及办理赈灾各事宜。户部复奏拟改海防捐为河工事例（即郑工捐），并提出六条建议，分别为：一，裁撤外省防营长夫；二，暂停购买外洋枪炮、船只、机器及炮台各工；三，变通在京官兵应领各项米折；四，酌调河南附近防军协同工作；五，捐输盐商请奖；六，预缴二十万两当课及汇号捐银免领部帖。户部第二条建议言："查外省购买外洋枪炮、各项船只，以及修筑洋式炮台各工，每次用款，动需数十万两，均须由部筹拨，竟有不候部拨，已将本省别项挪用，遂至应解京协各项，每多

---

① 《清实录》第 55 册《德宗实录（四）》，第 87、93~94 页。
② 《清实录》第 55 册《德宗实录（四）》，第 202 页。
③ 刘恩溥：《奏为河患关系太巨请饬疆臣速筹方略款项事》（光绪十三年八月三十日），中国第一历史档案馆藏军机处录副奏折，03-7078-037。

虚悬。"从上述户部与张之洞的关系看，户部所言似有专指。最终清廷允准第一、第五、第六条，其余三条则毋庸议。① 尽管第二条建议并未实行，但河工对张之洞的自强举措不免有所影响。首先，海防捐改为郑工捐，捐输款项不便再奏请截留作外省海防之用。其次，黄河决口影响了清廷的财政状况。中法战后，清廷议筹海筹边，加增海军衙门经费、东三省练兵饷、筹边军饷等用费虽多，但洋药税厘并征，各省战后裁勇节饷数额亦不少，总体而言，在光绪十三年（1887）前，清廷财政出入尚能相抵。② 黄河决口后，清廷入不敷出，户部向各省关筹集河工款项，广东不能免其外。九月二十五日，户部致电广东督抚、粤海关监督，要求将广东本年欠解之部款全数改解河工应用，共计省款二十八万七千余两、海关款二十一万九千两，限十个月内全数解清，如有延误，照赔误京饷例严参。③ 光绪十四年，广东巡抚吴大澂调任东河总督，接手郑工事宜。此时户部所拨河工款业已耗尽，吴大澂向张之洞商量，张之洞督同布政使、善后局司道向各银号先行借款十万两以应急需。④ 至是年十二月十九日，正坝合龙处封闭，郑工彻底完工，河工用款最后统计用银达二三千万两。⑤

除河工用款，慈禧太后归政前后兴修颐和园费用是另一笔

①　沈桐生辑《光绪政要》，文海出版社，1973，第 695～700 页；《清实录》第 55 册《德宗实录（四）》，第 324～325 页。

②　吴廷燮：《清财政考略》，《清末民国财政史料辑刊》第 20 册，第 374 页。

③　《北洋来电并致抚台》《北洋致海关电》（光绪十三年九月二十五日），《近代史所藏清代名人稿本抄本》第 2 辑第 62 册，第 210、204 页。

④　《筹垫河工要款折》（光绪十四年七月十八日），《张之洞全集》第 2 册，第 116～117 页。

⑤　吴廷燮：《清财政考略》，《清末民国财政史料辑刊》第 20 册，第 375 页。

巨款。光绪十四年二月初二日，光绪帝谕整修清漪园，更名为颐和园，作皇太后将来归政后居住奉养之地。① 颐和园的修建与海军衙门经费有较大关系，前辈学者研究已较充分，其工程经费来源见表4-3。

表 4-3　颐和园工程经费来源

单位：两

账单进款来源	终极来源	数额	财源性质	说明
海军衙门拨款	不明	668265	海军衙门经费	附于昆明湖水师学堂奏销
海军衙门拨款	六分平余银	1585700	海军衙门经费	包含光绪十四年海军衙门垫放"闲款"457500 两
海军衙门拨款	官员捐输款		海军衙门经费	
海军衙门拨款	"海军经费"	1800000	海军衙门经费	实为洋药税厘"新增经费"
海军衙门拨款	"海军巨款"息银	91183	海军衙门经费	"海军巨款"息银本为颐和园工程而筹
总理衙门借款	"海军巨款"息银	230000	海军衙门经费	
总理衙门借款	出使经费	770000	总理衙门经费	原借 100 万两，由"海军巨款"息银归还 23 万两
海军衙门借款	海防新捐	3000000	海军衙门经费	此估计数据有较大弹性

资料来源：陈先松《修建颐和园挪用"海防经费"史料解读》，《历史研究》2013 年第 2 期；陈先松《海军衙门经费析论》，《清史研究》2018 年第 2 期。

与广东直接相关的款项来源为"海军新增经费"和"海

———————

① 《清实录》第 55 册《德宗实录（四）》，第 393~394 页。

军巨款"。光绪十三年十月，因海防捐改郑工捐，海军衙门进项减少，遂以海防、边防经费紧缺为由，奏请自明年起，于各关洋药税厘并征项下每年拨银一百万两，户部复奏待河工告竣后奏拨。其后海军衙门于光绪十四年四月、九月再次奏请户部拨款，户部允自光绪十五年起拨款，即为海军新增经费。① 从光绪二十年的数额推测，户部每年指拨粤海、潮州、琼州、北海四关共三十万两，九龙、拱北两关共二十万两。② 海军巨款又名海军备用款。光绪十四年十月，由于万寿山工程用款不敷，奕譞致信李鸿章，请其向各督抚集款二百万两存储生息，以备分年修理之用。李鸿章遂致函两广总督张之洞等人，以祝嘏为名请众人分任其力。在致曾国荃的信中，李鸿章言报效巨款一事"首望香帅，次则台端，能于江、粤集得大宗，此外略加附益，便有成数"。③ 十一月十三日，张之洞电复李鸿章，称广东愿报效一百万两，分作五年四季解津，拟作为海军备用之款存案。至于李鸿章信中请弛禁小闱姓（按：即白鸽票）作为饷源，断难举行。统计广东认海军巨款一百万两，两江认八十万两，湖北认四十万两，四川认二十万两，直隶认二十万两，共二百六十万两，广东认解之数最多。④ 光绪十五年三月，广东报解是年春季海军巨款五万两，因款项难筹备，张之

---

① 陈先松：《海军衙门经费析论》，《清史研究》2018 年第 2 期。

② 户部：《咨呈军机处为传付福建司案呈准北档房传付内称所有奏拨海军衙门新增经费银两一折由》（光绪二十年三月二十一日），台北故宫博物院藏军机处档折件，故机 132401/131651。

③ 《致两广制台张》《致两江制台曾》《致湖广制台裕》《致四川制台刘》《致江西抚台德》（光绪十四年十月初一日），《李鸿章全集》第 34 册，第 434~437 页。

④ 《致天津李中堂》（光绪十四年十一月十三日）、《李中堂来电》（光绪十四年十一月十七日），《张之洞全集》第 7 册，第 432 页。

洞先向百川通商号借垫汇交天津。①

颐和园工程同时引起了朝廷的人事变动。在颁布修葺颐和园上谕前，清廷已有各项整修园苑的工程。光绪十一年四月，奉宸苑开始修葺南海各工程，至六月颁布懿旨开办三海工程（即西苑工程）。光绪十二年八月十七日，海军衙门奏请规复昆明湖水操，奉懿旨依议，成了颐和园的先期工程。② 时人已知海军衙门借水操为名，行整修园苑之实，翁同龢在日记中记载："庆邸（按：奕劻）晤朴庵（按：奕譞）深谈时局，嘱其转告吾辈，当谅其苦衷。盖以昆明易勃〔渤〕海，万寿山换滦阳也。"③ 当时甚至有重修圆明园的流言。阎敬铭对此持激烈的反对意见，"论治以节用为本"，大忤慈禧太后之意，自是年五月起，阎敬铭以病屡请开缺。十一月，慈禧太后以整顿圜法筹议失当为由，命将户部堂官交部严议，阎敬铭等得革职留任处分。④ 光绪十四年三月二十二日，因闻整修颐和园谕旨，阎敬铭奏河防难塞，灾民流离，时事维艰，请慈禧太后以苍生为念，明降懿旨暂缓移驻西苑，并谕令缓修颐和园、昆明湖各项工程。奉旨留中。⑤ 七月，阎敬铭以病再请开缺，清廷准其开去各缺，在京调理。次年三月，清廷准其回籍。⑥ 张之

---

① 《筹解海军备用银款分年按季解津折》（光绪十五年三月二十八日），《张之洞全集》第 2 册，第 188 页。
② 《清实录》第 54 册《德宗实录（三）》，第 953~954 页；中国第一历史档案馆编《清代军机处随手登记档》第 123 册，第 358 页。
③ 陈义杰整理《翁同龢日记》第 4 册，第 2060 页。
④ 赵尔巽等：《清史稿》，第 12385 页；《清史列传》，第 4472 页。
⑤ 《阎敬铭奏皇太后西苑驻跸从缓折》，阎敬铭档，《近代史所藏清代名人稿本抄本》第 1 辑第 2 册，第 201~208 页。
⑥ 《清实录》第 55 册《德宗实录（四）》，第 457、591 页。

洞在户部失去重要的调和之人。

光绪十五年正月二十七日，光绪帝大婚；二月初三日慈禧太后正式归政。虽然直到十七年慈禧太后才正式驻跸颐和园，光绪方拥有独立行使权力的机会，但从体制上而言，光绪十五年后，政事应出于光绪帝之意。光绪帝与翁同龢的紧密关系不待多言，翁同龢管理户部多年，其对张之洞"恢张"的印象无疑也影响了光绪帝。光绪十五年八月初六日，张之洞奏广东海防、边防紧迫，造册繁难，请援照同光年间军需报销成案，自光绪九年至光绪十四年广东海防善后用款免造细册，开单奏销。上谕谓张之洞此举殊属非是，命其分晰造册，送部查核，毋得含混。① 而张之洞在未咨明海军衙门前，花费重金购买机器、修筑炮台尤为光绪帝所不满，后者十月十五日寄谕张之洞谓：

> 各省添购机器等项，照章应于事前奏明立案。乃近阅张之洞叠次奏报，于添购机器等事，未经奏明，辄先向洋商订立合同，如前购织布、铸钱机器及沙路铁桩，本日具奏购买炼铁机器，动需巨款，皆于已经议办之后始行入奏，殊属非是。国家经费有常，岂容任意开支？除将所奏交该衙门核议外，嗣后如有建议创办之事，及购买机器军火各项物料，均着先行陈请。②

两日后，光绪帝再接张之洞《建筑琼廉海口炮台折》，言

---

① 《军需善后各案请开单奏报免造细册折》（光绪十五年八月初六日），《张之洞全集》第 2 册，第 226～227 页；《清实录》第 55 册《德宗实录（四）》，第 689 页。
② 《清实录》第 55 册《德宗实录（四）》，第 672 页。

于琼廉海口建筑炮台炮堤，已动支肇、潮两税厂新增节省防费，并动用沙田经费，约汇十九万两给驻德国公使洪钧作为炮、弹定金。① 光绪帝览此，传旨将张之洞申斥：

> 各省筑台购炮等事，均应先期咨商海军衙门，议定有案，方准兴修，前经该衙门奏准，通饬遵照。琼廉防务，张之洞前于巡视海口折内，奏明兴办，唯系统陈大概情形，并未将筑台若干、购炮若干，先行咨商海军衙门，筹定请旨。现在阅时既久，始将购炮筑台各节陈奏，均系动用巨款，率行定议，殊属不合。张之洞着传旨申饬。②

张之洞在粤开展自强举措未奏、咨而先行，且操之过大，要求先期咨商海军衙门的谕旨在前，却依旧我行我素，加以申斥无可厚非。不过从两次上谕来看，不免夹杂了光绪帝和翁同龢的情绪。张之洞晚年托名抱冰堂弟子，在自述中谓：

> 己丑、庚寅间，大枢某、大司农某立意为难，事事诘责，不问事理……有：粤省报销不为多，一也；于沙路河道，立阻敌船铁桩，二也；修琼廉炮台，三也；修镇南关炮台，四也；购枪炮厂机器，五也；购织布机器，六也；清查沙田，给照缴费，七也。③

---

① 《建筑琼廉海口炮台折》（光绪十五年九月二十日），《张之洞全集》第 2 册，第 273~275 页。
② 《清实录》第 55 册《德宗实录（四）》，第 672~673 页。
③ 《抱冰堂弟子记》，《张之洞全集》第 12 册，第 517 页。

　　"大司农"为户部尚书的代称，所指即翁同龢。《抱冰堂弟子记》中所言光绪十五年、十六年张翁二人之龃龉，绝大部分即为张之洞在粤自强举措所导致的财政争端。由此可见慈禧归政前后的人事变动对张之洞在粤自强举措的影响。

第五章　对外交涉事件与张之洞
和总署的关系

　　第二次鸦片战争后，清廷设立总理衙门，成为与各国进行对外交涉的总理之处；而受传统观念的影响，晚清对外交涉始终强烈依赖于地方督抚。咸丰十年（1860）十一月，奕䜣、桂良、文祥联衔上折，奏请设立总理各国事务衙门。在奕䜣等人最初的制度设想中，总理衙门是军机处的临时分支机构，凌驾于各部与督抚之上；然而随着时间推移，总理衙门逐渐变为与六部相同的专务机构，各省督抚与总理衙门大臣几乎是平等地位。对于督抚、总署的关系，除戊戌到辛丑间，清廷谕令督抚加总理大臣衔外，[①] 并无明确的规定。基于制度设计的含混不清，当督抚、总署对同一对外交涉事件意见不同时，难免多有龃龉不合。晚清两广华洋交集，对外交涉事件繁多，张之洞亲历多起对外交涉案件。学界对张之洞督粤时期对外交涉事件的研究，主要集中于对法交涉（如中法勘界、拒见法国领事）和港澳、华侨事务，对其他事件探讨相对较少。本章主要利用张之洞与总署关于对外交涉事件的往来电报、函咨，综合探讨张之洞任两广总督时与总署关系的演变。

---

　　① 《清实录》第57册《德宗实录（六）》，第703页。

一　张之洞与总署关系概况

两广兼边海之寄，且毗连港澳，华侨众多，因朝贡体制和"广州体制"的延续，两广总督在对外交涉事件中有重要地位。第二次鸦片战争后，"条约体制"基本形成，张之洞、总署皆力持条约作为中外关系的准则，然而在处理具体事务时，张之洞与总理衙门有较明显的理念差异。基于此种差异，随着两广交涉事件日多，张之洞与总理衙门嫌隙渐显。

两广总督对外交涉权力

鸦片战争以前，中国并无现代"外交"和"对外交涉"概念，而是以"礼"为核心，构筑出"宗主—藩属"秩序的朝贡体系。西方诸国虽早已和中国有直接交往，但也被纳入朝贡体系中。朝贡之事由礼部总管，按照远近入贡道路分隶沿海、沿边各省。由广东入贡的国家有暹罗、荷兰、西班牙、意大利、葡萄牙、英国等国家，另外由广西入贡的越南亦属两广总督兼管。① 至乾隆年间，清廷对地方督抚在入贡事宜上已形成一些通行性的规定，包括以下数项：第一，外国朝贡表文、方物须由督抚查明具题，方准入贡；第二，禁止外国人送督抚礼物；第三，外国进贡硫黄由督抚收存；第四，外国贡使、随从沿途费用、口粮由督抚照例给发；第五，外国投文不得直接由使臣带到京城，须由督抚拆阅转奏，督抚等不得擅自移文外国；第六，贡使往来须由督抚选派同知或通判，并酌派守备随

---

① 　梁廷枏：《海国四说》，中华书局，1993，第 164 页。

同。① 以现代国际观念视之，两广总督在朝贡体系中拥有一定的对外交涉乃至外交权力。

乾隆二十二年（1757），清廷命洋船"将来只许在广东收泊交易"，直到《南京条约》签订后才开放广州、厦门、福州、宁波、上海五处为通商口岸，学界一般称呼此时段为"一口通商"或"广州体制"时期。② 在广州体制下，西方船只、商人、传教士云集广州，两广总督于对外交涉各事有直接管辖、处理之权，涉及交涉体制、贸易纠纷、中外案件等各项事宜。如嘉庆十九年（1814），英国护货兵船不遵定制，驶至虎门，两广总督蒋攸铦示以兵威，并派员诘问，威胁终止贸易。③ 道光二年（1822），英人于外伶仃山与民人斗殴，互有伤毙，因英国大班推诿交犯，两广总督阮元命将货船封仓，禁止贸易，勒令英人交凶。④ 道光十七年，发生"兴泰行商欠"一案，英商颠地（Lancelot Dent）等向两广总督邓廷桢禀请偿还欠款，经邓廷桢迭次谕令，由广东布政使、按察使会同行商、外商核清债务，⑤ 等等。

鸦片战争后，两广总督兼领五口通商大臣，对外交涉权力进一步扩展。道光二十四年（1844），清廷谕令颁给两广总督耆英钦差大臣关防，"各省通商善后事宜均交该督办理"。⑥ 日后两广总督兼钦差大臣（即所谓"五口通商大臣"）办理对

---

① 梁廷枏：《海国四说》，第 165~168 页。
② 有学者对"一口通商"的说法提出质疑，可参见黄启臣《清代前期海外贸易的发展》，《历史研究》1986 年第 4 期。
③ 《清实录》第 31 册《仁宗实录（四）》，第 1121~1122 页。
④ 《清实录》第 33 册《宣宗实录（一）》，第 548~549 页。
⑤ 吴义雄：《条约口岸体制的酝酿》，中华书局，2009，第 236~249 页。
⑥ 《清实录》第 39 册《宣宗实录（七）》，第 37 页。

外交涉事件成为常例。咸丰三年（1853）时，咸丰帝即有"向来夷务均归钦差大臣、两广总督酌量办理"之语。① 咸丰六年，面对英、法、美等国纷纷要求北上更定条约之议，咸丰帝再次强调"一切夷务皆由广东办理，他省不能入奏"。② 由此可见，五口通商时期，两广总督几乎成为当时对外交涉的中心。

第二次鸦片战争后，随着《天津条约》《北京条约》的签订，沿海各地纷纷开放通商口岸，中英《天津条约》中亦规定公使驻京，原五口通商大臣体制瓦解。咸丰九年时，五口通商大臣已改由两江总督兼任。咸丰十年十一月，奕䜣、桂良、文祥上《统计全局酌拟章程六条呈览请议遵行折》。③ 该折所附第一条章程请于京师设立总理各国事务衙门，以王大臣领之，军机大臣兼管。奕䜣等原设想总理衙门为临时机构，待军务肃清，外国事务较简后，即行裁撤，仍归军机处处理。然而总理衙门日后权力逐步扩展，"掌各国盟约，昭布朝廷德信，凡水陆出入之赋、舟车互市之制、书币聘飨之宜、中外疆域之限、文译传达之事、民教交涉之端"，皆归其办理，④ 成为清廷对外交涉的重要机构。第二条章程请在南北口岸分设大臣。时因新增口岸较多，两江总督曾国藩事繁，南洋大臣由江苏巡抚薛焕兼任，自同治四年（1865）后，南洋大臣例由两江总督兼任。北方之天津、牛庄、登州设立三口通商大臣专职，同治九年"天津教案"后改为北洋通商大臣，由直隶总督兼任。

① 《清实录》第 41 册《文宗实录（二）》，第 294 页。
② 《清实录》第 43 册《文宗实录（四）》，第 202 页。
③ 《奕䜣桂良文祥奏统计全局酌拟章程六条呈览请议遵行折》，《筹办夷务始末（咸丰朝）》，中华书局，1979，第 2674~2680 页。
④ 《光绪会典》，第 436 页。

自此对外交涉的重心由两广总督转移至总理衙门、南北洋大臣处。

尽管对外交涉的重心发生转移，但由于广州体制的传统，加以香港、澳门及华侨事务，两广总督对外交涉并不稍减，即所谓"粤东通商日久，交涉事件本较他省为繁"。① 为处理烦琐的交涉事务，光绪六年十二月，两广总督张树声接总署与威妥玛所商定的《中外往来仪式节略》，在复奏中称广州一口并无关道，遇有对外交涉事件，领事无论巨细皆径达督抚，督署交涉尤繁，故声明广州的交涉事件由广东督粮道直接负责，申报督抚备查。② 然而，对于督粮道负责对外交涉的体制，外国人并不遵守，仍经常将交涉案直接提交到两广总督处，张之洞督粤时期仍旧如此。因此在具体对外事务中，张树声、张之洞一般委派与督粮道职衔相近的各司进行交涉。光绪八年、九年间，广东发生汕头案、沙面案，张树声皆命署广东布政使龚易图前往交涉。龚易图离粤后，张之洞先后命两广盐运使瑞璋、署两广盐运使蒋泽春负责办理对外交涉之事，但各国驻粤领事仍习惯直接找两广总督交涉。张之洞不免抱怨言："粤东洋务繁多，每遇大小事件，辄来辕请见催办，殊为烦琐，本部堂政务殷繁，岂能一一酬对。"③ 因此，光绪十一年（1885）二月初十日，张之洞札委蔡锡勇、辜鸿铭二人为洋务委员，在督署办理洋务各项事宜。次年六月二十日，张之洞在督署附近正式

① 《粤督张树声奏拟订中外交涉行文仪式以资遵守片》，《清季外交史料》，第 475 页。
② 《粤督张树声奏拟订中外交涉行文仪式以资遵守片》，《清季外交史料》，第 475~476 页。
③ 《札委署运司蒋泽春办理洋务》（光绪十二年二月初九日），《督广咨札·咨札六》，张之洞档，甲 182-196。

设立办理洋务处。①

　　按清廷设立总理衙门的设想，各省中外交涉事件，应由本省地方官按照条约随时办理，至于紧要事件，则由总理衙门办理。这本是希望地方性的交涉事件能在外省解决，但所谓"紧要"含糊不清，各省督抚奏、咨请总署办理之件，或被认为是意存推诿。光绪二十四年（1898）上谕有谓："向来沿江、沿海通商省分，交涉事务本繁，即内地各省，亦时有教案应行核办。各直省将军、督抚往往因事隶总理衙门，不免意存诿卸，总理衙门亦以事难悬断，未便径行，以致往还转折，不无延误。"② 而各省领事在与督抚交涉不合意时，往往将本属地方交涉事件上告该国驻京公使，由公使同总理衙门交涉，导致督抚与总署间屡有处理意见的分歧。在设立办理洋务处的札文中，张之洞有言"即与在本部堂署内无异"。表明办理洋务处只是张之洞处理对外交涉事务的辅助机构。因此，即便督粮道、司道、办理洋务处具体负责交涉，最终广东对外交涉的主角仍为两广总督，在条约体制下与洋人、总署斡旋，产生矛盾纠葛者仍是张之洞。

总署、张之洞对外交涉理念差异

　　鸦片战争后，《南京条约》等一系列不平等条约签订，中外关系开始"规范"于条约中，逐步形成所谓的"条约体制"，随着《天津条约》《北京条约》相继签订，条约体制基

---

① 《札委蔡守辜绅办理海防洋务》（光绪十一年二月），《督广咨札·咨札三》，张之洞档，甲182~196；《札司道讲求洋务》（光绪十二年六月二十日），《张之洞全集》第5册，第112~113页。

② 《清实录》第57册《德宗实录（六）》，第703页。

本形成。其中咸丰八年签订的《天津条约》，更是"曾在半个多世纪中成为支配中国对外关系的常规"。① 条约体制对总理衙门、张之洞的外交理念有重要影响。作为对外交涉的总枢，总理衙门在与洋人打交道的过程中，贯行"羁縻"的对外交涉思想。"羁縻"思想在外交政策上的体现，则是"守定和约"，即与洋人办事，以和约为凭，与之辩论分明，以免洋人借口背约寻衅。② 张之洞也十分重视条约在中外交涉中的地位，其于山西巡抚任上开设洋务局，在招揽洋务人才的启事中强调中外交涉事宜，"以条约为章程"。③ 其后张之洞在粤设立办理洋务处，札文亦谓"条约本极细密，详情又极变幻。必须熟考详酌，缓急操控，方能合宜"。④

吴福环认为，总署的"守定和约"对外交涉理念具有两面性。一方面是对列强侵略的妥协性，清廷运用自身权力维护列强权益，当列强要求签订更多不平等条约时，也为总署遵从；另一方面"守定和约"，对这种侵略具有抗争性，主要表现在总署依据条约，拒绝列强在条约之外的非分要求。"总的说，战败时以妥协为主，和平时则抗争较多；对资本帝国主义强国妥协的多，对其他资本主义小国则抗争的多。而且又常常是妥协中有抗争，抗争中有妥协。"⑤ 这种两面性在张之洞身

---

① 马士：《中华帝国对外关系史》第 1 卷，张汇文、姚曾廙、杨志信、马伯煌、伍丹戈合译，上海书店出版社，2000，第 629 页。
② 吴福环：《清季总理衙门研究》，新疆大学出版社，1995，第 132 页。
③ 《延访洋务人才启》（光绪九年四月初一日），《张之洞全集》第 5 册，第 20 页。
④ 《札司道讲求洋务》（光绪十二年六月二十日），《张之洞全集》第 5 册，第 112 页。
⑤ 吴福环：《清季总理衙门研究》，第 157～159 页。

上亦有所体现。光绪六年（1880），张之洞先后上《谨陈海防事宜折》和《日本商务可允球案宜缓折》，表达对"联日制俄"的看法。因中俄交涉、中日交涉事态的变化，两折对日本的态度不一，已不免为时人所讥讽。[①] 在中法越南交涉中，奕譞曾致信翁同龢，谓张之洞战守方略矛盾："香涛始因挫败议守疆圉，现又因胜放言高论，不思此两番胜仗只可为收束全局张本，岂能恃为撑支全局安危?"[②] 奕譞所言为镇南关失守后，张之洞拟调冯子材军回钦廉固防，而停战谕旨下达后，张之洞却因镇南关、谅山大捷力言和约不可恃，屡次电请继续用兵越南。

尽管在处理对外交涉事务中，总署和张之洞皆以条约为依归，并同样体现出两面性，但在具体操作上，二者有较大的差异。

依照典制，总署大臣分为总理各国事务亲王（或郡王、贝勒）、大臣、大臣上行走，皆为特简，无定额；而在实际情况中，总理各国事务亲王（或郡王、贝勒）一般仅设一人，以主持总署。咸丰十年十二月至光绪十年三月为恭亲王奕䜣，此后为奕劻。光绪二十年九月，奕䜣曾短暂复出进入总署，与奕劻同为总理各国事务亲王，直至光绪二十四年四月病逝。张之洞督粤时期，总理衙门由庆郡王奕劻主持。奕劻，乾隆帝第十七子庆僖亲王永璘之孙。同治十一年奕劻加郡王衔，授御前大臣。光绪十年晋封庆郡王。"甲申易枢"后，奕劻接替恭亲

---

①　《致容舫安圃任》，张佩纶：《涧于集》，第 46~47 页。

②　《醇亲王致翁同龢函第六十七》，《翁同龢文献丛编之四·中法越南之争》，第 284 页。

王奕诉长期主持总理衙门。① 总体而言，奕劻对外交涉才干平平，久于总署的宝鋆称奕劻"只是一布伊唵邦（满语，即内务府大臣）材料耳，如何能办外交?"② 在奕劻的主持下，总署处理对外交涉事务时多持妥协态度，以维持中外和好的局面。甲申至甲午年间，时局尚且清平，甲午后列强掀起瓜分中国狂潮，奕劻的妥协态度导致中国利权尽失。宣统二年（1910）御史赵炳麟弹劾奕劻，言自其成为总理各国事务大臣，"以至今日数十年于兹，外交着着失败"。③

张之洞对外态度则显强硬，故外国人对张之洞的总体印象是粗鲁、排外，洋人和外文报纸对此屡有描述。光绪二年（1876），重庆发生江北教案，大规模的烧杀从二月持续到五月上旬，《北华捷报》认为时任四川学政的张之洞在煽动骚乱方面负有责任。④ 中俄伊犁交涉期间，张之洞在对外交涉事务中崭露头角，数请杀崇厚、拒和约、对俄备战，中外瞩目。直到光绪十三年，因张之洞坚决反对葡萄牙永占澳门，所以在负责此事的总税务司赫德的信中，其对张之洞在伊犁交涉中的强硬言行仍心有余悸，称"那位曾经奏参崇厚擅订伊犁条约，并且几乎使崇厚丧失性命的两广总督张之洞，又在上奏反对里斯本条约。总理衙门慌了"。⑤ 与前数任两广总督相比，张之

---

① 赵尔巽等:《清史稿》，第 9097 页。
② 何刚德:《春明梦录·客座偶谈》，山西古籍出版社，1997，第 38 页。
③ 赵炳麟:《劾庆亲王奕劻疏》（宣统三年二月三十日），《赵柏岩集》（上），广西人民出版社，2001，第 501 页。
④ "Anti-Christian Riots in Szechuen," *The North-China Herald and Supreme Court & Consular Gazette*, 1876-5-13.
⑤ 《1887 年 8 月 7 日赫德去函 Z 字第 304 号》，中国近代经济史资料丛刊编辑委员会主编《中国海关与中葡里斯本草约》，中华书局，1983，第 92 页。

洞更形排外。第二次鸦片战争期间，对外较为强势的两广总督叶名琛被英法联军掳走，咸同以后的两广总督对洋人都比较示弱。咸丰十一年（1861），广东巡抚耆龄弹劾两广总督劳崇光"自到广东，始则畏夷，继则与夷酋巴夏礼交情甚密。夷人凡有要求，无不允准，从无一事设法阻止者"。① 同治年间，瑞麟督粤长达十年，与洋人交涉软弱，贬之者称其"一日做三次乌龟"。② 瑞麟之后继任的粤督刘坤一，据下属观察在广东有"五畏"，居首者即畏惧洋人。③ 时英国人柏专敬在广州水雷局任教习，先后与张树声、张之洞共事，对比两任两广总督，柏专敬评价张树声"非常亲外"（very pro-foreign），而张之洞则是"强烈排外"（intensely anti-foreign）。④ 光绪十五年，张之洞离开广东赴任湖广总督，在粤的外国人无不欢欣，《士蔑西报》记载当时的情形，可知外国人对张之洞在粤督任上的观感，有谓：

> 张总督秉承圣旨，于今天下午离开南方大都市。当然，张之洞已接到了有关职务变更的电报。很难说张阁下对离开广东前往湖广是否满意，但是，毫无疑问的是，他离开广东，无论是官员还是外国人，普遍将会是满意的结果。虽然张之洞是一个最纯粹的爱国者，但他积极排外的

---

① 《广东巡抚耆龄奏参劾劳崇光在粤与洋人亲密情形片》（咸丰十一年六月二十二日），中国史学会主编《第二次鸦片战争》第 5 册，上海人民出版社，1978，第 519 页。

② 刘声木：《苌楚斋随笔》，中华书局，1998，第 557 页。

③ 杜凤治：《望凫行馆宦粤日记》，《清代稿钞本》第 18 册，第 617 页。

④ "The Torpedo Defence of Canton," *The North-China Herald and Supreme Court & Consular Gazette*, 1890-1-24.

态度和阻挠政策并不受欢迎，也并不是成功的。①

总署、张之洞关系演变

晚清广东中外交涉事件繁多，难以一一罗列，有些对外交涉事件，张之洞或与总署、领事、公使往返电、函达数年之久。本节按照时间顺序，大致梳理张之洞与总署关系演变始末，二者反复交涉的主要事件将于后文详述。

张之洞抵任两广总督后，首先应对中法战争。李国祁认为，中俄伊犁交涉至胶州湾事件发生的二十年间，是张之洞主张"以夷制夷"时期。中法战时主要的特点是"守在四夷"，实际为联合弱国，对抗强国，以小抗大。② 然而其时张之洞也有联结强援的想法。光绪十年（1884）七月初九日，张之洞电奏称美国虽调处中法交涉，但其国和平，法国不惧，法独惧德国，现德国和中国亲睦，应电驻德公使李凤苞谒见德皇，恳请德国设法力助，并许以利益。③ 除德国外，由于香港为战时广东重要的军火购买、转运之地，故张之洞尽力维持与英国的关系。光绪十年底，驻英公使曾纪泽责问英国接济法国军火，故英国告示中立，禁止各国军火到港，张之洞乃致电清廷埋怨曾纪泽，并请总署设法解决。④ 清廷对张之洞的外交策略比较

---

① "Chang Chih-tung to Leave Canton," *The Hong Kong Telegraph*，1889 - 8 - 15.

② 李国祁：《张之洞的外交政策》，第 344、53～54 页。

③ 《致总署》（光绪十年七月初九日），《近代史所藏清代名人稿本抄本》第 2 辑第 25 册，第 533～534 页。

④ 《粤督来电》（光绪十一年正月初六日到），《清代军机处电报档汇编》第 4 册，第 393～394 页。

认同，奕譞曾致信军机处称赞道："香涛议由李使游说德国，极好机会。"①

基于这种联结强援、以夷制夷的策略，中法战争期间张之洞处理地方对外交涉事务较通融。如光绪十年七月、八月间，香港抵制法人导致罢工，张之洞希望能和平处理，以免发生大冲突，指示密探"切勿致英人阻我米运、军火、停泊船只为要"。② 对于其抵粤前发生的沙面案和汕头案，张之洞选择赔偿了事，含糊结案。这种谨慎的战时对外交涉特性，在瑞昌洋行一案中也有所表现。光绪九年，英国因瑞昌洋行被广西厘金局扣押，来文索赔。张之洞到粤后经手此事，做冷处理，所言之原因颇明："法事方殷，各国未结各案不得不通融办理，以示牢笼，免其助法为虐。"③ 尽管中法战时张之洞与总署的外交策略大体相同，但由于交涉理念不同，二者已有所辩论。对沙面案赔款的数额，张之洞屡电总署，希望与各国谈判代表力争减少、抵补，然总署回复称已与在京公使议定款数，指示张之洞照数赔给，并且不顾广东战时用度紧张，多次敦促张之洞付款。于中法战争期间发生的地方骚乱，总署与张之洞双方就"民气"是否可用也有不同意见。

中法战争结束后，张之洞与总署在处理中法善后各案时矛盾渐显。在赫德的调停下，光绪十一年三月底，中法停战协议在巴黎签订，二十二日清廷谕令各省督抚停战撤兵。从停战撤

① 《醇亲王奕譞致军机处尺牍·五八》，《中法战争》第 5 册，第 60 页。
② 《寄香港安泰公司何》（光绪十年八月十五日），《张文襄公（未刊）电稿》第 11 册，第 4973 页。
③ 《札东藩司委员赴北海议结瑞昌行一案》（光绪十一年二月二十九日），《督广咨札·咨札三》，张之洞档，甲 182-196。

兵至最终条约签订期间，围绕撤兵、支援台湾、条约内容、保护北圻义勇等相关问题，张之洞屡与总署交涉，以致两者间不免互抱成见，张之洞曾致电广西巡抚李秉衡："洞先后十六次电奏，争撤兵、争地界、争条约、争济台，当轴成见在胸，无从挽救。藩封永弃！边防日盛！"① 四月二十七日，《中法新约》签订，标志着中法战争正式结束，以及中法和越南间新的关系确立，但所遗留的问题如开口、勘界、通商等，引起张之洞与总署、法人之间的争论。在勘界大臣邓承修赴粤前，因张之洞三次拒绝接见法国驻粤领事，庆王奕劻请其婉劝张之洞"不可过执"。② 光绪十三年初，中法勘界已过半，张之洞自知清廷、总署对己屡次力争边务不满，致电邓承修等人称："边兵炮台已奉总署查撤，自十一年至今，所奉严旨甚多，内云'如有枝节惟该督是问'者凡四次。上年十一月寄谕，复切戒洞以置戍劳人，勿骛虚名。"③

时张之洞办理港澳、华侨及两广地方对外交涉案，亦多与总署未合。至光绪十四年、十五年间，因办理大小交涉案的矛盾积累，张之洞、总署双方间隙已深，乃至如法国驻粤领事白藻泰（Bezaure）殴打抚标弁兵般之细末小事，仍使张之洞、总署双方争执不下。对此，与总署关系紧密的李鸿章，在致其兄之信中已言明张之洞在粤处理交涉各案不当，以致各国公使

---

① 《寄李护抚》（光绪十一年四月初二日），《张文襄公（未刊）电稿》第22册，第9993页。
② 萧德浩、吴国强编《邓承修勘界资料汇编》，广西人民出版社，1990，第117页。
③ 《致东兴等钦差李道台王道台》（光绪十三年正月初二日），《张之洞全集》第7册，第374页。

常至总署饶舌，总署对张之洞"久经讨厌"。① 光绪十四年，浙江按察使王之春改广东按察使，广东按察使王毓藻升山东布政使，二人皆进京陛见，张之洞分别发电，请二人面告总署诸员勿掣肘：

> 粤省洋务不宜迁就，凡仆所坚持者，皆万不可许，且揣其必能就范，妥为操纵，断不致孟浪生事。惟恳内不掣肘，望见总署诸公详陈。②
>
> 临行所谈要事，望沥陈。粤省洋务，不宜迁就，鄙人断不致孟浪，必当妥为操纵，令其就范。望见政府、总署力言，恳其放心，勿掣肘。③

此处的"洋务"指对外交涉事件。电报具体所谈何事不太能确定，或指"德商森宝洋行北海火油、火柴两案"，但无疑反映了诸多交涉案件纷争积累后，张之洞对总理衙门的不满。

二　中法战时广东对外交涉事件

沙面案、汕头案

沙面案与汕头案皆张之洞督粤前广东所遗留的对外交涉案

---

① 《致李瀚章》（光绪十五年七月二十日），《李鸿章全集》第 34 册，第 583 页。

② 《致京广东臬台王爵堂》（光绪十四年八月十三日），《张之洞全集》第 7 册，第 429 页。

③ 《致京山东藩台王》（光绪十四年八月二十日），《近代史所藏清代名人稿本抄本》第 2 辑第 27 册，第 561 页。

件。沙面案源于光绪九年（1883）七月、八月间接连发生的两起洋人致毙华人事件。七月初十日，英国人罗根（Logan）散步时经过茶馆，认为在茶馆前蹲坐的苦力挡路，遂殴打其中一人。在遭到苦力反抗后，罗根大怒，跑回住宅与同伙持枪返回，开枪打死一名小孩，打伤两人。英国驻粤代理领事韩仕（Hance）推延不办日久，以致广州民情汹涌。其后于八月初十日，英国"汉口"号轮船葡萄牙籍夜警迪亚兹（Diaz）在沙面附近码头与华人罗亚芬发生口角，将罗踢伤落水溺毙，后轮船径行开走。因洋人一月内连毙两命，沙面附近群众又见轮船开走，认为凶手逃逸，遂拥至沙面放火焚烧洋人房屋。①

英国法官仅判处罗根七年徒刑，迪亚兹则逃至澳门。围绕罗根、迪亚兹的刑罚、沙面洋商损失赔款及受害华人恤款问题，总署、英国驻华公使巴夏礼、韩仕、两广总督张树声进行激烈辩论。② 时值中法越南交涉事态严峻之际，八月十三日，张树声电寄李鸿章，称得密报，法国认为中国暗助刘永福攻法，八月、九月间必率大队兵船来广东寻衅责偿，希望李鸿章与总署商定，电示机宜。清廷谕令张树声等应约束兵民，妥筹办理沙面一事，以防节外生枝。③

为迅速解决沙面案，总署在未解决重审罗根及审判迪亚兹的问题下，与英、德、美、法各国谈判洋商损失赔款。光绪十年闰五月十九日，总署电寄张树声，称德商赔款五万七千元，

---

① 《广州暴动》，《中法战争》第5册，第16~17页；《张树声奏民人焚烧沙面洋房案办理情形折》（光绪九年八月十三日），《清光绪朝中法交涉史料》，第441~442页。

② 《广州暴动》，《中法战争》第5册，第17~23页。

③ 《粤督张来电》（光绪九年八月十四日到），《李鸿章全集》第21册，第84页；《清实录》第54册《德宗实录（三）》，第390页。

德国公使巴兰德不肯减，望广东能在允给五万元的基础上酌量增加，以期速结此案。时值张之洞刚接署两广总督，其复电称据龚易图禀告，德人坚持五万七千元分毫不减，即便广东酌加亦不肯结案，徒长他人志气并使英商效尤，希望总署酌加，作为转圜。① 闰五月，英使巴夏礼亦派卫林森（Wilkinson）前往广州与龚易图谈判赔款。六月十二日，张之洞报总署，龚易图禀告与德国委员辩驳后，拟先结二万五千元，剩余三万二千元另行辩论。英国赔款拟驳者先行知会卫林森，订期再办。据此，张之洞认为英、德款皆可减，希望总署缓结勿促。② 然总署却不认可张之洞意见，复电言巴兰德不肯减德国赔款，总署已允照给，并致电张之洞催促先付部分德款及完结英款谈判。③ 经龚易图与卫林森辩驳，英方允减至十三万六千五百元结案。七月初二日，张之洞电告总署英款谈判结果，言英、德、美、法四国沙面案赔款至此均言定。④

　　沙面各国洋商赔款议定后，总署又屡次催促张之洞速付款项。七月二十二日，总署致电张之洞，称巴夏礼照会言将英国赔款通过有利银行（Chartered Mercantile Bank of India, London and China）汇票如数交给韩仕；二十七日，又电令张之洞将

① 《发粤督电》（光绪十年闰五月十九日）、《粤督来电》（光绪十年闰五月二十五日到），《清代军机处电报档汇编》第 4 册，第 26、33 页。按：广东按察使龚易图负责沙面案交涉事宜。

② 《寄总署电》（光绪十年六月十二日），《张文襄公（未刊）电稿》第 9 册，第 3976 页。

③ 《总署来电》（光绪十年六月十三日、二十五日），《张文襄公（未刊）电稿》第 9 册，第 3979、4125 页。

④ 《致总署电》（光绪十年七月初二日），《近代史所藏清代名人稿本抄本》第 2 辑第 25 册，第 497 页。

德国赔款照发。① 其时广东筹防、转运用度紧张，英款久未赔付。八月十三日，总署致电张之洞，催促其按七月二十二日之电速筹赔英款，以免巴夏礼哓渎。张之洞告总署以广东库款支绌，拟向汇丰银行或太古洋行借款赔给，广东已告韩仕通融。② 二十四日，总署再电张之洞，称知悉广东允九月付清英款，不可失信，否则巴夏礼有逾期加息之语。时广东与汇丰银行商谈第三次借款一百万两，张之洞等拟附借沙面赔偿款。九月十六日，张之洞寄电总署称沙面赔款共二十万元，拟一并向汇丰借定，望总署告巴夏礼转达汇丰银行。③ 至此，罗根未复审，迪亚兹未提审，张之洞争减赔款亦未成功，最终张之洞向汇丰银行借款赔付，沙面案草草收场。

汕头案亦如沙面案一般含混结案。汕头案是一起涉及多方的争地案件，所争之地为汕头潮海关东面一块三角滩涂海坪。由于产权不清，同治年间潮州砂尾乡李姓发利堂与郭姓永基堂（忠恕堂）或借地方权势，或持四至不清契约含混影射，皆声称为海坪业主，其后因买卖关系，潮州新关、德国鲁麟洋行、英国福音堂皆宣称拥有产权。④ 光绪八年（1882），潮州新关拟将海坪围筑，用以停泊船只。鲁麟洋行认为该处是忠恕堂卖

---

① 《总署来电》（光绪十年七月二十二日、二十七日），《近代史所藏清代名人稿本抄本》第 2 辑第 53 册，第 142、146 页。

② 《总署来电》（光绪十年八月十三日）、《寄总署电》（光绪十年八月十五日），《张文襄公（未刊）电稿》第 11 册，第 4933、4979 页。

③ 《总署来电》（光绪十年八月二十四日），《近代史所藏清代名人稿本抄本》第 2 辑第 53 册，第 196 页；《致总署》（光绪十年九月十六日），《张之洞全集》第 7 册，第 282 页。

④ 具体参见周修东《潮海关史事丛考》，中国海关出版社，2013，第 78～96 页。

与该行，时行主沙博哈（Bernhard Schaar）兼任汕头副领事，在证据不充分的情况下，勾结德国驻香港副领事穆麟德（Paul Georg von Mollendorff），调遣军舰到汕头，派兵登岸竖旗设界。围绕汕头案的交涉同样牵涉总理衙门、两广总督及道、府、县等各级官员，乃至驻德公使李凤苞亦和德国外交部进行交涉，此案最终的主要解决者仍为龚易图。光绪九年十月，总署奏请派前广东按察使龚易图查办汕头案，奉旨允准。① 经龚易图等交涉后，光绪十一年三月，汕头案正式办结，最终该处海坪由官府筹款垫资补给鲁麟洋行，作为官地收回。②

汕头案虽至中法战事结束才办结，但在张之洞抵粤前已由龚易图基本议妥，张之洞实仅负责善后。光绪十年十一月三十日，因德国公使巴兰德前往总理衙门催促，总署电询张之洞汕头案办理是否因为中法战争中止。张之洞复电称，汕头案六月前已定议由中国收回海坪，由招商局付价，此外补贴鲁麟洋行用费和原价，至于地方官办理不善之处及德国派兵登岸之事，两国日后将一同追究。汕头案未办结是因为招商局不肯出资承管，并非因战事中止。待忠恕堂业主郭继荣投案，再与德国领事妥商，咨报结案。③ 次年二月底，因德国公使巴兰德催促解决汕头案，总署函催张之洞处理。时龚易图由广东布政使调任湖南布政使，三月十六日，总署致电张之洞，称希望饬龚易图

---

① 《清实录》第 54 册《德宗实录（三）》，第 401~402 页。
② 《咨呈总署汕头招商局建设马头拟拆税关货厂填地互易》（光绪十四年四月初六日），《张之洞全集》第 5 册，第 130 页。
③ 《总署来电》（光绪十年十一月三十日）、《寄总署》（光绪十年十二月初六日），《张文襄公（未刊）电稿》第 15 册，第 6579、6951 页。

在交卸前了结汕头案。① 在总署的函、电敦促下，汕头案于是月底办结。

其时总税务司赫德、潮海关税务司哲美森（Jamieson）皆觉总署、张之洞、龚易图等办理此案不妥。赫德曾专门致函总署，称中国此前力言海坪非郭姓之地，则该地不能由郭姓卖给鲁麟洋行，现在却官府筹款垫资给鲁麟洋行，收回作官地，实是前后言行不符。② 然而，由于中法战争的大背景，总署、张之洞等人虽心知其事，但皆选择含混了结，由总署致张之洞的电文中可知其实："德使告知汕案已了，此事固宜早结，但是非必须剖明，恐彼反曲为直，别生后患。"③

马坚西逃匿案

马坚西（又作马建思）为英籍香港把总。光绪十年八月初一日，总署致电张之洞，称接巴夏礼照会，马坚西逃往广州充当行伍教习，请张之洞将该逃弁交韩仕解回香港查办。前韩仕亦于七月底照会张之洞关于马坚西逃匿广州、聘为教习之事。随后张之洞派驻守沙面的守备罗祺，会同港弁帮拿马坚西，但遍查无获。④ 接总署八月初一日来电后，张之洞复电称马坚西查无其人，已照会韩仕指明马坚西在何营，以便遣

---

① 《发粤督电》（光绪十一年三月十六日），《清代军机处电报档汇编》第 4 册，第 523 页。

② 周修东：《潮海关史事丛考》，第 111 页。

③ 《总署来电》（光绪十一年四月初八日），《近代史所藏清代名人稿本抄本》第 2 辑第 55 册，第 154 页。

④ 《总署来电》（光绪十年八月初一日）、《咨呈总署遵旨悬赏并照会英领事各情》（光绪十年八月十二日），《张文襄公（未刊）电稿》第 11 册，第 4815、4918 页。

返回港。①

对于张之洞的咨电、照会，巴夏礼、韩仕及总署却认为其有意藏匿马坚西。八月十一日，总署来电言，巴夏礼函告张之洞不肯派员指认，希望其照八月初一日电令指明妥交，勿使马坚西逃窜，以免英国借口。九月初一日，总署又电告张之洞，巴夏礼称马坚西在黄埔军营，广东拖延不交出，有意失和。总署认为在营洋人无多，所指必非虚捏，隐匿、潜逃都费口舌，希望张之洞密查速交为要。② 韩仕亦照会张之洞，称前得马坚西逃匿广州的消息，已请其饬员查拿，并将七月内聘请的洋人带到领事处查看，张之洞并未照做，及知马坚西逃往黄埔，派港弁抓拿，总兵邓安邦、吴宏洛二人阻止不让上炮台查看。韩仕称总署已三次电告张之洞交出马坚西，质疑其为何迟迟不交，是否有心藏匿。③

张之洞对巴夏礼及韩仕的照会甚不满。在回复韩仕的照会中，张之洞称其所言实在"出本部堂意料之外"，谓韩仕既然说有马坚西藏匿黄埔的确实证据，为何说不出确切地址，而且其已经悬赏五百元洋银，并无"任听匿留该逃弁之意"。而复函总理衙门时，张之洞言其为马坚西事已再三饬查，并派员协同查拿，及悬赏项、饬取切结，可谓极意严办，"而英官辄以渺茫无踪之弁，加我纵令逃避之名，实出情理之

---

① 《寄总署电》（光绪十年八月初九日），《张文襄公（未刊）电稿》第 11
册，第 4886 页。

② 《总署来电》（光绪十年八月十一日），《近代史所藏清代名人稿本抄本》
第 2 辑第 53 册，第 159 页；《总署来电》（光绪十年九月初一日），《张
文襄公（未刊）电稿》第 12 册，第 5193 页。

③ 《照复英国韩领事》（光绪十年八月二十二日、九月十二日），《督广咨
札·督广公牍》，张之洞档，甲 182-196。

外"。实亦向总署微露不恰。① 张之洞所言实非借口，在接韩仕来函时，张之洞已电寄方耀、吴宏洛，并命转至各统领查各营内有无马坚西其人。及得总署九月初一日电报后，张之洞致电方耀，请其再确查此事，称如马坚西确在营内，不值得为区区一弁旁生枝节，万不可含糊延宕。② 诸将屡复各营内并无马坚西其人。

马坚西久匿未拿，引发英人及总署对张之洞的猜疑，实则此事确非张之洞有意包庇。最终，总署于光绪十年十一月二十二日致电张之洞，称据巴夏礼言，马坚西已在上海被拿获。③

中法战时华洋冲突

广东华洋交集，华人与洋人矛盾时显。受中法战事的影响，所谓"真正的中国民族主义"开始浮现，华洋冲突更加频繁。时各国公使、领事已照会总署和地方督抚弹压，清廷、总署为防节外生枝，屡饬各督抚认真料理。张之洞接署两广总督后不久，即接总署谕禁华人生事之电。光绪十年六月初四日，总署转电张之洞巴夏礼照会，称闽粤华民有骚动，各地方官应晓谕华民毋得借端生事，并认真弹压，以免另生枝节。次日总署转寄上谕，称据巴夏礼声称英国驻粤领事人等被华人辱骂，命广

---

① 《照复英国韩领事》（光绪十年九月十二日），《督广咨札·督广公牍》，张之洞档，甲182-196；《咨复总理衙门》（光绪十年十月二十四日），《督广咨札·咨札二》，张之洞档，甲182-196。

② 《寄虎门方军门长洲吴军门》（光绪十年八月十六日），《张文襄公（未刊）电稿》第11册，第4983页；《寄虎门方军门》（光绪十年九月初二日），《张文襄公（未刊）电稿》第12册，第5197页。

③ 《总署来电》（光绪十年十一月二十二日），《张文襄公（未刊）电稿》第14册，第6367页。

东督抚及地方官随时保护，毋任滋生事端。①

对"民气"是否可用，张之洞与总署存在意见分歧。上海和谈破裂后，张之洞、倪文蔚出具晓谕，称法人无理，扰犯中国，沿海居民及西贡、槟榔屿等处华人有忠义报效者，或雇用船只拦截法船，或佯受法人雇用而毁其船械，或充当工匠坏其机器，或为法船引水使其触礁，或于饮食内投毒令法人自毙，或传递虚假情报，粤省督抚定当给赏，并会同各督抚奏明朝廷请赏。其后张之洞又张贴告示，严禁港澳华民受法人雇募为兵及代为修补船只。② 张之洞等人的晓谕引起英国的恐慌。八月初一日，总署寄电张之洞，称据领事电知张之洞该晓谕，新加坡等地是英国辖地，若华民生事英国必然借端寻衅，望张之洞另行设法晓谕，以定人心。时因电线梗阻，总署久未接张之洞复电，初八日总署再寄电张之洞表达不满，称得新加坡总督咨，此项告示已在该处布宣，"实贻本国国体之羞"，命张之洞速电有无其事。对此张之洞告以晓谕乃令华民在中国海面遇敌，并非于国外起事，"文意甚明，并无不合"，新加坡布宣是商人行为，并非广东故意传播，且非华官之责，应由英国官员自行于新加坡剀切纾解。③ 然清廷认为以忠义激励华民原无不可，但新加坡为英国属地，传闻辗转失真，别生事端，故

---

① 《总署来电》（光绪十年六月初五日到），《张文襄公（未刊）电稿》第 9 册，第 3909、3911 页。

② 《帅谕》《告示》，胡传钊：《盾墨留芬》，《中法战争》第 2 册，第 552~554 页。

③ 《总署来电》（光绪十年八月初一日、初八日），《张文襄公（未刊）电稿》第 11 册，第 4815、4863 页；《致总署》（光绪十年八月初九日），《张之洞全集》第 7 册，第 275 页。

将张之洞申饬。① 香港当局亦密切留意张之洞的举动。香港总督致电巴夏礼，称访闻广东以三千两白银雇人毁法公司船，若在香港海面攻击法船，与损毁英国财产同。巴夏礼遂告总署转饬张之洞查复。张之洞电复此事虚妄，其曾与方耀密谋布置，但严禁在港生事，所谓的法船专指兵船而非商船，且非三千两能办。②

张之洞虽多次电告总署，言华官并未挑唆生事，但其告示在香港引起了反法罢工。光绪十年七月十四日，参与侵台的法国铁舰"加利桑尼亚"号到港修理，遭到工人集体罢工拒绝。二十五日，法国水雷艇"阿塔兰特"号进入香港修理，传言香港华人将对其进行攻击，香港政府方面派出小火轮两艘昼夜巡航卫护。袭击虽未成功，船坞工人的行为却引发了香港艇工、搬运工的支持，各行业工人进行联合罢工。张之洞较早由何献墀处获得相关消息。八月十二日，何献墀报告因数日前有港艇工人不接法国货物，被香港官员处罚，因此今日港艇工人联合罢工，不装卸货物，香港挑工协助罢工。③ 张之洞其时暂无告知总署之意，而是通过地方人员获取相关信息和解决问题。十三日，张之洞致电何献墀、祁兆熙、温子绍询问香港罢工目前如何了结。④ 两日后，张之洞指示何献墀、罗寿嵩善为

① 《谕粤省督抚告示措词不当着传旨申饬电》，《清季外交史料》，第 880 页。

② 《总署来电》（光绪十年八月二十八日），《近代史所藏清代名人稿本抄本》第 2 辑第 53 册，第 206 页；《致总署》（光绪十年九月初二日），《张之洞全集》第 7 册，第 279 页。

③ 《港报》（光绪十年八月十二日），《近代史所藏清代名人稿本抄本》第 2 辑第 53 册，第 160 页。

④ 《寄香港安泰公司何委员祁候选道温》（光绪十年八月十三日），《张文襄公（未刊）电稿》第 11 册，第 4939 页。

解决，并给出总体思路："艇夫事如何？港民尚义，固嘉，然需有分寸。何、罗均可妥为劝导，勿令激成大事，切勿致英人阻我米运、军火、停泊船只为要。"① 由于中法战时，香港是重要的物资转运地点，因此张之洞指示须在鼓励民气和勿使香港禁运军火之间找到平衡点。在何献墀等人的调停下，八月十九日罢工结束，历时 35 天。

香港罢工一事，张之洞在获得何献墀情报后，并未告知总署，而是第一时间致电李鸿章，八月十二日电言本日驳艇纠结挑夫罢工，未知如何解决。在询问香港各方相关信息后，张之洞直到十六日方请总署电奏香港罢工事，并称巴夏礼必定饶舌，请勿受其影响。② 张之洞报告总署的主要原因，是其从何献墀处打听得港官怀疑罢工由华官挑唆，欲移文质问。其后韩仕确据港督来文，照会张之洞质询香港罢工之事。张之洞驳斥称："香港总督来文谓因此事而起，实堪诧异。"前因晓谕之事，张之洞屡遭总署诘问，故此次先将香港罢工案入告。③ 八月二十一日，张之洞致电总署，总结事情之经过及结果，言明英助法，"恨粤官甚，指为主使"，实际上"港事粤力不能及"，"粤省穷民忠义难得"。④

受战事的影响，广东民教冲突更显严重。光绪十年六月二

---

① 《寄香港安泰公司何》（光绪十年八月十五日），《张文襄公（未刊）电稿》第 11 册，第 4973 页。

② 《寄北洋》（光绪十年八月十二日），《张文襄公（未刊）电稿》第 11 册，第 4927 页；《致总署》（光绪十年八月十六日），《张之洞全集》第 4 册，第 350 页。

③ 《香港来电》（光绪十年八月十三日），《张文襄公（未刊）电稿》第 11 册，第 4945 页；《为照复事》，《张文襄公（未刊）电稿》第 6 册，第 2585~2587 页。

④ 《致总署》（光绪十年八月二十一日），《张之洞全集》第 4 册，第 350 页。

十九日，驻华公使谢满禄在法国总理茹费理指示下，向总署递交最后通牒，要求中国赔款八千万法郎，分十年还清，若在四十八小时内不接受这个要求，其将奉命离开北京，孤拔立即取地为质。得悉此情形后，张之洞与倪文蔚联衔照会驻粤各领事，称兵端自法国而开，开战后各国物业如有损失，应唯法国是问，与中国无涉，并照会法领事率同法国商民离粤。^① 张之洞等人联衔的札文、照会引发广东各地排教高潮。据统计，在中法战争期间，广东有四十多名传教士被驱逐到香港和澳门，五十余所教堂被毁，绝大多数发生于七月、八月间。^② 八月二十四日，总署电告张之洞，谓巴夏礼前来交涉八月初一日潮州、揭阳、佛山教堂被毁，教士、教民遭驱逐之事，巴夏礼称有官兵助力，望确查妥办，免生枝节。随后廷旨命各督抚妥协办理潮州等处教堂被毁之事，称"现在筹办军事，不可生事端，尤当联络与国，以孤敌势"。^③ 张之洞亦不欲节外生枝，复电称粤省向来民教有仇，屡遵旨严示保护教堂不遗余力。潮州等地生事皆极力弹压，无驱官兵往助之事，现已再次严饬妥办。^④

---

① 《茹费理致巴德诺》（1884年8月16日），《中法战争》第7册，第249页；《札知法国启衅照会各国领事官札》（光绪十年七月初五日），《张文襄公（未刊）电稿》第10册，第4287~4288页。

② 参见徐恭生《试论中法战争时期的反洋教运动》，四川省哲学社会科学学会联合会、四川省近代教案史研究会合编《近代中国教案研究》，四川省社会科学院出版社，1987，第273~275页。

③ 《总署来电》（光绪十年八月二十四日）、《北洋来电》（光绪十年八月二十六日），《近代史所藏清代名人稿本抄本》第2辑第53册，第196、202页。

④ 《致总署》（光绪十年九月初二日），《张之洞全集》第7册，第279页。

三　中法善后交涉

中法议约期间交涉

光绪十一年三月，中法遵约停战。中法所遵之"约"，为清政府谈判专使金登干（James Duncan Campbell）和法国外交部政务司司长毕乐（Billot）于二月十九日在巴黎订立的草约（"巴黎草约"），正式条约仍须中法双方议定。三月初六日，清廷派李鸿章为全权大臣，刑部尚书锡珍、鸿胪寺卿邓承修为会办，与法使巴德诺商定详细条款。条约由副司长戈可当（Georges Cogordan）与金登干先行在巴黎起草，经赫德与总理衙门磋商，李鸿章等与巴德诺面定后签字。张之洞虽未参与中法议约，但在正式条约签订前，其屡以遵约、撤军、谈判诸事与总署往来咨商。

张之洞转寄滇、桂各军停战谕旨后，即向清廷建议七事。三月初二日，张之洞电请总署转奏：第一，北圻清军撤退后，法军应驻扎原处，关外游勇生事，中国不任其咎；第二，谅山、高平、广安、保胜等临近华界之地，应划为瓯脱，由法国保护，但不准屯兵设炮台；第三，应令法国立即退还基隆、澎湖；第四，条约应增加与法国相等的中国商务利益；第五，开战以后，停战之前所损坏的法人物业，应如广东去年给各国照会所言，毋庸赔偿；第六，条约应载明准越南朝贡；第七，妥善安置刘永福。并言"机不可失，悔不可追"。① 其后张之洞

---

① 《致总署》（光绪十一年三月初二日），《张之洞全集》第 4 册，第 370 页。

向清廷、总署力争者，即所奏数端。

时北圻清军已遵约陆续退兵，总署并于初三日致电张之洞，称中法已定约停战开口，彼此停运军火前往台湾，请照约停运，以免生枝节。① 然法国久未开台湾、北海各口及退还基隆、澎湖，张之洞屡奏请饬总署、李鸿章诘问法人违约（见表5-1）。

表5-1　张之洞奏请饬总署、李鸿章诘问法人违约相关内容

时间	内容	资料来源
三月初五日	张之洞电奏连日法船络绎赴台，法军不撤台、澎，封口亦不开，徒禁中国而已，恐基隆难还，请饬北洋与法商，速开台湾各口	《致总署》（光绪十一年三月初五日），《张之洞全集》第4册，第370~371页
三月初六日	彭玉麟、张之洞、倪文蔚电奏法船于二月十九日连开十余炮，北海开而复封，正月间往琼州榆林港测量水文，将来可虑	《致总署》（光绪十一年三月初六日），《张之洞全集》第4册，第371~372页
三月十一日	张之洞电奏法国添兵一千人往东京。初十日法兵船自港赴台。初六日、初七日来两艘法兵轮封锁北海	《致总署》（光绪十一年三月十一日），《张之洞全集》第4册，第373页
三月十三日	张之洞电奏，声明法人违约四端：一，仍封台湾、北海各口；二，冯军退兵时法军开炮射击；三，禁中国济台，法船不断；四，清军撤兵，法国增兵。告以越地情形，认为此时仍是缓台唯有急越，请饬北洋以进军越南相威胁，以促法国开封口	《致总署李中堂》（光绪十一年三月十三日），《张之洞全集》第4册，第374~375页

---

① 《总署来电》（光绪十一年三月初三日），《近代史所藏清代名人稿本抄本》第2辑第54册，第489页。

时间	内容	资料来源
三月十五日	张之洞电告总署、李鸿章，称法兵船于十二日运陆营军需赴基隆，次日又来二船停泊北海，均属违约，请诘问	《致总署天津李中堂》（光绪十一年三月十五日），《张之洞全集》第 7 册，第 312 页
三月二十日	张之洞电奏，再次历数十三日电所言三月以来法人种种违约情形，请饬北洋诘问，并饬台、闽、滇、桂诸军勿懈	《致总署》（光绪十一年三月二十日），《张之洞全集》第 4 册，第 376 页
四月初八日	张之洞电奏称法人于澎湖筑炮台	《致总署》（光绪十一年四月初八日），《张之洞全集》第 4 册，第 378 页

　　时张之洞恐法国违约反复，台湾不可支，于十一日、十二日电寄总署，请准将其筹备之军火运台。总署复电不免透露不满，称张之洞所寄两电已转奏，警告其道："所云若漏痕迹，恐有违言，希慎密酌办。"①

　　为争取法人遵约及更大的利益，张之洞奏请以北圻撤军为交涉筹码。上引三月初五日电中，张之洞曾奏告法人如不开台口，"撤兵必不能速"，以此力争。次日张之洞寄电总署和李鸿章，称遵旨撤兵后军民心实不甘，并告总署、李鸿章近日滇、桂各军及北圻各情，以备议约操纵。② 至三月中旬，桂军、粤军、景军已相继入关，惟滇军久留文盘，刘永福久羁保胜，可作为交涉筹码。为催促滇军、黑旗军入关，清廷如勃里

---

① 《致总署》（光绪十一年三月十一日、十二日），《张之洞全集》第 4 册，第 373、374 页；《发两广总督张之洞电》（光绪十一年三月十四日），《清代军机处电报档汇编》第 4 册，第 519 页。

② 《致总署》（光绪十一年三月初五日）、《致总署李中堂》（光绪十一年三月初六日），《张之洞全集》第 4 册，第 371 页。

也所请，由吴得禄率委员往催岑毓英。张之洞先后电告总署，称勃里也待粤委员无理，请饬委员回粤。总署未准张之洞所请。① 其后张之洞又以滇军、刘永福有别为由，请缓调刘永福离越。四月十三日，张之洞致电总署、李鸿章，称刘永福离越应从容商办，以免法人速进，残害越南义民。总署复电反对刘永福缓撤，称法国允许滇军展限十日撤军，黑旗军亦同，逾限恐生衅。② 时《中法新约》即将画押，张之洞电奏滇军路滞、刘永福辎重过多，入关难速为实情，法人畏刘永福，赫德愚华助法，趁岑、刘尚在越南，易商条约。及得总署十五日电，张之洞辩驳称刘永福与滇军情形不同，展期十日入关亦万不能做到，不可逼刘太急，如生衅端中国不能任其咎。③ 此外，岑毓英曾得张之洞电报，称台湾并未封口，且法增兵，岑毓英遂留军关外。④ 清廷知悉张之洞、岑毓英有意拖延，于十八日寄电张之洞、岑毓英，严旨谕令滇军入关："中外交涉惟以信义为主，况中旨屡降，大计攸关，在远疆臣未能深悉情形，何得于事及垂成，再生异议！将来设有贻误，致蹈上年覆辙，该督等岂能当此重咎耶！"得清廷严旨后，张之洞即转告岑毓英，然

① 《致总署天津李中堂》（光绪十一年四月初一日），《张之洞全集》第 4 册，第 377 页；《致总署李中堂》（光绪十一年四月初三日），《近代史所藏清代名人稿本抄本》第 2 辑第 26 册，第 474～475 页；《总署来电》（光绪十一年四月初五日），《近代史所藏清代名人稿本抄本》第 2 辑第 55 册，第 124 页。

② 《致总署》（光绪十一年四月十三日）、《总署来电》（光绪十一年四月十五日到），《张之洞全集》第 4 册，第 379 页。

③ 《致总署》（光绪十一年四月十一日）、《致总署天津李中堂》（光绪十一年四月十九日），《张之洞全集》第 4 册，第 379、380 页。

④ 《撤师驻边调度情形折》（光绪十一年五月初十日），《岑襄勤公（毓英）遗集》，第 2538 页。

仍电奏称滇军行止其不过问，至刘永福在越根深，难以速撤为实情，空言迫促无益，调刘离越，法当感激，若再苛求，横逆太过。[①] 时李鸿章电奏，言法国约定一个月内退澎湖，但刘永福不退保胜，澎湖亦须迟退。清廷遂于二十四日再次电谕张之洞、岑毓英速催刘永福入关，可先入滇界，再赴上思、钦州，不准稍有迟误。两奉严旨后，张之洞遂咨告岑毓英催促刘永福入关，"免干朝廷诘责"。[②] 接奉张之洞屡次照会及得岑毓英催促后，刘永福于五月十三日退入云南南溪。

清军撤出北圻，越地反法义军大起，如何安置义军亦张之洞所力争之问题。三月十五日，张之洞电奏，称不能依法人要求代为剿抚越匪，只可调刘永福于上思、钦州，不愿从者及托名者，中国不能过问。[③] 十八日，张之洞又两次电奏安置游勇之策。张之洞称法国所谓越匪实为游勇、义团，是忠义之民，调刘永福归粤以示法国和好，其他游勇已与李鸿章、岑毓英相商，给予军火，设立头目，留于中国兵力所及之地，请饬李鸿章与法使商留瓯脱。清廷认可其调刘永福于思、钦之议，然认为安插游勇必不可行，即便瓯脱议有成，"亦岂能安插此辈?"故清廷复电称待滇、桂军撤回后，游勇可置之不问。[④] 与清廷

---

① 《清实录》第54册《德宗实录（三）》，第924~925页；《致总署天津李中堂》（光绪十一年四月十九日），《张之洞全集》第4册，第380~381页。

② 《电寄·三七七》（光绪十一年四月二十四日），《清代军机处电报档汇编》第1册，第132~133页；《咨云贵总督岑部堂催刘提督永福入关》（光绪十一年四月二十八日），《督广咨札·咨札三》，张之洞档，甲182-196。

③ 《致总署天津李中堂》（光绪十一年三月初四日），《张之洞全集》第4册，第375页。

④ 《致总署天津李中堂》（光绪十一年三月十八日），《张之洞全集》第4册，第375、376页；《清实录》第54册《德宗实录（三）》，第913~914页。

的漠视不同，张之洞主张极力保护义军。时张之洞屡从滇、桂各统领来文中知悉法人虐害越民，于三月二十二日、四月初一日、四月二十二日据实电奏，请总署、北洋诘问。在四月初一日的电报中，张之洞并请饬南北洋等各筹长策，速定详约，及由冯子材照会法人，严词禁止法人进据害民。[①] 总署复电称已托赫德向法国诘问，冯子材照会一事转滋口实，应毋庸议。然而其后总署则来电称，据北洋电，勃里也答复法兵并未进谅山残害越民，似讹传，或游勇假冒杀掠。张之洞对此颇为不满，在电报中直接批语"硬不认帐！"[②]

除以上涉及两广的各事外，张之洞虽未参与条约谈判，然围绕条约内容，其屡次奏明观点以争权益。如前所述，在议约前张之洞已向清廷提出七条建议。三月初六日，张之洞电奏称按"李福协定"，北圻地方中法可各任保护，其前奏瓯脱之议不属违约，请饬北洋力争，如北洋能予法国商务利益，换回保胜、谅山、高平、广安尤善。[③] 四月初四日，张之洞猜测谈判已近结束，遂向李鸿章探问条约情形。[④] 后其又电奏，称恐赫德偏袒法国，请将条约交两广、云南督抚酌议。得条约将画押之信后，张之洞与彭玉麟再次联衔电奏六条，请清廷谨慎考虑。即云、桂宜留瓯脱；广西不可通商；调归刘永福但不可

---

① 《致总署天津李中堂》（光绪十一年三月二十二日）、《致总署》（光绪十一年四月初一日、二十二日），《张之洞全集》第 4 册，第 377、381 页。

② 《总署来电》《北洋来电》（光绪十一年四月初五日），《近代史所藏清代名人稿本抄本》第 2 辑第 55 册，第 124、125 页。

③ 《寄总署》（光绪十一年三月初六日），《张文襄公（未刊）电稿》第 21 册，第 9395 页。

④ 《致天津李中堂》（光绪十一年四月初四日），《近代史所藏清代名人稿本抄本》第 2 辑第 26 册，第 478 页。

急；法国不可于台湾、澎湖屯兵；赫德若助法国得利，英国不可均沾；请派大臣于巴黎另外画押，责茹费理办理中法交涉不善，防其复位。[①] 然清廷皆置之不理，至光绪十一年四月二十七日，《中法新约》在天津签字。

粤省开口与接见法领事风波

"巴黎草约"解释条件第五款规定，中法条约画押后，法国将军舰撤回，中国各通商口岸仍准法船出入。《中法新约》签字后，光绪十一年五月初一日、初二日，总署先后寄电张之洞，称法国已将中国沿海游弋的兵船撤回，各省应开通堵口，允许法国兵、商船出入。[②] 张之洞认为防务未定，且法国仍占据基隆、澎湖，遂多方联络以阻开口。初二日其与钦差大臣彭玉麟、广东将军继格、广东巡抚倪文蔚、水师提督方耀、陆路提督郑绍忠以防务为名，联衔电请缓议开口。是日张之洞另电奏，称其连得越民群起攻法电报，若准法兵船进口，法国必威胁清朝助剿义军，请清廷熟思。经李鸿章交涉后，巴德诺允将基、澎之兵撤退后，福州、广州再行开口。[③]

法国船只进口一事虽经总署允准缓办，然其后因法国领事，商、教民入粤问题，张之洞与清廷、总署间有所争论。五月二十五日，总署来电称法国领事及商人、教士等拟赴粤，命张之

---

① 《致总署》（光绪十一年四月初八日），《张之洞全集》第4册，第378页。

② 《李中堂来电》（光绪十一年五月初二日到），《张之洞全集》第4册，第382页；《李相来电》（光绪十一年五月初二日）《近代史所藏清代名人稿本抄本》第2辑第55册，第374页。

③ 《致总署天津李中堂》（光绪十一年五月初三日），《张之洞全集》第4册，第381~382页；《总署来电》（光绪十一年五月初六日），《张文襄公（未刊）电稿》第23册，第10693页。

洞饬地方官保护，照常接待。张之洞回复言各将领及地方官皆不愿法人入粤，强行入粤必滋事端，难以保护，其已告广东税务司贺璧理（Alfred Edward Hippisley）转法领事。① 对此，六月初七日总署来电，告以《中法新约》定后法国一切遵约，法国教士赴粤未便梗阻，望出示晓谕约束兵民，勿以不能保护等语授人口实。因张之洞置之不理，巴德诺与总署交涉此事，总署遂于次日再次来电，命张之洞勿再阻法人入粤，并务必于八日内归还封存的教产。② 因总署屡电接纳法人入粤，且称已将张之洞之电进呈，张之洞不得不电奏，称法国未退澎湖，广东因水灾、裁勇导致流民甚多，文武官员皆不愿法人进城，此时法教士入粤流弊太多，且中国示弱，望清廷缓议。时电旨寄谕张之洞，严词曰："张之洞速即出示晓谕，准令教士入口，以昭大信，勿得再存意见，转致群疑，设有偾事，惟该督是问。"③ 对于总署转达的严旨，张之洞只能表示遵照办理，但颇有微词："果能即退澎湖，惟恐入粤不速耳。"六月十一日，法军自澎湖撤退，得悉此信后，张之洞以此为转圜，即电奏准法领事及商、教民随时入粤。④

---

① 《总署来电》（光绪十一年五月二十五日），《近代史所藏清代名人稿本抄本》第 2 辑第 55 册，第 484 页；《寄总署北洋》（光绪十一年六月初五日），《张文襄公（未刊）电稿》第 24 册，第 10913 页。

② 《总署来电》（光绪十一年六月初七日、初八日），《张文襄公（未刊）电稿》第 24 册，第 10941、10949 页。

③ 《致总署天津李中堂》（光绪十一年六月初九日），《张之洞全集》第 4 册，第 383 页；《电寄·三九三》（光绪十一年六月十一日），《清代军机处电报档汇编》第 1 册，第 138 页。

④ 《寄总署》（光绪十一年六月十二日），《张文襄公（未刊）电稿》第 24 册，第 10991 页；《致总署》（光绪十一年六月十三日），《张之洞全集》第 4 册，第 383 页。

　　法国领事和商、教民虽得以入粤，但张之洞久不接见法领事，引发对外交涉波澜。法国领事师克勤（Scherzer）到粤，相继拜会省中大员，但张之洞拒不接见，师克勤遂将此事告知巴德诺与总署交涉。接到总理衙门咨文后，张之洞咨复，称师克勤将回粤时，致信广州协副将邓安邦，归咎去年东莞教堂闹事为绅士助匪，以其词狂谬，遂自行作函驳斥。师克勤初次请见时，因其患感冒而没有接见。后师克勤于七月十二日再求接见，携函言中法失和时，教堂有损毁，要求赔偿。其遂以师克勤狂妄驳复，并拒而不见。[①] 张之洞之咨复有其道理，总署亦无可如何。师克勤在粤始终未得张之洞接见，于九月二十日离粤赴越勘界，由法兰亭（Frandin）接任驻广州领事。

　　法兰亭抵粤后，总署来电劝张之洞应接见法兰亭。张之洞避重就轻，仅答以与法兰亭常通书信，遇事和平商办，稍后自当接见。但其以身体抱恙和年底事多为由拒绝接见。[②] 后张之洞因给照赴越及索赔之事，对法兰亭颇为不满。十一月，法兰亭照会张之洞，称师克勤病，改由其赴越勘界，希望张之洞发给执照，由内地进入越南。张之洞认为法兰亭此举是欲窥广西、云南情形，不便给照，遂照会法兰亭驳复其请，并电奏请饬总署严拒。[③] 至

---

① 《咨呈总署抄送与法领事往来函件》（光绪十一年九月三十日），《张之洞全集》第 5 册，第 84 页。

② 《总署来电》（光绪十一年十一月二十三日），《近代史所藏清代名人稿本抄本》第 2 辑第 56 册，第 566 页；《致总署》（光绪十一年十一月二十五日），《近代史所藏清代名人稿本抄本》第 2 辑第 38 册，第 366 页；《复法领事法兰亭》（光绪十二年正月初三日），《督广咨札·督广公牍》，张之洞档，甲 182-196。

③ 《致总署天津李中堂》（光绪十一年十一月二十七日），《张之洞全集》第 4 册，第 388 页；《照复法领事》（光绪十一年十一月二十九日），《督广咨札·咨札五》，张之洞档，甲 182-196。

光绪十二年三月，法兰亭又照会张之洞。称日前广东各属教堂被抢被烧，开单索银约三十八万元。张之洞照复言这些案件都是其到粤前及驱逐法领事时发生，已明确照会前领事师克勤拒绝索赔，此次照会与去年师克勤来文大意相同，因此"不得不更与贵领事切直论之"。随后张之洞在照会中，对法兰亭的来文一一批驳。因恐法国上告干涉，张之洞先行电奏，言明拒绝法兰亭所索。此外，张之洞另致电李鸿章寻求帮忙，请其与法国公使戈可当交涉。① 其后法兰亭移任福州领事，法国派驻天津领事、性格较为平和的白藻泰任广州领事。白藻泰的调任，或属李鸿章交涉之功。

白藻泰赴粤之先，张之洞电奏，请总署和北洋照会戈可当，议定白到粤后不准再提赔偿之事，否则断不接待。总署复电称先提此事转而示怯，恐法方更多借口，请张之洞坦然接见白藻泰。② 因张之洞屡次辩驳总署，总署另请旨饬张之洞照章接见法国领事。九月初六日，清廷寄谕张之洞，斥责"何以该督胶执己见"，若坚拒不见法国领事，必别生枝节，命其遵旨即行接见。接奉电旨后，张之洞辩驳称因其患病，故与白藻泰函约不提索赔之事，请白藻泰约定时间。然白藻泰既不复函，亦不约期，其并非故示拒绝。请总署告新任驻华公使恭思当（Jean

---

① 《照复广州法领事驳索赔教堂各款》（光绪十二年四月初八日），《张之洞全集》第 5 册，第 106~107 页；《致总署》（光绪十二年三月初五日），《张之洞全集》第 4 册，第 391 页；《致天津李中堂》（光绪十二年四月初八日），《张之洞全集》第 7 册，第 351 页。

② 《致总署》（光绪十二年四月十二日）、《总署来电》（光绪十二年四月十四日到），《张之洞全集》第 4 册，第 391 页。

Antoine Ernest Constans）以约晤必见之意。① 在廷旨严责和总署催促下，张之洞遂于光绪十二年九月十一日接见白藻泰。

中法勘界

《中法新约》第三款规定，画押后六个月内中法各派官员赴中越交界勘定界线。光绪十一年七月，巴德诺照会称法国已派浦理燮（Bourcier Saint-Chaffray）等六人前往勘界，清廷遂于二十日派内阁学士周德润前往云南，会同岑毓英、张凯嵩办理滇越勘界，唐景崧、江苏试用道叶廷眷随同办理。又派鸿胪寺卿邓承修前往广西，会同张之洞、倪文蔚、李秉衡办理桂越、钦越勘界事宜，广东督粮道王之春、直隶候补道李兴锐随同办理。

八月二十四日，周德润、邓承修等抵达广东，九月上旬先后启程赴云南、广西勘界。张之洞与诸人详述情形，并派遣翻译、绘图诸生，及熟悉越边情形将领随同前往。而在此前，张之洞已先行派通判刘保林、直隶州州判张炳麟偕同各熟悉边情将弁、士绅往钦州、越南交界处查勘明晰，绘具草图。②

中法勘界初期，清廷瓯脱之议颇盛。十月，清廷寄谕两广、云南督抚及勘界大臣，称分界自应以会典及通志所载图说为主，但仍须履勘地势，详加斟酌，谅山归粤与新约不符，但若于两界间留地若干里，作为瓯脱，以免争端，最为相宜，令诸人妥商办理。③ 前于《中法新约》画押前，张之洞已屡奏瓯

---

① 《总署来电》《致总署》（光绪十二年九月初六日），《张之洞全集》第 4 册，第 392~393 页。
② 《派员随勘滇桂边界折》《派员先勘钦越交界片》（光绪十一年十月初九日），《张之洞全集》第 1 册，第 335~337 页。
③ 《清实录》第 54 册《德宗实录（三）》，第 1046 页。

脱之议，此次上谕与张之洞所议相合。张之洞复奏称，其此前已告邓承修、李兴锐力争驱驴为界，若能争得，将谅山至郎甲、船头一带作为瓯脱最善，但不知能否办到。划界宜刚柔并用，请饬冯子材、苏元春于中越交界处盛以兵威。清廷虽认可其力争驱驴之说，命与邓、李商办，但认为冯、苏耀兵，虚吓无益，易生枝节，不准其所请。^① 时邓承修等已于十月二十一日抵达龙州，法方代表却因路阻久未至，张之洞欲以"缓议"以争划界。十一月初二日，张之洞电奏法国立新越王，越南义军与法军开仗，越地大扰，建议议界宜缓，待法国久不能平定北圻，中方以瓯脱作为排解之策。请告浦理燮以中方绘图人未齐，阻其启程，并请饬邓承修、李秉衡等设法缓议。初八日，张之洞又电告总署，称得西报及许景澄电报，皆言法有弃北圻之意。^② 张之洞虽多方请以缓办，但法方代表于十一月十三日抵达谅山；十二月初八日，中法勘界会议在文渊第一次开议。此时张之洞仍电奏，称法国议员于界务意见不一，若拖延三个月，法国必变计，瓯脱诸说或可行。对此，清廷严斥张之洞拖延之策，恐生枝节，仍令邓承修等按约速办。时邓承修在与法使历次辩驳中得法方松口，张之洞复奏解释称经数日辩论，法方代表允将保乐归中国，新安、海宁等处现亦有松动。前奏缓三个月之请，实因法国屡以罢议恫吓，故作缓势，其并非真欲

---

① 《致总署》（光绪十一年十月二十四日）、《总署来电》（光绪十一年十月二十六日到），《张之洞全集》第 4 册，第 386~387 页。

② 《致总署天津李中堂》（光绪十一年十一月初二日），《张之洞全集》第 4 册，第 387 页；《致总署》（光绪十一年十一月初八日），《张之洞全集》第 7 册，第 338 页。

迟，绝不敢妄使决裂。①

自十二月初八日至二十三日，中法代表会议四次皆未定议，原因在于双方对《越南新约》第三款中"因北圻现在之界稍有改正"理解不同。邓承修持"改正"之说，如张之洞所告，要求以驱驴为界，将谅山以北划归中国；浦理燮持"稍有"之说，认为只可对边界做细微调整。因中法代表多日争论，法国外交部责中国违约，由驻华公使戈可当面见李鸿章，以开战作为威胁。戈可当并称浦理燮拟罢议即回河内，其将赴总署申理。因法国威胁，光绪十二年正月初五日，总署致电李鸿章转寄邓承修、张之洞等，称连日奉旨照约速办，若邓承修等固执前说，势必决裂开衅。奉旨命邓承修等与浦理燮"先按原界详悉勘明，以后稍有改正，再行妥商续办"。若今春赶办不及，即缓至秋后再议。所有前议多划之界，均作罢论。② 对于清廷的要求，邓承修、李秉衡等据理力争，在中法第五次会议中仍持以谅山河为界之说，并与李秉衡联衔电奏先勘界再改正之害。遭廷旨责难后，二人又以生病请辞。张之洞在背后力助二人，且试图为二人与朝廷转圜。得二人请病之电后，二月初六日，朝旨严责二人"迅即履勘，倘再玩延，致误大局，着英治罪成案具在，试问该大臣等能当此重咎否"。邓承修、李秉衡只得与法使相会履勘原界。自二月十五日起，中法双方会勘镇南关以东，二十五日勘定；三月初五日，起勘

---

① 《致总署》（光绪十一年十二月十六日）、《李中堂来电》（光绪十一年十二月十九日到）、《致总署》（光绪十一年十二月三十日），《张之洞全集》第4册，第388页。

② 《李中堂来电》（光绪十二年正月初四日、初五日到），《张之洞全集》第4册，第388~389页。

镇南关以西，因瘴气、山洪，至初十日双方勘至平而关止。辨图画押后，中法双方代表约定十月后从钦越界起勘。①

光绪十二年九月，中法钦越勘界谈判即将届期。前于光绪十一年十二月初一日，张之洞据刘保林等及钦廉官绅、武弁查勘禀文，奏告丈二河上游紧接广西三峒、思陵州之地，下游直出新安州海口，东包青梅头、海宁府芒街，接连竹山、江坪、白龙尾一带，皆中国旧界，请饬邓承修等与法使辩论。此时张之洞复上奏罗列上述各地为中国旧界的十条证据，并称与王之春商量，就图画为四线，视交涉情形具体谈判，请饬总署、邓承修、李鸿章查照，与驻华公使及法国勘界大臣逐条勘辩。②光绪十二年十月初七日、十四日，法军越界两次炮击长山村，并攻打分茅各庄。由于法军的胡作非为，自二十九日起，越南义军攻打海宁，海宁城破，法国勘界官海士身死。十月二十日，十一月初五日、初七日，张之洞先后将王之春等在钦越交界的探报电奏，请总署、李鸿章诘问法国，或仿照云南办法，校图定界，以免枝节拖延。③对张之洞历次电报，清廷电谕称长山本越地，分茅非现界，越民攻法，岂能劝法弥兵？按图定界之议应由法人自请，若由我方提出，法国必狡执。戈可当至总署，谓越民攻海宁由粤主使，因此现在唯有守定现界，按约和平办理，法越相攻应不问，不能妄加收抚越民。"傥固执成

---

① 李志茗：《疆土为大局之所系——张之洞与中越勘界》，《中华文史论丛》2014年第2期。

② 《钦越边界亟应改正折》（光绪十一年十二月初一日）、《辨认钦州老界绘图列证请旨饬辨折》（光绪十二年九月初七日），《张之洞全集》第1册，第344~345、445~449页。

③ 《致总署》（光绪十二年十月二十日）、《致总署天津李中堂》（光绪十二年十一月初五日、初七日），《张之洞全集》第4册，第393~394页。

见，激成边衅，定惟该督是问！"并命张之洞电奏有无在白龙
尾新筑炮台。是日清廷据张之洞《辨认钦州老界绘图列证请
旨饬辨折》所奏，另寄谕张之洞，称中越勘界应以现中国界
内华民居住地方为断，若据前史及志乘所载，法国必然不允。
越南游民假借中国声威，不可招抚或接受酒食，以免滋生口
实。"总之自强之道全不在此，切勿徒骛虚名，不求实际！"
张之洞辩解言白龙尾并未新筑炮台，越乱亦非广东主使。①

　　其时邓承修与法国新任勘界大臣狄隆（Dillon）谈判纠
葛。法国诉诸武力，分兵攻破江坪，屯扎勾冬、石角、白龙尾
等处。光绪十三年正月初六日，邓承修与法国暂时约定三条：
第一，北市至竹山双方意见相合；第二，竹山至白龙尾为未定
之地，各自请示本国。原驻扎在此之法国官兵，中国且不问；
第三，其他各处意见不合，约定彼此请示本国，未奉旨前不得
另派官兵前往。② 因法人蛮横，邓承修致电张之洞求助。张之
洞电奏江坪为东兴、思勤后路，地位紧要，且与寄谕所称华民
居住之地相符，请总署与戈可当婉商撤兵，或将江坪抽出另
议。其后又电奏法军于江坪、黄竹、万尾驱逐华民，情形可
悯，仍请总署商量撤兵。此外，张之洞电告总署和李鸿章提供
方案，其认为法人畏强欺善，希望以兵事威胁。③ 白龙尾一地

---

① 《电寄·四八〇》（光绪十二年十一月初八日），《清代军机处电报档汇编》
　　第 1 册，第 163 页；《清实录》第 55 册《德宗实录（四）》，第 158~159
　　页；《致总署天津李中堂》（光绪十二年十一月初九日），《张之洞全集》
　　第 4 册，第 394 页。
② 《发总署电》（光绪十三年正月初六日），邓承修：《语冰阁奏议》，第
　　494~495 页。
③ 《致总署天津李中堂》（光绪十三年正月初七日、初八日），《张之洞全
　　集》第 4 册，第 395~396 页；《致总署天津李中堂》（光绪十三年正月初
　　九日），《张之洞全集》第 7 册，第 397 页。

张之洞亦力争。正月十二日，张之洞得悉总署已准邓承修草约三条，电奏称白龙尾为华地，有案可查，应于约文内说明"暂且"不诘问原驻扎在此之法国官兵，以作后图。其后又多次奏陈白龙尾事。清廷电谕既据张之洞奏称确系中国现界，则应抽出，以免法国含糊狡赖。撤兵一事已饬总署，姑候法国复信。总署亦来电言新得法国海军部辛巳年所刻地图，图内白龙尾属华界，倘有争论，可凭图辩驳。① 然而，清廷对张之洞、邓承修屡争界务不胜其烦，十五日长电寄谕二人。廷旨先责邓承修上年办理桂越界务不善，以致法国外交部以武力威胁，致瓯脱之说无从再议；次责张之洞博考史志，煞费苦心，欲将二百余年未经辨认之越地划为华界，前旨寄谕却无一字复奏，仍复胶执成见，以致江坪议不成，反启白龙尾争端；再责二人不谅朝廷苦心，不知疆臣、专使职责，留下争议之地颇多，悉以请示之言诿之朝廷；最后命邓承修与法使和平相商，"总期速勘速了，免致别生枝节"。对于廷旨之严责，张之洞复奏表示谨遵十五日电旨，断不敢胶执成见。然其仍电请邓承修力争白龙尾。② 当邓承修与狄隆谈判胶着之际，二月初六日，总署来电称法使恭思当愿速了界务，奉旨饬将白龙尾、江坪、黄竹等地抽出，由总署与法使商酌。其他无争议之地由邓承修与法国

---

① 《致总署天津李中堂》（光绪十三年正月十二日），《张之洞全集》第 4 册，第 396 页；《电寄·四八四》（光绪十三年正月十四日），《清代军机处电报档汇编》第 1 册，第 165 页；《发粤督电》（光绪十三年正月十四日），《清代军机处电报档汇编》第 5 册，第 122 页。

② 《电寄·四八七》（光绪十三年正月十五日），《清代军机处电报档汇编》第 1 册，第 166 页；《致总署》（光绪十三年正月十七日），《张之洞全集》第 4 册，第 397 页；李志茗：《疆土为大局之所系——张之洞与中越勘界》，《中华文史论丛》2014 年第 2 期。

勘界大臣速勘。中法勘界遂加速进行。二十二日，剩余桂越界勘毕画押；三月初七日，除白龙尾、江坪、黄竹等处外，钦越段辨认完竣。至此，中越勘界大体完毕。

白龙尾、江坪、黄竹等处虽归总署与恭思当谈判，但张之洞力图请邓承修与狄隆交涉以挽权益，并言及中越海界、海岛问题。张之洞等亦多次向朝廷言明相关问题。及二十四日，因界务将竣，张之洞、广东巡抚吴大澂联衔电奏应议三条：第一，海界只可指明近岸有岛洋面，其大洋一切仍旧，以免影射；第二，白龙尾法军炮台未毁，兵船未撤，急须驳斥；第三，竹山、海宁以西须速与法议设领事馆保护华民。[①] 经总署谈判，清廷同意以龙州通商，换回江坪、黄竹、白龙尾。光绪十三年五月初六日，《中法界务专条》及《中法续议商务专条》在北京签字，次日廷旨命邓承修驰驿回京。至此，历时两年的中法勘界谈判结束。

桂越、钦越分界虽已议定，但其时并未竖立界碑，中法常相互指责越界。法国驻华公使多次照会、亲赴总署干涉，总署寄张之洞之电中即有如下所示诸起。

（1）光绪十三年八月二十日，总署来电，称法国政府言保乐、安德社两处为越南界，现有华兵驻扎。

（2）光绪十三年九月十二日，总署来电，称法使照会言钦州派兵抵横模社据地、立碑、筑寨。

（3）光绪十四年三月二十二日，总署来电，称法使照会言华兵私至盘邦驻扎、设立界标。

---

①　《致总署天津李中堂》（光绪十三年三月二十四日），《张之洞全集》第4册，第399页。

（4）光绪十五年正月初一日，总署来电，称法使照会言去年十月二十八日，芒街法国追匪至北市，匪徒渡河入华界，由中国官兵庇护，实属违约，命张之洞严查。

（5）光绪十五年三月初六日，总署来电，称法使照会言距横模社二里之东有华兵筑三垒，各有枪队百名。①

总署不得不就法使所言质询张之洞，导致总署和张之洞皆认为对方心存偏见。如对光绪十五年正月初一日总署之来电，张之洞复电称实为法兵越界杀人掳掠，捏造百余里外在华界的北市官兵庇匪，请总署照会法国驻华公使交犯赔偿，"若此案办不透澈，以后边事难办"。然而总署却电称，据法使来文，法兵所至之那沙墟为越南地方，实无越界，官兵庇匪为离芒街八里之宁阳大庙对面大河北岸，望张之洞查明。电文末颇有疑张之洞歪曲事实之意："凡交涉事总须确查真情，方可酌办，若稍有不实不尽，转遗口实。"②

广西通商

《中法新约》画押前，张之洞即打听到条款内将有广西通商一条，遂致电盛宣怀、李鸿章询问传言是否属实。时两广督抚联衔电奏广西通商为"李福协定"所无，若许通商，衅端必速。③

---

① 《近代史所藏清代名人稿本抄本》第2辑第62册，第77、147页；第2辑第63册，第77~78页；第2辑第64册，第1、191页。

② 《致总署》（光绪十五年正月初八日），《张之洞全集》第8册，第1页；《总署来电》（光绪十五年二月初一日），《近代史所藏清代名人稿本抄本》第2辑第64册，第100~101页。

③ 《致天津盛道台》《致天津李中堂》（光绪十一年四月初七日），《近代史所藏清代名人稿本抄本》第2辑第26册，第487~488页；《致总署》（光绪十一年四月初八日），《张之洞全集》第4册，第378页。

然清廷未予理会。光绪十一年四月二十七日《中法新约》画押，其中第五款规定中越通商，"指定两处，一在保胜以上，一在谅山以北"。①

条约虽规定通商，但未具体指明何处。桂越勘界之时，张之洞、李秉衡议及通商地点。因李鸿章电询通商之处，光绪十二年正月十六日，李秉衡、邓承修复电李鸿章，建议以驱驴通商为宜。② 时中法勘界不顺，廷旨多次严责张之洞、李秉衡、邓承修退让速办，李、邓二人称病告退。二十九日李秉衡致电张之洞，称其已拜疏乞病开缺。至通商设埠，已与邓承修电告北洋应在驱驴，若法人设埠于龙州当力争。张之洞亦反对设埠于镇南关内，但由于屡奉严旨，张之洞只好复电表示秋后再徐图，谓"今日断不敢妄参末议"。③ 光绪十三年三月，中法桂越、钦越勘界基本完成，所遗留的白龙尾、江坪、黄竹等处交由总署与法国公使恭思当谈判。时总署欲以龙州通商，换白龙尾、江坪、黄竹等处，张之洞、李秉衡得到消息后，联衔致电总署力陈不可：

> 闻法恭使请以白龙、江、黄与商务抵换，必系欲在龙州通商。此事有损边防，其害甚巨，断不可许。龙州设埠，镇南关之险全失矣！窃思九头山非越有，原案可据。若以九头山与之作抵，尚不吃亏，或别筹抵制。事关广西

---

① 《中法越南条约》，《中法战争》第 7 册，第 423 页。
② 《发北洋大臣电》（光绪十二年正月十六日），邓承修：《语冰阁奏议》，第 427～428 页。
③ 《李护院来电》（光绪十二年正月二十九日）、《寄李护院邓钦差王道台》（光绪十二年二月初一日），《张文襄公（未刊）电稿》第 29 册，第 13495、13815 页。

边防，会商意见相同，不敢不沥陈。请代奏。①

除了联衔电寄总署，张之洞还托京中好友直接向总署当道进言，"望极力向当道陈之"。李秉衡另具折奏告法人欲入龙州通商，请饬总署据约力争。②尽管二人做出各种努力，但张之洞仍对总署不太抱希望，其电李秉衡言"总署恐不能坚持，焦急焦急"。③闰四月二十五日，廷寄长旨严责二人谓：

> 上年三月张之洞、李秉衡会奏筹办边防折内，以龙州开关通商，重兵所萃，请专设道驻扎该处，并管税库使、翻译委员，一一筹措慕详。此奏外洋传播，通知法使，现请通商处所，首列龙州，谓为该督奏明指定之地。乃近日张之洞等叠次电奏力争，以为龙州一许，关隘全失。本日又据李秉衡由六百里驰奏，与去岁会奏一折显然矛盾，殊堪诧异！且所论亦不合事情……张之洞等自办理此事，一味固执私见，故作危词，有意龃龉，不思收束，虽屡次严谕开解，始终不悟。迨纷纭两载，终归请示，又幸此事不由该省了结，无妨多发难端，得之则以首议为功，不得则有他人任咎，责以沽名取巧，亦复何辞！朝廷于该督等叠次谬误，屡屡详细指示而未加严谴者，原因事在未定，姑予优容，今则一切条款已饬总理衙门、北洋大臣反复熟

---

① 《致总署》（光绪十三年四月初二日），《张之洞全集》第 7 册，第 399 页。按：《张之洞全集》作"光绪十三年五月初二日"，实误。今据《清代军机处电报档汇编》改正。

② 《致京朱道台》（光绪十三年四月初二日），《张之洞全集》第 7 册，第 400 页；《清代军机处随手登记档》第 124 册，第 684 页。

③ 《致李护院》（光绪十三年四月初三日），《张文襄公（未刊）电稿》第 38 册，第 17627 页。

商，分别准驳，与法使定约龙州、蒙自两处允其通商，事在必行，决无更改。此后该省所应办者，惟当慎择关道，晓谕居民，一切平允施行，免致横生枝节。倘不知悛悟，又思异议阻挠，以致官民承风，边疆多事，定治该督等以应得之罪！勿谓诰诫不豫也！[1]

　　因得廷旨严斥，五月十七日张之洞复奏表示凛遵严旨，不再有异议。[2] 廷旨中所谓"筹办边防折"，即光绪十二年二月二十五日张之洞与李秉衡联衔奏陈之《筹议广西边防折》。时因中法和议甫成，分界通商在即，清廷命云贵总督岑毓英、两广总督张之洞、云南巡抚张凯嵩、广西巡抚李秉衡会商筹议云南、广西边防。张之洞、李秉衡折中有"龙州开关通商，重兵所萃，宜有文职大员同任边事"一语，奏请设太平归顺兵备道一员。[3] 清廷即以此为两广督抚支持龙州通商之理由。因清廷的决定，龙州不得不开埠通商。光绪十三年七月二十八日，李秉衡片奏委派尽先补用道蔡希邠署理太平道。[4]

　　龙州通商后，列强谋求进一步打开广西市场，张之洞任两广总督时，在因应策略上，屡与总署有分歧。光绪十二年十月，总署接法国照会北圻与滇桂接通电报线事宜，总署遂咨会李鸿章讨论。经盛宣怀禀告，李鸿章认为接通电报线可获利，遂咨告广东督抚查照，并命盛宣怀会商广东电报局。时张之洞

---

① 《清实录》第 55 册《德宗实录（四）》，第 265~266 页。

② 《致总署》（光绪十三年五月十七日），《张之洞全集》第 4 册，第 400 页。

③ 《筹议广西边防折》（光绪十二年二月二十五日），《张之洞全集》第 1 册，第 370 页。

④ 李秉衡：《奏为委任蔡希邠署理太平归顺兵备道事》（光绪十三年七月二十八日），中国第一历史档案馆藏宫中档朱批奏折，04-01-16-0221-089。

批示盛宣怀禀，称只要中国界内不准法国陆线侵越即可。李鸿章遂于光绪十四年七月与法国驻天津领事林椿（Paul Ristelhueber）签订章程，并奏明朝廷允准。按照章程，中法电报线在三处接通，即同登至镇南关、芒街至东兴、保胜至蒙自。[①]然而十一月十三日，张之洞电告总署、李鸿章，谓"此事无事接线不能收利，有事断线已先受其害，益彼损我，实不可行"，请总署以粤省官民不愿办理为由拒绝接线。[②]对张之洞的反复态度，总署推脱称电线向归北洋专管，北洋已与法领事画押，并在广东来电前奉旨允准，碍难中止。李鸿章之复电则有所转圜，其电告张之洞称，接线之事只要操纵得当，必不有害，且前经粤省允准，中法两国已画押，奉旨批准，难以反悔，但芒街东兴线为后来添入，且批准后十八个月始办，或可由广东上奏推延中止。[③]十二月二十日，张之洞将接线之事奏告，言广东督抚在创议之初并未与闻，设若接线，不仅无利可图，且有碍边防，然而既经两国画押，奉旨允准，镇南关之线请饬总署密筹补救之方，东兴之线请饬严拒。[④]因张之洞激烈的反对态度，李鸿章、盛宣怀、总署、法使只得反复磋商，最终李鸿章建议总署，同登至镇南关电报仍照约妥筹接线，东兴至芒街一线，则以地处偏僻、商旅稀少、民情顽梗，即使接线

---

① 《中法接线折》（光绪十四年十一月十二日），《李鸿章全集》第12册，第513~515页。

② 《致总署天津李中堂》（光绪十四年十一月十三日），《张之洞全集》第7册，第431页。

③ 《总署来电》（光绪十四年十一月二十日）、《李中堂来电》（光绪十四年十一月十七日），《近代史所藏清代名人稿本抄本》第2辑第63册，第627、612~613页。

④ 《电线不宜与法接折》（光绪十四年十二月二十日），《张之洞全集》第2册，第157~159页。

断无多报为由，照会法国公使缓议接线。[①]

法国独占越南后，英、德两国为制衡法国，试图从西南打开中国市场。光绪十四年间，法国欲修建河内至龙州铁路，德国为分其利，以中国商业利益为言，向总署献策裁撤西江厘税，开放梧州通商，并利用招商局轮船开通西江航路。对此，总署致函李鸿章、张之洞相商。李鸿章亦于六月致电张之洞询其看法，但张之洞久不答复。[②] 九月初七日，总署致电张之洞，命其速复西江事务。对此，张之洞先行电复，认为法国开通铁路，是分他国利益，并非夺中国之利益，并可以增加滇、桂货物出口，而西江通航，实际是想尽逃内地厘税，于广东饷源有弊，且通行轮船后，必致渡夫失业太多，必然生事，请坚持勿允。希望总署、李鸿章开导德使巴兰德，以其他销路仍在，北圻铁路开通未至有害为辞拒绝西江通商。[③] 其后英、德两国公使与总署交涉货税、广州开口、内地租屋囤货等事项，再次谋求梧州开放、西江行轮，总署函咨张之洞讨论。对于前几项事宜，张之洞大多格外让允，但于开放梧州、西江行轮仍严词拒绝。[④] 面对张之洞的强硬态度，其时总署、李鸿章皆回复绝不允诺开通西江航路。[⑤] 然而中日甲午战争后，英、法两

---

① 《复总署 复议中法接线》（光绪十五年七月初一日），《李鸿章全集》第34 册，第 577~578 页。

② 《寄粤督张》（光绪十四年六月二十四日），《李鸿章全集》第22 册，第 356 页。

③ 《总署来电》（光绪十四年九月初七日），《近代史所藏清代名人稿本抄本》第 2 辑第 63 册，第 447 页；《致总署天津李中堂》（光绪十四年九月十三日），《张之洞全集》第 7 册，第 429 页。

④ 《致总署》（光绪十五年四月十三日），《张之洞全集》第 8 册，第 8~9 页。

⑤ 《总署来电》（光绪十五年四月二十八日到），《张之洞全集》第 8 册，第 9 页；《复两广制台张》（光绪十五年三月初八日），《李鸿章全集》第 34 册，第 519 页。

国争相于中国西南划分势力范围，英国在与清廷续议缅甸条款的过程中，向清廷提出开放梧州和割让云南野人山等问题，清廷为保"云南屏蔽"，同意英国以西江通商作为交换条件。光绪二十三年正月，《中英续议缅甸条约附款》签订，其中的商务专条规定开通广西梧州、广东三水为通商口岸，并允许外国轮船航行至三水、梧州。①

四　港澳及华侨问题

洋药及百货税厘并征争端

19 世纪七八十年代起，中英双方围绕输入中国的外洋鸦片关税和厘金征收问题进行交涉。光绪二年（1876），中英《烟台条约》签订，其中第三款第三条规定"洋药（按：即外洋鸦片）一宗，威大臣（按：英国驻华公使威妥玛）议请本国，准为另定办法，与他项洋货有别。令英商于贩运洋药入口时，由新关派人稽查，封存栈房或趸船，候售卖时洋商照则完税；并令卖客一并在新关输纳厘税，以免偷漏。其应抽收厘税若干，由各省察勘情形酌办"。其后中英洋药税厘并征的谈判断断续续，至光绪十一年，中英双方在英国外交部签订关于洋药税厘并征的《续增专条》，规定征税数量和实行日期。②

洋药税厘并征的原则问题虽经议定，但须解决香港走私问

---

① 《专条》，王铁崖编《中外旧约章汇编》第 1 册，三联书店，1957，第 690 页。

② 具体谈判过程可参见王宏斌《中、英、印围绕鸦片税厘征收之博弈（1876~1885）》，高翔编《中国历史研究院集刊》2021 年第 1 辑，社会科学文献出版社，2021，第 160~202 页。

题，《续增专条》另规定中国须派员商办。据此，光绪十二年三月二十六日，清廷派上海道台邵友濂、总税务司赫德前往香港会办洋药新章。时香港代表罗素尔（Russel）提出澳门须商定一样章程，邵友濂遂留于香港商办，赫德则往来港澳间，一面与邵友濂保持联络，一面与澳门总督罗沙（Thomaz de Sousa Rosa）会商。邵友濂随后升任河南按察使，离开香港，洋药税厘并征之事归赫德操办。七月十一日，罗沙与赫德拟定底稿四条，其后卸任返回里斯本。底稿第一条规定澳门"允葡萄牙国永远驻扎管理"，第二条为洋药专条，第三、第四条为交犯原则。香港方面，八月十四日，《香港鸦片贸易协定》签字。该协定规定香港严查鸦片走私，但有附属条件六条，其中第一条规定澳门须采取同样措施，第三条规定九龙设立税务司。① 日后赫德据此两份文件攫取港、澳之税关利权。

　　税厘并征关系广东利权非小，在撤卡、交关、收税等问题上，广东督抚、海关数次向清廷、总署力争，两广总督张之洞尤甚。前于光绪十二年七月二十八日，因罗沙与赫德议及鸦片缉私须裁撤澳门外之卡，总署致电张之洞询问撤卡有无大碍。张之洞复电言澳外之卡为缉私所设，所缉不仅走私鸦片，亦不仅澳门货物。撤卡之事诡谋难测，望总署驳斥。② 所谓澳外之卡即香（港）澳（门）六厂，皆瑞麟督粤时期所设，用于征收鸦片税厘和百货税，光绪十二年补抽百货厘金。港澳谈判结

---

① 《赫德申呈总理衙门京字第 1794 号》，《中国海关与中葡里斯本草约》，第 3~12 页。

② 《发粤督电》（光绪十二年七月二十八日），《清代军机处电报档汇编》第 5 册，第 70 页；《致总署》（光绪十二年八月初十日），《张之洞全集》第 7 册，第 357 页。

束后，赫德向总署申呈将各省鸦片税厘移交海关。十二月二十二日，总署致电各省督抚，命各厘局于次年正月初九日全部移交海关办理税厘并征，香澳六厂赶派税务司不及，暂由委员照鸦片税厘并征章程征收，三月初九日起统交海关征税。此外，总署奏准六厂百货税厘金，亦统归税务司抽收。税务司对中国财权的侵夺对象从鸦片扩展至百货。① 时粤省督抚、监督尚未接百货厘金并归征收咨文，故以六厂非仅收鸦片厘金为由驳复总署十二月二十二日电文。光绪十三年二月初五日，张之洞致电总署，称香澳五厂现抽取百货税厘，非仅鸦片，关系广东财政收入。且五厂并非位于香港、澳门，洋人影射干预，意图蒙混，不可不防，请总署驳斥。总署却来电批评，言税厘并征已奉旨开办，海军衙门专待增加的收入应用，中国不撤卡，则英、葡不允缉私，漏卮不能除，巨款成画饼，此事势在必行，不要因此动摇全局。赫德已派税务司往广东面商。② 除鸦片、百货税厘外，赫德向总署提议利用税务司巡船帮缉港、澳私盐，并对私盐加重抽厘，总署电咨张之洞一并妥议。③ 时赫德所派九龙关税务司马根（Morgan）、拱北关税务司法来格（Farago）到粤商谈设关和缉捕私盐之事。张之洞与广东巡抚吴大澂、粤海关监督增润商议后联衔电奏，对税务司统收百货税厘和巡缉私盐表示惊骇，称洋药与百货税厘为两事，税务司

---

① 《总署致各省督抚通告洋药开办日期电》《总署奏澳门屡经议约未成拟办洋药税以一事权折》，《清季外交史料》，第 1305、1318~1319 页。

② 《致总署》（光绪十三年二月初五日）、《总署来电》（光绪十三年二月初十日到），《张之洞全集》第 7 册，第 391~392 页。按：九龙司附属汲水门，故又称五厂。

③ 《总署来电》（光绪十三年二月十二日），《近代史所藏清代名人稿本抄本》第 2 辑第 59 册，第 587 页。

抽收百货税厘系揽夺中国利权，且拟设之关均在华界，事关华洋界限；至代收百货税厘更是流弊甚多。事关大局利害，请朝廷熟思，并交总署、户部妥议。私盐归税务司抽厘则窒碍尤甚。① 此外三人另各单衔致电总署请缓办税厘并征。然而总署决意办理，于三月初一日、初三日催促张之洞速将香澳六厂所收鸦片、百货税厘数目告知税务司。② 由于张之洞等粤省督抚、海关不合作，总署将张之洞、吴大澂、增润的电文缮递。三月初五日，清廷电谕允准罢议代缉私盐，但对三人所言代征税厘之弊严加批驳：

> 此事往返辨驳，经年之久，始克定议，并非改变前说。该督等于此中曲折，并未知悉，何得谓与原议不符！海军创设，筹饷万难，有此办法，冀可岁增巨款，纵令六厂区区十余万之数，全行蹦弃，亦无顾惜。况经税司代收，此款并不致无着。是此举非但与各省税厘无涉，并与广东税厘无损，所不便者，不过厂员利薮一空，未免浮言胥动耳。该督等于朝廷全局通筹之意毫无体察，辄挟持偏见，故作危词，竟似六厂员弁一撤，从此天下利权悉入洋人之手，殊不思税司由我而设，洋税自我而收。③

得严旨斥责后，张之洞于三月初九日致电总署，称已照电

① 《致总署天津李中堂》（光绪十三年三月初一日），《张之洞全集》第 4 册，第 397~398 页。
② 《总署来电》（光绪十三年三月初一日、初三日），《近代史所藏清代名人稿本抄本》第 2 辑第 60 册，第 135、166 页。
③ 《总署来电》（光绪十三年三月初六日），《张之洞全集》第 4 册，第 398 页。

371

旨之意饬委员依期将六厂交马根、法来格接办，厘金章程亦照发。①

六厂虽已遵旨移交税务司，但张之洞等仍虑及税务司代收六厂货厘流弊，故于四月二十五日缮折上奏，仍称鸦片与百货税厘并征是两事。税务司代抽鸦片、百货税厘，不仅令广东饷项难筹，而且有逾险、混界、侵权、扰民、有碍海防、虚诳不实、要挟无已七大流弊。为尽利防，其筹有十一条办法，请饬总署、户部妥议：第一，先行试办一年，如有窒碍，即行恢复旧章；第二，添设华官，各厂除税务司外，由粤省督抚、监督派委员一人；第三，请总署明文行知总税务司、税务司，六厂仍归督抚兼辖；第四，各关告示须总督、监督出具，税务司不得单衔出示；第五，税务司、督抚、监督移文仍照海关旧例；第六，九龙、拱北在赫德、税务司文牍中应称为粤地，不能与港澳混淆；第七，所征税银不得存放汇丰银行，应直接解交海关、厘务局；第八，巡船弁勇用中国人，由广东派委；第九，管理巡船洋弁宜宣称管带缉私税务司，将"海江防"三字删去；第十，九龙、拱北两关建筑不能改建洋楼；第十一，议定以后他处税厘不得援例推广。同时，张之洞函告总署，言所奏均是实情，非敢稍存意见，请总署力顾大局。② 尽管张之洞屡言百货税厘并归洋人征收之弊，总署却束之高阁。

因税章问题，张之洞与总署再生争辩。张之洞接阅总署抄录赫德所拟税章各条后，复函总署认为窒碍殊多。其一为民船

---

① 《致总署》（光绪十三年三月初九日），《张之洞全集》第 7 册，第 399 页。

② 《税司代收新香六厂货厘宜防流弊折》（光绪十三年四月二十五日），《张之洞全集》第 1 册，第 514~518 页；《致总署·三》，《张之洞全集》第 12 册，第 60~61 页。

民货改用洋税章程，有碍民情；其二为华船发照，增收船钞，有碍船业；其三为税务尽归洋员，税银则存汇丰，有碍利权；其四为海关常税尽行改章，各项费用皆拨给，遇有额外用度则束手，有碍权政；其五为设关各口多收子口半税，恐商人绕越，有碍课项。① 在未得总署复函的情况下，张之洞与吴大澂径行电奏，仍指出赫德税章中的改洋税、加半税、增船钞之弊，指责赫德以六厂牵混各口，蒙混加征。其后二人又联衔致电总署，称总署屡次来电，只言将六厂常税交税务司，但按照赫德章程，各船无论出入往来何口皆在六厂完税后给单放行，粤、潮、琼、北海四关皆形同虚设，无税可收，赫德是欲将四关及各口全行网罗侵占。现在六厂虽归税务司管理，但仍应令其照旧章抽收，广东自必裁革海关弊端，凑足八十万两给朝廷。赫德专以洋药并征为辞，牵混要挟，将来无所底止。② 对于张、吴二人之电，总署与赫德详细筹商后，逐条电复张之洞等，称华船、土货仍照常税数目征收，子口半税不再征收，至于华船领取牌照，专指通商口岸赴港澳之船而言，不至累商，船钞之说亦暂不收纳，将来查明再定。至于所谓赫德将四关蒙混侵占、四关无税可收之语，总署称四关大宗常税仍归监督稽征，张之洞是误会赫德章程。总署并言六厂洋药、百货税厘归税务司并征的具体操作，既有筹集海军用款之苦心，又考虑广东的财政困境，总署并无偏颇，若张之洞意见分歧阻挠，则不仅难收实效，且四关将借口中饱。希望张之洞转告巡抚、监

---

①　《致总署·四》，《张之洞全集》第 12 册，第 61~62 页。

②　《致总署》（光绪十三年五月初二日），《张之洞全集》第 4 册，第 400 页；《致总署》（光绪十三年五月十七日），《张之洞全集》第 7 册，第 409 页。

督，并命监督将六厂常税章程交给税务司。① 在总署的妥协和婉劝下，张之洞复电称已将总署来电照转巡抚、监督，并据监督面言税则即日当交。②

尽管税厘并征已开办，但围绕款项划拨问题，张之洞又屡有烦言，尤其是作为洋款还款之药厘八十万两。前于光绪十二年十二月，张之洞奏称广东每年应还洋款约八十万两，拟请从洋药各项厘饷中提银归还，奉旨允准。在移交六厂前，张之洞再次奏明广东洋药税厘应照原数划留，专还本省洋款。③ 光绪十三年闰四月十八日，张之洞忽致电总署，称洋药税厘八十万两系奏准款项，该年正、二两月应还之款，因税务司辩解无收，广东已先挪垫，现五、六两月应还十八万余两将到期，税务司仍未解至，请催赶紧解清。总署复电言此事已咨明税务司，三、四两月收款已有十二万两，以之提拨五月还款九万两尚属有余，六月一期容后再复。④ 然而张之洞却谓马根、法来格置之不理，电请总署饬赫德速催二人。总署来电安抚，称药厘八十万两还款指通省收数而言，现马根、法来格未解交，总

---

① 《总署来电》（光绪十三年五月十九日到），《张之洞全集》第 4 册，第 400 页；《总署来电》（光绪十三年五月二十六日），《近代史所藏清代名人稿本抄本》第 2 辑第 61 册，第 511~516 页。

② 《致总署》（光绪十三年五月三十日），《近代史所藏清代名人稿本抄本》第 2 辑第 39 册，第 487 页。

③ 《洋药厘捐已奏准专还洋款无从提解折》，《张之洞督广折片》，张之洞档，甲 182-198；《广东洋药税厘照原数划留专还本省洋款折》（光绪十三年正月二十四日），《张之洞全集》第 1 册，第 488~489 页。

④ 《致总署》（光绪十三年闰四月十八日），《近代史所藏清代名人稿本抄本》第 2 辑第 39 册，第 403~404 页；《总署来电》（光绪十三年五月初三日），《近代史所藏清代名人稿本抄本》第 2 辑第 61 册，第 373 页。

署已饬赫德转电其他各口税务司速交清。① 此可为张之洞、总署围绕洋款还款交涉之一瞥。此后税务司提银仍常有拖延，光绪十三年七月二十三日、光绪十四年四月初九日皆可见其电请总署催促税务司拨解款项。② 划拨洋药税厘事隶户部，张之洞除电催总署外，另缮折奏请催户部拨解，并致信管理户部的大学士阎敬铭主持其事，使户部尚书翁同龢不胜其烦，称张之洞"斫斫于八十万之药厘"。③

澳门主权之争

澳门原来为广东香山县地界，明嘉靖年间，葡萄牙人借口晾晒货物，并贿赂广东地方官员，逐步聚居于澳门。万历年间，广东开始接受葡商缴纳的地租银，实际上承认葡人在澳门租居的合法地位。鸦片战争后，总督亚马留（Francisco Joaquim Ferreira do Amaral）在澳门推行殖民政策，侵吞中国的土地和利权。咸丰元年（1851）、同治三年（1864）葡萄牙人先后侵占氹仔、路环岛。第二次鸦片战争后，葡萄牙希望以条约的形式将澳门地位合法化。同治元年，中葡《和好贸易条约》在天津草签，条约第九款规定"仍由清国大皇帝任凭设立官员驻扎澳门，办理通商贸易事务，并稽查遵守章程，但此等官员应系或旗或汉四五品人员，其职任事权得以自由之处，均与

① 《致总署》（光绪十三年五月十七日），《近代史所藏清代名人稿本抄本》第 2 辑第 27 册，第 378~379 页；《总署来电》（光绪十三年五月十九日），《近代史所藏清代名人稿本抄本》第 2 辑第 61 册，第 462 页。

② 《致总署》（光绪十三年七月二十三日），《张之洞全集》第 7 册，第 415 页；《致总署》（光绪十四年四月初九日），《近代史所藏清代名人稿本抄本》第 2 辑第 40 册，第 101 页。

③ 陈义杰整理《翁同龢日记》第 4 册，第 2149 页。

英、法、美诸国领事等官驻扎澳门、香港等处各员办理自己公务，悬挂本国旗号无异"。① 实际承认澳门为葡萄牙属地。清廷发现问题后，坚决要求修约，中葡双方争执不下，最终未换约成功。

中葡鸦片税厘并征谈判时，葡萄牙人再次提出将澳门作为该国属地。时澳门总督罗沙向赫德要求"允葡萄牙国永远驻扎管理"澳门，在征得总署同意后，赫德与罗沙拟定底稿四条。光绪十二年十二月，赫德指派税务司员金登干就近前往葡萄牙会商，拟定草约四条，其中一条规定"葡国永驻澳门管理"。总署欲速定议鸦片税厘并征以巨款，且虑及德、美、俄、法等国垂涎澳门，葡萄牙国力贫困，易于操控，遂奏请准金登干与葡萄牙先行画押，后续条款细节待葡国使臣到华再商。② 光绪十三年三月初二日，金登干与葡萄牙外交部部长巴罗果美（Henrique de Barros Gomes）签订草约四条（"中葡里斯本草约"）。

总署之折奉旨允准后，即驿递咨告张之洞。四月十二日，张之洞咨复总署，称澳门为粤省"附骨之疽"，而葡萄牙国力贫弱，断不至与中国为难，"要之在我能坚持与否而已"。葡萄牙不久派员来京立约，张之洞希望总署谋虑周密，加意提防，广东当与澳门认真清厘，力杜狡混。③ 二十四日，张之洞缮折详陈澳界利害，言有可虑者七条，并给出补救之策五条，即细订条约、划清界限、界由外定、核对洋文、暂缓批准。同

---

① 《和好贸易条约》，《中外旧约章汇编》第 1 册，第 188~189 页。
② 《总署奏澳门屡经议约未成拟办洋药税以一事权折》，《清季外交史料》，第 1318~1319 页。
③ 《致总署·一》，《张之洞全集》第 12 册，第 59~60 页。

时，张之洞在致总署函中，言与葡萄牙定约目的在于洋药八百万两并征税厘，但每年能否收至此数不能确定，不可徒有弃地之名，而无增饷之效。① 然而，张之洞之折、函并未引起总署重视。六月初八日，总署来电询问关闸以内居住华民，词讼是否仍归地方官审理，望厦村民田租葡萄牙收若干，以备议约。因张之洞久未复电，十六日总署再次来电询关闸内词讼、田粮事，饬张之洞即复。② 七月初九日，张之洞、广东巡抚吴大澂联衔电复委员、地方官禀告之情况，仍请总署缓议约，并称吴大澂将亲自前往澳门一带确查界址民情及鸦片行销情况。对此，总署致电二人，称条约"暂宕则可，久悬殊难"，虑及葡萄牙再有侵占或将澳门转属他国，并言广东巡抚亲往澳门行迹太著，易生枝节，命张之洞阻止。但张之洞复电总署，称吴大澂已照会澳门总督，未便中止。③ 经吴大澂赴澳考察，二十八日，张之洞、吴大澂具奏，再陈澳界纠葛，称可虑者八，仍请缓订条约。至于总署所虑葡萄牙再有侵占，二人建议粤澳划清界线，葡萄牙已占者准其暂行租借，未占者中国安设营汛、炮台，以资钳制，粤省之力能杜绝以后澳门再加侵占，不至因此生衅；至于葡萄牙将澳门转属他国一节，可布告各国，将澳门借与葡萄牙永远居住，葡萄牙贫弱，中国不加驱逐。即所谓的

---

① 《详陈澳界利害立约尚宜缓定折》（光绪十三年四月二十四日），《张之洞全集》第 1 册，第 510~512 页；《致总署·三》，《张之洞全集》第 12 册，第 61 页。

② 《总署来电》（光绪十三年六月初八日到），《张之洞全集》第 7 册，第 413 页；《总署来电》（光绪十三年六月十六日），《近代史所藏清代名人稿本抄本》第 2 辑第 61 册，第 592 页。

③ 《致总署》（光绪十三年七月初九日、十五日）、《总署来电》（光绪十三年七月十三日到），《张之洞全集》第 7 册，第 413~414 页。

"久占者量加区别，新占者设法清理，未占者明文杜绝"。① 因张之洞的强硬态度，时有传言广东将攻打澳门，葡萄牙遂增派兵船三艘前往澳门防备。② 然而，张之洞数次力争未能取得较大成效，十月十七日，《中葡和好通商条约》在北京画押，清朝正式承认葡萄牙永驻和管理澳门。

《中葡和好通商条约》言明中葡澳门边界须待两国派员会订，设立专约。所遗留的边界问题使张之洞与澳葡政府常有争执。光绪十五年间，葡人出关闸设置路灯，张之洞认为葡萄牙意在蒙混边界，故照会葡督撤去路灯。其后广东于离关闸不远之前山修复厂卡，葡督则照会张之洞称该处为中间地带，建厂卡须两国会商，并言已照会总署。张之洞于三月二十六日致电总署，表示以关闸为界是从前惯例，葡督照会实属诧异，其已驳复并请总署折辩。③ 围绕修复前山厂卡一事，总署致函张之洞调和，而葡督对张之洞的驳斥照会甚是鄙视，谓此系澳葡政府与总署交涉之事，之前其与张之洞往来照会是以礼相待，日后不再答复张之洞之照会，并称驳斥照会闻所未闻，已将该文照会总署。总署与葡督的来文使张之洞怒不可遏，五月初二日，其致电总署力持以关闸为界，修厂卡自主，而对葡督的照会，张之洞则谓事属违约侵界，岂能越过广东直接与总署相商，请总署严词驳斥，仍推出外办。④ 对于张之洞的强硬态

---

① 《再陈澳界胶葛立约必宜缓定折》（光绪十三年七月二十八日），《张之洞全集》第 2 册，第 6~9 页。

② 《致天津李中堂》（光绪十三年十月十六日），《张之洞全集》第 7 册，第 419 页。

③ 《致总署》（光绪十五年三月二十六日），《张之洞全集》第 8 册，第 7 页。

④ 《致总署》（光绪十五年五月初二日），《张之洞全集》第 8 册，第 11 页。

度，总署只好复电表示关闸以北与澳门无涉，必然力辩，总署之照会已咨送广东，由广东转交。[①] 此外，粤澳水界亦有争执。葡萄牙驻华公使曾向总署交涉，称广东将舵尾山附近篷厂改为砖屋，与条约不符。五月初一日，总署致电张之洞询问有无其事。张之洞复电告以舵尾山为香山县属，葡萄牙人只不过在该处设立疯人院，并非澳门管治证据。葡萄牙人因草约有"附岛"字样，想囊括香山县的十字门四岛。葡人力弱，稍一强硬即畏服，以后如有妄想，请总署力驳，或推与广东外办。[②] 张之洞督粤期间粤澳界线问题始终未得解决，直至宣统元年，中葡双方方派代表进行勘界谈判。

香港交犯争端

清末广东匪患问题严重，两次鸦片战争后，香港岛、九龙先后割让给英国，受英国管治。广东盗匪利用中英两国间法律的差异，逃匿于香港。鸦片战争后的历任广东督抚，围绕交犯一事不免与香港总督、驻粤英国领事有所交涉，英国公使亦常以香港拿犯之事知照总署，以干其事。

张之洞督粤后，因香港拿犯、交犯问题屡与总署争论辩驳，这在双方往来电文中有所反映。如光绪十一年三月初二日，总署致电张之洞，称据英国署理公使言，广东因惠州滋事案，将郑丁由香港骗去刑讯，未行文港督，与约不合，请查明缓办。但张之洞却复电言郑丁为稔山会匪，由族绅于洋界外船

---

① 《总署来电》（光绪十五年五月初六日到），《张之洞全集》第 8 册，第 11 页。
② 《总署来电》（光绪十五年五月初一日），《近代史所藏清代名人稿本抄本》第 2 辑第 64 册，第 375 页；《致总署》（光绪十五年五月二十九日），《张之洞全集》第 8 册，第 13 页。

上拿获，例不知照港官。① 其后，闽浙总督杨昌濬派兵前往香港捉拿海盗张阿知，并未知照张之洞行文港督，以致官弁被扣留。总署以为粤弁所为，来电质询张之洞。经张之洞派员与港官进行旷日持久的交涉，港督方同意释放闽弁及引渡张阿知。② 又如光绪十五年七月二十一日，张之洞致电总署，称英国领事照会言华兵持刀枪入九龙英界拿人，但据查所拿者为著匪吴临齐，拿获之地为闸外华界，英领事狡辩不休，恐其上告总署，故先行来电请驳复，犯人讯毕即处决。然总署八月初一日、初三日先后来电谓前已向各督抚言明不许用计拿犯，命张之洞速将吴临齐等释放，按约行文引渡，以免别生枝节。并称据英使面言，拿犯之地确是英界，应各派员验明，此说难驳，自应确查。如系华界可辩论，如系英界只好释放再索，此时不能处决，致难了局。对此，张之洞复电表示前数日其与领事面、函商，英领事言辞委婉，并拟有转圜办法。拿犯之地既各执一词，其已将犯交领事送回香港再行引渡。但强调"此系顾念友谊，作此通融办法，以释其疑，非为越界而释还也"。③

---

① 《总署来电》（光绪十一年三月初二日），《近代史所藏清代名人稿本抄本》第 2 辑第 54 册，第 464 页；《致总署》（光绪十一年三月初六日），《近代史所藏清代名人稿本抄本》第 2 辑第 38 册，第 28 页。所谓"惠州滋事"即稔山会党起义，见胡珠生《清代洪门史》，辽宁人民出版社，1996，第 397~398 页。

② 《总署来电》（光绪十一年十一月二十四日），《近代史所藏清代名人稿本抄本》第 2 辑第 57 册，第 79 页。

③ 《致总署》（光绪十五年七月二十二日），《近代史所藏清代名人稿本抄本》第 2 辑第 40 册，第 561~562 页；《致总署》（光绪十五年八月初四日），《近代史所藏清代名人稿本抄本》第 2 辑第 28 册，第 7~8 页；《总署来电》（光绪十五年八月初一日、初三日），《近代史所藏清代名人稿本抄本》第 2 辑第 65 册，第 137、136 页。

　　因香港交犯一事屡生波折，张之洞谋求与香港订立交犯条例以解决争端。中英《天津条约》规定"中国民人因犯法逃在香港或潜往英国船中者，中国官照会英国官访查严拿，查明实系罪犯交出"。[①] 然而同治四年两广总督瑞麟、广东巡抚郭嵩焘用计引渡太平天国"森王"侯裕田，将其凌迟处死，引发洋情哗然，"此后香港捕盗门径，永以杜塞矣"。[②] 故此后广东督抚向香港引渡案犯，皆须自备事主眼证当堂质询，口供偶有偏差，案犯则被释放。光绪十年（1884），驻英公使曾纪泽与英国外交大臣格兰维尔（Granville）就稔山各匪引渡一事进行交涉，时中国驻英国公使馆英文参赞马格里（Macartney）拟就《中英交犯条约》（*Treaty between Her Majesty and the Emperor of China for the Mutual Surrender of Criminals*）十六款，[③] 但其后曾纪泽回国，此事中断。光绪十三年，张之洞屡办交犯各案后，重提设立专条之事。时各国领事纷纷奏请开通中法战时为筹办省防而堵塞的沙路，六月十四日张之洞奏告，请饬总署与英使议立交犯专条，"嗣后交犯，务以两广督臣公文为凭，文到自行交解，无须事主质证，不得借端刁难"，若英使允许，则开通沙路。[④] 数月后英国外交部亦询新任驻英公使刘瑞芬是否续议交犯条约，经刘瑞芬咨照总署，后者交由张之洞筹议。在复总署函中，张之洞仍强调两广总督文到即行解交，且观审时不

---

① 《天津条约》，《中外旧约章汇编》第 1 册，第 99 页。

② 瑞麟、郭嵩焘：《拿获盘踞香港招伙济贼逆首审明正法疏》，杨坚校补《郭嵩焘奏稿》，岳麓书社，1983，第 182~184 页。

③ 皇甫峥峥整理《晚清驻英使馆照会档案》，上海古籍出版社，2020，第 290~300 页。

④ 《量开河道口门与英使妥商交犯办法折》（光绪十三年六月十四日），《张之洞全集》第 1 册，第 554 页。

准干预。① 其后中英间确议有成效，然因吴临齐一事，香港立法局将"华官印文为凭"一节删去，张之洞曾致电刘瑞芬向英国外交部力争。② 随着张之洞离粤，中英交犯议约之事遂搁议。

保护华人举措

鸦片战争后，受美国西部开发和"淘金热"的影响，大批华人以招工、偷渡等方式前往美国充当苦力。时另有为数较多的墨西哥与南美洲人拥入美国加利福尼亚州，与美国白人争夺矿床，引发双方武装冲突。19世纪50年代后，墨西哥与南美洲人基本被驱逐，剩下的非美籍"有色人种"以华人居多，成为白人矿工忌恨对象。③ 南北战争期间，美国排华滥调暂息，战后美国亦需大量劳动力进行西部开发。同治七年（1868），代表清廷出使的美国人蒲安臣（Anson Burlingame）与美国国务卿西华德（William Henry Seward）签订中美《续增条约》（又称《蒲安臣条约》），其中第五款规定"大清国与大美国切念民人前往各国，或愿常住入籍，或随时往来，总听其自便，不得禁阻"。④《蒲安臣条约》签订后，前往美国的华人激增。70年代中期后，值美国经济危机及西部灾害，因利益、习俗不同，美国"黄祸论"兴起。光绪六年（1880），因美国华工日多，总署与美国公使安吉利（James B. Angell）签订中美《续修条约》，其中第一款对华工前往美国人数做出限定："如有

---

① 《致总署》，《张之洞全集》第 12 册，第 62~63 页。

② 《致伦敦刘钦差》（光绪十五年七月二十二日），《张之洞全集》第 8 册，第 16 页。

③ 丁则民：《美国排华史》，中华书局，1952，第 5~10 页。

④ 《续增条约》，《中外旧约章汇编》第 1 册，第 262 页。

时大美国查华工前往美国，或在各处居住，实于美国之益有所妨碍，或与美国内及美国一处地方之平安有所妨碍，大清国准大美国可以或为整理，或定人数、年数之限，并非禁止前往。"然《续修条约》所谓限定人数、年数仅指华工而言，经商、留学、游历之人不在其中，而且规定若华工或华人受到欺侮，美国应极力保护；美国订立相关章程，应知照中国。① 日后美国的排华行为，实与条约相悖。

19 世纪 80 年代，美国西部开发的艰难时段已经过去，西部各州政客屡以排华作为政治资本。在此背景下，1882 年，美国通过《排华法案》，"绝对禁止华工入境十年"。1884 年，美国国会公布补充法案，延长《排华法案》十年，并将对华人的限制从"华工"扩展至"华商"，原来在美的华人亦遭波及。② 受当时排华风潮的影响，怀俄明州甜水县石泉镇（Wyoming, Sweetwater County, Rock Springs）发生驱逐并屠杀华工案件，因当时中文文献将石泉镇译作"洛士丙冷"，故史称"洛案"。1885 年 9 月 2 日，因华工拒绝参与白人工人组织的罢工，双方发生冲突。是日下午，白人矿工持械袭击华工，并洗劫华工财物，纵火焚烧华工房屋，28 名华工被杀，15 人受重伤，其余华工被迫逃入山中，造成约 15 万美元经济损失。③ 洛案发生后，驻美公使郑藻如命下属赴现场调查处理，并照会美国国务卿以示抗议。光绪十一年八月十二日，郑藻如致电总署，报告洛案的发生和应对，并询问中国之前抚恤美民命案银

---

① 《续修条约》，《中外旧约章汇编》第 1 册，第 378~379 页。

② 丁则民：《美国排华史》，第 26~29 页。

③ 丁则民：《美国排华史》，第 34~35 页。

数，以便向美国政府索赔。① 十月初六日，郑藻如另电询张之洞关于沙面案赔偿美国的数目。张之洞复电，称沙面案美商仅毁一个码头和零星货物，广东赔偿六千五百三十九元结案。如今华人数十人毙命，应追责钱财和人命，由美国总统明文表示惋惜，并筹善后。②

因美国华人多为粤籍，金山中华会馆致电香港华商，请港商将此事禀告张之洞及爱育堂。石泉镇排华消息传至广东后，粤民群情汹汹，英、美各领事致函张之洞表达不安。张之洞得悉此事后，一面晓谕爱育堂及香港东华医院，告以朝廷已极力理论保护华工，勿得纷传；一面筹备弹压。光绪十二年正月二十日，张之洞电奏粤省情形，请清廷饬总署速电郑藻如与美国总统商量竭力保护华工，以免在华洋人不安，若事有转机，群怒自息。总署复电称已令郑藻如催办，并由总署照会美国公使请总统速办。③ 时张之洞另致电郑藻如，告以华商来电后，粤民愤怒，恐生事，请速商美国总统保护，方可和睦，"否则难责华民"。④ 张之洞所言被《伦敦电讯报》（London Telegraph）登载，引起洋人恐慌。二月初四日，电旨寄谕张之洞，称美国

---

① 《收出使郑大臣电》（光绪十一年八月十四日到），《清代军机处电报档汇编》第 4 册，第 608~609 页。

② 《郑星使来电》（光绪十一年十月初六日），《近代史所藏清代名人稿本抄本》第 2 辑第 56 册，第 259 页；《致华盛顿郑钦差》（光绪十一年十一月二十日），《张之洞全集》第 7 册，第 339 页。

③ 《致总署》（光绪十二年正月二十日），《近代史所藏清代名人稿本抄本》第 2 辑第 6 册，第 641 页；《总署来电》（光绪十二年正月二十二日），《近代史所藏清代名人稿本抄本》第 2 辑第 57 册，第 201 页。按：爱育堂和东华医院虽名为慈善机构，实是省城、香港绅商公所。

④ 《致华盛顿中国钦差郑》（光绪十二年正月二十日），《近代史所藏清代名人稿本抄本》第 2 辑第 26 册，第 665 页。

向来与中国和好，且洛案美国历次照会言语恭顺，不可因此开衅，质询张之洞有无报复之说。张之洞复电辩驳，谓其已晓谕爱育堂、香港医院等广东绅民，并派文武官员保护在粤英美商人。且郑藻如历次来电皆云洛案办理顺手，事情已缓。洋报所言报复之说是误传，应请总署切商英美公使自禁谣言。[①] 时新任驻美公使张荫桓将赴美国接任，因郑藻如办理洛案渐有端倪，三月二十七日，张之洞电奏请郑藻如暂留美国，会同张荫桓料理，以免美国翻案。奉旨允准。[②] 对于洛案等美国排华各案，张之洞力持"缉匪、赔费、善后三事缺一不可"。[③] 在郑藻如、张荫桓的交涉和总署、张之洞的支持下，光绪十三年（1887）二月初二日，美国国会通过洛案恤款，共计 147748.74 美元，由张荫桓领取发放给受难华工。

尽管洛案死伤者获得美国赔偿，但美国排华声浪并未消退，仍不断推出新的排华法案。光绪十四年，驻美公使张荫桓与美国国务卿贝阿德（Thomas Francis Bayard）签署《保护限制章程》，华工二十年内禁止赴美。消息传至广东后，商人联名禀请张之洞趁未换约之机，咨请总署坚拒。六月十二日，张之洞奏陈广东游民以出洋谋生为路，禁止华工赴美是断其生计，且恐南洋各埠效仿，并称中美《续修条约》有"并非禁止前往"之言，请旨饬下总署察核利弊，设法维持。除张之

---

① 《总署来电》（光绪十二年二月初四日），《近代史所藏清代名人稿本抄本》第 2 辑第 57 册，第 268~269 页；《致总署》（光绪十二年二月初六日），《张之洞全集》第 4 册，第 390~391 页。
② 《总署来电》（光绪十二年三月二十八日），《近代史所藏清代名人稿本抄本》第 2 辑第 26 册，第 710 页。
③ 《沥陈华侨被害粤省办理情形并请敕催惩办折》（光绪十二年四月十六日），《张之洞全集》第 1 册，第 400 页。

洞外，李鸿章对《保护限制章程》亦不谓然。① 在一片反对声中，总署暂缓批准条约，电令张荫桓与美国交涉修改，然而随着八月二十六日美国总统签署《斯科特法案》，《保护限制章程》作废，中美围绕《保护限制章程》的修改交涉亦即终止。《斯科特法案》对华工的限制愈加严苛。

东南亚为广东华侨集中区域，鸦片战争后荷兰、西班牙、英国殖民政府诱拐、吸引大量华人到该地"务工"，即为"苦力贸易"，华人移入东南亚进入高潮时期。"苦力贸易"实是已废除的奴隶贸易的变种，各殖民政府歧视、打压、迫害东南亚华侨。张之洞于光绪十二年（1886）奏派委员前往南洋调查。前于光绪十一年九月初四日，张之洞奏称外埠华人饱受洋人欺凌，可劝令侨商捐资购造护商兵船五六艘，设外洋海军统领归广东调度，在南洋一带游弋以壮声势。新任驻美公使张荫桓为广东人，请清廷饬其前往各埠会同领事、侨商商办。清廷即谕令张荫桓到粤后先与张之洞会商，再赴各埠考察后会奏。② 时翰林院代奏编修钟德祥条陈时务折，请遴派使臣赴南洋各岛分驻，清廷命张之洞、张荫桓一并会议具奏。光绪十二年二月二十五日，二人联衔奏陈派委副将王荣和、候选知府余璀先赴南洋有名各岛考察，将设立领事、兵船两事一并密加商度后，再筹定切实办法。③

---

① 《寓美粤商禀恳详议新约以维生计据情上陈折》（光绪十四年七月十四日），《张之洞全集》第 2 册，第 107~108 页；《寄译署》（光绪十四年六月十六日），《李鸿章全集》第 22 册，第 353 页。

② 《劝令侨商捐资购造护商兵船片》（光绪十一年九月初四日），《张之洞全集》第 1 册，第 330 页；《清实录》第 54 册《德宗实录（三）》，第 1052 页。

③ 《会筹保护侨商事宜折》（光绪十二年二月二十五日），《张之洞全集》第 1 册，第 371~374 页。

　　张之洞、张荫桓所请获准后，四月十八日，张之洞致电总署，请其知照出使大臣和各国公使、外交部，以便派员前往。次日总署复电已告驻英公使刘瑞芬、驻德（兼法、意、荷、奥、比）公使许景澄各知照英、荷外交部。[①] 其后查岛一事中有波折。五月二十四日，张之洞电告总署，称许景澄言英法皆准广东派员查岛，唯有荷兰不允许，该国此举有违公法，请总署再令许景澄切商。[②] 时香港之闽粤绅商向张之洞呈递小吕宋华商公禀，言该埠匪徒倡议驱逐华人，请中国速派领事驻扎该地。张之洞觉派员前往尤关紧要，因久未得荷兰准信，故于数日后再次致电总署敦促其事。总署复电云许景澄拟将"查岛"改为"游历"，已告其照所拟办法速办，尚无回音，现又电催许景澄。经许景澄与荷兰外交部力争，六月十四日总署电告张之洞，称荷兰已允许查岛。[③] 当王荣和、余瓅即将启行时，张之洞电奏，言小吕宋华商又来公禀，谓六月该埠匪徒已滋事数次，华人被害多名，恳请委员速往筹议设立领事，并乘坐官轮前往，以壮观瞻。请清廷饬总署、张荫桓交涉保护，南北洋借拨快船应用。清廷认为张之洞所议不妥，电寄谕旨谓王荣和等不能与洋官交涉议事，乘坐官轮无济于事，转令小吕宋生疑，故应仍乘商轮前往。西班牙并无驻京公使，总署无从交涉，已

---

①　《致总署》（光绪十二年四月十八日），《张之洞全集》第 7 册，第 352 页；《总署来电》（光绪十二年四月十九日），《近代史所藏清代名人稿本抄本》第 2 辑第 57 册，第 465 页。

②　《致总署》（光绪十二年五月二十四日），《张之洞全集》第 7 册，第 353 页。

③　《致总署》（光绪十二年六月初六日）、《总署来电》（光绪十二年六月初八日、十九日到），《张之洞全集》第 4 册，第 391~392 页。

令张荫桓与西班牙政府妥商保护。[①]

王荣和、余瓗于七月二十七日从广东出发，历时近一年，考察了小吕宋、新加坡、马六甲（麻六甲）、槟榔屿、仰光（仰江）、日惹（日里）、雅加达（加拉巴）、三宝垄、泗水（泗里末）、达尔文港（钵打稳）、悉尼（雪梨）、墨尔本（美利滨）、阿德莱德（亚都律）、昆士兰（衮司伦）等地。光绪十三年十月二十四日，张之洞上折详述王荣和、余瓗查岛见闻，奏请于小吕宋、雅加达、悉尼设立总领事，马六甲、槟榔屿、仰光、日惹设立副领事，并言小吕宋距中国最近，华民望切尤甚，经与张荫桓电商，应先在小吕宋设总领事，请由王荣和充任，待小吕宋办有规模再行推广至英、荷各属。[②] 对于张之洞的奏请，总署议复谓"通筹利病，约有数难"，即发端之难、筹费之难、稽查之难、恤商除弊之难。总署认为张之洞遍设领事之议发之太急，恐未获实济，先启外国嫌疑，只允命张荫桓与西班牙政府商酌设立小吕宋领事，其他各埠华侨仍由出使各国大臣力持条约，与各国外交部筹商保护。[③] 此后驻美日秘公使张荫桓、崔国因、杨儒多次与西班牙商谈小吕宋设领，皆无进展，直到美西战争爆发，西班牙政府才同意清廷设立临时领事馆。光绪二十四年六月，美国占领马尼拉，方正式认可中国在小吕宋设立总领事馆。

[①] 《致总署》（光绪十二年七月初三日）、《李中堂来电》（光绪十二年七月初九日到），《张之洞全集》第 4 册，第 392 页。

[②] 《派员周历南洋各埠筹议保护折》（光绪十三年十月二十四日），《张之洞全集》第 2 册，第 30~32 页。

[③] 《总署奏遵议南洋各埠拟先在小吕宋设立总领事折》，《清季外交史料》，第 1402~1404 页。

五　两广地方交涉各案

广东商贸纠纷

第二次鸦片战争后，各省为解决财政困难，相继开办厘金。由于《天津条约》规定洋商货物运往内地贩卖，可一次性在海关缴纳进出口税和过境税（即子口税），沿途各内关不再抽课，故洋商货物不需抽收厘金。华商往往冒为洋商，或洋商通过买办为华商代购代销，以此走漏厘金，获取利润。张之洞督粤后，为筹集中法战争饷银和舒缓战后地方财政压力，在扩大抽收厘金货物范围、实行坐贾包厘之余，严缉走漏厘金的行为。洋商、华商请托外国驻粤领事向张之洞施压，驻外公使亦时与总署交涉，因对待商贸冲突的态度不同，张之洞与总署有所纷争。

仅光绪十一年开春，广东即缉获所谓"华商串洋棍走私"案件四起，其中英商德喇吉私贩爆竹一案，总署即据署理英国公使欧格讷（O'Conor）所言，致电张之洞交涉。三月十八日，广东爆竹承厘商人王念供在城西渡头缉获自佛山运来、内地驳船装运的漏厘爆竹一百箱，然而英领事韩仕照会张之洞，称此为英商德喇吉之物。[①] 四月十五日，总署致电张之洞，称欧格讷接韩仕来电，言厘局扣留英商爆竹一百箱，请查明释放。故总署责询张之洞，谓洋商应否完厘以曾否领有海关单据为断，此外有无别情，希望张之洞查复。五月十五日总署再次

---

① 《洋商伙串华民包送私货请旨知照外洋约禁折》（光绪十二年四月二十六日），《张之洞全集》第 1 册，第 402 页。

致电张之洞，称据英国公使言广州厘局已将扣留爆竹放行，运至新关又被扣留，究为何故，即查明办理，并先电复。对总署的两次电责询问，张之洞电复称爆竹是广东土货，厘商缉自华商华艇，并非英商，也非厘局扣留。缉获后并未放行，省城亦无新关，英使所说种种荒谬，其已照复韩仕。①

张之洞督粤时期，广东商贸纠纷众多，引起总署过问者亦为数不少。除上文所言英商德喇吉私贩爆竹案，奏议、电报、咨文所见，尚有"西省厘局扣留英国瑞昌洋行货物索请赔亏案"②"英商布阑济亚运完税煤油被缉案"③"法德嘉私贩洋药被缉两案"④"美国公使田贝交涉广东加抽火油厘金案"⑤"华商谦益堂阻挠洋商桂皮领单"⑥"省河补抽厘局扣留德国商船案"⑦"德国宝森洋行运糖出洋勒令纳厘案"⑧"德商森宝洋行

①　《总署来电》（光绪十一年四月十五日、五月十五日），《近代史所藏清代名人稿本抄本》第2辑第55册，第204、435页；《致总署》（光绪十一年五月二十一日），《近代史所藏清代名人稿本抄本》第2辑第38册，第130页。

②　《札东藩司委员赴北海议结瑞昌行一案》（光绪十一年二月二十九日），《督广咨札·咨札三》，张之洞档，甲182-196。

③　《总署来电》（光绪十一年二月二十二日），《近代史所藏清代名人稿本抄本》第2辑第54册，第298页。

④　《致总署法德嘉走漏厘金一案》（光绪十三年四月十三日），《督广咨札·督广公牍》，张之洞档，甲182-196。

⑤　《致总署·二》（光绪十三年四月二十三日），《张之洞全集》第12册，第60页。

⑥　《复总署桂皮一案》，《督广咨札·督广公牍》，张之洞档，甲182-196。

⑦　《总署来电》（光绪十四年六月初七日），《近代史所藏清代名人稿本抄本》第2辑第63册，第304~305页。

⑧　《总署来电》（光绪十四年七月初八日），《近代史所藏清代名人稿本抄本》第2辑第63册，第347页。

北海火油、火柴两案"①"万丰号案"②"洋人罗定州开桂皮行栈案"③ 等。

　　以上各案，张之洞与总署、各国领事进行反复交涉，"法德嘉私贩洋药被缉两案"所见各方态度尤详，谨举为例。据张之洞所奏，光绪十一年五月十七日戌时，广东厘金局所雇英人谢耳仕在海幢寺以下河面，拿获走私进口鸦片八十件。署英国领事戈颁纳照会张之洞，称该鸦片为印度商人法德嘉从香港进口的货物，已经报税，下午四点多钟（约酉初）运回洋行时被误拿，其后又出示发货单。张之洞命传质两造初讯，认定缉获时间为戌时，且地点离法德嘉的南记洋行甚远。海关下午四点闭关，事隔两三个小时尚未回到洋行，显为包揽华货、偷漏厘金，至于货单无法德嘉及南记洋行之名，不足为凭。④ 至八月二十五日，委员陈瑞涛在海幢寺下河面查获法德嘉漏税鸦片烟土二十四包，法德嘉、英国领事费里德（Alexander Frater）数次贿嘱陈瑞涛更改禀文，为陈瑞涛所拒绝。⑤ 如上所述，因前总署先后来电、函质询广东商贸纠纷各案，光绪十二年三月初五日，张之洞遂于法德嘉两案复审前致电总署，先行

---

　　① 　《总署来电》（光绪十四年十一月初一日），《近代史所藏清代名人稿本抄本》第 2 辑第 63 册，第 551 页。

　　② 　《总署来电》（光绪十五年二月初十日），《近代史所藏清代名人稿本抄本》第 2 辑第 64 册，第 137 页。

　　③ 　《抱冰堂弟子记》，《张之洞全集》第 12 册，第 510 页。

　　④ 　《洋商伙串华民包送私货请旨知照外洋约禁折》（光绪十二年四月二十六日），《张之洞全集》第 1 册，第 402~403 页。

　　⑤ 　《洋商伙串华民包送私货请旨知照外洋约禁折》（光绪十二年四月二十六日），《张之洞全集》第 1 册，第 403 页。

说明该两案大略，以免再遭总署电问。①

围绕法德嘉两案，中英双方多次派员复审。在复审过程中，张之洞与领事费里德照会，互相指责对方无理违规。四月初八日，法德嘉第一案第一次复审，当晚费里德即函致张之洞，称据戈颂纳言，复审过程中厘金局坐办王藻章祖护局内之人，明日再次复审，王藻章不必在场。张之洞随即复函斥责，言厘局之案岂有不允许厘局之员在座，且不允许其开口之理？王藻章不过开口询问数句，怎可被诬陷为祖护？反倒是戈颂纳祖护法德嘉，如果遂费里德所愿，就不用再会审了。②

四月二十五日，法德嘉第一案已两次复审结束。为占舆论先机，张之洞先行致电总署，称初八、初十两日广州知府主持两次复审法德嘉第一案，费里德不到场，仅派翻译戈颂纳观审。法德嘉供词仍前，走私确据有七条，照中国例货物应该充公，照洋例则法德嘉应监禁七年，正、副领事应撤职。第二案费里德不愿立刻审讯，但法德嘉不知货物数量，显是扛护，若审讯亦无可辩驳。费里德必然捏造事由上告英国公使，请总署先行知照英国公使定案。③ 与此同时，张之洞具折历数洋商串通华商揽货走私、走漏厘税各案，言"中国税课厘饷，岂复可问。实属违背条约，有辱邦交"。奏请清廷饬总署咨照驻英公使曾纪泽，向英国外交部申明严禁，并由总署诘问英国公

---

① 《致总署》（光绪十二年三月初五日），《近代史所藏清代名人稿本抄本》第 2 辑第 38 册，第 529~530 页。

② 《复英领事费里德》（光绪十二年四月初九日），《督广咨札·督广公牍》，张之洞档，甲 182-196。

③ 《致总署》（光绪十二年四月二十五日），《近代史所藏清代名人稿本抄本》第 2 辑第 26 册，第 729~732 页。

使，速议赔偿。法德嘉应驱逐离粤，从前领事韩仕、戈颁纳、嘉托玛（Christopher Thomas）虽已离粤，仍应要求英国公使将三人严饬记过，若费里德再次违约包庇，应即行撤换。①

五月，法德嘉第二案开审，费里德要求中英会审，张之洞除驳斥费里德外，致电总署称《烟台条约》载明交涉案件如被告是英国人，只准英国官员观审，如英国公使前往总理衙门交涉，则以此驳斥之。② 张之洞所据约文为《烟台条约》第二端第三款，该款规定"凡遇内地各省地方或通商口岸有关系英人命盗案件，议由英国大臣派员前往该处观审"。③ 因张之洞有约可据，英国公使、领事不便再求会审，总署亦难批驳张之洞。此时张之洞与费里德心存嫌隙，以至于二人甚至互相挑剔照会用语这些小节。费里德曾致函张之洞，要求英国在文件中说明事由应用"由"字，不能用"情"字，又称张之洞的照会用语不符，不愿接收，已告番禺县知县将照会取回。张之洞在诧异之余大为不满，在复函中表达其不悦之情，称条约载明往来移文应是平行用语，此次用语问题是领事馆司笔的过错，让费里德将司笔申饬。④

总署对于两广商贸纠纷各案，往往选择通融处理。即使张之洞数次电、函皆言法德嘉两案走私证据确凿，总署仍致函张之洞通融了事。张之洞对此顶驳，在复函中言现在领事来文说

---

① 《洋商伙串华民包送私货请旨知照外洋约禁折》（光绪十二年四月二十六日），《张之洞全集》第 1 册，第 404 页。

② 《致总署》（光绪十二年五月二十四日），《近代史所藏清代名人稿本抄本》第 2 辑第 27 册，第 12 页。

③ 《烟台条约》，《中外旧约章会编》第 1 册，第 348 页。

④ 《复英国费领事》（光绪十二年五月二十九日），《督广咨札·督广公牍》，张之洞档，甲 182–196。

要按照海关充公章程由海关和领事讯问，其认为厘金应由华办，交领事讯问是侵权，而且将法德嘉历年走漏厘金不下五六十万两之确凿证据发给总署。[①] 因张之洞的强硬态度，总署无可奈何。日后张之洞回忆外任督抚时，总署对商贸纠纷的敷衍态度，仍然耿耿于怀："在粤，时外人有擅在罗定州开桂皮栈者，立封禁之。总署代为调停，卒不许……一切工商事，力保主权，如此类者甚多。"[②]

沙路开口争端

黄埔为广东省防扼要之区，从虎门进口，河道于黄埔分为两支，南支为沙路，北枝为鱼珠。光绪九年秋间，两广总督张树声拟阻塞鱼珠、沙路，以备中法战时广东海防。其时广东海防尚属无事，张树声命局员、武弁先行购料，并于沙路两岸修建木桥扼守河面，兼通两岸防勇往来，木桥中间留有桥洞数丈，以方便中外船只通行。[③] 光绪十年七月，因屡有法国攻粤风闻，张之洞等为筹防需要，饬令将沙路彻底塞断，华洋官商轮船专走鱼珠一路。鱼珠留有口门十五丈，小船可直接驶入沙面，商船较大者则从黄埔下货，转换剥船进入省河。[④]

当阻塞鱼珠、沙路之时，在粤的英国税务司官及英国领

---

① 《致总署法德嘉走漏厘金一案》（光绪十三年四月十三日），《督广咨札·督广公牍》，张之洞档，甲182–196。
② 《抱冰堂弟子记》，《张之洞全集》第12册，第510页。
③ 张树声：《奏报广州黄埔地方堵办设桥之缘由》（光绪年间），台北故宫博物院藏军机处档折件，故机127420/126685。
④ 《缓开塞河片》（光绪十一年六月二十九日），《张之洞全集》第1册，第311页。

事已多烦言，张之洞派员与之交涉，二人或言所留口门较小，商船难以驶入，又或言应塞较浅的鱼珠而留较深的沙路以便船只往来。① 光绪十一年四月，中法战事结束，张之洞虑及各国洋人必告公使请开沙路，遂先行片奏，言曰初议塞河时，各领事屡次阻挠，极费筹商，始能举办；塞断沙路时，洋人亦欲阻止。塞河工程于广东海防有益，且耗费极多，塞河后鱼珠通航亦毫无窒碍，故沙路不必开通，请清廷饬总理衙门查照，如遇公使交涉，则与之辩阻。上谕命总署知之备案。②

张之洞虽奏陈沙路不宜开通，但驻粤英、法、美、德、奥地利、瑞典、丹麦领事多次与张之洞交涉开通封河，总署因英、德公使有函请托，亦咨会张之洞查办。张之洞除以沙路阻塞于通商大局无妨碍照复各国领事外，于光绪十二年二月二十五日再次上折，奏陈沙路永远不宜复开，并于折中言及各国商轮进入沙面是擅自行为，并不载于条约。请旨饬总理衙门立案，永远不予曲从。③

对于张之洞的强硬表态，总署于七月致函张之洞，认为各国公使、领事就沙路开口一事已纷扰两年，不能置之不理。张之洞复函笼统应对，表示将体察情形，统筹全局，如别有善法再筹议举办。时粤港间屡因交犯事宜进行交涉，张之洞欲以开通沙路为条件，与英国订立交犯专条。光绪十三年六月十四

---

① 《鱼珠拦河坝拟留口门七丈遵谕与税务司及英领事面商各节》，《张文襄公（未刊）电稿》第 1 册，第 715~716 页。

② 《缓开塞河片》（光绪十一年六月二十九日），《张之洞全集》第 1 册，第 311 页。

③ 《已塞沙路永远不宜复开折》（光绪十二年二月二十五日），《张之洞全集》第 1 册，第 367~368 页。

日，张之洞奏陈因各国公使、领事多次交涉，广东拟开通沙路口门十五丈，以便利洋船航行，英国亦必须有所交换，请旨饬总署与英国公使商量设立交犯专条，规定两广总督出示公文即可提犯。① 如上文所述，订立香港交犯专条一事久有耽搁，沙路亦因此未开通。

　　直到张之洞将离任两广总督前，事机方有所转圜。光绪十四年，法国欲开通谅山至龙州铁路，英、德两国为制衡法国，屡次建议总署开通西江通商航路，并再次提及开通广州封口。光绪十五年正月二十九日，总署致函张之洞筹商英、德公使所要求的诸项事宜，对于开通沙路一事，总署函件中虑及横生枝节，且最终必然难以拒绝，希望张之洞通融，酌量允许。② 在此之前，张之洞因各国公使屡次交涉，不胜其烦，已令德弁马驷与德国哈尔噶尔脱（Harkort）铁厂函商购买铁桩，以备沙路开口时使用。四月初七日，张之洞致电驻德公使洪钧，请其与哈尔噶尔脱厂厂主于初十日前订立合同，并请铁厂派员来粤监修。③ 十三日，张之洞先行电复总署，答应重开沙路，但言明只留口门十五丈，两旁竖立铁桩，以便有事时易于封堵。"若再有挑剔，即断不开通，此鄙意万不欲允而格外让允者。"其后张之洞上折说明此事缘由，陈明购买铁桩共用银十三万四千余两，铁桩分作十批运粤，十五个月内交清，竖立铁桩之事

① 《量开河道口门与英使妥商交犯办法折》（光绪十三年六月十四日），《张之洞全集》第 1 册，第 554 页。
② 《致总署》（光绪十五年四月十三日），《张之洞全集》第 8 册，第 8 页。
③ 《致柏林洪钦差》（光绪十五年四月初七日），《近代史所藏清代名人稿本抄本》第 2 辑第 27 册，第 645~646 页。

次第举行，奏请立案。①

光绪十六年后，张之洞订购之铁桩方陆续到粤，而其已调任湖广总督，竖立铁桩、开通沙路之事由继任两广总督李瀚章举办，该项工程至光绪十七年五月竣工。因塞河有碍通商，领事屡有烦言，且维护成本较高，李瀚章督粤后，对此事并不如张之洞一般着意，铁桩内原设之辅铁桩不足的木桩相继腐烂折损，至甲午战前已形同虚设，张之洞苦心经营之拦河惨淡收场。②

法国领事白藻泰殴弁案

自咸丰年间法国领事在广东省城租设公署始，广东派拨抚标弁兵二十名、管带武弁一名前往弹压闲杂人员，此后法国领事渐视之为仆役，所有杂务委诸兵丁并加欺凌。光绪十二年十一月二十八日，时任法国领事白藻泰由沙面回公署，见院旁树木被砍断，认定是收管钥匙的记名外委张文辉所为，即拉扯其发辫，鞭踢交加。次日又将大门关闭，喝令张文辉下跪，张文辉不从，白藻泰复扯其发辫勒令跪下，并命交出卖树银，张文辉不认，遂被白藻泰命人看管。③ 其后，抚标中军参将凤鸣、外委张文辉、领事翻译皆行文张之洞。经张之洞查询，其认为张文辉并未砍树，且领事将弁兵视同仆役，并加殴打，实属背

① 《致总署》（光绪十五年四月十三日），《张之洞全集》第 8 册，第 8 页；《沙路设防筹定久计折》（光绪十五年八月二十二日），《张之洞全集》第 2 册，第 236~237 页。

② 《遵查两广总督参款折》（光绪二十一年三月初一日），《马中丞（丕瑶）遗集》，第 336~340 页。

③ 《法领事殴打我武弁缘由片》（光绪十三年十一月二十四日），《张之洞全集》第 2 册，第 47 页。

理违约。抚标弁兵皆公愤，不愿再前往法国领事署。十二月初二日，张之洞亲往法国领事署会晤白藻泰，双方对砍树、殴弁各执一词，白藻泰言语强横，张之洞告以"如此殴辱诬窃，营兵愤怒，必生事端。以后所派弁兵，必不肯来"，"既谓该弁兵不肖，何必更换，徒致多滋生口舌"。次日，白藻泰将领事署弁兵逐回，张之洞除饬凤鸣劝谕弁兵仍旧前往领事署外，另行照会诘问白藻泰。①

此案发生后，白藻泰上告法国公使恭思当，称武弁砍伐偷窃树木，粤督不允惩办，并欲将兵役撤回。恭思当遂至总理衙门交涉。二十八日，总署据恭思当所言电告张之洞，称武弁如有不合理之处，应该查究，不可袒护，若因此将兵役撤回，实属旁生枝节，转费口舌，希望其妥办。张之洞复电辩解此事为白藻泰诬陷横暴、殴打弁兵，其捏词上告，此事琐屑，并非较大事端，请总署勿悬系。② 时张之洞觉抚标弁兵为中国经制之师，法国领事任意驱使、殴打有碍体制，故将弁兵改换练勇，且专在门口弹压，不准入领事署任法人役使。③ 针对此事，恭思当致函总署，称新换武弁因张之洞命令，不再随从保护法国领事。在得恭思当来函及张之洞复电后，总署再次寄电张之洞，命其照此前二十年来办理办法，仍格外保护法领事，以免生事。④

---

① 《法领事殴打我武弁缘由片》（光绪十三年十一月二十四日），《张之洞全集》第 2 册，第 47~48 页。

② 《总署来电》（光绪十二年十二月二十八日），《近代史所藏清代名人稿本抄本》第 2 辑第 59 册，第 563 页；《致总署》（光绪十三年正月二十五日），《近代史所藏清代名人稿本抄本》第 2 辑第 27 册，第 212~213 页。

③ 《法领事殴打我武弁缘由片》（光绪十三年十一月二十四日），《张之洞全集》第 2 册，第 48 页。

④ 《总署来电》（光绪十三年正月二十七日），《近代史所藏清代名人稿本抄本》第 2 辑第 59 册，第 212 页。

　　围绕更换练勇一事，总署与张之洞屡屡交涉。因总署无法说服张之洞，故将此案及张之洞更换练勇的行为上告慈禧太后。张之洞得知后具折详陈，言此事为大体所关，并请旨饬总署向法公使言明，以后如再无礼相待，即将练勇立行裁撤。①光绪十四年正月二十三日，总署致电张之洞，称经与法国公使李梅交涉，李梅仍袒护领事白藻泰，请广东照旧章办理，勿更换武弁，且恐张之洞之奏折有伤体面，请张之洞勿传播原折。② 与此同时，李梅告知总署此案已于去年四月由广东巡抚吴大澂办妥，其后又抄录所谓吴大澂致白藻泰函予总署。总署遂电致张之洞，询问吴大澂是否办妥，并请其抄录原函以便总署核对。③ 张之洞得悉此事后怒不可遏，二月二十二日当天即复电总署，称去年吴大澂初到广东，未知法署砍树殴弁案原委，因白藻泰言及，故为排解，双方并无公牍往来，此案亦未完结。此案体制所系，绿营士气所关，希望总署切商李梅，永筹相安之法。次日补电言或改勇丁，或禁役使弁兵，法使、法领事必须认其中一种，方准结案。④ 因法方和张之洞所言矛盾，法署砍树殴弁案陷入僵局。

　　最后此案由慈禧太后指示解决。二月二十五日，清廷电旨寄谕张之洞，称此案本属细微，既经吴大澂排解，一切照旧，

<hr />

① 《法领事殴打我武弁缘由片》（光绪十三年十一月二十四日），《张之洞全集》第 2 册，第 48 页。

② 《总署来电》（光绪十四年正月二十三日），《近代史所藏清代名人稿本抄本》第 2 辑第 62 册，第 557 页。

③ 《发粤抚电》（光绪十四年正月二十三日）、《发广东巡抚电》（光绪十四年二月十二日），《清代军机处电报档汇编》第 5 册，第 221、253 页。

④ 《致总署》（光绪十四年二月二十二日、二十三日），《张之洞全集》第 7 册，第 424 页。

即是已了之事。张之洞事后仍奏请饬令总署向法使理论，殊属非是，来电言"体制所系，士气所关"，措辞过当，况且既有巡抚信函，断难再改，张之洞所请应毋庸议。因得廷旨训斥，张之洞不得不照会领事照旧办理，仍派弁兵看护法国领事署。此案本属细枝末节，竟引发法国公使、领事，总署、两广总督、广东巡抚旷日持久的交涉，迁延一年半之久，最终在朝廷的指示下方得以解决。在咨复总署的来函中，张之洞怒气不消，对总署不无挖苦道："具见顾全政体，本部堂不胜感佩之至！"①

教务教案

随着"条约体制"的形成，西方传教士逐步获得进入中国传教的权力，中国社会与教士、教民矛盾日益加深，间有民、教间之争讼、冲突，甚至演变成较严重的外交事件，即为教务教案。教务教案发生后，因西方传教士、中国信徒皆受"治外法权"的保护，教会为庇护教士、教民，或认为地方官处理不公，即通过领事或私人关系将教务教案上告该国公使，由公使向总署交涉，总署往往咨告督抚妥善解决。中法战争后，两广的排教风潮渐息，但各地教务教案仍然不断，部分教务教案引发了总署和张之洞的交涉，可知者见表5-2。

表5-2部分教务教案办理差异，可以反映出总署和张之洞的矛盾。

---

① 《咨复领事署派弁一案遵旨循旧办理》（光绪十四年六月二十四日），《督广咨札·咨札十》，张之洞档，甲182-197。

表 5-2　两广各地教案交涉举例

时间	地点	事件	资料来源
光绪十一年六月	罗城	法国教士马若望被龙岸乡民驱逐	"中研院"近代史研究所编印《教务教案档》第 4 辑，1976，第 1622~1623 页
光绪十一年十一月	佛山	佛山出现反洋教揭帖	《致总署》（光绪十一年十一月二十五日），《近代史所藏清代名人稿本抄本》第 2 辑第 38 册，第 366 页
光绪十二年四月	桂平	美国传教士富利惇医馆被毁	《致总署》（光绪十四年八月初五日），《张之洞全集》第 7 册，第 428 页
光绪十二年九月二十日	广州	卖麻街教士教民殴伤卖糕民妇，遭群众哄闹	《教务教案档》第 5 辑，1977，第 2170~2172 页
光绪十三年四月	广州	卖麻街教士教民以官租地建屋招租，违反合约，且易生事，张之洞饬令收回，否则不再租给	《教务教案档》第 5 辑，第 2173~2174 页
光绪十三年闰四月二十日	化州	传闻白坑塘村民将天主教徒钟代旺溺毙	《教务教案档》第 5 辑，第 2182 页
光绪十五年五月	番禺	传闻法国育婴堂有剜眼剖心之事，以致民情浮动、谣言四起	《商定稽查外国育婴堂办法折》（光绪十五年八月初六日），《张之洞全集》第 2 册，第 225 页

光绪十五年的法国育婴堂案引起了较大骚动，被认为是中国南方反教会排外暴乱的典型："1888 年（按：时间记载有误），广东发生了一次影响较大的暴乱。中国乱民的主要目标是法国建立的天主教孤儿院，由于中法官员的反应迅速，才使其幸免于难。"[1] 此事起源于五月番禺县民陈至刚至按察使衙

---

[1] 翟兰思：《北京使馆被围日记》，路遥主编《义和团运动文献资料汇编·英译文卷》（下），山东大学出版社，2012，第 345 页。按：汇编中将日记作者误作宝复礼，实误。

门禀告，称东门外淘金坑屡有法国育婴堂掩埋的婴儿尸体，传言是法国育婴堂剜眼剖心，请按察使衙门派员缉拿。兵差随即拿获埋尸人陈亚发一名，发现婴儿尸体七具，围观者群情汹涌。其后地方官虽验明婴儿确是病死，但广州谣言四起，遍出揭帖，声言于六月初八日起事，各国领事纷纷照会张之洞保护，并调本国兵船来粤防备。经张之洞弹压，并与署法国领事于雅乐（Camille Imbault Huart）商定稽查外国育婴堂章程，最终此事和平解决。八月初六日，张之洞具奏相关情形，并咨告总署立案，各省将来出现相关情形可仿照章程解决。①

至于富利惇案，本系小案，却交涉日久，且因总署的介入导致张之洞的不满。中法战争期间，广西桂平之美国长老会传教士遭到驱逐，光绪十二年五月，因战事结束，长老会试图在该处重建布道点。传教士兼医生富利惇（Fulton）一家遭到乡民驱逐，其后又遭土匪抢劫。时美国驻广州领事喜默（Charles Seymour）认为是兵勇抢劫，照会张之洞索赔五千余元。对此张之洞照复称富利惇失物有限，家口平安，地方官可谓极力保护，只能缉匪，不能索赔，且条约未准各国在内地设立医馆，富利惇领游历执照，更不应行医。喜默却援引"利益均沾"条款，屡次移文张之洞辩驳，并称其已将富利惇案上告美国驻华公使。光绪十四年八月初五日，张之洞电告总署富利惇案原委，望总署力持条约驳复。② 时美国公使田贝（Dendy Charles）也认为富利惇前往内地设立医馆并无条约支持，在致美国国务

① 《商定稽查外国育婴堂办法折》（光绪十五年八月初六日），《张之洞全集》第 2 册，第 225 页。
② 《致总署》（光绪十四年八月初五日），《张之洞全集》第 7 册，第 428~429 页。

卿叭嘎（Thomas Bayard）的信中言："在明知会遭到强烈反对
的内地一些地方，硬是不顾安危，坚持要取得教会的立足点，
这种过头的热情，我认为也是令人遗憾和应受责备的。"① 至
光绪十五年六月，田贝照会总署，称富利惇案久未结案，如中
国认为不应赔款可明示，以便其转告本国。总署遂致电张之洞
转告美国照会，然而在电文末却谓美国曾赔偿洛案巨款，暗示
张之洞应该给予富利惇赔偿。张之洞在复电中表达了强烈的不
满，言地方官保护得力，本不应该赔款，原拟明文禁止入内地
行医，量给钱财作为抚恤款，田贝却不愿意，势难相商。至总
署援引洛案，张之洞则掺杂《斯科特法案》，称美国推出之法
案排华愈苛，美国如能改约，不仅富利惇案可商，凡事皆可
商。至于美国洛案赔款，在于中国操作得当，故以后华人遇害
能赔与否，不在于富利惇案结与不结。② 推其所言，张之洞不
免有讥讽总署之意。

北海领照收规案

光绪十四年（1888）间，驻北海法国领事借口华船常到
越南海防拐抢人口，照会廉州府知府示谕船户须向其领取执
照，方可前往海防等处，无照即将船扣留。其后法领事又张贴
告示收取船规，廉州府委员前往责问，法领事辩称为公使所定。
十二月十三日，张之洞将此两事上告总署，称领取执照为条约

---

① 《田贝致叭嘎函第 478 号》，中国第一历史档案馆、福建师范大学历史系
　合编《清末教案》第 5 册，中华书局，2000，第 184 页。

② 《总署来电》（光绪十五年六月初一日），《近代史所藏清代名人稿本抄
　本》第 2 辑第 64 册，第 470 页；《致总署》（光绪十五年十月二十一
　日），《张之洞全集》第 8 册，第 31 页。

向章所无，法国意在侵夺中国海权，收取船规更是违约妄为，不成事体，请照会法国公使立饬领事停止收规，以免滋事。①

得张之洞电后，总署屡与法国公使李梅辩论，但李梅皆不允停止。光绪十五年二月二十五日，总署电驻法公使刘瑞芬与法国外交部交涉，希望外交部命公使停止收规，或与广东另议办法。② 刘瑞芬遵照总署指示，多次前往交涉，法国外交部或称不知，或言他故，至五月中下旬始允商办。法国允商此事，自是刘瑞芬交涉之功，但背后无疑有张之洞的助推。当廉州府知府禀告法国颁发执照时，张之洞已据其禀逐条批驳，并上告总署交涉。③ 其后张之洞应有信咨会总署，不断言及此事并报告细节。如四月十七日总署致刘瑞芬电中，言及"近有梁邦富、冯发有二船因未领照被扣罚二百九十元"。④ 此事系属毫末，极有可能为张之洞所告。因总署的坚持，五月十六日，刘瑞芬电告总署，称法国外交部允命李梅与总署和衷商办，以顾大局。⑤

因张之洞电、函催促，总署前于五月初一日电文答复张之洞，称已命刘瑞芬与法国外交部辩论。⑥ 二十七日，总署致电

---

① 《致总署》（光绪十四年十二月十三日），《张之洞全集》第 7 册，第 434~435 页。

② 《发出使刘大臣电》（光绪十五年二月二十五日），《清代军机处电报档汇编》第 5 册，第 664~665 页。

③ 《致总署》（光绪十四年十二月十三日），《张之洞全集》第 7 册，第 434~435 页。

④ 《发出使刘大臣电》（光绪十五年四月十七日），《清代军机处电报档汇编》第 5 册，第 730 页。

⑤ 《收入使刘大臣电》（光绪十五年五月十六日到），《清代军机处电报档汇编》第 5 册，第 780~781 页。

⑥ 《总署来电》（光绪十五年五月初一日），《近代史所藏清代名人稿本抄本》第 2 辑第 64 册，第 375 页。

张之洞，谓刘瑞芬与法国外交部议有成效，待李梅来商此事时，拟令其饬法国领事在粤商办。张之洞随即表示愿筹中外均无所碍之办法，如李梅前往总署相商，请令其派驻广州领事于雅乐就近商议，因为其明白晓事，较易商办。① 然而此后北海领照收规一案延宕，至八月初一日，张之洞已近交卸两广总督，故其又再次电催，询问总署是否已照派于雅乐往商。总署复电称此事李梅久不提及，此前会晤李梅时告以法国外务部复文，李梅即佯作不知。如北海领事仍旧颁发执照、收取规费，只好命刘瑞芬再向法国外交部催问。② 在张之洞的催问下，总署再次寄电刘瑞芬，请其再向法国外交部诘问。刘瑞芬复电言法国外交部已于五月十七日函告李梅。③ 刘瑞芬之复电言之凿凿，李梅无可推托，九月二十八日，总署致电张之洞，称据李梅来函，越南总督已将章程撤销，但华船赴越抵口时须纳税。张之洞随即将总署电文转寄北海地方官和委员知照。④

---

① 《总署来电》（光绪十五年五月二十七日），《近代史所藏清代名人稿本抄本》第 2 辑第 64 册，第 462 页；《致总署》（光绪十五年六月初一日），《张之洞全集》第 8 册，第 14 页。

② 《致总署》（光绪十五年八月初一日），《近代史所藏清代名人稿本抄本》第 2 辑第 40 册，第 581 页；《总署来电》（光绪十五年八月初五日），《近代史所藏清代名人稿本抄本》第 2 辑第 65 册，第 158 页。

③ 《发出使刘大臣电》（光绪十五年九月十六日）、《出使刘大臣来电》（光绪十五年九月二十日），《清代军机处电报档汇编》第 6 册，第 163、168 页。

④ 《总署来电》（光绪十五年九月二十八日），《近代史所藏清代名人稿本抄本》第 2 辑第 65 册，第 436 页；《致北海厘局廉州府》（光绪十五年九月二十九日），《近代史所藏清代名人稿本抄本》第 2 辑第 28 册，第 54 页。

第六章 修饬封疆：两广总督的
地方治理及困境

总督"掌厘治军民，综制文武，察举官吏，修饬封疆"，[①]为皇朝国家治理体系中重要的一环。两广总督统辖广东、广西两省，驻扎广州城，地方治理事务主要在广东。兴革利弊、修饬封疆，本是总督的重要职责，张之洞到任前，清廷曾谕令其"将一切应办事宜认真经理，总期有利必兴，无弊不革，以资治理而重地方"，[②]然而咸丰、同治以降广东积弊已深，且两广总督为同城之官，与广东巡抚、司道、广州将军、粤海关监督等省级大员在一城共事，张之洞在治理地方时不免与官绅产生矛盾。此外，广东本土勇营将领的崛起，彭玉麟、张树声的入粤，中法战后广东财政、社会的变化，无不成为张之洞治粤需要面临的难题。前人对张之洞的各项治粤举措已有一定的叙述，但仍较薄弱。本章将其置于相关的人事关系中，探究张之洞治理两广的困境及其与官绅间之纠葛。

---

① 赵尔巽等：《清史稿》，第 3336 页。
② 《清实录》第 54 册《德宗实录（三）》，第 575 页。

一 同光广东地方情形

第二次鸦片战争期间，英法联军攻陷广州城，掳走两广总督叶名琛，而在广东内部，洪兵起义、土客大械斗相继爆发，内外交困导致了地方动荡。咸丰十一年（1861）九月，英法联军撤离广州，同光之际，大小起义亦渐次平息，地方秩序重建，广东社会因此发生了剧烈变动。及中法越南交涉事起，广东为筹备海防和援台助越增兵备饷，又产生了新的治理问题。以上为张之洞任两广总督时所面临的地方情势。

粤省积弊

经历咸丰朝的动乱，同治年间，广东出现了社会经济繁荣，体现出"中兴"的气象，然而在同治中兴的表象下，原有经济、吏治、社会弊端并未缓解，反而在瑞麟督粤时期愈演愈烈。[①] 同治年间瑞麟督粤长达十年，其为官类于放纵，以致广东吏治腐败，贪墨横行。光绪初年，两广总督刘坤一、张树声虽有所整顿，但积重难返，在广东当道、粤籍言官的奏折，以及时人报纸中多称为"积弊"。

清代对于官员的任、署缺本有章程规定，各省布政使应有较大权力，但在咸同军兴后，广东官员的任免往往掌握于督抚，尤其是两广总督手中。除了正式的官缺任署外，各省皆大设局所，"每办一事，动设一局，徒有局务之虚名，并无应办

---

① 刘青峰：《瑞麟督粤与晚清广东政治》，《广东社会科学》2021年第2期。

之实事"。① 各局所委员之差使，亦出于督抚的心意。时人有言广东委缺、差使必有总督、巡抚名条，其次则有将军、学政、都统、监督、司道名条，可谓争先恐后，条子如飞。② 由于任署缺、差皆需省中有奥援，故官绅往往攀结夤缘，产生诸多吏治问题。一是省中大员能注意之人只有一二十人，各缺、差在此数人间轮转，所谓"此差甫卸，彼篆复权"。③ 二是任署缺不以才德，加之捐纳广开，任署缺之人到任、到差后，往往贪墨横行，肆无忌惮，又以贪墨之财奉献上官。时任南海县知县杜凤治对此描述颇形象："皆恣睢狂悖之辈，且半多年少，一轻得所欲，意中存我是中堂（按：瑞麟）之人，人心无所不为，无所畏惧，无钱不要，以为中堂之令我来者，实为我弄些钱耳（实在如此，此等处相公实欠斟酌），胆大妄为，道路以目。现在州县以上尚少，佐杂官缺稍佳者，已布满矣。"④ 三是为攀结关系，互相推荐、吸纳幕友、家丁，以致幕友久留广东且兼理众官幕府。光绪九年（1883），粤籍言官邓承修曾弹劾广东幕友多人。如宋华廷兼任惠州府知府刘溎年、归善县知县徐殿兰幕僚，主使刘溎年庇护滥杀之勇丁，将控告的局绅蔡应林等参革；广东巡抚刑幕沈彬强荐其子沈棪为东莞县刑幕，沈棪不通刑案，主持一县之事，贪污纳贿，造成多起冤案；沈彬又为摘去顶戴之张文翰关说，使其复署番禺县知县，张文翰录取其子沈桐为举人作为回报；兴宁县知县沈春辉认沈彬为亲

---

① 《清实录》第 53 册《德宗实录（二）》，第 593 页

② 杜凤治：《望凫行馆宦粤日记》，《清代稿钞本》第 15 册，第 40~41 页。

③ 《再陈粤省积弊折》（光绪十年五月二十日），《彭玉麟集》第 1 册，第 360 页。

④ 杜凤治：《望凫行馆宦粤日记》，《清代稿钞本》第 15 册，第 176 页。

叔，与劣幕姚芰堂鱼肉绅民，无恶不作;[1] 如是等等。

　　武官夤缘较文官有过之而无不及。咸同军兴以后，广东勇营崛起，瑞麟督粤时期，潮普营统领、潮州镇总兵方耀，安勇统领、南韶连镇总兵郑绍忠权势皆煊赫一时，并有"方郑"之称。二人巴结顶头上司不遗余力，杜凤治就指出："郑镇于中堂（按：瑞麟）前善于趋利，不惜重费，中堂爱之。"[2] 在杜凤治的日记中，二人只要是三节一寿（春节、中秋、端午、瑞麟生日），无论在何处，都必定要前往省城向瑞麟祝贺送礼。故对于武营的人事安排，瑞麟于"方、郑、尚等之言最肯听"。[3] 而广东武官一经得缺，无论实任、署理，往往数十年不更替。[4] 张之洞督粤时期，方耀、郑绍忠二人长期担任广东水师提督、广东陆路提督，均成一省大员，权势根深蒂固。光绪十三年，张之洞曾奏称当时陆路各营将弁，大半皆郑绍忠旧部。[5] 武营另一大积弊为庇赌。同治年间武营薪俸积欠甚多，瑞麟为武营各员生计，默许武营庇赌，尤以番摊为甚。瑞麟曾亲口告广东按察使称："（番摊）不可禁，禁则武营小官无饭吃。"[6] 至光绪十年，广东当道仍奏陈武营多庇赌收规，以规多者为优缺。[7]

　　咸同以后广东地丁、田赋积欠甚多，粤省入项以关税、厘

①　《论粤省劣幕盘踞片》，邓承修：《语冰阁奏议》，第 209~210 页。

②　杜凤治：《望凫行馆宦粤日记》，《清代稿钞本》第 11 册，第 430 页。

③　杜凤治：《望凫行馆宦粤日记》，《清代稿钞本》第 15 册，第 69 页。

④　杜凤治：《望凫行馆宦粤日记》，《清代稿钞本》第 11 册，第 367~368 页。

⑤　《密陈郑绍忠久任有益片》（光绪十三年十一月二十七日），《张之洞全集》第 2 册，第 50 页。

⑥　杜凤治：《望凫行馆宦粤日记》，《清代稿钞本》第 14 册，第 92 页。

⑦　《会奏广东积弊折》（光绪十年五月二十一日），《彭玉麟集》第 1 册，第 352 页。

金、盐课为大宗，而疲滞、弊窦情况亦多。梧州、肇庆、潮州关税积弊为时人所关注。咸丰初年，广西遭艇匪、土匪之扰，梧州知府陈瑞芝募勇剿捕，于梧关加抽经费作为募勇之资，其后动乱渐平，税局渐裁，但经费加抽如故，且因梧关正税征收不足，广西巡抚、布政使、按察使、盐道衙门办公经费以加抽之经费拨补；胥吏、巡役、家丁、地棍、船户等更是设立诸多名目浮收包吞，正税之外费用至二十余万两，为商民巨累。[1]肇庆黄江税厂则有书巡浮收勒索情形，所收有黑钱、包揽钱、办用钱、官厘头、船头钱、墟艇钱、三六平余、额外加平等款项，统计超正税一倍之多。此外，书巡承充之时，有缴纳规费之事，平常日供有簿规、火烛；广东布政使到任之时，黄江税厂有解藩署陋规三千两之事，以上费用皆取诸商民，以致累民。潮州东关税厂原以茶叶、白麻、鱼纸为大宗，咸同后十余年间，茶、麻无征，鱼纸日绌，绸缎走漏，各项广货报税亦少；而自汕头开埠后，洋纱、烟丝专从汕头出入，所增洋纱、烟丝两项税收，除填补潮州东关原有各税之缺外，剩余部分皆被潮州府留于地方。[2]厘金积弊与关税类似，光绪十年七月，粤籍御史何崇光奏称粤东厘厂官役侵剥，百弊丛生，所指之弊计有委员报解不实、书吏串通瞒税、巡丁任意苛索、额外加征、违例倍赔、虚縻薪水数端，何崇光谓此为关卡恶习，下剥民膏，上亏国本。[3]潮桥盐务是广东盐课大宗，潮州设有潮桥

---

① 《查革梧关积弊折》（光绪十二年三月二十一日），《张之洞全集》第 1 册，第 385 页。

② 《查革肇潮两府税厂积弊折》（光绪十二年三月二十一日），《张之洞全集》第 1 册，第 380~383 页。

③ 何崇光：《奏为粤东厘厂情弊请饬稽核》（光绪十年七月二十四日），台北故宫博物院藏军机处档折件，故机 129751/129014。

运同一职，引地行销广东潮州、嘉应州，福建汀州，江西赣州、宁都。销路有大河、小河之分。行潮州、嘉应州、汀州者为大河，行赣州、宁都者为小河。大河官代商办，晒价、运脚由官府出；小河商办，运脚由盐商出，晒价由官府出。[1] 自咸同军兴后，引地疲坏，埠商倒歇，招商不前，其中汀州府八埠由官府自行拆办，由广济桥溯流而上，路途遥远，成本加重，宁化、百化、清流三埠遂为福建私盐侵占。[2] 据光绪十三年张之洞所奏，潮桥盐务十余年来仅销至七成有余。

吏治腐败、收入日绌，又滋生捐摊积弊。所谓捐摊，是"地方政府以强制摊扣官员养廉银的方式，筹措无法'作正开销'的公务经费"。[3] 据当时广东当道所奏，地方公用及州县亏短、官垫、民欠钱粮均可递年捐解，或按缺匀摊，大州县摊至数千两，小州县亦摊数百两。各州县为解交捐摊，或挪移库款，造成亏空，或设辞巧取于民。"名为州县捐廉，实则下剥民膏，上亏公帑。"[4] 这种情况于广东巡抚蒋益澧核减色米价银后尤甚。同治五年（1866），蒋益澧奏告广东粮米折价浮收甚重，已令广东布政使先行于广州府筹划酌减，待制定章程后请旨推行全省。经此次核减，广州府每年减征银十六万五千四百余两，惠潮嘉、肇罗、韶连、佛冈等属每年共减征银十九万

---

①　《潮纲废弛委府兼办片》（光绪十二年二月二十五日），《张之洞全集》第 1 册，第 368 页。

②　张之洞：《奏为整顿潮桥盐务商定闽省减厘包抽等事》（光绪十三年九月初六日），中国第一历史档案馆藏军机处录副奏折，03-6462-047。

③　周健：《维正之供：清代田赋与国家财政（1730~1911）》，北京师范大学出版社，2020，第 38~41 页。

④　《再陈粤省积弊折》（光绪十年五月二十一日），《彭玉麟集》第 1 册，第 357 页。

九千八百余两。① 蒋益澧核减色米价银无疑大益于商民，但州县官入款骤减，而包括捐摊在内的各项出款如常，杜凤治从州县官的角度，在日记中对此记载尤详，其评价道："蒋抚之减米，原为裁捐摊而起，兹则米已实减，而捐摊之裁，悬而未断，进已无有，出则仍旧，苦中加苦，亦州县之大劫也。"② 故而核减色米后，广东州县官挪移、盘剥更剧。

广东之世风尤为治粤者所忧。"同治中兴"之际，久做广东州县官的杜凤治，在治理基层时，面对广东世风即有隐忧："广东地处离明，地气泄露，生育众多，大乱之后犹富庶如此，又见人心浮动，男女好嬉游，少务正业，娼、赌二事甲于天下，必非久承平者。予尝语十年之后必有变动。盖人多好乐嗜利，不重廉耻，不事生业，不流为寇盗不止。设有一陈涉、黄巢之辈起，振臂一呼，十万众可立致也。"③ 十数年后，两广总督张树声奏陈广东世风，与杜凤治在日记中所记几乎无异。其言广东赌博名目甚多，禁而不止；盗匪则非贫寒所致，往往见财心起，尤以香港、澳门为渊薮；乡、族之间因事积怨，造成械斗者更是层出不穷。赌风、盗风、斗风之盛"甲于天下焉"。④ 盗劫、械斗与拜会往往又密不可分。有"盗强则助斗，斗久则招募会、盗"的说法。⑤ 仅光绪初年，可知较大的广东结盟拜会及密谋起事之案件便有光绪元年（1875）

---

① 《清实录》第 49 册《穆宗实录（五）》，第 403~404、521~522 页。

② 杜凤治：《望凫行馆宦粤日记》，《清代稿钞本》第 11 册，第 72 页。

③ 杜凤治：《望凫行馆宦粤日记》，《清代稿钞本》第 15 册，第 273 页。

④ 《恭谢天恩沥陈粤事大略情形折》，《张靖达公（树声）奏议》，第 546~547 页。

⑤ 《查办匪乡折》（光绪十一年十二月二十七日），《张之洞全集》第 1 册，第 349 页。

归善余得萌起事、二年茂名黄十陵大结拜三合会案、七年琼州天地会起事、七年长宁李沙婆七拜会案、八年高州梅麓会党起事、十年归善稔山会党起事。①

除上述吏治、武营、财政、民风各弊端外，其他具体积弊更多。光绪十年五月间，钦差大臣彭玉麟、两广总督张树声、广东巡抚倪文蔚奏陈粤省应除积弊，提出水师宜练、陆营宜整、教民宜别、仓储宜备、琼州宜图、盐务宜变、会匪宜清、沙田宜查、坟禁宜严、水利宜筹、捐摊宜核、厘金宜核、出入款宜清、补署宜公、差委宜均、劣幕宜驱十六条建议，② 皆切中广东时弊。然而由于战事吃紧，上述建议并未太多施行，直到中法战后，方由张之洞等渐次举办。

两广官制设置及权力关系

皇朝官制设置环环相扣，朝廷将事权分寄于督抚，各省总督拥有奏事、议政、立法、行政、司法、察举、军事、考试等诸多权力。两广总督在皇朝官制体系下有一定的特殊性，突出表现为兼具同城之官、兼圻之官的特点。

在同城各官中，两广总督最主要面临与广东巡抚关系的问题。巡抚"掌考察布、按、诸道，及府、州、县官吏之称职不称职者，以察劾而黜陟之。用兵则督理粮饷，三年大比则为监临，合省之秀士升于礼部。于一省文职无所不统"。③ 督抚

---

① 具体参见胡珠生《清代洪门史》，第 397~398 页。

② 《会奏广东积弊折》《再陈粤省积弊折》（光绪十年五月二十一日），《彭玉麟集》第 1 册，第 351~362 页。

③ 《皇朝文献通考》卷 85《职官考九》，文渊阁四库全书本，第 2~3 页。

往往并称，按照清代典制，总督于兵制上例有节制巡抚之权，[①] 然而巡抚其他权力则与总督大略相当，巡抚并非总督的属员，只是总督兼管数省，文武权力略大于巡抚。清代大部分时间内，两广总督与广东巡抚同在一城，同城督抚间权责不清，流弊甚多，双方的关系往往视各自性格而决定。

布政使、按察使号称"两司"，与督抚一样同为一省大员。布政使执掌一省人事、考试、钱粮，人事考核、提调考试、人口及赋税数目皆须会同督抚，分别上达吏部、礼部、户部；按察使主要掌一省司法，遇重大案情须与布政使议行以听于刑部。[②] 可见布政使和按察使实听命于中央各部，非督抚属僚，但二者职衔低于督抚，且只专管部分事宜，遇事皆须与督抚筹商、会衔，督抚往往视二者为下属。《钦定大清会典事例》中亦规定司道见督抚为"文职属官见长官之礼"。[③] 两广总督与广东两司同在一城办公，体制与现实的矛盾，往往在遇事时凸显。

两广总督同城各官中，另有广州将军、粤海关监督两个比较重要且相对独立的满缺。广州将军是广州驻防八旗的最高长官，"镇守险要，绥和军民，均齐政刑，修举武备"。[④] 将军不仅负责各省驻防八旗的军政，而且总管旗人之人口、司法、选拔、考试等事项。由于满汉不同的管理体制，遇有涉及旗人之事，两广总督须与广州将军会商，适时会衔具奏。自乾隆十五年（1750）后，清廷常设粤海关监督，直到光绪三十年（1904）

---

① 《皇朝文献通考》卷 179《兵考一》，第 13~14 页。
② 赵尔巽等：《清史稿》，第 3346、3348 页。
③ 《钦定大清会典事例（嘉庆朝）》，文海出版社，1991，第 4495 页。
④ 赵尔巽等：《清史稿》，第 3383 页。

才撤销。粤海关监督通常由内务府人员担任，属于"钦差"性质，故与督抚行文使用平行的"咨"。然而，监督行使权力实际受到两广总督制约。首先，监督品级视其内务府官衔而定，一般低于督抚；其次，监督没有属僚，大关、澳门委员为广州将军属下，广州府以外五总口委员为地方官，属于督抚下级，人事权操于两广总督；再次，两广总督有稽查关务的职权，且督标兵丁分管粤海关维持秩序的任务；最后，粤海关衙门无行政、司法权，地方官在许多事务上可以插手。① 因此，总体而言，粤海关监督较之两广总督，处于相对弱势的地位。

广东设水师提督、陆路提督各一人，为全省绿营最高武职，节制镇、协、营、汛各兵。广东水师提督驻虎门，陆路提督驻惠州，与两广总督并非同城官，但是广东水、陆提督与督抚并称封疆大吏，两广总督除督标和部分招募之亲军勇营外，并不直接掌控军队。全省防务及武职提拔、任命等事宜，都须与水、陆提督会商。广东水、陆提督与两广总督品级相当，提督见总督，除细微礼节差异外，总体上为所谓的"敌体"，即平等相见。② 但清代重文轻武，两广总督例加兵部尚书衔，故又能于兵权上节制广东水、陆提督。

广西为两广总督兼圻省份，省级大员有广西巡抚、广西布政使、广西按察使、广西提督。由于广州、桂林相距较远，且广西巡抚作为一省大员，掌有广西文武各项权力，有清一代两广总督极少前往广西，也极少直接插手广西内

---

① 陈国栋：《清代前期的粤海关与十三行》，广东人民出版社，2014，第 65 页。
② 《钦定大清会典事例（嘉庆朝）》，第 4500~4501 页。

部事务。然而遇有典制规定的常规事务或涉及广西的重大事项，两广总督须与各广西大员往返咨商，并会同广西巡抚奏事。

体国经野、设官分职是王朝国家治理的重要事项。上述两广所设省级大员，充分体现了清代满汉并立、大小相维、文武相制的官制设置理念。在这种理念下，两广总督虽统率一省文武官员，但施行权力时受到一定的制衡。若遇强势性格的总督，其与各省级大员往往爆发矛盾。

除上述各省级大员外，因中法战争的爆发，张之洞督粤初期仍需处理与钦差大臣彭玉麟、广东防务督办张树声的关系。光绪九年六月，署直隶总督张树声回任两广；八月，朝廷命湘系重臣彭玉麟为钦差大臣，前往广东会办海防。张树声对彭玉麟来粤不甚满意，十月三十日，其致函总署道及缘由，称"二帅并峙，各不相属，进止机宜，难免致歧误"，而在阅读了彭玉麟发来的张贴告示后，张树声认为广东华洋杂处，尤虑彭玉麟激愤误事。① 彭玉麟到粤后，二人的矛盾渐显。文廷式当时在张树声幕府，其对彭玉麟的态度，应该能一定程度上反映张树声对彭玉麟的观感，有谓："此公（按：彭玉麟）颇负重望，其实好谀恶直，不学无术处甚多……十年之春，海防甫急，朝旨命彭督师驻琼。彭急极，请督抚将军会衔留之。督抚又恐朝廷责其拥兵自卫，未敢遽请。彭次日与张靖达（按：张树声）手书云：'朝命赴琼，玉麟本当遵旨即往，而无如粤中绅士，自卯至酉，纠缠不清，不得已躬亲不去。'余时在靖

---

① 张树声档，《近代史所藏清代名人稿本抄本》第 1 辑第 37 册，第 273~274 页。

达幕中，阅毕怒不可忍。"①

张树声任粤督时，尤感广东官绅掣肘。前于光绪六年
（1880），张树声从广西巡抚调任两广总督，途遇卸任的前两
广总督刘坤一。刘坤一当面跟张树声言及粤将的跋扈，告知张
树声赴粤后要抑制方耀等广东将领。② 张树声抵任后安插亲信
将领任提、镇之职。如光绪六年，张树声奏请以吴全美署理广
东水师提督；七年，奏请以记名提督蔡金章署理广东陆路提
督。③ 吴全美，广东顺德人，由行伍出身，久历水师，咸丰四
年（1854）至同治三年（1864）在江南统带水师镇压太平军，
时与张树声共事。同治五年以病辞去福建水师提督，回籍休
养。蔡金章，号绥廷，安徽寿州人，光绪五年由张树声奏调赴
广东。④ 此前提、镇各缺多由粤籍将领任署，故当时粤将已有
不满。中法越南交涉时，彭玉麟、张树声各自引湘、淮军到广
东，成为省防的重要组成力量。出于认知和熟悉程度，彭玉
麟、张树声二人对粤勇颇为鄙夷，这引发广东本土地方勇营将
领的不满："海防事起，多用淮将、淮军。该前督（按：张树
声）之意，谓粤军以骁悍胜，淮军以训练胜，欲以此示之准
的，自是治军正论，而本省将士因疑有鄙夷粤军之意。又，该
前督议防中路，故战具、守具先于此处布置。物力所限，他军

---

① 文廷式：《知过轩随笔》，章伯锋、顾亚主编《近代稗海》第13辑，四
川人民出版社，1989，第28页。

② 杜凤治：《望凫行馆宦粤日记》，《清代稿钞本》第19册，第321页。

③ 《光绪六年十一月初八日京报全录》，《申报》1880年12月25日，第3版；
《光绪七年四月初七日京报全录》，《申报》1881年5月16日，第3版。

④ 《为吴全美请恤片》（光绪十年十一月二十八日），《张之洞全集》第1
册，第261页；《光绪六年五月二十四日京报全录》，《申报》1880年7
月11日，第4版。

或未能遽行遍及。于是粤省将校不悦滋甚。"① 光绪九年十月十八日，因广东籍国子监司业潘衍桐奏请广东海防多用土兵，不宜多调客兵，可令方耀、郑绍忠、邓安邦等人多募粤勇，朝廷要求彭玉麟、张树声复奏，二人对此大加批驳，认为粤勇纪律涣散，粤人实是自矜，介介于土客之辨。② 彭、张二人心鄙粤勇，进一步引发粤绅的不满。张树声与彭玉麟、粤将、粤绅的不和，当时已在朝野流传。张之洞在山西时，通过派遣到两广的委员，亦得知相关情况。十一月初六日，张之洞致张佩纶信中称："粤之官、绅不和，钦、督不和，大是坏证。"③ 至光绪十年四月二十八日，张树声因北宁战败，兼身处粤境之窘局，以病辞去两广总督，朝廷命张之洞调署两广总督。张树声去职后并未离粤，仍以广东防务督办身份专治军事。

中法战后广东财政状况

除了查革广东积弊，以及处理与省级各大员的关系，中法战争后广东地方财政出现新的问题，成为张之洞治理广东的棘手难题及制约因素。

由于战时海防以及战后各项自强举措兴举，张之洞任两广总督时，广东的财政支出激增，以光绪十二年（1886）广东的收支款为例（见表6-1），便可知其情形。

---

① 《会查两广总督参款折》（光绪十年八月二十六日），《彭玉麟集》第1册，第371页。

② 《会复潘衍桐请用土兵折》（光绪九年十一月二十八日），《彭玉麟集》第1册，第324页；《复陈防兵不宜胶执土客之分折》，《张靖达公（树声）奏议》，第464~468页。

③ 《与张幼樵》，《张之洞全集》第12册，第26页。

表 6-1 光绪十二年广东收支款

收支款	款项	细目	数额
收款	藩、运库入款	地丁、太平关税、田房杂税、盐课、货厘、海关拨款、洋药厘饷、闱姓款、洋药海防经费、洋药膏厘	四百五十余万两
支款	常年例支	本省旗绿俸饷、粮料，文武养廉，解部料价、部料，州县坐支	二百一十六万七千余两
	部拨饷项	京饷、京师旗营加饷、东北边防经费、筹边军饷、固本京饷、备荒经费、协饷	一百六十七万三千余两
	旧案添支	剿匪、防黎勇营军饷，巡缉兵勇口粮，旗营津贴，轮船、扒船薪粮，局、卡经费，各项工程费用	一百三十四万六千余两
	新案添支	近年续增水陆防军之薪粮，军火之尾欠，军械、炮台、河道之工程，水雷、鱼雷、雷艇、电线、制造等局，匪乡勘界各经费	一百三十一万七千余两
	筹还洋款	代还西征借款、本省两次借款、滇桂宝源借款	一百一十一万五千余两

资料来源：《财政艰窘分拟办法折》（光绪十二年五月二十二日），《张之洞全集》第 1 册，第 408 页。

筹还洋款财政负担尤重。洋款主要分为三部分，即光绪初年左宗棠西征所借洋款广东分摊的份额，以及中法战时张树声所借洋款和张之洞所借洋款。

中法战争期间，两广总督张树声、张之洞四次汇丰借款共计约五百万两，为广东海防所用，应粤借粤还。张树声任粤督时已奏准在广东应解西征协饷除划还西征借款项下，筹还第一、第二次汇丰借款，但其后户部向广东指拨、催解近畿防饷，经张之洞与户部反复争辩，户部、总理衙门议准于广东洋药税厘并征款中每年提银八十万两归还四次汇丰借款。①

宝源借款一百万两、汇丰第五次借款三百万两（其中援台规越款一百万两、代川借鲍超款一百万两、购买气炮款一百万两），为滇、桂、黑旗、鲍军所用，本奏明是广东代借，各省关归还，然而中法战后皆由户部指令广东归还。

宝源借款本利共约一百一十七万两，须三年还清。宝源借款第一次还款合计本息四十余万两，于光绪十一年十二月十四日到期，是年七月户部奏各省关还款艰难，此次还款本银应从广东闱姓款中拨还，利息银则在广东新增收的洋药税厘并征银中提付。接奉户部来咨后，张之洞复奏谓闱姓首次款和光绪十一年款项已用尽，洋药税厘并征尚未开办，收数未可定，宝源首次还款仍请由各省关解粤归还。② 最终此项还款经户部指拨，从购买气炮款中提银归还。至于光绪十二年应还宝源本息银三十九万余两、十三年应还宝源本息银三十六万余两，户部在首次还款后则再次奏请由广东闱姓款偿还。光绪十二年正月十七日，张之洞奏请提取气炮款全部余款计二十八万五千余两，并改拨光绪十三年广东代还西征洋款二十四万两，作为光绪十二年、十三年宝源还款。尚欠二十二万余两请由滇、桂省关认还。③ 然而，户部命宝源二十二万余两尾欠仍由广东归

① 《请指定专款备还本省洋款折》（光绪十二年五月二十二日），《张之洞全集》第1册，第411~412页；《粤省并征洋药厘金应照奏案原数拨还洋款请饬催拨解以归垫款折》（光绪十三年七月初七日），《张之洞全集》第2册，第3页。

② 《宝源借款仍请由各省关解粤归还片》（光绪十一年九月初四日），《近代史所藏清代名人稿本抄本》第2辑第111册，第621~625页。

③ 《闱姓捐款未能代还宝源洋款请分别汇解折》（光绪十二年正月十七日），《近代史所藏清代名人稿本抄本》第2辑第112册，第50~60页。

还，由于无款可筹，时粤海关历年积欠广东省库银达一百四十余万两，张之洞等遂奏请由粤海关归还宝源尾欠银，此外粤海关积欠之一百二十余万余两请予免解。① 户部议奏称宝源尾欠二十二万余两应从洋药税厘中提拨，不准广东从粤海关积欠中拨补。对此，张之洞顶驳谓广东洋药税厘收数不多，作为本省汇丰洋款还款尚且不足，遑论宝源还款，宝源尾欠可以由广东设法筹还，但广东前欠的近畿防饷应予免除。② 再接张之洞奏折后，户部议准可从粤海关旧欠中拨付宝源尾欠，但广东欠解之近畿防饷仍须解部。其后因粤海关监督增润咨照张之洞，称粤海关万难筹措此款，最终张之洞只能从广东各饷中挪移垫付宝源尾欠。③

汇丰第五次借款本利共约五百万两，分十年还清，前五年还利息，后五年还本、利银，每年利息约二十万两。光绪十一年七月，户部奏准本年利息由粤海关应解光绪十一年近畿防饷中拨还，其后至光绪二十年止，每年需还利息从粤海关六成洋税下按年截留二十万两。至于后五年应还本银，则待各省填写征信册汇报收支后，再妥筹办法。④

其他上述各款中，除常年例支外，京师旗营加饷和筹边军

① 《粤省饷需奇绌粤海关积欠过多请旨将旧欠分别划拨免解现饷请严定考成饬令实解折》（光绪十二年五月二十二日），《近代史所藏清代名人稿本抄本》第 2 辑第 147 册，第 498~512 页。
② 《代还滇桂宝源尾欠带解旧欠近畿防饷均属无从筹措两款拟认其一请以代还洋款抵解旧欠畿饷并补解余数折》（光绪十二年十一月十九日），《近代史所藏清代名人稿本抄本》第 2 辑第 149 册，第 28~39 页。
③ 《粤省认还宝源洋款旧欠畿饷应由粤海关径解部库折》（光绪十三年十一月二十七日），《张之洞全集》第 2 册，第 53 页。
④ 户部：《并案速议两广总督等奏粤省历借洋款饬各省关解还并请动专款赶办炮台一折》，《户部奏稿》第 10 册，第 4827 页。

饷（即近畿防饷的演变款项），为张之洞督粤后新增的部拨款项，具体本书第四章已有论述；旧案添支主要是缉捕、剿匪、镇压琼州黎客起事费用；新案添支主要是兴举自强举措费用。统计光绪十二年广东出款达七百六十一万九千余两，与入款四百五十余万两相比，财政缺口巨大。随着琼州开发、自强举措不断深入，光绪十三年后黄河河工及三海、颐和园等园工次第开展，广东需款越来越多，而张之洞在广东大举清乡、修筑围堤、兴举文教用款亦巨。财政问题始终是张之洞治粤时的一大困扰。

二 张之洞与省级大员关系

张之洞督粤为官风格大致如徐致祥弹章所言："晋投兼圻，寄以岭南重地，而该督骄泰之心由兹炽矣。司道大员牌期谒见，有候至三五时、候至终日而仍不见者，视为故常，毫无顾忌，至候补府州县以下概不接见。属员之贤否不问也，公事之勤惰不察也。所喜者一人而兼十数差，不喜者终岁而不获一面。"[1] 两广总督兼具同城、兼圻之官特点，须兼顾各省级大员态度，治理地方、运用权力不免冲突，张之洞"骄泰"的为官作风，则进一步激化了与各省级大员的矛盾。

张树声、彭玉麟

光绪十年（1884）闰五月二十日，张之洞接署两广总督。张之洞与张树声、彭玉麟在粤共事时间并不长，主要集中于中

法战争期间。张之洞以书生典戎，军事部署需与久历戎机的张树声、彭玉麟筹商，且彭玉麟、张树声为湘、淮名臣，张树声又两任两广总督，年资皆远超张之洞。故张之洞抵粤后首先要处理、调和与张树声、彭玉麟的关系。

张之洞虽然在广东方与张树声首次见面，但是其对张树声并不陌生。光绪六年后，"清流"声势大张，张树声之子张华奎即在京城为其父专意结纳"清流"。[①] 光绪八年间，陈宝琛以违例擅调张佩纶，奏请处分署直隶总督张树声，即张树声拉拢"清流"碰壁的结果。[②] 张之洞在山西巡抚任上，派遣密探前往广东打探消息，除得知张树声与彭玉麟、粤将、粤绅不和外，亦获悉张树声对中法越南交涉的主要态度。张之洞致信张佩纶，认为张树声在中法越南交涉一事上过于软弱，并不适合当两广总督，应以四川总督丁宝桢替代："振（按：张树声）意不宜，丁（按：丁宝桢）由海道，数日至矣，不然仓卒之间，付之何人？"[③] 尽管张之洞对张树声可能不太恰意，但其到粤后仍对张树声表现出了谦逊，时《申报》称：

> 张振帅解任后抱病不出，（光绪十年六月）十二日寿辰，各僚属欲往燕贺，概行谢绝。闻振帅以病体未瘥，办事维艰，曾与香帅商酌欲请旨开去海防差使，回籍调理。香帅谓宫保在粤有年，情形熟悉，如力可支持，不宜引退，

①　惜阴（赵凤昌）：《光绪甲申朝局之变更》，《人文》（月刊）第 2 卷第 5 期，1931 年。

②　《论疆臣擅调近臣宜予议处折》，陈宝琛：《沧趣楼诗文集》（下），第 830 页。

③　《致张幼樵》，《张之洞书札》，张之洞档，甲 182-371。

俾我等得以时常就教，不致丛脞云云。香帅之谦逊如此。[1]

遇有筹防措置事宜，张之洞往往会与彭玉麟、张树声、广东巡抚倪文蔚等人商量。如光绪十年六月十七日，四人联衔电奏派遣潮勇五营援闽；[2] 二十日，奏请封刘永福为越王，中国资以军火，云粤三路出师越南牵制法军；[3] 二十一日，合电吁请清廷决和战；[4] 等等。七月初十日，因得沪、闽来电，云法军扬言攻打广东，张树声离开省城前往黄埔筹防，此后张之洞、张树声往来电报多关于省城防务。如本书第三章所述，黄埔为省防的第二层门户，淮军驻守于此，是中法战争期间重要的海防力量，张之洞、张树声通过电报等方式互通情报，并筹商黄埔之布防、下雷、塞河等事宜。其间二人虽因堵塞沙路抑或鱼珠水路问题有所争辩，但张之洞最终仍听从张树声的意见堵塞沙路。可以看出，张之洞对张树声表现出足够的尊重。

此外，彭玉麟性格刚直，做事不免有粗率之处，因张之洞、倪文蔚资望不如彭玉麟，故需张树声牵制。七月中旬，闻法人将进攻省城，彭玉麟决意驻守沙角，与炮台共存亡。张树声、张之洞、倪文蔚对此不甚谓然。倪文蔚致张之洞函说出其担忧与无奈："虎门首当前敌，水面宽深，虽营垒相望，而策应不灵，不敢谓确有把握。雪帅力任其难，万一稍有疏虞，全

---

① 《粤垣近事》，《申报》1884 年 8 月 12 日，第 2 版。
② 《致总署》（光绪十年六月十七日），《张之洞全集》第 4 册，第 347 页。
③ 《致总署电》（光绪十年六月二十日），《近代史所藏清代名人稿本抄本》第 2 辑第 25 册，第 462~464 页。
④ 《致总署》（光绪十年六月二十一日），《张之洞全集》第 4 册，第 347~348 页。

局不免震动。雪帅究系客军，廷旨饬令会办。此公有进无退，忠勇之气百折不回，请公函致不必身临前敌。"① 为此，张树声、广州将军长善、张之洞、倪文蔚联衔电奏，请饬彭玉麟勿株守沙角一台。十九日，廷旨电寄广东，命彭玉麟宜力顾全局，不可株守一台。②

因张树声和淮军的重要性，张之洞等为防疏虞，不愿打破这种平衡，曾数次奏请勿调张树声离粤。七月初三日，因法人围困台湾，总署转寄电旨，令张树声带兵出关，进军越南以图牵制。七月初七日，得知马江之战爆发，廷旨电寄张之洞，要求转电张树声，命其领兵赴闽支援。以上皆因彭玉麟、张之洞、倪文蔚电复广东省防紧迫难移而罢议。③ 诸人对这种平衡的维护，在倪文蔚致张之洞的信中有所道破：

> 雪帅（按：彭玉麟）昨晨过谈，亦谓振帅（按：张树声）若果出关，不能不带淮勇，渠若督师他往，不能不带湘勇，盖官兵止认本管官，乡勇只认其乡人，一定之理也。一动不如一静，公意如何？前说自以挽留振帅为妥。④

张之洞等人对这种平衡的维护，更体现在对张树声参案的查复上。北宁之败后，言官纷纷弹劾张树声。五月十五日，廷

---

① 《东抚倪来函》，《张文襄公（未刊）电稿》第 5 册，第 1947 页。

② 《致总署电》（光绪十年七月十八日），《近代史所藏清代名人稿本抄本》第 2 辑第 25 册，第 557~558 页；《电寄·一一三》（光绪十年七月十九日），《清代军机处电报档汇编》第 1 册，第 46 页。

③ 《总署来电》（光绪十年七月初三日、初七日），《近代史所藏清代名人稿本抄本》第 2 辑第 25 册，第 503~505、530~532 页。

④ 《东抚倪来函》，《张文襄公（未刊）电稿》第 5 册，第 1955 页。

旨寄谕彭玉麟、张之洞，称有人奏张树声"不符物望，难胜兼圻，推诿取巧，玩视边防，贻误地方，任性徇私"，令二人确切查明各款，据实具奏。八月二十六日，张之洞与彭玉麟联衔复奏，对张树声被参各款多有维护，最后总结道："伏查该前督被劾各节，或本无其事，传闻失实；或原无大过，责备太苛；或已经圣裁，不必追论。似均可勿庸置议。"①

八月、九月间，张树声患病回省城医治，张之洞等人多次前往探视，在致潘鼎新的电文中，表明了自己的担忧："振帅疟后忽大病，痰盛气结，连日动风，发狂谵语，甚危!"② 九月初八日，张树声在省城病故，彭玉麟、张之洞二人联衔奏请照总督军营积劳病故例，从优议叙，并将张树声事迹付国史馆立传。③

张之洞与彭玉麟亦于广东初见，然而，同治年间二人即有神交。同治十一年二月，彭玉麟以其所画之梅花画赠予翰林编修谢维藩，张之洞附诗于上，借咏梅而咏画梅之人，表达其对彭玉麟苦寒刚毅的赞赏。④ 张之洞久以彭玉麟为宿将，中俄伊犁交涉时，张之洞即奏请宣召居闲的彭玉麟等人来京筹策。光绪七年间，又在"清流"密谋下的沿海督抚调整中，奏请敦促彭玉麟接任两江总督。⑤ 在山西巡抚任上，张之洞获悉彭玉

① 《查复张树声参款折》（光绪十年八月二十八日），《张之洞全集》第 1 册，第 244~248 页。
② 《致龙州潘抚台》（光绪十年九月初七日），《清代稿钞本》三编第 130 册，第 35~36 页。
③ 《为张树声请恤折》（光绪十年九月十六日），《张之洞全集》第 1 册，第 254~256 页。
④ 《题彭侍郎画梅》，《张之洞全集》第 12 册，第 453 页。
⑤ 《熟权俄约利害折》（光绪五年十二月初五日）、《疆寄虚悬请早处置折》（光绪七年闰七月初五日），《张之洞全集》第 1 册，第 23、47~48 页。

麟以钦差会办广东海防，颇认为其强硬的态度可辅张树声之柔弱。①

关于张之洞与彭玉麟在粤的关系，一般引述张达骧所引张之洞致张之万家信，认为二人交恶：

> 看尺木（按：彭绍升，别号尺木居室，代指彭玉麟）面〔画〕，乍看似佳，久乃知系膺〔赝〕本，市井小人，奸诈取巧。专袒同乡，附和云林（按：倪瓒，号云林子，代指广东巡抚倪文蔚）。要差要缺，几欲无人非湘人而后已。②

李志茗利用赵凤昌所藏彭玉麟未刊信札，论述中法战争中张之洞与彭玉麟的交往，认为二人并无不和，而是以诚相待，充分沟通，相处融洽。因二人和衷共济，指挥取得镇南关大捷。在此过程中，二人成为忘年交，彭玉麟思想由保守变为趋新，共同倡办洋务。③《赵凤昌藏札》中存有99通彭玉麟致张之洞的信，大部分讨论中法战时的举措。此外，在《张文襄公（未刊）电稿》中，有12封彭玉麟致张之洞的信，亦未见于已刊的《彭玉麟集》，书信内容涉及虎门防御、调遣方恭援台、钦廉进兵、防备法人澳门登陆等问题。④ 可见张之洞关于中法战争的决策，都曾与彭玉麟反复商量。

---

① 《致张幼樵》，《张之洞书札》，张之洞档，甲182-371。
② 张达骧：《张之洞生平述闻》，《武汉文史资料》1986年第1辑，第13页。
③ 李志茗：《中法战争中的张之洞与彭玉麟》，《厦门大学学报》（哲学社会科学版）2013年第6期。
④ 《彭宫保函》，《张文襄公（未刊）电稿》第5册，第1917~1942页。

关于中法战争的筹防，张之洞与彭玉麟虽能和衷相商，但并非事事皆融洽，尤其是中法战争结束后，双方因事权不一，言语中互有抱怨。编设广安水师之事二人即有意见。光绪十一年正月二十日，张之洞札饬候补同知危德连、记名提督王光耀、总兵柏正才仿长江水师样式督造舢板一百只，限一个月内造成。① 彭玉麟不仅认为张之洞操之过大，而且称危、王为门外汉，制造舢板须由其于长江各厂调来专门工匠。② 六月，舢板百只造成，经与彭玉麟筹商，张之洞奏告统编为广安水军，分为三营，选派湘军水师将弁为统带、哨官，水勇定湘勇三分之二、粤勇三分之一。③ 然而当成军之时，张之洞不与彭玉麟商量，自行更改营制，彭玉麟对此颇为不满，言其"颇骇"，认为三营配制是咨奏定规，忽然改章徒令为难，朝令夕改，或从或停，将无从措手。④

张之洞对彭玉麟之不悦，或更多源自彭对地方事务的插手。除上文所引张之洞致张之万信札所言"专袒同乡，附和云林"，尚有盗案之事。彭玉麟在巡阅各海口时，常常会咨告张之洞相关情形。光绪十一年三月，彭玉麟咨会大窝墟被盗匪聚众持械拦河，劫去货物并致毙事主三名，"地方文武官视盗劫横行、草菅人命是为故常，多不严拿究办，形同木偶，尸位素餐，不以为耻，深堪痛恨"。大窝墟案匪被获后，彭玉麟向

---

① 《札同知危德连等赶造炮划》（光绪十一年正月二十日），《张之洞全集》第 5 册，第 77 页。
② 《麟致湘帅》，《赵凤昌藏札》第 7 册，第 557~558 页。
③ 《创造炮划设立广安水军折》（光绪十一年五月二十五日），《张之洞全集》第 1 册，第 301~302 页。
④ 《麟致湘帅》，《赵凤昌藏札》第 7 册，第 579 页。

广东布政使沈镕经提犯亲讯，即以军法枭首。^① 四月三十日，彭玉麟又函告顺德均安之同昌布店二十五日被明火抢劫，其已手谕副将利辉饬汛官严拿，限八日为期；顺德盗多，皆因文官放纵，先年所获的梁阿福、梁阿记、莫阿光皆是恶犯，应行正法。^② 治理盗案、举劾地方官员本为督抚职权，处决盗匪，省中亦有一定的程序，彭玉麟的行为在中法战后尤显越权。张之洞家信所言，应是中法战后张之洞对彭玉麟的不满的体现。彭玉麟离粤后，《北华捷报》曾登载一则传闻：

> 　　一段时间以来，有传言说，老将彭玉麟在上海向朝廷上了一份特殊的奏折，指责张（之洞）和广东巡抚倪文蔚。据说，该折首先指责在总督的统治下，事务普遍管理不善，以及（总督）倾向于插手所有的事情，而非允许手下的官员去履行他们的职责，并坚定地认为他们应该如此去办事。有识之士皆称两广的海防和陆防都处于惨淡的状态。合理的意见无法获得财政的支持，但数以百万的金钱却浪费在总督想干的事情上，以及他所喜爱的下属或委员身上。除总督邀请而来的人外，没有一个人能够做成任何事情，那些受邀请的人却什么都不做。
>
> 　　倪巡抚据称被指责为一个软弱的人，无法维护对下属的权威，并无法反对总督灾难性的决策。据说，倪可能通过表现出一点坚毅的性格和反对确认许多不令人满意的任

---

① 《札东臬司暨广协勒限饬拿》（光绪十一年三月二十五日），《督广咨札·咨札三》，张之洞档，甲 182~196；《麟致湘帅》，《赵凤昌藏札》第 7 册，第 572 页。

② 《麟致湘帅》，《赵凤昌藏札》第 7 册，第 569~570 页。

命，来防止总督犯下许多愚蠢的行为。倪巡抚应该在只涉及本省居民的事务上宣示他的权力，而不是让总督把所有的权力都揽在自己的身上。毫无疑问，彭将军非常清楚他在做什么，他不是那种错误指责他人不称职的人。①

检阅军机处随手登记档，并无此奏折，或彭玉麟已缮写而未上奏，或洋人流言有误。然而结合张之万的家信，大体可以说明时人已察觉中法战后，张之洞、彭玉麟二人因事权问题所产生的芥蒂。

此外，彭玉麟在粤时对龚易图弹劾案的不加回护，或亦是张之洞对彭玉麟不满的缘由之一。光绪十一年六月初十日，粤籍言官、鸿胪寺卿邓承修弹劾广东布政使龚易图数款，计有：（1）谋署运司、勒索巡丁；（2）任肇庆黄冈税厂短收，陋规收入私囊；（3）闹姓谋利，勒索规费；（4）纳民女，用私人，徇庇同乡，祖护劣员。朝廷命彭玉麟查复。张之洞对龚易图颇器重（见下），在邓承修的弹章中，有张之洞到粤时，龚易图托病不出，张之洞再三慰借，甚至出示手书，隐言不加弹劾之语。② 张之洞为龚易图上司，且弹章牵涉张之洞，彭玉麟不可能不与张之洞交流，张之洞应曾有意为龚易图转圜。然而，彭玉麟复奏时虽为张之洞转圜，称并无手书不加弹劾之事，但对龚易图各条参款，却言"凡此数端，臣考诸官僚，证以舆论，

---

① "Canton," *The North-China Herald and Supreme Court & Consular Gazette*, 1886-3-3.

② 《奏为特参贪劣钻营之藩司请旨严查究办事》（光绪十一年六月初十日），邓承修：《语冰阁奏议》，第339~342页。

确凿非虚，不敢以该藩司调任湖南，守居邦不非之义"。① 龚易图最终获革职处分。张之洞对此事的观感无从得知，但以其性格，或对此事耿耿于怀。

张、彭间的芥蒂在中法战后渐显，随着海防大定，钦差大臣彭玉麟亦无久留广东之理。光绪十一年十二月初一日，在粤两年的彭玉麟乘船离开广东。

广东巡抚

张之洞督粤时广东巡抚主要有倪文蔚、吴大澂两任。张之洞与倪、吴二人原有不错的合作，但皆因地方治理和对外交涉等问题渐生嫌隙。

倪文蔚，字茂甫，号豹岑，安徽望江人。咸丰二年（1852）进士，散馆签分刑部主事，十一年随河南巡抚严树森襄办营务。咸同年间因镇压捻军有功，受严树森、湖广总督李鸿章赏识保荐，历任刑部郎中、荆州知府、河南开归陈许道、广东按察使、广西布政使、广西巡抚。光绪九年（1883）九月调广东巡抚。②

中法战时，张之洞与倪文蔚保持着不错的合作关系。张之洞任山西巡抚时，就与倪文蔚有关于中法问题的合作。光绪九年八月十六日，张之洞派遣密探何见扬前往广西打听关于中法越南交涉的消息。据何见扬禀，其于十九日离开太原，十月二十日到达广东省城。到达后听闻广西巡抚倪文蔚调任广东巡

---

① 《遵查广东藩司参款折》（光绪十一年七月二十六日），《彭玉麟集》第 1 册，第 428 页。
② 《清史列传》，第 4656 页。

抚，不久将到达广东，于是等候倪文蔚，禀达了张之洞面谕各节。① 张之洞到任两广总督后，关于中法战时广东的防务、筹饷，倪文蔚亦多参与商量。从《赵凤昌藏札》和《张文襄公（未刊）电稿》所收之倪文蔚致张之洞信来看，张、倪二人在战时关系比较融洽。倪文蔚几乎事事皆询张之洞意见，如询问张之洞关于闱姓详稿措辞，② 又如对朝廷援台的电旨，倪文蔚认为援台之师可缓，而军火应设法酌拨一批为是，由此咨询张之洞意见，③ 等等。倪往往支持张的战时主张，其言张之洞的"广资饷械、高悬爵赏"，即是良策，援台可筹之办法不出此八字以外。④ 张之洞生病时，倪文蔚表达了深度的关心："连日乍热乍凉，难于检摄，我公治事太锐，用心太精，积劳不觉，故易受病，尚乞随时珍卫。"⑤ 战后张之洞曾为倪文蔚请奖（该折并未收录于各版《张之洞全集》中），反映了张、倪间在中法战争时期的融洽关系。⑥

如上引《北华捷报》所述，即便中法战后，倪文蔚对张之洞仍始终处处表现谦逊，然而性格强势的张之洞仍对倪文蔚渐有不满。目前所见主要矛盾，其一为协拨桂饷宝源借款四十万两。光绪十年十一月初五日，因滇桂进兵，需款紧急，张之洞电奏，向香港宝源银行（即渣打银行）借款一百万两，声

---

① 《何见扬禀》，《张文襄公（未刊）电稿》，第 1455~1458 页。
② 《文蔚致香帅》，《赵凤昌藏札》第 1 册，第 331 页。
③ 《东抚倪来函》，《张文襄公（未刊）电稿》，第 1949 页。
④ 《文蔚致香帅》，《赵凤昌藏札》第 1 册，第 336 页。
⑤ 《文蔚致香帅》，《赵凤昌藏札》第 1 册，第 330 页。
⑥ 《筹济饷械与抚臣会商办理片》，《张之洞督广折片》，张之洞档，甲 182-198。

明分岑毓英四十万两、潘鼎新四十万两、刘永福二十万两，①
奉旨允准在案。战后张之洞、倪文蔚就此协拨桂饷宝源借款四
十万两问题发生了争执，张之洞曾致倪文蔚一封长信谈及此
事，二者最大的分歧在于洋款四十万两是否应该扣还广东协
饷。张之洞为筹边防，谓之不扣，倪文蔚可能考虑用款过大，
广东财源紧缺，希望扣还。② 最后在张之洞的"独断"下，该
款不作为扣还协饷汇送广西。此事系光绪十一年、十二年之交
之事。张之洞致电李秉衡，也谈及此事之难："倪豹帅谓洋款
应扣协饷，不必解。鄙人竭力相商，司道无所适从。日来议未
决，故不能奉复。"③

　　其二为盗匪问题。近代广东盗匪甚多，中法战后裁勇，裁
撤的营勇不免流为盗匪。光绪十一年十二月初一日张之洞奏定
盗案就地正法章程。④ 虽言"就地正法"，实际只是简约流程，
两广总督还是要过问，广东巡抚对案件自然也有过问的权力。
张之洞对盗匪就地正法极为支持，甚至有时候过于草率。倪文
蔚早年久任刑部主事，对此人命案件自然慎之又慎。张之洞对
此也颇为光火。在上一封协拨桂饷宝源借款四十万两长信后，
张之洞再写一信诘问："昨日面示，两人同在一省，公事应办
为一律，曷胜钦佩。然则近来于盗案事体，敝处遵照例章批办

---

① 《致总署》（光绪十年十一月初五日），《近代史所藏清代名人稿本抄本》
　　第 2 辑第 26 册，第 48~49 页。
② 《洞致豹岑》，《赵凤昌藏札》第 5 册，第 396~400 页。
③ 《致凭祥李护院》（光绪十一年十二月初七日），《近代史所藏清代名人稿
　　本抄本》第 2 辑第 38 册，第 382 页。
④ 《请定盗案就地正法章程折》（光绪十一年十二月初一日），《张之洞全
　　集》第 1 册，第 346 页。

者，何以尊处批札率多有意立异，故加挑驳，何也？请明示。"① 这种关于"就地正法"的分歧，二人本该私下交流或仅在私函中言及，但张之洞却公开形成咨文。光绪十二年二月二十五日，张之洞在《咨东抚院论惩办盗匪事例》一咨中，列举种种案例，长篇大论地驳斥倪文蔚对各盗案的批驳。②

中法战后尚在广州城的彭玉麟，无疑也在张之洞、倪文蔚二人的分歧中扮演着相当重要的角色，即张之洞家信所谓的彭玉麟"附和云林"。彭玉麟离粤后，倪文蔚失去了重要的支援，光绪十一年十二月初九日，倪文蔚以旧病复发，疏请开缺，二十六日始函咨张之洞此事。前于十八日，张之洞已上折告以病体不支，奏请恩准开缺回籍，接到倪文蔚函咨后，张之洞大为光火，上折言其病体委顿，而倪文蔚精力尚好，全省紧要之事尚多，倪文蔚不咨会而先行入告，以致督抚同时乞病。因事不多见，故缕析陈明。③

张之洞致张之万家信中，已表明其对倪文蔚的不满。谓："看云林面〔画〕，愈看愈劣。其为人性情昏昧，今日所见之人，明日即已不识。早起所办之事，过午即已茫然。"④ 在中国历史研究院所藏张之洞档案中，另见一封张之洞致张之万的未刊书信，其信言：

---

① 《倪文蔚致赵凤昌》，《赵凤昌藏札》第5册，第403~404页。
② 《咨东抚院论惩办盗匪事例》（光绪十二年二月二十五日），《张之洞全集》第5册，第92页。
③ 《陈明同时告病片》（光绪十一年十二月二十七日），《张之洞全集》第1册，第354页。
④ 张达骧：《张之洞生平述闻》，《武汉文史资料》1986年第1辑，第13页。

（上略，言恭喜张之万赐衣之喜）

再启者：迁翁不日即将销假，此公事事有意作难（非与一人作难，与此地地方作难），置公事于不顾（直有一日亦难相处之势），真是广障。惟盼其早日升迁，粤之福也（此言可质天日）。近日公牍一件附呈一览，便略知此间情形矣。此其一端耳，其他数难。①

"迁翁"，即倪瓒，以之代指倪文蔚。光绪十二年正月十九日，倪文蔚以病请开缺，得旨赏假一个月。② 所谓的"赐衣之喜"，即三月初一日，清廷赏额勒和布、阎敬铭、张之万、许庚身、孙毓汶穿黄马褂。③ 结合两个信息，可知此信写于光绪十二年三月上旬。信中言倪文蔚在广东事事作难，无一日能相处。文末言附呈公牍一件，可能就是上文二月二十五日的《咨东抚院论惩办盗匪事例》。外臣交结枢臣，此种事情人人讳言，从这封信看，张之洞确实以地方公事告知张之万。关于张之洞结交枢臣，陈宝琛自然也比较清楚，当时其希望张之洞为远戍边疆的张佩纶洗刷，并言及"公于驰誉，必常通问"。④"驰誉"一词，借代甚巧妙，取自"左相宣威沙漠，右相驰誉丹青"一联。"丹青"，即阎敬铭（字丹初）、张之万（字子青），合称"丹青二老"。张之洞信中所谓的"事事为难"应非他一时愤怒之言，除了上述协拨广西洋款四十万两、就地正法章程

① 《文襄公致文达公墨札》，《张之洞函稿·贺唁函稿》，张之洞档，甲182-213。
② 《清实录》第55册《德宗实录（四）》，第11页。
③ 《清实录》第55册《德宗实录（四）》，第34页。
④ 《宝琛致孝达》，《赵凤昌藏札》第7册，第447页。

的争议，据言在张之洞与总署交涉龙州通商一事时，倪文蔚还不断地给总署进"讥言"，以致总署不听张之洞的意见而与恭思当签约。① 其事原委究竟如何，因只有信中的只言片语，暂时难以考证，但此事无疑进一步加深了张之洞对倪文蔚的不满。

光绪十二年四月二十七日，清廷召倪文蔚陛见。张之洞三月上旬致张之万信中，曾言"盼其早日升迁，粤之福也"。张之万、阎敬铭在其中究竟起了什么作用不得而知，但张之洞之信与倪文蔚召陛相隔时间如此短，不得不让人有所怀疑。五月初一日，倪文蔚以病免去广东巡抚。被免职的倪文蔚，对张之洞估计没什么好感，接到开缺谕旨后，一刻也不愿意在广东多停留："粤抚倪中丞奉旨开缺，所遗篆务着督宪先行兼理。张香帅自顾政务殷繁，未遑兼顾，向倪中丞再三慰留，俟新任谭中丞到粤，然后交卸，而倪中丞归老情殷，不欲久羁粤海，日前拜折进京请谕。"②

倪文蔚去职后，清廷调湖北巡抚谭钧培任广东巡抚，但谭久不赴任，十一月初十日，谭钧培改云南巡抚，吴大澂授广东巡抚。张之洞实际上长时间兼署广东巡抚，直到光绪十三年（1887）新任巡抚吴大澂到达广东。吴大澂，字清卿，江苏吴县人。同治七年（1868）进士，授翰林院编修，张之洞"清流"好友。丁戊奇荒期间办理赈务，受左宗棠、曾国荃、李鸿章、涂宗瀛赏识举荐。光绪四年授河北道；中俄伊犁交涉期间，以三品卿衔随同吉林将军铭安办理东北边防；光绪十年迁左副都御史，会办北洋防务；光绪十一年随同伊克唐阿办理中

---

① 《陈名珍致纯卿、竹君》，《赵凤昌藏札》第 1 册，第 185 页。
② 《东粤新谈》，《申报》1886 年 7 月 29 日，第 2 版。

俄勘界；光绪十二年授广东巡抚。[①] 倪文蔚去职后，张之洞本对"清流"好友吴大澂的到来抱很大希望，曾致其电言："清卿中丞大喜！公来喜不可言，吾今得为官文恭矣。"[②] "官文恭"取官文与胡林翼的典故，指湖北巡抚胡林翼交好湖广总督官文，官文事事委诸胡林翼、唾手而治湖广的故事。张之洞取同为同城的湖广故事，其致电吴大澂的用意可明。

张达骧言吴大澂赴粤前，倪文蔚曾向其谈及张之洞挟总督之尊专断，故吴大澂至粤后与张之洞有摩擦。[③] 其事似非如此。吴大澂在办理洋务、中法勘界、税厘并征、澳门争端等事情上与张之洞保持一致，这种情况除了见诸奏折、电报外，在私人信函中也有所体现。阎敬铭档案中存有吴大澂任粤抚时致其的书信。这批书信多写于光绪十三年，从内容看，吴大澂处处为张之洞的困境辩护，并言"香翁志同道合，事事商酌而行，并不以为多事"。[④] 由此可见到粤初期，张之洞与吴大澂相处比较融洽。

张之洞对吴大澂的不满情绪，应该也是因同城体制的各种小事积累而成。其中有法国领事殴打领事馆弁兵一事。如本书第五章所述，张之洞于更换兵丁为练勇一事上态度强硬，与总署、法国领事白藻泰相抗辩，忽因法国公使李梅向总署出示所抄录的吴大澂致白藻泰函件，被迫转圜，仍依旧案派遣抚标兵

①　赵尔巽等：《清史稿》，第 12552 页。
②　《致天津京城广东抚台吴》（光绪十二年十一月十八日），《近代史所藏清代名人稿本抄本》第 2 辑第 7 册，第 209 页。
③　张达骧、李石孙：《张之洞事迹述闻》，《文史资料选辑》总第 99 辑，第 69 页。
④　《吴大澂致阎敬铭》，《近代史所藏清代名人稿本抄本》第 1 辑第 17 册，第 441 页。

丁保护法国领事署。张之洞对吴大澂之举显然不满，尤不恰于未曾咨告总督，在光绪十四年六月二十四日答复总署的咨文中，张之洞仍耿耿于此事：

> 督抚大吏近在同城，遇有洋务交涉事件，如果得见允函，即使意见稍有不同，亦必权宜商酌，仍从旧议，以免两歧。惟此次抚部院致领事之函，经贵衙门抄示原稿，实未经与本部堂阅看，其中如何措辞，当日亦未与本部堂言及。此次接准大咨后，随即面询抚部院，亦称当日发函匆促，以致未及商定，是此函始终未经与闻，无从抄录知照贵衙门，并非前后两歧，亦非有心彼此互异。祇阅贵衙门来咨，业已照会该公使，于此项弁兵从优相待，偶有过失，应转该管上司查明惩办。具见顾全政体，本部堂不胜感佩之至！①

除法领事殴弁一案外，人事问题亦往往是同城督抚不和的主要诱因，张之洞与吴大澂因广东盐运使英启而生芥蒂。英启，字子佑，号续村，汉军镶白旗。咸丰九年进士，官湖北黄州知府、广东盐运使。②光绪十三年，英启到任，张之洞对其颇倚重："该司到任以来，整饬两粤鹾纲，操守廉洁，综核精详，惠商裕课，确有成效，至其正己率属，屏绝馈遗，约束家

---

① 《咨复领事署派弁一案遵旨循旧办理》（光绪十四年六月二十四日），《督广咨札·咨札十》，张之洞档，甲182-197。
② 恩华辑《八旗艺文编目》，关纪新整理、点校，辽宁民族出版社，2006，第149页。

丁，诸弊悉除，尤足式浮振靡，深资臂助。"① 但吴大澂对英启却不满意，认为其"两耳重听"，张之洞、吴大澂对英启看法不同，导致二人龃龉。②

光绪十四年七月初十日，因黄河缺口花费九百万两而无法填堵，东河总督李鹤年被革职发往军台，朝廷命吴大澂调署东河总督处理郑工合龙事，广东巡抚再次由张之洞兼署。光绪十五年正月初四日，驻英公使刘瑞芬授广东巡抚。刘瑞芬因交卸公使事忙，故未赴任。至九月初七日，清廷命广东布政使游智开护理广东巡抚，但因部文久未至，张之洞直至正式交卸两广总督后，方将抚篆移交游智开。

广东两司

张之洞抵粤时广东藩、臬两司分别为龚易图和沈镕经。龚易图之简历第二章已做介绍。中法战争中，龚易图协助张之洞处理众多饷械筹运事宜，其自订年谱言：

> 四月到任（广东布政使），旋法人犯顺，粤西、闽台扼战均不利，而粤东尤为法所窥伺，防务甚急，兼筹济滇、黔、桂、闽、台五省饷械，终其役，幸勿越。并与各大吏议设鱼雷艇于沿海隘口，添置炮台，粤民恃以无恐。③

---

① 《批运司英启禀病请开缺委员先行接署》（光绪十五年七月二十七日），《张之洞督广批牍谕示》，张之洞档，甲182–199。

② 《致李瀚章》（光绪十五年七月十二日），《李鸿章全集》第34册，第584页。

③ 龚易图：《蔼仁府君自订年谱》，《北京图书馆藏珍本年谱丛刊》第173册，第77~78页。

《张文襄公（未刊）电稿》中存有数封署名"龚藩司"的禀文，里面涉及龚易图与张之洞商量的众多内容，包括：第一，沙面案交涉；第二，宝源银行借款；第三，购买西式洋炮；第四，赴香港打听情报；第五，转递香港关于中法军情的情报。① 此外，如本书第五章所述，沙面案与汕头案亦由龚易图负责谈判，最终和平解决。这些工作大多不属于布政使的本职工作，反映了龚易图可能被张之洞视作司道一级为数不多的"洋务"能员。至于布政使的本职工作，比如综核钱粮、察举官吏等，龚易图应该也符合张之洞之心意，故如上所述，尽管龚易图在私德方面有所欠缺，张之洞对龚易图仍相当器重。当龚易图调任湖南布政使时，张之洞曾致信阎敬铭表达可惜之意，谓："粤事最重而最难，无论吏治海防，非有人才，何以为治……龚霭人才具可爱，疏放可惜。"②

光绪十一年三月十二日，清廷命广东布政使龚易图与湖南布政使庞际云对调。张之洞原欲以广东按察使沈镕经署理广东布政使，然而沈镕经前于二月二十七日已奉旨升任云南布政使，不能署理广东布政使，故张之洞久留龚易图，其在致阎敬铭信中言及此事，并为久留龚易图导致邓承修以粤事参劾前者而惋惜："以调湘部文到太迟，而枭擢滇藩，沈不能接署，不得及早交卸，致有此变，殊为可惜也。"③ 朝廷知悉张之洞欲以沈镕经为粤藩的意图后，于四月三十日命云南布政使沈镕经与广东布政使庞际云对调。因龚易图久不赴湘藩之任，六月初

①　《龚藩司禀》，《张文襄公（未刊）电稿》第 4 册，第 1459～1492、1495～1499 页。

②　《上阎丹初先生·八》，《张之洞全集》第 12 册，第 31 页。

③　《上阎丹初先生·八》，《张之洞全集》第 12 册，第 31 页。

七日，湖南巡抚卞宝第以湖南考试滋事，奏请催促龚易图赴任。① 时张之洞亦接到沈镕经调任粤藩的吏部咨文，遂令龚易图启程，沈镕经接任广东布政使。②

沈镕经为张之洞任浙江乡试副考官时所取的门生，光绪九年任广东按察使。中法战争初期，沈镕经在广东按察使任上向时任山西巡抚的张之洞传递相关情报。③ 张之洞抵两广总督任后，沈镕经总理广东营务处，在调和将士、肃清内奸、举办团练、经营台垒等事宜上尽心尽力，同时协助龚易图筹集、转运饷械，张之洞称其"无不竭尽心力，区画得宜，臣等深资其助"。④ 沈镕经的门生身份，加以办事得力，张之洞力助其为广东布政使不难理解。

朝廷命广东按察使沈镕经升任云南布政使时，另命湖北荆宜施道于荫霖迁补粤臬。于荫霖，字次棠，吉林伯都讷厅人，咸丰九年（1859）进士。中俄伊犁交涉时弹劾崇厚及枢廷诸臣，光绪八年（1882）外任湖北荆宜施道。⑤ 于荫霖与张之洞结识于同光时期，有谓张之洞、张佩纶、黄体芳与于荫霖以直言敢谏名闻天下，凡朝廷用人行政有不惬于舆论，四人必上疏力争。而二张、黄体芳为于荫霖馆阁后进，故一切谏疏必与其熟商。⑥

---

① 卞宝第：《奏请饬催新授布政使龚易图赴任事》（光绪十一年六月初七日），中国第一历史档案馆藏军机处录副奏折，03-5197-055。

② 《光绪十一年八月二十八日京报全录》，《申报》1885 年 10 月 14 日，第12 版。

③ 《张文襄公（未刊）电稿》第 2 册，第 833~840 页。

④ 《为沈镕经请恤折》（光绪十一年十二月初一日），《张之洞全集》第 1册，第 347~348 页。

⑤ 赵尔巽等：《清史稿》，第 12522 页。

⑥ 柯劭忞：《于中丞奏议序》，收入于荫霖《于中丞奏议》，文海出版社，1968，第 3 页。

因此层"清流"的渊源，于荫霖抵任广东按察使前，张之洞便已致信表达对其来粤的急切期待。①

光绪十一年六月十七日，沈镕经接任广东布政使，因于荫霖陛见到任需时，张之洞奏告委广东盐运使瑞璋署理广东按察使。② 瑞璋，字黼侯，满洲正红旗人。咸丰六年考取内阁中书，咸同年间在总理衙门办事，屡得总理衙门保荐。光绪元年外任，先后历浙江宁绍台道、署浙江布政使，光绪十年奉旨补授广东盐运使。③ 广东中外交涉事件甚多，光绪七年张树声、裕宽奏请广东寻常交涉事件由广东督粮道专管，然而各领事事无大小仍直接与总督交涉，在办理沙面、汕头案时，张树声奏派广东布政使龚易图负责交涉，因龚易图品级较高，故领事愿意与之接洽。张之洞接龚易图调任湖南部文后，恐中外交涉事件无人可与洋人辩论，故奏派盐运使瑞璋接替办理。据张之洞所奏，其选派瑞璋的一个重要理由，即后者由总署历关道有年，熟悉洋务。④ 至十一月十八日，瑞璋卸任署粤臬，由新任广东按察使于荫霖接篆。⑤

十月十九日，广东布政使沈镕经病逝，遗缺由署广东督粮道萧韶署理。萧韶，号杞山，湖南清泉人，咸丰十一年拔贡，同治六年（1867）举人，同光年间先后任工部七品小京官、

---

① 《致新任臬台于》（光绪十一年八月），《督广咨札·督广公牍》，张之洞档，甲182-196。

② 《光绪十一年八月二十八日京报全录》，《申报》1885年10月14日，第12版。

③ 秦国经主编《清代官员履历档案全编》第4册，第314~315页。

④ 《请派瑞璋兼办洋务片》（光绪十一年四月二十日），《张之洞全集》第1册，第289~290页。

⑤ 于荫霖：《奏报接印任事日期》（光绪十一年十一月二十日），中国第一历史档案馆藏军机处录副奏折，03-5205-025。

刑部员外郎、军机章京、刑部郎中、监察御史，屡得军机处保举，光绪八年外任广州知府。萧韶于广州知府任上受张之洞赏识，张之洞称其"端洁公明，刚柔得中，专务力行，周悉民隐"，素为粤人所信服。光绪十一年三月，萧韶奉旨补授湖北荆宜施道，张之洞以广东时事艰难，将萧韶奏留广东，清廷遂将其改任为广东惠潮嘉道，张之洞命署广东督粮道。① 沈镕经病逝后，张之洞即奏告以萧韶署理广东布政使。②

清廷获悉广东布政使出缺后，于十一月二十一日命陕西按察使张煦迁广东布政使，然而张之洞似不愿，故张煦并未赴任。至光绪十二年二月十三日，清廷命山西布政使高崇基调任广东布政使，张煦改授山西布政使。高崇基，字紫峰，直隶静海人，道光三十年（1850）进士。历任江西、山西、安徽等地府、州、县官，光绪八年由山西巡抚张之洞奏调山西清理财政，光绪十一年补授山西布政使。③ 张之洞抚晋时即对高崇基非常赏识，谓"补用道高崇基，廉朴诚悫，才力刚果，综核计密，不避艰难。所至颂声辄起，官民无一间言"。④ 据此猜测，高崇基、张煦对调或亦与张之洞有直接关系。

光绪十二年六月，新授广东布政使高崇基抵任。时粤藩高崇基、粤臬于荫霖皆号称一时能臣廉吏。二人协助张之洞清理

---

① 秦国经主编《清代官员履历档案全编》第 4 册，第 494 页；《请留萧韶片》（光绪十一年五月二十五日），《张之洞全集》第 1 册，第 295 页。

② 《光绪十一年十二月初十日京报全录》，《申报》1886 年 1 月 30 日，第 11 版。

③ 秦国经主编《清代官员履历档案全编》第 4 册，第 329~330 页。

④ 《胪举贤才折》（光绪八年四月二十日），《张之洞全集》第 1 册，第 66 页。

财政、治理盗匪，广东风气为之一变。[①] 至九月十二日，清廷命于荫霖迁云南布政使，所遗广东按察使缺由广东盐运使王毓藻升任。王毓藻，号鲁岑，湖北黄冈人，同治二年进士。光绪五年（1879）授苏松粮储道，十一年补广东盐运使。[②] 张之洞对此次人事调动颇有不愿之情。王毓藻来粤前，张之洞曾评价其为"和平人，恐于粤地未能制胜也"。[③] 按察使负责刑案，为人和平的王毓藻更非张之洞所看好，故光绪十二年十月二十四日，张之洞密陈于荫霖为其指臂之助，且对粤省之症，并以广东冬防巡缉盗匪吃紧，暂留广东数月。[④] 张之洞所请并未得清廷允准，拖延数月后，王毓藻于次年正月十二日方正式接任广东按察使。[⑤]

张之洞虽力图挽留于荫霖，但其对王毓藻并无太大不满。或因平和的性格，从目前材料所见，王毓藻对张之洞所交之事多所秉承，为张之洞督粤期间实际在任时间最久的按察使。光绪十四年四月，王毓藻迁山东布政使，清廷命浙江按察使王之春改任广东按察使。王之春，字爵棠，号椒生，湖南清泉人，文童出身。先后在曾国藩、沈葆桢军营办事，历保道员衔。光绪五年曾赴日本刺探军情。九年由钦差大臣彭玉麟带往广东统

---

① 《裁革州县各项加给公费津贴折》（光绪十五年十月十二日），《张之洞全集》第 2 册，第 284 页。

② 秦国经主编《清代官员履历档案全编》第 4 册，第 635 页。

③ 《张之洞致丹初》，《近代史所藏清代名人稿本抄本》第 1 辑第 18 册，第 416 页。

④ 《密陈于荫霖才堪大用片》（光绪十二年十月二十四日），《张之洞全集》第 1 册，第 453~454 页；《暂留升任臬司于荫霖办理盗匪片》，《张之洞督广折片》，张之洞档，甲 182-198。

⑤ 《光绪十三年三月初五日京报全录》，《申报》1887 年 4 月 4 日，第 14 版。

带营勇。在粤受张之洞赏识，历任署雷琼道、广东督粮道、署高廉道，先后由张之洞派赴办理琼州海防、中越勘界、钦廉筹防等事。光绪十四年三月补授浙江按察使。[1] 王之春抵任前，张之洞奏请以广东高廉道王景贤署理广东按察使。[2] 王景贤，浙江秀水人，同治二年进士，同光年间任户部司员，光绪十三年九月授广东高廉道。[3] 王景贤与张之洞为同榜进士，其于六月署任广东按察使，直至十一月初二日王之春接篆。[4]

　　光绪十四年十月，广东布政使高崇基升广西巡抚，清廷以四川按察使游智开迁广东布政使。接奉部咨后，张之洞奏告以王之春先行署理布政使，所遗按察使一缺仍由王景贤署理。光绪十五年五月，游智开到广东赴任，张之洞饬王之春回任广东按察使，以王景贤久任户部司员，精于综核，命其署理广东督粮道。[5] 游智开、王之春任职两司，直至张之洞离粤。

　　从广东两司的行事、任职来看，张之洞几乎将两司视作属僚。张之洞在命署两司时有较大的主动权，基本出于自己心意，如萧韶署理布政使、王景贤署理按察使，皆不符合官场递署惯例；对于朝廷任命的两司，张之洞可通过久留暗示、交结军机等方式影响任命。然而，即便任、署之两司出于张之洞心意，在与其相处的过程中亦常有龃龉。张之洞曾致沈镕经一信谓：

---

①　秦国经主编《清代官员履历档案全编》第 5 册，第 727 页。
② 《光绪十四年七月二十日京报全录》，《申报》1888 年 9 月 3 日，第 14 版。
③　秦国经主编《清代官员履历档案汇编》第 4 册，第 590~591 页。
④ 《光绪十五年二月初一日京报全录》，《申报》1889 年 3 月 11 日，第 12 版。
⑤ 《委员署理司道片》（光绪十四年十二月十二日）、《调署督粮道等员片》（光绪十五年五月二十一日），《张之洞全集》第 2 册，第 152、204 页。

督抚均有地方之责。检查例文，并无官缺事应先告抚后告督之条。洞自去年来粤，屡奉明谕、廷旨，俱谆谆以吏治相责，乃到此后为防务所累，愧无不久，疚悚实深。今幸阁下开藩是邦，私衷庆幸，窃欲稍□末议，□挽颓风。昨日坐上所谈要缺预先相问一条，不过商量语耳，乃阁下意甚怫然，坚执旧章以相驳折，不胜悚然……鄙人谬附同心，甫欲有所补救，不意阁下首先与鄙人为难也。①

沈镕经为张之洞门生兼下属，得张之洞力助为广东布政使，照理而言对张之洞的意愿应多有秉承，然而从上信可见并非如此。张之洞对曾经赏识、提拔的署臬司瑞璋、署藩司萧韶、署藩司王之春亦渐生不满。其评价瑞璋"心思太细，乡谊太重，市德避怨意太多，声誉减于为首府时"。②萧韶因整顿厘务时有所顾忌拖延，张之洞写信批评谓其因噎废食，空言搪塞。③王之春曾径电李鸿章，称广东所认"海军巨款"百万两已筹定，可分三年解清，张之洞对此怒不可遏："遽云款已筹定，自促其期，欺诞至此，不顾大局，一似粤极从容而鄙人吝惜者。窘鄙人以自炫，有属员如此，岂不可畏！"④

张之洞对两司态度强势，将两司视作属僚，却觉苦心不被理解，自称内外无人相助，可见两司与张之洞相处之不易。

---

① 《致芸阁》，《张文襄公手札》，张之洞档，甲 182-281。

② 《张之洞致丹初》，《近代史所藏清代名人稿本抄本》第 1 辑第 18 册，第 416 页。

③ 《致萧藩司》（光绪十二年四月十五日），《督广咨札·督广公牍》，张之洞档，甲 182-196。

④ 《致天津督署张学士幼樵》（光绪十五年十月二十日），《近代史所藏清代名人稿本抄本》第 2 辑第 28 册，第 67 页。

广东水、陆提督

张之洞督粤期间广东水、陆提督长期由方耀、郑绍忠署理。光绪九年，原署广东水师提督吴全美出防琼州，署潮州镇总兵方耀接署水师提督，光绪十一年补授该职，直至光绪十七年因病去世。在此期间，因方耀于光绪十三年进京陛见，水师提督一职曾由署高州镇总兵王孝祺短暂署理。[①]陆路提督原由淮将蔡金章署理，光绪十年闰五月二十八日，张之洞奏称蔡金章旧伤复发，需交卸医治，请以署南韶连镇总兵郑绍忠署理陆路提督。此后郑绍忠久署是职。光绪十二年五月，郑绍忠生母病逝，照例本该丁忧，但张之洞以清乡吃紧，奏请开去郑绍忠潮州镇底缺，仍服缺署理陆路提督，奉旨允准。[②]光绪十三年，御史金寿松奏请饬唐仁廉赴广东陆路提督本任，对此，张之洞密陈郑绍忠久任有益。[③]故唐仁廉直至张之洞离粤后方赴任。

中法战争期间，方耀的潮勇、郑绍忠的安勇，是张之洞所倚任的军事力量。时方耀率部驻守虎门之威远、上横档、下横档，所部潮勇另外负责潮防；郑绍忠则驻扎白云山，其部分别驻守省城东西两路陆路要冲。[④]此外，如本书第三章所述，由

---

① 《王孝祺署水师提督熊铁生署高州镇片》，《张之洞督广折片》，张之洞档，甲 182-198。

② 《委郑绍忠等递署提镇副将各缺折》，《近代史所藏清代名人稿本抄本》第 2 辑第 111 册，第 3~4 页；《郑提督仍留署陆路提督折》，《张之洞督广折片》，张之洞档，甲 182-198。

③ 《密陈郑绍忠久任有益片》（光绪十三年十一月二十七日），《张之洞全集》第 2 册，第 50 页。

④ 《敬陈海防情形折》（光绪十年九月初三日），《张之洞全集》第 1 册，第 252~253 页。

于潮州与福建临近，方耀还负责派遣潮勇援闽，并委员汇兑台湾饷银。

张之洞督粤时许多事务皆需听取二人意见或依靠二人实施。张之洞弛禁闱姓之议便得方、郑二人支持："署水师提督方耀、署陆路提督郑绍忠咨呈称，防务甚急，绝澳之援助，增我之饷，无逾于此，应请速办。"其后广东试造浅水轮船四艘，张之洞即从闱姓款中提洋银二十万元，交方耀等人应用负责。① 至修筑围堤、清乡、清丈沙田这些涉及利益的地方事务，皆由二人在本籍主导。光绪十一年五月，广东西、北江同时水涨，沿江各县决堤一百五十余处，张之洞将受灾各处分为三路，三水、清远一路由郑绍忠负责督办；八月，潮州府韩江水涨，冲决海阳、饶平、澄海三县堤岸，张之洞派方耀所部将弁方鳌督工抢筑。② 光绪十二年，因广东盗风日炽，张之洞、倪文蔚奏派大员分三路清乡，方耀分办潮州一路，郑绍忠分办广、肇、韶一路，冯子材分办钦、廉一路。③ 是年广东清查沙田，办理沙田升科，张之洞仍请方、郑二人督办，方耀负责潮属各县升科事宜，郑绍忠负责广属各县升科事宜。④

由于方耀、郑绍忠的权势已渗透至广东基层社会，有时张之洞的铺张也并非全为其意，而是与二人妥协的结果。张之洞

---

① 《筹议闱姓利害暂请弛禁折》（光绪十一年四月二十日）、《试造浅水轮船折》（光绪十一年五月二十五日），《张之洞全集》第1册，第287、301页。

② 《大修广肇两属围堤工竣折》《修筑潮州府属各堤工竣片》（光绪十二年九月初三日），《张之洞全集》第1册，第442、445页。

③ 《查办匪乡已有端倪折》（光绪十三年六月十三日），《张之洞全集》第1册，第541页。

④ 《咨水陆提督办沙田升科》（光绪十二年二月十四日），《督广咨札·咨札五》，张之洞档，甲182-196。

建造浅水兵轮时，曾让方耀主管其事，然而方耀却乘机安插私人主司，坐耗饷银。当张之洞面告方耀船厂可能停工时，方耀"语气终未划断"。张之洞不得不另请蒋泽春调解其事。① 在大修广肇基围之事上，更多的也是郑绍忠的主意："三水、四会、清远三县围工，郑心泉面言须尽用五万，而除长洲两围东修者不在内。花县暂不能修，广宁无围工者不在内。洞意初亦难之，郑坚请不已，只可许之，此项数（五万）势难更改。"②如此种种，实则反映了本土实力派权势之炽。

广州将军、粤海关监督

光绪十年四月，上谕召广州将军长善进京，以继格继任。由于继格抵任需时，长善仍留粤数月。张之洞抵粤后适值中法战争再起，长善与彭玉麟、张树声、张之洞、倪文蔚等人共同参与谋划广东省防。长善，字乐初，满洲镶红旗人，塔他拉氏。同治七年至光绪十年担任广州将军，系湖广总督裕泰之子、大学士桂良女婿，与恭王奕䜣连襟。长善并非一个容易相处的人，同光年间南海县知县杜凤治曾与长善多次接触，认为他"自以为无上上尊，局量偏浅，令人笑话"。且由于是恭王的连襟，长善久有觊觎两广总督之心，与时任两广总督瑞麟、英翰皆有嫌隙。③ 然而，张之洞督粤时与长善相处相当融洽。从中法战争期间张之洞与长善关于筹防的往来函商中可见一

---

① 《致燕斋》，《张之洞存札》，张之洞档，甲 182-217。
② 《致芸阁》，《张文襄公手札》，张之洞档，甲 182-281。
③ 杜凤治：《望凫行馆宦粤日记》，《清代稿钞本》第 13 册，第 403~404 页；第 16 册，第 307 页。

斑。① 至光绪十二年，张之洞为长善和在粤旗营请奖，对此长善致信张之洞表示感谢："旗营亦附其中，闻之深为纫感。"②

光绪十年十二月，新任广州将军继格到任。继格，字述堂，满洲正白旗人，马佳氏。咸丰二年（1852）进士，光绪九年任热河都统，光绪十年四月改广州将军。继格在粤期间，张之洞与其除共同查阅旗营、保举同文馆优秀学生这些例行公事外，曾联衔奏请加饷添练旗营洋枪、洋炮队。③ 继格在粤声名实不佳，且性格暗弱，以致驻粤旗兵屡生事端，曾有言官奏称"近来广东旗营兵丁刁风日甚，动辄斗殴滋事，不服管束"。④ 比如，光绪十三年，旗人荣祥、积雅浑等殴伤民人刘华宜，继格命鞭责四十，并上枷号，是晚有男女老幼多人长跪将军衙门哄闹，继格咨请张之洞免上荣祥枷号，并请其晓谕弹压。⑤ 十月初十日，抚标兵丁曹振高被旗人杨家骙等开枪击伤，抢夺支领口粮银两，经张之洞查出杨家骙不仅身犯赌博之事，而且多次纠众持械抢夺。⑥ 旗民交涉案之审判属于二重体制。旗人由理事同知直接负责，民人由州县官直接负责，故督抚有一定的过问、管辖权力。旗人屡生事端，张之洞显然对理

---

① 《长将军函》，《张文襄公（未刊）电稿》第3册，第1007~1014页。

② 《陈明前将军长善办理练兵筹防片》，《张之洞督广折片》，张之洞档，甲182-198；《长善致湘涛》，《赵凤昌藏札》第8册，第560页。按：整理者误将"长善"作"施长善"。

③ 《旗营加饷犒赏各项照旧支放并拨枪炮片》（光绪十二年三月二十四日），《近代史所藏清代名人稿本抄本》第2辑第112册，第253~254页。

④ 《清实录》第55册《德宗实录（四）》，第480页。

⑤ 《饬县示谕各铺户遇有旗民交涉事宜不得联名呈控》（光绪十三年五月初一日），《督广咨札·咨札八》，张之洞档，甲182-197。

⑥ 《咨将军杨家骙叠犯抢劫请提激究》（光绪十四年四月初六日），《督广咨札·咨札九》，张之洞档，甲182-197。

事同知、将军处理不当感到不悦。光绪十四年，旗人崇俊砍伤民人，理事同知贵璋仅录民人供词，且谓崇俊有杀人毙命之案，直接提至理事厅办理。张之洞批驳称督抚也有权管辖旗人，不能不录崇俊供词，且督抚近在同城，重大事情应禀告督抚，崇俊杀人之案岂能不预闻。[①] 时广东按察使王毓藻升任山东布政使，进京陛见，张之洞托其向当轴表达继格在粤对旗人的治理不善，以及希望长善回任的想法：

> 日前王鲁莎方伯过津，谈及粤中旗营废弛生事，迥非从前，乃愈思十年整顿之效。彼中人士，无不望公归。香帅意尤切至，因属鲁莎到京见当路诸公时，不妨畅言，倘得旌旆南还，于边海要区，实大有裨益。[②]

受制于旗民二重管理体制，张之洞管辖旗人时须咨询将军意见，其亦难如干涉巡抚、两司任命般影响将军的更替，继格至光绪二十一年（1895）三月方解任。

张之洞督粤期间，历海绪（光绪十年四月至光绪十二年六月任）、增润（光绪十二年六月至光绪十三年八月任）、长有（光绪十三年八月至光绪十五年十一月任）三任粤海关监督。张之洞与历任粤海关监督有共同稽查关务、报解税银和商办中外交涉事宜之责。当海绪、增润卸任之时，张之洞按照惯例保举二人（长有去任时张之洞已调湖广总督），皆叙监督与

---

① 《批理事同知贵璋等禀民人被旗人砍伤录报民人供词》（光绪十四年七月二十六日），《张之洞全集》第 7 册，第 83 页。

② 《复杭州将军长》（光绪十四年九月初二日），《李鸿章全集》第 34 册，第 419 页。

督抚办理上述事项能"熟商妥办"。① 然而在此表象下，张之洞与历任粤海关监督因财政问题多有龃龉。

广东中法战争筹防和战后善后用度庞大，张之洞往往从粤海关处挪银。由于体制的设置，张之洞对粤海关监督显得十分强势，历任监督往往不得不配合。如在中法战争期间，张之洞极力与海绪筹商，海绪同意在北海新关每月拨银四千两作为高州锐勇兵饷。② 光绪十二年、十三年，张之洞两次派遣委员考察南洋各岛，所需的费用皆咨会海绪、长有从应解南北洋出使经费中拨给。③ 这些对粤海关监督而言，无疑是较大的额外支出。

中法战后需要筹还的洋款无端牵涉粤海关，激化了张之洞与海绪、增润、长有的矛盾。光绪十一年十月，海绪奏称粤海关六成洋款不敷归还汇丰第五次借款利息，请分拨应解福州船政局的四成洋款补足。海绪所议遭户部奏驳，每年不足之数户部命从粤海关各项经费及火耗、善举等款中挪移，即全数仍由粤海关独立承担。④ 而自光绪十二年初，张之洞开始札查粤海

---

① 张之洞：《奏为粤海关监督海绪实力征稽税银请援案奖励事》（光绪十二年九月初九日），中国第一历史档案馆藏军机处录副奏折，03-6357-045；张之洞：《奏为粤海关监督增润稽征税银出力并捐助赈případ旨优加奖励事》（光绪十三年十一月初九日），中国第一历史档案馆藏军机处录副奏折，03-5230-014。

② 《批高州张镇请拨锐勇月饷》（光绪十年十月初五日），《张之洞督广批牍谕示》，张之洞档，甲182-199。

③ 《会筹保护侨商事宜折》（光绪十二年二月二十五日），《张之洞全集》第1册，第374页；《续查未历各埠片》（光绪十三年十月二十四日），《张之洞全集》第2册，第33页。

④ 户部：《本部速议粤海关监督奏六成洋税不敷解应归洋款利息分拨四成一折》，《户部奏稿》第10册，第4893~4894页。

关积欠，并屡催粤海关还款。① 海绪显然力不能支，《申报》曾言海绪因款项支绌无法归还洋款，故自寻短见数次，张之洞闻知后允许通融，由粤库暂时垫还。② 张之洞与增润的矛盾尤大。户部议准粤海关旧欠划抵宝源尾欠款后，增润咨告户部，言粤海关税款并无征存，碍难偿还宝源尾欠款。户部认为粤海关监督与两广总督同在一城，张之洞之前所奏言粤海关常税、洋药税收款充足，与现在增润咨文不符，故命张之洞与增润会同奏明办理。张之洞与增润数次咨商后，仍无确切办法。光绪十三年八月十四日，张之洞复奏，称粤海关所欠广东款项出自常税和洋药税两项，而增润咨告征存款项不足，仅统计洋药税，且洋药税不足是浮支导致，粤海关所欠解广东洋药税是历任监督积欠，应该由增润设法清厘。因还款期限紧迫，增润坚执不允抵还宝源尾欠，最终张之洞只能从藩库中挪移垫付。张之洞对增润的不满溢于奏章，文末声明不愿与增润联衔会奏："此案粤省系向粤海关索还欠饷，该监督则力陈该关艰难。所处之地不同，自不必各申其说，此折碍难与该监督会奏。"③二十一日，新任粤海关监督长有抵任，张之洞与长有关于粤海关旧欠划抵宝源尾欠款仍有争议。张之洞挪移藩库款垫还宝源尾欠后，户部咨告垫款仍由粤海关旧欠中划提归还，广东欠解户部近畿防饷仍责广东认还。十一月二十七日，张之洞复奏谓粤海关积欠广东款项视同寻常，与其令粤海关归还广东宝源尾

---

① 《札查海关欠解旗绿兵饷》（光绪十二年四月二十二日），《督广咨札·咨札七》，张之洞档，甲 182-197。

② 《榷使苦情》，《申报》1886 年 7 月 6 日，第 1 版。

③ 《粤省仍请专认宝源洋款其补解畿饷应听户部酌核折》（光绪十三年八月十四日），《张之洞全集》第 2 册，第 15～16 页。

欠垫款，广东筹近畿防饷解部，不如命粤海关将款项直接解部。[①] 张之洞与长有就此事应未达成一致，双方似有芥蒂。光绪十四年报纸登载四月初六日为长有儿子生日，广东巡抚吴大澂和司道各官皆登门晋视，而张之洞只是派遣家丁前往祝贺。[②]

广西巡抚

张之洞督粤时期，任广西巡抚最长且事务往来最多者为李秉衡。如前文所述，光绪十一年二月初八日，因潘鼎新谅山、镇南关大败，且招前线诸将怨谤，彭玉麟、张之洞联衔请求替换，李秉衡由此护理广西巡抚。五月初九日，广东陆路提督张曜授广西巡抚，但其长期不到任，李秉衡一直护理广西巡抚直到光绪十三年十二月二十七日因龙州通商事卸任。

张之洞与李秉衡的关系源于张之洞任晋抚时期。其时张之洞在山西无人可用，欲调李秉衡前来帮忙。因时李秉衡为直隶永平府知府，张之洞致信张佩纶请其向李鸿章说项："前有文乞李永平，此时已有明文，如遂所请，致书合肥达意。"[③] 张之洞在山西与李秉衡共处甚恰。光绪八年四月二十日，因中法越南交涉，张之洞上折胪举人才，李秉衡即是他推荐的其中一员，张之洞评价李秉衡"德足怀民，才能济变，政声远播，成绩宏多，实为良材大器"。[④] 光绪九年十二月初一日，李秉衡调任广西按察使。如第三章所述，中法战时李秉衡总理西转

---

① 《粤省认还宝源洋款旧欠畿饷应由粤海关径解部库折》（光绪十三年十一月二十七日），《张之洞全集》第 2 册，第 53~54 页。

② 《东粤官场缕志》，《申报》1888 年 5 月 31 日，第 9 版。

③ 《致张幼樵》，《张之洞书札》，张之洞档，甲 182-371。

④ 《胪举贤才折》（光绪八年四月二十日），《张之洞全集》第 1 册，第 67 页。

运局，在龙州给张之洞传达各种前线消息，并负责筹饷运械，调和诸将，终获镇南关大捷。中法战争后，二人又就广西边防事往复磋商。光绪十二年二月二十五日，张之洞与李秉衡联衔上《筹议广西边防折》。该折首先分析广西要隘情况，后言及改设提镇、龙州设官、裁汰绿营、编练练军等事。①

　　然而在往复磋商公事的过程中，张之洞与李秉衡关系渐生隐忧。光绪十年闰五月，上谕命张之洞等人查明梧关积弊，张之洞接奉廷寄后即咨广西巡抚潘鼎新查明。因久未接到广西回复，在朝廷的压力下，张之洞于次年九月电催李秉衡查复：

　　　　去年寄谕梧关及厘弊、藩吏各节，商潘未复，今年六月咨函并催，亦未接尊复，昨严旨责各省交查事不复，此件宜速结。祈示办法，当妥酌会奏。鄙意为政须持大体，不可刻霸太甚，致各员办公无资，转资流弊。刻苦卓绝之行，中人不能。此西省事，洞措词较易，目前急欲清理经手事，恳速裁复。②

　　接到李秉衡、广西布政使庆爱的复函后，张之洞明显感觉不实，故张之洞札派陈占鳌、杨光铨前往确查，后又加派候补道朱寿镛前往会同办理。③ 而张之洞对李秉衡最不满的，则是

①　《筹议广西边防折》（光绪十二年二月二十五日），《张之洞全集》第1册，第369～371页。
②　《致龙州李护院》（光绪十一年九月二十日），《近代史所藏清代名人稿本抄本》第2辑第6册，第470～471页。
③　《札委陈占鳌、杨光铨赴梧州查梧关加费》（光绪十一年十一月初六日）、《札委前河南候补朱道并饬梧西布按二司会查梧关加费》（光绪十一年十二月十二日），《督广咨札·咨札五》，张之洞档，甲182-196。

李秉衡对待洋务的态度。与张之洞热心"洋务"的特点不同，李秉衡虽是能员，却对洋务并不太感兴趣。中法战争时，张之洞因购械困难，派员到上海购买机器自造枪械，本打算运往广西，然而机器运到广东时，中法已停战，李秉衡考虑到广西财源缺乏，难以开办枪炮厂，请张之洞将机器留于广东，张之洞当时即有微词，言其无远见。①

至于上谕命查广西矿山，张之洞对李秉衡的措辞更加严厉。李秉衡咨文言恐开矿滋匪，仍请封禁。张之洞对此尚比较客气，称其封禁矿山是老成之议，但此事是朝廷寄谕，朝廷目前又着意矿务，故须派员查勘后才能奏复。② 至光绪十二年底，刘永福前往广西接眷属赴粤，李秉衡疑心刘永福受张之洞派遣前来开矿，认为是不告广西而行，颇有怒气，张之洞对此立马针锋相对道：

> 谏电论矿务不过野人芹曝之意，声明请熟思详察，当再咨商，未言必办，原电可查。复电既坚持不可，应即作罢论。接勘电不胜骇异！刘永福因西省多盗，请假两月接眷来东，与矿务何涉？即欲开矿，岂有派刘督办之理？又何至不商明而径派大员？区区谬不至此，无咨无函，何据而云然也？韩魏公谓范希文曰天下事独不容商量耶？公不惟不容商量，并不许献议矣。窃谓不根之谣不必听，无谓

---

① 《致龙州李护抚台》（光绪十一年九月初九日），《张之洞全集》第 7 册，第 330 页。
② 《致龙州李护院》（光绪十二年九月初七日），《近代史所藏清代名人稿本抄本》第 2 辑第 27 册，第 70 页。

之怒不必发。①

李秉衡抓住张之洞所言"罢论"，以为会奏仍旧封禁矿山，已准备上奏，请张之洞列衔，张之洞知道后，更加怒不可遏，直言各自列衔分开上折，自己以后上折不会与李秉衡的折子有冲突：

> 西省矿从前未经商妥，鄙人并未敢率办。今日尚未查清，亦未敢遽言停办。或云办，或云停，皆非鄙意。总之，尊见坚定，断不相强，然矿不能开之语，断不欲自区区发之，是自欺也。复奏土司事请会后衔，矿事请单衔，他日敝处复奏当作圆活无碍语，令与尊意不相妨。②

光绪十三年，李秉衡告病乞休，其最主要的原因是前文所言龙州通商事，其不愿意承担相应洋务事宜。在李秉衡离任前，张之洞曾密电询问广西要政，李秉衡复电谓"重大者三""有次者三"，所言重大事项，其中之一即万不可轻许广西开矿。③

十二月二十七日，李秉衡正式交卸，内阁学士沈秉成接任广西巡抚。沈秉成，字仲复，浙江归安人，为张之洞"清流"

---

① 《致龙州李护院》（光绪十二年十一月初一日），《近代史所藏清代名人稿本抄本》第 2 辑第 27 册，第 124~125 页。

② 《致李护院》（光绪十二年十二月十三日），《张文襄公（未刊）电稿》第 37 册，第 16831 页。

③ 《李护院来电》（光绪十三年十二月初二日），《近代史所藏清代名人稿本抄本》第 2 辑第 62 册，第 486~487 页。

时期知交。据称，沈秉成性格"与人无忤，与世无竞，似得老子之道"，[①] 费行简则直言贬之谓"当官鹿鹿，务联络巨室"。[②] 在与张之洞的往来电稿中，沈秉成语气皆平和且多秉承张之洞之意，最显著的例子即广西开矿一事。光绪十五年三月十六日，张之洞致电沈秉成，再次谈及招商试办开采广西矿山，沈秉成并未如李秉衡一般坚持禁开，复电表示此事由张之洞裁夺。[③]

光绪十四年十月十七日，沈秉成改安徽巡抚，广东布政使高崇基迁广西巡抚。高崇基于光绪十五年六月十七日接任，不及一月即病故，广西巡抚出缺，张之洞电奏以广西布政使马丕瑶护理广西巡抚。[④] 马丕瑶，字玉山，河南安阳人，同治元年进士，以知县即用分发山西，因贤能受到历任山西巡抚重用，累官至冀宁道。光绪十三年八月迁广西布政使。[⑤] 张之洞抚晋时，马丕瑶为张之洞下属，在起复阎敬铭一事中大加出力，任太原知府期间办理水政、总司谳局尽心得法，张之洞称赞其"洁清爱民而有威，勇决任事而有谋，天资劲直，器干恢张，可期远到"，并为其奏奖。[⑥] 马丕瑶于八月初六日实授广西巡抚，其为官非如沈秉成之"鹿鹿"，但由于历受张之洞赏识提拔，遇事不免有所迁就。如张之洞即将离任前，曾与马丕瑶商

---

① 《石交录》，吴东迈编《吴昌硕谈艺录》，浙江人民美术出版社，2017，第238页。
② 费行简：《近代名人小传》，文海出版社，1967，第252页。
③ 《致桂林沈抚台》（光绪十五年三月十六日）、《沈抚台来电》（光绪十五年三月十七日），《张之洞全集》第8册，第6、7页。
④ 《致总署》（光绪十五年七月十三日），《近代史所藏清代名人稿本抄本》第2辑第40册，第537~538页。
⑤ 赵尔巽等：《清史稿》，第4670~4671页。
⑥ 《庐举贤才折》（光绪八年四月二十日），《张之洞全集》第1册，第67页。

及广西边防炮台建设，电请其裁撤边防一营以省经费，马丕瑶认为广东应照奏定原额拨给广西边防协饷，且骤减一营边防情形未可知，故复电说明情况。然而经张之洞申说，马丕瑶最终同意了张之洞的方案。[①]

三　张之洞治理地方举措

张之洞督粤期间，曾实行各项措施以拯两广时弊，其中不乏开创之政。比如官款修围堤，张之洞自称是广东办灾之始；至大举开发琼州，苏云峰评价张之洞对琼州的贡献"为历任两广总督之冠"。[②] 此外，张之洞设立潮桥盐务局、改革肇庆税厂、设立广雅书院，对广东的盐务、榷政、文教皆有深远影响。相较而言，张之洞的自强事项更加引人瞩目，但社会治理实为总督的重要职责，故不可不察。本节将综合考察张之洞在粤的地方治理举措，并述及当时广东官绅的态度。

清理财政

中法战争期间，由于广东财政困难，张之洞曾札饬司局议论各开源节流条陈。条陈所开节流之策有练兵酌裁归伍，扒船用勇去兵，轮船勇丁拨隶各营，红单船水师改充陆勇，裁撤江浦行营，严核轮船、煤炭各局制造工料，核对采办军火、冗员

---

① 《致桂林马抚台》（光绪十五年十月初九日），《张之洞全集》第 8 册，第 28 页；《马抚台来电》（光绪十五年十月初十日），《近代史所藏清代名人稿本抄本》第 2 辑第 65 册，第 501~502 页。

② 《抱冰堂弟子记》，《张之洞全集》第 12 册，第 509 页；苏云峰：《张之洞与海南建设，1884~1889》，《海南历史论文集》，海南出版社，2002，第 90 页。

薪水、浮报工程各条。① 其中已议及勇营和局所用度问题。中法战争后，清廷谕令各省督抚认真裁汰勇营和局所以节饷需，张之洞等遂亦于此节流。中法战时广东曾大量募勇，加以湘、淮军入两广驻防、作战者，人数不下七万人。战事结束后，广东出资遣散筹备海防及援台助越所招募的勇营。因虑及措资不易、防务吃紧及勇营将领拥兵靡饷，张之洞与巡抚、各将领、司道反复筹商，分批裁撤。② 目前所见，张之洞督粤时期广东有三次较大规模的勇营裁撤。光绪十一年九月初四日，张之洞上奏大举裁留各营勇。在节饷和保存营制建制的平衡下，张之洞创设"底营"制度，即各营营官不裁撤，勇丁减半。此次裁撤营勇共五万三千八百余人，每月可节饷二十余万两。③ 光绪十二年，原有勇营继续裁撤，共裁勇丁六千一百六十六名。④ 光绪十三年，随着琼州客、黎起义的平定和各路清乡的就绪，各营酌量裁撤、归并，共实际裁去勇丁七千七百八十五

---

① 《札司局议开源节流》（光绪十年九月二十四日），《督广咨札·咨札二》，张之洞档，甲 182-196。

② 如倪文蔚曾致信张之洞言及："长洲居省防要隘，炮台、营垒煞费经营成功，万不可弃，张去则恐炮手随之而去，亦自可虞。尊意裁广胜军一营抵广济军一营（昨见蔡绥廷，其意甚不愿裁，如此最周帀），以张邦福一营抵广胜一营，拔隶李镇，既可不裁蔡部原营，又可弥缝李镇之缺，长洲得两营驻之，足以坐镇矣。张既拨隶李军，营制不能仍旧我用我法，免却多少斡旋，极为妥顺。雷琼王道请多留水陆两营，琼州内防黎患，外防洋盗，似不宜过单。敝处候贵署批示遵照，未下断语，当交原差赍回。"见《文蔚致香帅》，《赵凤昌藏札》第 1 册，第 329~330 页。

③ 《各路防营分别裁留折》（光绪十一年九月初四日），《张之洞全集》第 1 册，第 323~324 页。

④ 《粤省本年节次续裁勇丁以节饷需折》（光绪十二年十二月初四日），《近代史所藏清代名人稿本抄本》第 2 辑第 149 册，第 506~517 页。

名。^① 至局所用度方面，由于广东于中法战争期间派出大量侦探、委员前往广西前敌，这些侦探、委员薪水由广东支出。战后不久张之洞即咨会广西巡抚李秉衡察度情形，裁留各营、各局委员。^② 广东本省局所费用亦于其后裁减。光绪十二年三月二十六日，张之洞下札称现时"粤省饷力万分艰难"，除广雅书局、盐务各局、船局、矿政局、博学馆、实官捐输局、厘务及省局外厂，所有督抚两院文案处、营务处、军械局、东西制造局、鱼雷水雷局、洋务局、文报局、海图馆、沙田局、旧设捐输局、交代局、清查局、报销局、清饷局、积案局、谳局、候审公所、保甲局、西关团练、绅局煤厂、江浦行营、惠州谳局之各员薪水、夫马皆议裁减。^③

除战后裁勇局以节流外，张之洞等还着手清厘广东税厂、盐务、沙田积弊以裕财源。

光绪十年闰五月，先后有言官奏告广西梧州关税、厘金积弊，时值中法战争，张之洞未及详查。中法战争结束后，广西、广东先后派委黄宏藻、陈占鳌、徐敦诒、杨光铨、周志瑞、张祖恩、朱寿镛众委员密查相关情形。光绪十二年三月二十一日，张之洞、李秉衡会奏查革梧关积弊。梧州经费即行裁免，经费局、梧关各书巡一概裁撤，改用司事、巡丁，并可随时革换，统计裁革、减定各项税费、经费、陋规每年共二十五

---

① 《续裁营勇折》（光绪十三年十一月初三日），《张之洞全集》第 2 册，第 38~39 页。

② 《咨西护院分别撤留各营各局委员》（光绪十一年四月初六日），《督广咨札·咨札三》，张之洞档，甲 182-196。

③ 《札饬司局核议裁减各委员薪水夫马》（光绪十二年三月二十六日），《督广咨札·咨札六》，张之洞档，甲 182-196。

万两，奏明定章立案，于水陆通衢勒石立碑，并严禁梧州府馈送上司节寿。①光绪十年七月，另有言官片奏肇庆黄冈税厂、潮州东关税厂积弊，张之洞亦密委司道、委员前往肇庆、潮州访查。在奏陈查革梧关积弊的同日，张之洞奏告裁革肇庆、潮州税厂积弊。肇庆税厂更改章程，改以委员驻厂征收，将原厂书、签手裁革，原用幕友家丁亦改雇巡丁，官房、总房、散房等皆裁撤，刊发三联单按月报销，各项浮收、规费一律即日裁革。同时，张之洞命肇庆税厂将加征盈余、桥羡二项足额解省，并要求肇庆知府、潮州税厂用度设法撙节共计五万两，另作为额外节省防费每年解交善后局充海防经费。②

潮桥盐务原由运同管理，因时任潮桥运同钱瑢欠课甚多，光绪十一年，张之洞将其参劾革职留任，委派潮州府知府朱丙寿会同办理潮桥盐务。③然潮桥盐务疲累依旧，张之洞遂将钱瑢撤掉，此后潮州不再单独设立运同。光绪十二年二月二十五日，张之洞奏告潮桥运同一职改由潮州府知府朱丙寿兼署。朱丙寿奉养去职后，张之洞另外派新任知府方功惠兼署。④潮桥运同虽由知府兼署，但收数依旧惨淡，且兼署仅为一时权宜，故张之洞吸取四川官运及黄江税厂改制经验，在潮州设立官运

---

① 《查革梧关积弊折》（光绪十二年三月二十一日），《张之洞全集》第 1 册，第 384~388 页。

② 《查革肇潮两府税厂积弊折》（光绪十二年三月二十一日），《张之洞全集》第 1 册，第 380~383 页。

③ 《特参盐务洋务营伍不职各员折》（光绪十一年八月初一日），《张之洞全集》第 1 册，第 317 页。

④ 《潮纲废弛委府兼办片》（光绪十二年二月二十五日），《张之洞全集》第 1 册，第 368~369 页；《潮州知府兼署运同片》（光绪十三年十月初九日），《张之洞全集》第 2 册，第 30 页。

局，由广东盐运使自行督办，选派委员一手经理。① 对于潮桥
盐务积弊，正月二十三日，张之洞致电闽浙总督杨昌濬，称查
明潮桥盐务积弊，累在闽汀八埠，咨请三条办法。一为统减闽
汀八埠二成厘金，由潮桥运同包抽解闽；二为地方官所收规费
定名缉私经费，改由运同按销盐成数缴费；三为将宁化、归
化、清流三埠改划为闽盐引地。杨昌濬复电以窒碍太多，不允
划埠，只答应减厘、分成。② 经与杨昌濬往返电、函商议后，
光绪十三年九月初六日，张之洞奏告整顿潮桥盐务方案，于次
年正月始实行减厘分成新章。③

　　沙田照例须五年清丈一次，然自同治五年后广东已十余年
未认真清丈。如本书第二章所述，中法战争期间，张之洞为筹
集海防饷需，拟仿照办理山西马厂成案清丈沙田，奏颁部照以
增田赋，但因军务倥偬，无暇顾及。光绪十一年十一月，清廷
谕令广东督抚确查速办沙田清丈。鉴于民间持垦单、县照、司
照管业，各色田土凭照不一，且凭照或有遗失，或田土已经售
卖，常有影射、侵占之事，光绪十二年七月初一日，张之洞奏
请户部先行颁给部照一万张，以顺应民情，便于登记清丈。④
部照到粤后，张之洞即饬广州府知府孙楫添派委员，在省城设

① 《潮桥盐务疲弊改章试办折》（光绪十五年二月二十八日），《张之洞全
集》第 2 册，第 179～181 页。

② 《致福建杨制台》（光绪十二年正月二十三日），《近代史所藏清代名人稿
本抄本》第 2 辑第 26 册，第 668～671 页；《杨制台来电》（光绪十三年
二月二十二日），《近代史所藏清代名人稿本抄本》第 2 辑第 27 册，第
238 页。

③ 《整顿潮桥盐务折》（光绪十三年九月初六日），《张之洞全集》第 2 册，
第 23 页。

④ 《请颁沙田部照折》（光绪十二年七月初一日），《张之洞全集》第 1 册，
第 433～434 页。

立总局，南海、番禺、香山、顺德、新会、东莞等县，及潮州各属亦先后设局，由地方官督饬士绅、委员议定章程，办理清丈。① 户部所发一万张部照只含已熟沙田之上则、中则两起，并无未熟沙田斥则之照。在办理沙田清丈纳赋的过程中，各局委员遇有未熟坦亩则以无照拒发，张之洞虑如无可信之部照，将来沙坦成熟，必致讼端不已，无法清晰田额，故奏请户部另发斥则部照，无论已熟、未熟沙田，各坦一律发给。②

张之洞督粤时另征收巡缉经费扩充饷项。因广东盗案多发，有碍商务，光绪十二年五月二十二日，张之洞上奏在省城设立公所，派员督同爱育堂绅董劝令各行捐助经费，专为水陆巡缉之用。③ 该款虽名曰巡缉经费，实为停抽之牙捐的变种，由各行承办包缴。拱北关税务司贺璧理直言巡缉经费是一种附加税，"几乎所有的货物，国产的、进口的，都要征收这种附加税"。④ 抽收巡缉经费有累于商民，然而由于张之洞督粤财政紧张，此款相沿日久。离粤前，张之洞方命将巡缉经费一概裁免。⑤

---

① 《设局清查沙田酌拟章程折》（光绪十三年七月二十八日），《张之洞全集》第 2 册，第 10~12 页。

② 《沙田发给部照片》（光绪十五年八月初六日），《张之洞全集》第 2 册，第 227~228 页。

③ 《筹捐巡缉经费折》（光绪十二年五月二十二日），《张之洞全集》第 1 册，第 412~413 页。

④ 贺璧理：《拱北关十年报告》，拱北海关志编辑委员会编《拱北关史料集》，1998，第 232 页。

⑤ 《札东善后局裁免巡缉经费》（光绪十五年八月二十六日），《张之洞全集》第 5 册，第 150 页。

镇抚黎、瑶起事与开发琼州

琼州在清代为广东属府，由于孤悬海外，张之洞督粤前开发程度不高。琼州族群关系错综复杂，既有所谓的本地民人，又有黎人、客家人聚居。黎人分为已接受一定汉化的"熟黎"和汉化程度较低的"生黎"；客家人则分为同治六年（1867）前自行渡过琼州海峡的"老客"以及同治年间由前广东巡抚蒋益澧安插至琼州的"新客"。正因族群关系复杂，光绪年间琼州斗案、起事不断。光绪五年（1879）、八年、九年、十年琼州皆发生大规模起事，为广东当道派员平定。[①] 自光绪五年前后，琼州起事奉惠州客民陈钟明、陈钟青为首，历次皆仅临时就抚，并未彻底查办。光绪十一年琼州发生旱灾，客家人黄邹保起事，扰及临高、儋州、澄迈多处，与此同时，陵水、万州并有黎人起事。[②]

十二月初五、初六、十三、十五、十六、二十、二十二等日，署琼州镇刘成元、护理雷琼道谦贵节次电禀儋、临客人及陵水黎人起事情形，张之洞屡饬严办。[③] 至次年（1886）四月琼州剿客略定，新署琼州镇总兵张得禄、谦贵等人禀请将客民安插到钦州白龙尾。张之洞认为并非善策，且其探闻与镇、道所禀不一。十二日，张之洞致电钦廉督办冯子材，询问治琼良策。冯子材复电答以须灭客、灭艾、抚黎，开通十字大路，方

---

① 《截击琼州客黎各匪折》（光绪十年十二月二十七日），《张之洞全集》第 1 册，第 263 页。

② 《请派大员澈办琼州客黎各匪折》（光绪十二年八月初十日），《张之洞全集》第 1 册，第 434~435 页。

③ 《札发琼州剿匪电禀》（光绪十一年十二月十七日），《督广咨札·咨札五》，张之洞档，甲 182–196。

可永远无事。① 经与冯子材反复电商，六月初十日，张之洞电奏请派冯子材带营前往琼州办理，得清廷允准。② 冯子材即于七月初渡海抵琼。

在镇压客黎起事的过程中，张之洞将海口电报线延展至琼州各峒，使自己得以与各统兵大员保持联系，获知并干涉镇抚事宜。如八月二十七日，张之洞致电冯子材、方长华、崇绚、陈荣辉、刘保林，称宜三路进兵，先剿陈钟明、陈钟青，并指示镇抚客民总体方略。③ 与此同时，张之洞派遣信任的委员署理琼州地方官，为其监视各军和提供探报。可明确者有杨玉书、刘保林、杨光铨、刘思敏等，杨玉书曾向张之洞禀告东路军刘保林与冯相荣的矛盾，以及进军情形和得失，可见委员禀文的私密性。④ 此外，张之洞主要为镇抚各军筹兵筹饷。冯子材渡琼之初，张之洞命带萃军四底营赴琼，另派十四底营、方长华琼军八底营、陈荣辉全字两底营、王孝祺勤军一底营往助。光绪十三年二月十七日，因萃军战瘴损耗严重，张之洞奏陈添调在省城的刘永福部前往琼州助剿，由福军营务同知孙鸿勋选带四营前往，到琼后再添加土勇两营。⑤ 至饷银方面，光绪十二年五月二十四日，张之洞即饬北海、钦州各厘厂、平柜

---

① 《致钦州冯宫保》（光绪十二年四月十二日）、《冯宫保来电》（光绪十二年四月十三日到），《张之洞全集》第 7 册，第 351 页。

② 《致总署》（光绪十二年六月初十），《张之洞全集》第 4 册，第 392页；《电寄·四六二》（光绪十二年六月十三日），《清代军机处电报档汇编》第 1 册，第 158 页。

③ 《致琼州冯督办方道崇道陈参将刘倅》（光绪十二年八月二十七日），《张之洞全集》第 7 册，第 357~358 页。

④ 《玉书禀张之洞》，《张之洞存札》，张之洞档，甲 182-217。

⑤ 《请派大员澈办琼州客黎各匪折》（光绪十二年八月初十日）、《添调福军赴琼片》（光绪十三年二月十七日），《张之洞全集》第 1 册，第 436、498 页。

盐局将所存之款全数解交冯军，日后每月收款亦照此办理。[①]
在进军的过程中，张之洞饬琼州就地抽捐助饷，并议及琼州各
海口暂时加抽剿黎经费、各市镇铺捐、烟叶加厘、烟膏抽厘
等项。[②]

　　清军分三路进军，中路由冯子材督同林长福、冯相华进
攻，冯相荣、刘保林从万州东路进军夹击，与中路军会合于什
密，方长华由西路儋州、临高进军会攻黎山，兼控客民。[③] 及
光绪十三年闰四月，琼州最南端之崖州各峒起事首领先后被拿
获，黎民缴械投降。五月初四日，张之洞、吴大澂联衔电奏，
称琼州剿匪已毕，各路抚黎开路事已大略就绪，黎地善后及安
辑土客各事宜交雷琼道朱采办理，琼州裁勇撤兵，冯子材与朱
采商定一切后即回钦州。[④] 琼州客、黎起事至此基本平定。

　　在琼军查办客、黎起事的过程中，张之洞奏告清廷酌拟并
刊发《抚黎章程》十二条。《抚黎章程》除安民招黎外，并议
及伐木开山、开通十字大路、设立义学等事。[⑤] 琼州底定后，
张之洞于光绪十三年六月十三日奏陈裁留营勇通筹善后事宜。
该折言冯子材合原统萃军并全字两营，共二十二底营，留五营

①　《致廉州平柜盐局北海厘局钦州冯宫保张州判炳麟钦州厘金分厂》（光绪
　　十二年五月二十四日），《张之洞全集》第 7 册，第 353 页。
②　《致琼州谦守刘令思敏》（光绪十二年八月二十八日）、《致琼州谦护道琼
　　山刘令》（光绪十二年十二月二十二日），《张之洞全集》第 7 册，第
　　359、371 页。
③　《琼军获胜筹办招抚折》（光绪十二年十一月二十七日），《张之洞全集》
　　第 1 册，第 462 页。
④　《致总署》（光绪十三年五月初四日），《近代史所藏清代名人稿本抄本》
　　第 2 辑第 27 册，第 359~360 页。
⑤　《剿抚各黎开通山路折》（光绪十三年二月十七日），《张之洞全集》第 1
　　册，第 495~496 页。

分防钦州，其他十七营渡海抵钦后全部裁撤；原方长华所统琼军并朱采、孙鸿勋新募营勇重新裁留成十底营，统名琼军。开路方面，张之洞奏报已开通大路十二条，共三千六百余里，并劝督各州县团绅另开与大路接通之二十二条小路。同时张之洞奏陈琼州底定后拟办之善后事宜，包括移民垦田、招商伐木、助商开矿、设官控制、除弊化俗各端，已饬雷琼道朱采次第切实筹办。①

张之洞离粤前曾筹划经营琼州榆林港。光绪十二年，杨玉书曾禀请张之洞开发榆林港，并与主事张廷钧履勘其地。光绪十三年四月杨玉书瘴没，其在致张之洞遗电中称，中法战时，法国曾在榆林港驻泊兵轮十八艘，琼州镇道并不知悉，幸其后和局已定，否则不堪设想。榆林港可容轮船数十艘，不仅海防重要，而且开埠后有利于商贸，"实为富琼第一要策"。② 时杨玉书遗电并未引起张之洞重视。及光绪十五年七月初，法国兵轮先后两次进入榆林港量水、钉桩、插旗，张之洞得琼州镇、道的禀告后，命众人派员将法国旗桩拆毁，并致电总署诘问法国公使。张之洞知榆林港之重要性，致电署琼州镇总兵李先义带员赴榆林港测量。九月二十日，张之洞奏告榆林港形胜紧要，拟于榆林港筑造炮台三座，配备十五生新式长炮六尊，先行调派一营驻守。③ 不久李瀚章继任两广总督，将张之洞所购之炮赠予北洋，榆林建军港之议遂中止。

---

① 《全琼肃清分别裁留营勇通筹善后事宜折》（光绪十三年六月十三日），《张之洞全集》第 1 册，第 537~540 页。

② 《杨道遗电》（光绪十三年四月初九日到），《张之洞全集》第 7 册，第 402~403 页。

③ 《查勘榆林港形势筹议驻营筑台片》（光绪十五年九月二十日），《张之洞全集》第 2 册，第 275~276 页。

广东连山厅地处南岭，多有瑶、民相攻之事。张之洞于光绪十三年（1887）已留意到连山瑶人之不安。时张之洞札饬广东布政使、广东按察使会议羁縻瑶民之法，计有三条。其一为给瑶长、瑶目发放瑶粮银一千八百两；其二为修复连山营汛；其三为设立品级较高职官，取代旧设瑶把总管理瑶人。[①]然而，瑶、民仍频频相攻，至光绪十五年张之洞决意彻底查办。是年正月、二月间，连州知州朱璟、连山绥瑶同知辅良、三江协副将宋福庆、南韶连道林贺峒先后禀告瑶、民再度生衅，瑶人出排焚杀多次。张之洞批饬林贺峒亲自前往连州绥瑶厅等处彻查究办，并札令卸任清远营游击江志带领安勇四五百名，会同林贺峒、宋福庆秉公查拿民、瑶各匪。[②]

林贺峒认为光绪年间之瑶、民生衅，主要是瑶人强横肆虐，故其派遣兵勇进攻火烧寨、新寨、耳环冲三处。林贺峒禀告称其军攻打、焚烧瑶寨，并搜获歼毙瑶民数名。时张之洞认为拿匪、办案已有端倪，但仍须大规模查办，故咨会陆路提督郑绍忠亲自前往连州查办瑶民。[③]然而，林贺峒此时却以"事权太分、信息太隔、天时不宜、经费不继"，电禀暂行回省，秋后再办。得电禀后，张之洞随即将林贺峒申饬，谓著匪未获，经费不敷准请领，兵力不足准添加，电报线已接至连山，且其已咨会郑绍忠毋庸迁回，饬江志回防和宋庆听调度，事权

---

① 《札司核议修连山营汛给瑶粮各情》（光绪十三年九月初一日），《督广咨札·咨札十》，张之洞档，甲182-197。

② 《批南韶连道禀瑶匪出排焚抢将各案办结》（光绪十五年三月十七日），《张之洞全集》第7册，第85页；《札副将江志查办民瑶积案》（光绪十五年三月二十三日），《张之洞全集》第5册，第140~141页。

③ 《咨会郑提督往连州查办瑶匪》（光绪十五年五月十六日），《督广咨札·咨札十一》，张之洞档，甲182-197。

已一，不得以此为借口，命林贺峒前往三江口悉心筹办。①

张之洞虽未将林贺峒撤任，但其认为林贺峒草草敷衍，必致养痈为患，不如地方官募土勇办理得当，故札委候补通判郑敦善署理连山绥瑶同知，就地募土勇五百名，饬听林贺峒调度，待秋凉后焚山开路，深入瑶排留勇驻守。② 张之洞之举实暗含分林贺峒权之意。时恰值林贺峒丁忧离粤，经与广西巡抚高崇基往返电商，七月十七日，张之洞札调广西候补道何昭然前来广东，替代林贺峒督办连州瑶排剿抚事宜，并饬连州、连山文武官员及三江协弁兵皆听何昭然节制，以求将民、瑶各案彻底清厘，永息衅端。③ 其后不久张之洞离粤，镇抚瑶人之事并未如琼州一般大举。据继任两广总督李瀚章奏报，经十一月十三、十八两日何昭然等两次大举进兵后，各瑶寨已纷纷就抚，其即命郑敦善裁汰半数土勇，并饬何昭然销差回桂，将所募之勇全行裁撤，以节糜费。④

治理盗匪

晚清时期，广东盗势颇张，为地方治理的一大问题。同治七年（1868），两广总督瑞麟派署潮州镇总兵方耀前往潮州清

---

① 《林道来电》（光绪十五年六月初一日），《近代史所藏清代名人稿本抄本》第 2 辑第 64 册，第 471~475 页；《批南韶连道禀派勇焚毁火烧寨等处瑶寨》（光绪十五年六月初七日），《张之洞全集》第 7 册，第 88 页。

② 《札通判郑敦善募勇办瑶》（光绪十五年六月初八日），《张之洞全集》第 5 册，第 148 页。

③ 《札调广西补用道何道昭然来东督办连州瑶排剿抚事宜》（光绪十五年七月十七日），《督广咨札·咨札十一》，张之洞档，甲 182-197。

④ 李瀚章：《奏裁撤勇营并奖赏文武员弁疏》，民国《连山县志》卷 5，1928 年铅印本，第 40 页。

厘积案，方耀创设"清乡"之法，成为历任广东督抚治理盗匪的重要手段。所谓"清乡"，即"水陆分防严密，复设各处行营为办匪机关，委用熟悉缉捕能员，分带土著营勇，同时大举，按乡清办；随时随地购线踪缉，遇有大股匪徒，则会合剿捕；仍责成旧日正绅与各属商会，同负保民攻匪之责；编查各乡村保甲，举出房、族正副，密报匪名，到拿捆送，以清内匪，并给械办团，以辅兵力之不逮"。①

中法战后，广东防务稍暇，经与冯子材、方耀、郑绍忠商定，张之洞派统兵大员带领营勇前往各路，会同地方文武查办匪乡。光绪十一年十二月二十七日，张之洞奏陈将广东会匪、盗匪、斗匪一体清查，分为惠潮、广州、廉州三路。署水师提督方耀专办惠州海陆丰两乡及临近水师辖境，其余惠潮各路则会同陆路提督郑绍忠办理；郑绍忠督同署广州协副将邓安邦，专办广州府番禺、东莞、香山、新会、新宁、清远、花县、佛冈及韶州府、肇庆府临近广州府地方，方耀会办近海匪乡；冯子材专办钦廉等处，阳江镇总兵黄廷彪统率师船协剿钦廉洋盗及九头山盗匪。此外，张之洞奏饬知府刘恩溥、知州曾纪渠、副将黄金福统带轮、拖各船巡缉省城六门内外洋面，剿捕洋匪。②至光绪十三年五月，广东分路清乡已有端倪，省城外各盗案、斗案渐息。然而广州府之南海、番禺、顺德、香山等县打单之风日炽，张之洞于省城专设缉捕总局，负责省城及省城附近各县的缉捕、保甲、团练事宜，委派奏调之前浙江按察使陈宝箴

① 《总商会详陈清乡办法（续）》，《香港华字日报》1913 年 9 月 23 日，第 4 版。
② 《查办匪乡折》《剿捕洋匪折》（光绪十一年十二月二十七日），《张之洞全集》第 1 册，第 349~350、352~353 页。

会同广东按察使王毓藻总理。① 张之洞本拟自设立缉捕总局三
个月内，省城附近盗风即可平靖，但省城附近盗匪依托港、
澳，不易缉捕，故张之洞仍采用分路大举剿捕办法。光绪十五
年八月二十六日，张之洞奏陈唯有合力大举，将巨匪痛加惩
创，盗匪方知畏惧，故与港、澳交涉交犯、驱匪、协助等事
宜，同时张之洞饬添募勇船，将南海、番禺、顺德分为六路，
由署广州协副将黄金福充当总办，分路派员专办缉捕。②

除派员水、陆分路清乡，张之洞督粤时奏请订立就地正法
章程以治理盗匪。就地正法制度在清初已有使用，道光年间的
官方文献已屡见该词。咸丰三年（1853）三月十三日，因太
平天国运动引发各地方动乱，清廷谕令各省督抚实力缉拿匪
徒，地方官搜捕讯明后即行就地正法，并饬各属团练绅民合力
缉拿，格杀勿论。时人回顾就地正法由来，多以此为权舆。③
同治二年（1863），两广总督毛鸿宾奏拟章程，变通办理广东各
属盗、劫重案，得清廷允准，成为广东办理就地正法的规范：

> 嗣后广东省除广州府属，及佛冈直隶同知拿获逆匪盗
> 犯，仍行解省勘审外，其距省较远之各府厅州县所获拜会
> 从逆、拒敌官兵，及叠次行劫、伙众持械、拒捕伤人、罪
> 应斩枭斩决各犯，由各该州县审实后，即解送该管道府复
> 审，录供具详，该督抚复明情节确实，即行饬令就地正

---

① 《查办匪乡已有端绪折》（光绪十三年六月十三日），《张之洞全集》第 1
    册，第 541~543 页。
② 《派员募勇分路缉捕片》（光绪十五年八月二十六日），《张之洞全集》
    第 2 册，第 263~264 页。
③ 张世明：《清末就地正法制度研究》（上），《政法论丛》2012 年第 1 期。

法。一俟军务完竣，盗匪敛戢，即行奏明，仍照旧章办理。此外寻常命盗案件，着仍照例勘解，以符定制。①

随着军务渐平，兼以冤假错案频生，言官纷纷奏请停止就地正法制度。光绪八年四月，刑部议复御史陈启泰等人条奏，准嗣后除甘肃、广西及土匪、马贼、会匪、游勇案情重大与形同叛逆之犯就地正法外，其余盗案予限一年规复旧制。② 然而刑部所规定的例外情况过于模糊，且土匪、马贼、会匪、游勇一时难以消亡，此后各省督抚仍纷纷奏请制定本省的就地正法章程。在派员分路清乡前，光绪十一年十二月初一日，张之洞奏告广东近来盗案日多，自规复旧章后各州县官狃于积习，罕有禀报拿获游勇、土匪等案件，非因时立制，不足以安良善而遏乱萌，故与广东按察使、广州府知府商议后，请订立就地正法章程，"嗣后拿获持械伙劫、凶暴众著之各项盗匪，无论水陆，不分首从，凡有案情重大、罪干斩枭斩决者，一体照土匪、马贼、会匪、游勇章程先行惩办"。张之洞所奏立的就地正法章程具体操作与毛鸿宾之章程大体一致，仅解省勘审之地域多了同治八年新设的赤溪厅。得刑部议准后，张之洞等请将新旧各案盗匪一律按就地正法章程办理，以免旧犯逃避严惩。③

为绥靖广东地方，张之洞将就地正法制度推及其他方面。广东民情剽悍，因事聚族、聚乡械斗甚多，且往往雇募

① 《清实录》第 46 册《穆宗实录（二）》，第 746~747 页。

② 《钦定大清会典事例（光绪朝）》，新文丰出版公司，1976，第 15660 页。

③ 《请定盗案就地正法章程折》（光绪十一年十二月初一日），《张之洞全集》第 1 册，第 346~347 页；《请将新旧各案盗匪一律办理片》（光绪十二年三月二十一日），《近代史所藏清代名人稿本抄本》第 2 辑第 112 册，第 198~199 页。

土匪、海盗等亡命之徒助斗。在奏告分路清乡之时，张之洞等另折奏请仿照同治六年刑部奏定办理天津锅匪办法，在广东另行订立械斗专条。该条拟定主谋、纠斗、帮斗者，无论杀伤几命，是否被伤，均照土匪例，不分首从一律就地正法，此外并对族首、族绅、祠长包庇主谋及斗乡祠产充公做出规定。光绪十二年十二月初七日，张之洞等又鉴于广东掳掠、拐卖人口出洋之风日甚，奏准规复同治五年瑞麟等订立的旧章，将拐匪先行就地正法，"归入奏办各路匪乡案内就地惩办，汇案奏报"。①

澄清吏治

乾隆以后，督抚例加都察院都御史衔，故有监督官吏之权。除了定期的大计、军政，督抚有遇事纠劾的权力。张之洞抵粤前，因广东吏治废弛，清廷寄谕张之洞兴革广东利弊。中法战争期间，虽然军务日不暇给，张之洞仍留心吏治。光绪十一年正月十九日，张之洞奏参不职文武官员共十一人，并谓广东文武弊端不可枚举，参不胜参，撤不胜撤，故先行参劾此数人以正风气，其他各官另行甄别查看。② 此后贪墨、昏惰、讳盗、不法之广东文武官员，皆由张之洞随事参劾。如四月二十日，参革贪墨炮台工程款之候补知县王懋官、冒充营官讹诈之游击萧庆胜；光绪十二年正月参革讳盗之清远县知县罗炜，以

---

① 《请严定械斗专条折》（光绪十一年二月二十七日）、《请复拐匪就地正法旧章折》（光绪十二年十二月初七日），《张之洞全集》第 1 册，第 350~352、466~467 页。

② 《特参不职文武各员折》（光绪十一年正月十九日），《张之洞全集》第 1 册，第 271~272 页。

及欠解粮米之州县官十一人；① 等等。

同治年间，久任粤督的瑞麟好货优容，以致广东贪渎盛行，其后经刘坤一、张树声整顿，虽稍减，但其风仍炽。张之洞抵任两广总督后，传谕各属不得馈送礼物，并将粤海关监督海绪送来之每月三千两津贴札发广东善后局收存作为公费之用，然各属员仍旧送礼。光绪十一年五月初一日，借发还属员馈送贡余之事，张之洞通饬省城司道各属禁止馈送贡余、陋规、礼物、门包等各项名目的规费、物品。如查出有馈送、收受者一律严参。② 光绪十二年、十四年，张之洞两次兼署广东巡抚，对吏治更加注重，在接篆之时皆传谕省城属员遵守光绪十一年所定旧章。经张之洞屡次传谕、札饬严禁，省城馈赠之风渐息。然而地方各道府州县仍有收受下属水礼且放纵家丁收受门包情形，因收数较小，故得各官上司默许。张之洞认为若不禁止必致贪风复炽。光绪十五年五月初六日，张之洞札饬司道严加考察，若道府州县私行馈受即行参劾。③ 陋规虽是灰色收入，影响吏治，却为地方必需的办公之资。张之洞裁革地方陋规后，各州县入不敷出，张之洞议以加给公费。前于光绪十三年，雷琼道将陋规一律裁革，张之洞等为琼州道、府筹足公费。光绪十五

---

① 《参王懋官片》《参游击萧庆胜片》（光绪十一年四月二十日），《近代史所藏清代名人稿本抄本》第 2 辑第 111 册，第 215、230~231 页；《参清远县罗炜讳盗片》（光绪十二年三月二十一日），《近代史所藏清代名人稿本抄本》第 2 辑第 112 册，第 196~197 页；《特参各员革职严追折》（光绪十二年正月），《张之洞全集》第 1 册，第 362 页。

② 《札东善后局收存公费》（光绪十年闰五月二十六日），《督广咨札·咨札一》，张之洞档，甲 182-196；《通饬各属禁止馈送》（光绪十一年五月初一日），《张之洞全集》第 5 册，第 81 页。

③ 《札司道禁止收受馈赠》（光绪十五年五月初六日），《张之洞全集》第 5 册，第 143~144 页。

年春，张之洞饬广东布政使详查各属公私出入各款，经与两司筹议，十月十二日，张之洞奏告裁革广东州县各项规费和捐摊：陋规一项一律禁革，其必不能省之公费应裁减一半；藩、臬司捐摊一律裁免，所需支发的款项约二万两改由司局筹给；道、府实解公用之捐摊仍旧，其他捐摊虚款一概全裁；学政考棚办差杂费裁减三成，并饬令司局道府少派例差。统计抵补捐摊费用、实需之办公经费、学政办差杂费、瘠苦州县津贴每年约需七万七千余两，张之洞奏言从闱姓款中拨给。①

除整顿文官吏治，张之洞离粤前另着手整饬营伍。广东武营各弁往往从营伍中挑选兵丁赴衙署当差，且往往超出需求人数，以便在当差各兵外多取名粮，这种行为谓之贴差。张之洞认为贴差致使各汛兵丁单薄，故各乡盗匪充斥。光绪十五年五月十二日，张之洞札饬武营各员查明各营贴差若干，除应酌留者，其余兵丁遣回归伍，不准再有缺额，若此后仍有贴差虚伍行为，查明必当严参。② 此外，如同州县捐摊一般，武营也有以办公为名之摊扣，在查革贴差的同时，张之洞命各营于十日内查明摊扣若干，开列清折备查。时张之洞命广东布政使游智开依据各营清折详查情形，筹议裁减武营摊扣并设立章程，然而不久张之洞离粤，其事旋即中止。③

---

① 《裁革州县规费各项加给公费津贴折》（光绪十五年十月十二日），《张之洞全集》第 2 册，第 284~285 页。

② 《札各营严禁贴差虚伍》（光绪十五年五月十二日），《张之洞全集》第 5 册，第 145 页。

③ 《札各营确查摊扣》（光绪十五年五月十二日）、《札东藩司议各营贴差摊扣》（光绪十五年十月十五日），《张之洞全集》第 5 册，第 145~146、153~154 页。

办理水政

晚清两广河工废弛，受季风影响，水旱灾害频仍。光绪十一年、十四年、十五年间，两广接连发生水灾。张之洞在粤时主持筹款赈灾、兴修围堤。

光绪十一年，两广各地先后出现较大水灾。五月，广东西江、北江大涨，溃决河堤数百处，绵延沿江十余州县，饥民达十余万人，为道光十四年（1834）后广东水灾之最。同月广西桂林、梧州、浔州、平乐、柳州等府亦遭水患。七月、八月间，潮州府韩江水涨，冲决海阳、饶平、澄海三县堤岸各数十丈。张之洞命各地方官极力搜救，并筹集银、米、面饼，分路派员前往广东、广西各处赈灾和堵决河口。[①]至八月后广州、肇庆两府水灾稍松，张之洞认为"与其补救于事后，不如豫防于未然"，经与巡抚、司道筹商，张之洞奏告筹集巨款，大修广肇围堤，分路责成各官办理。南海一路由署督粮道萧韶会同署南海县知县张琮办理；三水、清远一路由署陆路提督郑绍忠办理；高要、高明、四会一路由肇阳罗道潘骏猷办理。广肇围堤首次以官银巨款助修，共用官银二十五万余两。[②]广西向来贫瘠，五月水灾之时，广西巡抚李秉衡曾致书张之洞告急，桂省为两广总督兼圻之地，时张之洞筹集银五万九千两委员分路赈抚。水势稍平后，广西司道议修平乐至梧州纤路，但广西筹款兴修兴

---

① 《东省被水动款赈抚筹款集捐赶筑基围折》《西省被水由东省动款筹捐委员赈抚折》（光绪十一年五月二十八日），《近代史所藏清代名人稿本抄本》第2辑第111册，第291~298、505~509页；《潮属被水堤工竣事片》（光绪十一年十月），《张之洞全集》第1册，第338~339页。

② 《大修广肇两属围堤工竣折》（光绪十二年九月初三日），《张之洞全集》第1册，第442~444页。

安县之斗河后，桂省已无款可筹。其时广东协广西赈灾银仍剩一万余两，张之洞奏告以此余款加以江苏士绅严作霖之捐款，共三万余两，先行助修昭平至平乐纤路。① 潮州七月水灾未如五月广肇等地水灾严重，至八月，韩江水势亦已平缓，张之洞拨给官银一万七千六百余两，合官绅捐银共十六万余两，交署潮州镇中军游击方鳌负责大修海阳、饶平、澄海三县堤岸。② 广州、肇庆、潮州各处堤工，皆于光绪十二年九月陆续完工。

　　光绪十四年、十五年，广东再次发生水灾。光绪十四年春，东江、西江水涨，张之洞等派员分头防护抚恤，并亲自出省查勘围堤。是年三月至五月间，广东仍雨多晴少，至五月十一日、十二日，西、北江大涨，冲决大小围堤近百处，"此次水势与光绪十一年相等，且间有更增四五寸者，而雨多涨久，此次为尤甚"。张之洞于十八日再次乘轮出省查勘围堤、救济灾民，并与郑绍忠函商抢护围堤。六月后天气放晴，各江水势较平，张之洞奏陈查明各处受灾情况，并筹发官款，将溃决围堤补修。③ 光绪十五年四月中旬省城连日大雨，各路渐次水涨，张之洞于二十一日再次乘坐小轮船出省查看西、北江大堤。④ 其后西、北江水势旋即消停，并未导致较大水灾，是年水灾主要发生于东江流域之惠、潮、嘉等处，"镇平县最重，

① 《开报协西赈款并将余款展修纤路折》（光绪十二年九月初三日），《张之洞督广折片》，张之洞档，甲182-198。
② 《修筑潮州府属各堤工竣片》（光绪十二年九月初三日），《张之洞全集》第1册，第445页。
③ 《奏西北两江水灾情形督饬救护抚恤折》（光绪十四年六月初四日），《张之洞全集》第2册，第102~104页。
④ 《出省查勘西北两江围基情形片》（光绪十五年五月十五日），《张之洞全集》第2册，第196页。

嘉应州次之，平远县又次之"。据报镇平县冲决河堤、水陂一万余丈，倒塌房屋数千间，溺毙数百人，盐船沉没二百余艘，淹没农田，粮食七成无收。张之洞督饬司道四次筹拨二万七千两白银分赈，并以工代赈赶修镇平堤工。[①]

修筑省河长堤为张之洞督粤时期另一重要的水政举措。自洋人修筑沙面后，泥沙于省河平缓处淤积，粤省民众逐渐侵占填筑，以致河道阻塞；每逢水涨之时，西关、南关一带皆遭水灾。光绪十五年七月初三日，张之洞奏告整治省河河道，同时利于发展商业。张之洞拟在省河北岸修建长堤，在南岸疏通河道并开辟一河以分水势。在张之洞的计划中，长堤西起横沙，东至东关东涌尾，全长一千八百余丈。长堤铺设马路、广种树木、遍修铺廊，以便商人交易。同时在洋行香港轮渡码头之右添设丁字码头，作为官轮停泊之所；横沙新建招商局码头一所。西关沿河一带加高培厚原有基围，开通小涌、窦门以防内涝。约需用银四十余万两，因费用巨大，故分段填筑。[②] 张之洞计划修的长堤，兼具防洪、利商、整理土地、更新城市面貌的功能，然而不久清廷即命张之洞调任湖广总督。张之洞离粤前，官轮码头及天字码头东西首段一百二十丈长堤修筑完成。张之洞虽奏告按计划接续分段修筑长堤，但此后随着两广总督的更替，长堤修筑陷入沉寂，直至清末新政时期方再次兴工。[③]

---

① 《嘉应州属水灾筹款修堤暨广肇惠被水折》（光绪十五年七月初三日），《张之洞督广折片》，张之洞档，甲 182–198。
② 《修筑珠江堤岸折》（光绪十五年七月初三日），《张之洞全集》第 2 册，第 207~208 页。
③ 《珠江堤岸接续兴修片》（光绪十五年十月二十二日），《张之洞全集》第 2 册，第 305 页。

文教事业

张之洞在粤最重要的文教举措，为创设广雅书局和广雅书院。光绪十二年三月初七日，张之洞札饬在省城菊坡精舍设立书局，提取粤海关拨督署款项作为书局经费，委任署盐运使蒋泽春为总理，方功惠为提调；聘请李文田为总纂，廖廷相、梁鼎芬、李福祥为总校。所刊布者"兼综群籍"，既有经籍，又包括"讲求经济"之书。① 广雅书院创设于光绪十三年，源于对旧有端溪书院的整顿。是年六月，张之洞上奏谓肇庆端溪书院原为两广总督课士之所，自总督移驻广州，学院纪律纵弛，且规模有限不利于取士。经考察地方，决定于省城附近的源头乡设立广雅书院。书院内建濂溪祠和岭学祠，分别用于祭祀周敦颐及有功于两广文教的历代名贤。生员取于广东、广西两省，额设二百名。书院之课程设置以"博约兼资、文行并美"为规，设经学、史学、性理之学、经济之学、词章之学。② 广雅书院一切学规章程皆由张之洞手定。书院初仅设院长梁鼎芬一人，后因院内事烦，张之洞于光绪十五年十月二十日札饬在院长之下设立分校。原设之课改定为经学、史学、理学、文学四门，各设分校一人，延聘黄涛、林国赓、马贞榆、黄绍昌担任。③ 广雅书局、广雅书院之设立，体现了在晚清大变局中，张之洞折中新旧的苦心。刘伯骥在研究广雅书院的课程设置

---

① 《札运司开设书局》（光绪十二年三月初七日），《张之洞全集》第 5 册，第 104 页。

② 《创建广雅书院折》（光绪十三年六月十六日），《张之洞全集》第 1 册，第 556~558 页。

③ 《札广雅书院提调设立分校》（光绪十五年十月二十日），《张之洞全集》第 5 册，第 154~155 页。

时，即指出："广雅书院之兴，虽然为新创制度，其实是折衷于旧式书院的考课与新式书院的实学之间。"①

除手创广雅书院外，张之洞还对广东原有书院进行了整顿。上文言及，端溪书院纪律久弛，光绪十三年三月，张之洞聘梁鼎芬为主讲，意在整顿、扩充端溪书院。广雅书院落成后，梁鼎芬率端溪经古诸生移居省城，专课时文者留于端溪书院。次年张之洞整顿端溪书院，命修葺书院斋舍，同时改定课程，时文以外兼课经史、古文之学。② 与端溪书院类似，潮州金山书院原只课时文，张之洞命潮州府知府延聘名宿课试经古文，从牌捐中每月提银一千两拨入金山书院作为奖赏专款。③ 韶州府旧设相江书院，光绪十四年，时南韶连道林贺峒认为相江书院仅招收韶州生员，造就人才不广，捐廉另建北江书院，以惠及南雄、韶州、连州三属。④ 北江书院之名为张之洞所取，其后张之洞又建议就相江书院原址改作北江书院，另择一地改建相江书院。⑤ 经费不足为广东原有书院的一大问题。雷州府城建有雷阳书院，由于地处偏僻，士子膏火、山长脩金菲薄；省城之粤秀、越华等书院同样经费无多，膏火过少。张之洞饬广东布政使筹拨雷阳书院经费，以期振兴文教，并命粤

① 刘伯骥：《广东书院制度沿革》，商务印书馆，1939，第 347 页。
② 许同莘编《张文襄公年谱》，《北京图书馆珍本年谱丛刊》第 173 册，第 713、718 页。
③ 《札潮州府筹增金山书院专款》（光绪十五年三月十四日），《张之洞全集》第 5 册，第 140 页。
④ 民国《福建通志》卷 34《列传》，1939 年刻本，第 27 页。
⑤ 《致韶州林道吴守》（光绪十五年二月初八日）、《致韶州吴守》（光绪十五年五月十三日），《张之洞全集》第 8 册，第 3、12 页。

秀、越华监院改定书院章程，加增生员膏火。[①]

明清以来，庙学祭祀空间不断拓展，先后出现了先贤祠、名宦祠、忠义祠等祭祀场所，虽非国家正典，但亦非淫祠之类，地方官员乐于推行。祭祀先贤、名宦、忠烈不仅是文化活动，而且实现了国家对地方的影响和渗透，具有政治功用。张之洞督粤时，积极修建广东文教祭祀场所。如省城附近原有郑仙祠、小蓬仙馆两座道院，张之洞认为两处所祀崇尚虚无，无益风教，皆改为广东先贤之合祠。光绪十三年四月三十日，张之洞札改郑仙祠为三君祠，祭祀虞翻、韩愈、苏轼；小蓬仙馆改祭陶侃、宋璟、韩雍、王守仁、李湖、阮元、林则徐七人，名为七公祠。[②] 光绪十四年间，海珠关张二公祠建成，用于祭祀忠烈殉国之原广东水师提督关天培和原江南提督张国樑，二公祠建成之日张之洞率官属致祭。[③]

张之洞在省城外各属亦推动兴修忠烈、名贤之祭祀祠。光绪十三年底，张之洞出省城巡阅各海口，行抵潮州府城时，嘉应州绅民联名禀请于该州设立左宗棠专祠。时左宗棠去世已两年，闽浙、陕甘总督皆奏请建祠，张之洞回省后具折，言左宗棠于同治年间督办闽粤赣三省军务，平定退据粤东的太平军汪海洋部，应请准照嘉应州绅民所禀，设立左宗棠专祠。光绪十

---

① 《札东藩司筹拨雷阳书院经费》（光绪十四年十一月初二日），《张之洞全集》第 5 册，第 135 页；《札粤秀越华两书院监院拟定诸生膏火章程》（光绪十五年三月初七日），《督广咨札·咨札十》，张之洞档，甲 182-197。

② 《札东藩司改小蓬仙馆为七公祠》《札运司改郑仙祠为三君祠》（光绪十三年四月三十日），《张之洞全集》第 5 册，第 120~121 页。

③ 许同莘编《张文襄公年谱》，《北京图书馆珍本年谱丛刊》第 173 册，第 717 页。

五年九月，张之洞据冯子材咨呈，奏请于罗定州城设立专祠，祭祀咸丰年间平定凌十八起义的前广东高州镇总兵福兴。[1] 除名将专祠外，自张之洞等人派遣大军渡琼，历年因镇抚黎客起事而死伤的将士甚多，是年张之洞奏准在琼州创建昭忠祠，合祭阵亡瘴故之将士，列入国家祀典，按春秋两季致祭。[2] 琼州、潮州、韶州、肇庆皆有先贤事迹：琼州为李德裕、苏轼贬谪之地；韩愈曾任潮州刺史七个月；张九龄生长于韶州；包拯等人仕宦于肇庆。张之洞任两广总督期间，曾命各地方官寻找先贤后代和遗物，并先后兴建、修葺了琼州苏文忠公祠、崖州卫公祠、潮州韩文公祠、曲江张文献公祠、肇庆八贤四公祠。[3]

官绅之态度

张之洞督粤期间虽力图兴革利弊，但因损害官绅利益，其各项兴革多未得官绅支持。乐昌县知县蒋星熙致信赵凤昌，称裁革州县捐摊加给公费并未得到官绅的感激，遭诸人痛诋："第念香帅大经大纶，苦心孤诣，竟毁于此辈，致使后之议者，谓事究难行，忘香帅经年整顿之殚精、爱人以德之远念。

---

[1] 《请于嘉应州城建左宗棠专祠》（光绪十四年正月初十日）、《请于罗定州城建福兴专祠并请立传折》（光绪十五年九月初十日），《张之洞全集》第 2 册，第 64~65、269~270 页。

[2] 《捐建琼州昭忠祠折》（光绪十五年九月二十日），《张之洞全集》第 2 册，第 276 页。

[3] 《致琼州朱道徐守》（光绪十三年十二月十八日）、《唐牧来电》（光绪十三年十二月二十七日到）、《致潮州方守方提台》（光绪十四年十一月十三日），《张之洞全集》第 7 册，第 422、432 页；《致南雄危署牧》（光绪十五年五月十三日）、《致肇庆多道》（光绪十五年七月二十日），《张之洞全集》第 8 册，第 12、16 页。

岂不痛哉！"① 从目前材料所见，各属地方官确多有拖延上报陋规、捐摊总数的情况，究其原因应是州县官灰色收入减少，而补贴的经费又难以维持原来的运转。又如清查武营摊扣一事，各营肯据实禀报者寥寥无几，或含混概称并无贴差摊扣。② 清丈沙田的过程中，官绅与张之洞更是有直接的对抗。沙田的业主大多是地方有权势的官绅，清丈实属不易，州县官对清丈沙田多虚委其事。由于清丈沙田久无成效，张之洞不得不多次札催州县官确实办理。③ 东莞明伦堂一案，是官绅与张之洞对抗的典型事件。明伦堂原为州县教化育成士子之机构，亦为凝聚地方士人参与地方事务的场所。晚清以降，东莞明伦堂逐渐演变成地方士绅主导的大规模土地控产机构，并在此基础上发展成类似某种地方上的政治组织。光绪十四年、十五年间，经广东沙田局查明，东莞明伦堂负责承种的万顷沙三百顷沙田中，有一百三十余顷是溢田，照例须纳银升科，共欠银十四万两。④ 明伦堂士绅对缴还欠银置若罔闻，张之洞命明伦堂士绅将溢田交出，改由广雅书院承种。明伦堂士绅闻及，与沙田局委员勾结倒填年月，仅分批缴纳四万两。张之洞知悉后，即令知府石承霖、东莞县知县张璿前往开导，明伦堂士绅却令佃户逃匿，并粘贴长红。因明伦堂士绅的强硬对抗态度，光绪十五年十一月，张之洞上奏将溢田强行收回，拨归广雅书院另

---

① 《蒋星熙致竹君》，《赵凤昌藏札》第 1 册，第 276 页。

② 《札东藩司议各营贴差摊扣》（光绪十五年十月十五日），《张之洞全集》第 5 册，第 153 页。

③ 《札饬整顿沙田升科并饬各县勒户缴款》（光绪十三年闰四月十九日），《督广咨札·咨札八》，张之洞档，甲 182—197。

④ 民国《东莞县志》卷 36《前事略八》，1921 年铅印本，第 4 页。

行招佃，并将闹事士绅黎家崧、何庆修、郭庚吉、钱万选、邓佐槐等一律严参。①

至治粤之创举，当时地方官绅大多认为劳民伤财。在奏设广雅书院时，张之洞谓广雅书院的建造费用出于顺德青云文社、省城惠济仓、爱育堂士绅及闱姓捐款，常年经费则取诸汇丰银行息银（本金由督署积存廉俸公费、顺德沙田充公款、孔广铺等捐项拨给）、黄江税厂三六平余、红盐变价充公款。②然而广雅书院铺展过大，各项费用渐显不敷。光绪十三年十月十五日，张之洞札称尽管得士绅和闱姓捐款近九万两，但"尚缺银多"，故又命善后局、广东布政使等收取武营四成罚款、顺德沙田充公银余款及各官绅罚款，作为修造广雅书院的费用。③言官批评广雅书院、书局虽为培植人才，"然规模已太侈矣"。④是年底大规模开发琼州耗费巨大，更是不理于官绅之口，时广东省城已流言蜚起，福军营务同知孙鸿勋信中谓：

> 谈时务者谓琼州十字大路，古人徒有是说，天险瘴乡，久如瓯脱，降世巨灵，为易措手。今借大帅威福，将士用命，竟破天荒，悉遵坦道，复何丑诋。又谓耗饷累万金，没人数千命，四达通衢，一瞬茅塞，在事者虽死非功，于地方有损无益。鸿窃痛之，拟将黎地所产材木各物采运数艘，径到省城，俾粤人咸知琼州开路，我帅苦心经

---

① 朱寿朋编《光绪朝东华录》第 5 册，第 2672~2675 页。
② 《创建广雅书院折》（光绪十三年六月十六日），《张之洞全集》第 1 册，第 557~558 页。
③ 《筹拨广雅书院修造工程专款》（光绪十三年十月十五日），《督广咨札·咨札九》，张之洞档，甲 182-197。
④ 《光绪十九年四月十八日京报全录》，《申报》1893 年 6 月 11 日，第 12 版。

营，非无谓者，庶可息群喙、塞谰言。营营之声聚而成雷，涓涓之流汇而为浸，殊可虑也！[①]

四　芦汉铁路筹建与张之洞调鄂

中法战争后，张之洞大举治粤，与户部、总署、官绅、洋人屡有龃龉，两广省级大员的更替使张之洞能够一定程度上摆脱人事的掣肘，然而地方矛盾依然暗伏，清廷久有将张之洞移换之意。光绪十四年、十五年间，朝野围绕津通铁路的修筑发生了激烈的论争，时张之洞奏请缓修津通铁路，改筑芦沟桥至汉口之腹省干路。张之洞的建议引起时人注目，借此机会，醇王奕譞主导张之洞调任湖广总督办理芦汉铁路事宜。

津通铁路之争

自修筑铁路之议传入中国，清廷朝野即争议不断。由于廷臣的议禁，同光年间清廷仅自建成唐（山）胥（各庄）运煤铁路。中法战争后，清廷以筹办海防为由，再次议及修筑铁路，在醇王奕譞、直隶总督李鸿章等人的支持下，唐胥铁路先后展修至芦台、大沽、天津，并开设客运。光绪十四年十月二十七日，海军衙门奏告津沽铁路建成，并请接造天津至通州铁路。津通铁路的议建在戊己之际引起了较大的政治风波。

津通铁路奉旨允准修建后，国子监祭酒盛昱、御史余联沅、御史屠仁守、给事中洪良品、礼部尚书奎润、户部尚书翁

---

①　《孙鸿勋致竹筠》，《赵凤昌藏札》第 5 册，第 320~321 页。

同龢、仓场侍郎游百川、内阁学士文治、左庶子朱琛、御史何福堃先后上折反对。① 众人之反对意见主要有以下五点。

第一，百姓失业问题是众人反对修筑津通铁路的主要原因。盛昱、余联沅、屠仁守、奎润、翁同龢、游百川、文治皆认为天津至京城车行、船户、旅店众多，车工、舵工、商户皆赖往来京津的行客为生，若津通铁路建成，必至小民失业流离。翁同龢因之建议改而修建边疆铁路。

第二，扰民。余联沅、屠仁守、奎润、游百川、文治认为，修建津通铁路必然要迁徙、损毁沿线百姓田庐、坟墓，不仅扰民而且有伤治化。奎润甚至举例称传言津通百姓先后向通永道衙门、直隶总督衙门呈诉迁徙为难者不下二三百起，皆未得回应，或以奏定办理为由拒绝。上年修建津沽铁路时民间坟墓纷纷迁徙，无主之坟不分族姓，男女合葬，且多暴露，闻者为之痛心。

第三，资敌。余联沅、屠仁守、洪良品、文治认为，天津、通州为京城门户，修建铁路后失险引敌，外敌将长驱而入，有害京城根本。余联沅指出英法筹建海底铁路时，英人即以法兵易至、英国难抵御外寇议论纷纷。

第四，余联沅、文治、奎润担心风俗、人心问题。余联沅认为牧师、神父将借铁路四通八达的便利煽惑百姓信仰天主教、基督教，必至礼义消亡。文治认为中国以正人心、厚风俗为治，外国则以商为主，修建铁路于外国则为利，用之中国则良懦必为利益蒙蔽，坏天下风气。文治甚至谓从前推行外洋事务如电报、轮船等皆为百姓不愿，此次若强行推广铁路将失天下人心。

---

① 《洋务运动》第 6 册，第 200~216 页。

　　第五，财用、利权问题。余联沅、文治认为修筑铁路之机器、用料、人员皆需取自外国，将使国家财用、利权外流。余联沅举例称英法诸国与俄国商造铁路时，俄国即恐利权为人所夺，故决意不开。

　　廷臣的反对意见引起了慈禧太后的重视，懿旨命海军衙门会同军机大臣将众人之折妥议具奏。光绪十五年（1889）正月十四日，海军衙门、军机大臣会奏。折内对主要的资敌、扰民、失业三条及余联沅、奎润所举之例一一辩驳。称津通铁路的修建有兼及海防、河路两利，若忽然中止则有失信商民和难清洋债两害。由于事关创建，局外浮谈，海军衙门、军机大臣奏请将会奏折及廷臣各折交沿海沿江将军、督抚详议。① 修建铁路一事实由海军衙门总理大臣醇王奕譞在中枢力为主持。时恰值太和门失火，言官借机批评颐和园和津通铁路的修建，海军衙门、军机大臣会奏之日奕譞单衔另上一折，批评言路借题发挥，对请停铁路各折极力驳斥。② 次日清廷依海军衙门、军机大臣会奏折所议，命盛京将军庆裕、署盛京将军定安、两江总督曾国荃、闽浙总督卞宝第、湖广总督裕禄、两广总督兼广东巡抚张之洞、浙江巡抚崧骏、安徽巡抚陈彝、江西巡抚德馨、台湾巡抚刘铭传、湖北巡抚奎斌、湖南巡抚王文韶、护理江苏巡抚黄彭年阅折后复奏。③

　　张之洞于二月初六日接奉廷寄，在复奏前先行打探其他督

---

① 《光绪十五年一月十四日总理海军事务衙门军机大臣会奏》，《洋务运动》第 6 册，第 226~231 页。

② 奕譞：《奏为归政在迩时局方艰敬陈管见事》（光绪十五年正月十四日）中国第一历史档案馆藏宫中档朱批奏折，04-01-15-0081-003。

③ 《清实录》第 55 册《德宗实录（四）》，第 542~543 页。

抚意见。初八日，张之洞分别致电关系较密切之奎斌、黄彭年，询问湖北、江苏如何复奏。在致奎斌电文中，张之洞已提及"铁路可行而津通路万不可行"，可见其当时已有一定的想法。[①] 黄彭年之复电称东北、西域、漕运铁路不能不办，其他可缓，津通铁路不妨试办。然大办、快办则利归外洋，应次第缓办。奎斌谓其与裕禄皆不认同兴建津通铁路，裕禄仍在推敲措辞，其将以轮船通行导致百姓失业为鉴，直陈不可开办铁路。关于停办津通铁路一层，张之洞与湖北督抚观点有契合之处，在复电中赞赏奎斌"尊论极正大"，但并不认可以轮船阻铁路的措辞。[②] 在听取湖北、江苏两省的意见后，张之洞于三月初三日拜发复奏折。

自正月至三月，沿海沿江各将军、督抚陆续复奏，众人复奏内容大体如下。

王文韶认为"非常之原"起始往往多有隔阂，其后则习见相安，有如轮船、电报的推行。津通铁路逼近京城，因资敌、病民为言所反对，则津通铁路不必首办。建议改建经陶成埠、东昌府、临清州的铁路，作为转运南漕之路，其后再体察时事，酌量推广至江南、赵北、关东、陇西。[③]

曾国荃认为铁路不开于今日，亦必开于将来，与其失信于

---

①　《致湖北奎抚台》（光绪十五年二月初八日），《近代史所藏清代名人稿本抄本》第 2 辑第 27 册，第 616 页；《致江苏护抚台黄》（光绪十五年二月初八日），《近代史所藏清代名人稿本抄本》第 2 辑第 40 册，第 320 页。

②　《黄护院来电》（光绪十五年二月初八日）、《奎抚台来电》（光绪十五年二月十一日），《近代史所藏清代名人稿本抄本》第 2 辑第 64 册，第 128、140 页；《致武昌奎抚台》（光绪十五年二月十三日），《近代史所藏清代名人稿本抄本》第 2 辑第 27 册，第 619 页。

③　《光绪十五年一月二十八日湖南巡抚王文韶奏》，《洋务运动》第 6 册，第 234~236 页。

股东商民，不如坚持自强定见，先立始基。铁路落成以后，官绅习以为常，则从前所称有害者未必尽然。[①]

奎斌举长江轮船通行为例，称自轮船内驶，湖北民物萧条，无益民生，且外国兵船借机前来汉口，洋人气焰日张。津通铁路一旦建成，则京津船户、车行、肩挑负贩失业成群。趁现在尚未举办，及时中止，所失尚少。[②]

崧骏并不表明态度。其赞同海军衙门、军机大臣会奏折中对资敌、失业的反驳，但毁田庐、坟墓扰民一事，崧骏奏请令李鸿章详加体察，办理妥善。至集股兴工，崧骏认为需款较巨，将来仍是需贷借洋款，应命李鸿章一并通筹把握。[③]

陈彝对修建津通铁路不置可否，折子屡称不敢妄议，然而其折大量篇幅列举江、皖轮船通行后扰民、百姓失业之状，其意似亦以兴举铁路为不然。[④]

卞宝第谓铁路虽经海军衙门规划已久，但京师为天下根本，在防务上仍须斟酌时宜，预筹其后，"未经历验之利非可轻尝，万有或然之害不宜臆断"。至津通一路，恃舟车为生者繁众，廷臣所言非危言耸听，应慎之又慎，以固畿疆。[⑤]

定安称非亲历其地，形势无从明了；非经历其事，利弊无

---

① 《复陈修造铁路疏》（光绪十五年正月二十九日），《曾国荃全集》第 2 册，第 476~478 页。

② 奎斌：《遵议兴修铁路据实复奏折》，《杭阿坦都统奏议》，文海出版社，1987，第 647~653 页。

③ 《光绪十五年二月初一日浙江巡抚崧骏奏》，《洋务运动》第 6 册，第 239~240 页。

④ 《光绪十五年二月初二日开缺安徽巡抚陈彝奏》，《洋务运动》第 6 册，第 240~242 页。

⑤ 《光绪十五年二月十日闽浙总督卞宝第奏》，《洋务运动》第 6 册，第 242~243 页。

从得悉。其生长于边地，对津通铁路及海防各事并不熟悉，铁路之事生平亦未讲求，故不敢凭空揣摩附会。①

黄彭年认为开办铁路是时势使然，不能遏止。然而事有缓急，铁路宜亟办者二，可缓办者一，不妨试办者一。边防、漕运铁路应亟办，腹地、沿江、沿海等人烟密集之地铁路可缓办，津通铁路与其争之空言，不如验之实事，不妨试办。中国财用、人才缺乏，现时兴办铁路不得不依靠外债、洋人工匠、外国钢铁，难免利权外泄，应先设立铁路学堂储备人才，数年以后逐段推广兴修，自操利权。②

德馨也认为铁路是风会所开，时势使然，难以概论禁止。但津通铁路外通海口，内近禁廷，不如先创建腹地铁路，如有成效再行推广。德馨建议改建保定至王家营铁路，言有便转输、便征调、便漕运、便行旅、便财货、便地势六便。③

刘铭传力主修建津通铁路，就海军衙门会奏所言再次驳斥所谓的资敌、扰民、失业三条及其他反对各说。言其明知台湾山路崎岖、溪流梗阻，仍于此前数次奏请开办台湾铁路，即是因铁路之利难以枚举。刘铭传奏请光绪帝宸衷独断，明告天下铁路之利。④

张之洞认为铁路之利详明确实，本非专为津通一隅。兴办

---

① 《光绪十五年二月十三日钦差大臣署盛京将军定安奏》，《洋务运动》第6册，第244~245页。
② 黄彭年：《议复兴办铁路奏稿》，黄益整理《陶楼诗文集辑校》，齐鲁书社，2015，第118~121页。
③ 《光绪十五年二月二十五日江西巡抚德馨奏》，《洋务运动》第6册，第245~248页。
④ 刘铭传：《复陈津通铁路利害折》（光绪十五年二月初八日），《刘壮肃公（省三）奏议》，第215~222页。

津通铁路有五宜审之处，应该缓建津通铁路，改造芦沟桥至汉口腹省干路。张之洞言芦汉铁路有八利。其计算芦汉铁路造价共需银一千六百万两，建议将铁路划作四段，分为八年筹款造成，除由铁路公司照常招股外，责成各省藩司、运司、关道印票劝捐，并准铁路公司借款垫解。首段铁路购买洋轨动工，其余各段悉用土铁，以杜外耗。[①]

庆裕同意海军衙门所议铁路的海防、征兵效用，但认为津通之间百货均归铁路转运，车船店脚无以为生，应饬李鸿章明定章程，出示晓谕，分别何项货物归火车转运，何项货物归舟车运载，使军事、民生两无窒碍。[②]

从上述复奏可见，各将军、督抚多以建津通铁路为不然，甚至有借以反对修建铁路者，其余或老生常谈，或含糊应对，仅张之洞、黄彭年、刘铭传确有见地。其中张之洞之折规划最详细，得到了醇王奕譞和慈禧太后的青睐。四月初四日，奕譞阅读众人复奏后，认为黄折胜于张折，张折高于刘折，而张折修建芦汉铁路之议较海军衙门所奏"爽朗良多"，所论津通铁路五宜审也是明白之见。若懿旨交海军衙门阅复，即按张折筹议复奏，其余各折或择交阅看，或直接不交，如此方可定局。[③] 四日后，慈禧太后命海军衙门就张之洞所议各节详细复议，奏明请旨，张之洞、刘铭传、黄彭年之折一并抄给阅看。[④] 张之洞之议由此引发朝野关注，芦汉铁路的筹建也成为

① 《请缓造津通铁路改建腹省干路折》（光绪十五年三月初三日），《张之洞全集》第 2 册，第 183~186 页。
② 《光绪十五年三月初六日盛京将军庆裕奏》，《洋务运动》第 6 册，第 256 页。
③ 方裕谨编《清醇亲王奕譞信函续选》，《历史档案》1983 年第 1 期。
④ 《清实录》第 55 册《德宗实录（四）》，第 599 页。

张之洞调鄂的事因。

张之洞调鄂离粤

张之洞调任湖广总督与芦汉铁路修造直接相关，背后则由奕譞主导。津通铁路筹办已久，且本为养津沽铁路之亏空，李鸿章对芦汉铁路并不谓然，但无奈于奕譞极力支持。四月初十日，李鸿章致信王文韶，讽刺张之洞之折"别开生面，崇论宏议，直欲推倒豪杰"。并谓修建芦汉铁路需二千余万两巨款，谈何容易，然而奕譞志在必成。① 海军衙门复奏于八月初一日递呈，从李鸿章、奕譞的往来信件可知，该折实则在五月初已基本定稿，但碍于言路迟迟未上奏。复奏底稿已无从查获，但从日后的呈递之折可知其内容大略。复奏折赞同张折中所言的津通铁路五宜审之处，奏请暂行缓办津通铁路。为还建造津沽铁路所借洋款，海军衙门建议从轮船招商局闲款、郑工捐改海防捐、海军衙门款中提银归还，养路之需由李鸿章督饬铁路公司竭力撙节维持。用料、分段、筹款与张之洞原议有所不同。复奏折称芦汉铁路造路工料应全部购用洋轨，待干路造成，再接造支路开采山西铁矿。铁路段落应汉口、芦沟桥南北两路分头试办，节节递接。工费约需银三千万两，而非张之洞原奏之一千六百万两，拟商股、官帑、洋债三者并行筹款。② 由于芦汉铁路南段由汉口起造，而湖广总督裕禄、湖北巡抚奎斌皆激烈反对修建铁路的地方大员，五月初二日，李鸿章就提

① 《复湖南抚台王》（光绪十五年四月初十日），《李鸿章全集》第34册，第533页。
② 《光绪十五年八月一日总理海军事务奕譞等奏》，《洋务运动》第6册，第257~261页。

醒奕譞如先办汉口一路，须择人量移鄂督或特派大员督办。时奕譞已欲调张之洞为湖广总督，但考虑张之洞必然不愿，且无缺安置裕禄而暂时作罢。①

将张之洞调离两广总督之议并非起于光绪十五年。如前文所述，中法战争后张之洞在粤铺展自强举措，办理中外交涉事件，治理广东地方，与同城各官、清廷总署、户部、粤籍京官、洋人、官绅屡生矛盾。光绪十三年后，张之洞频繁上折告病请假或离粤陛见。张之洞请假并不只因身体有恙，更多是一种政治策略。其致好友张佩纶信言及实情，谓："洞去腊乞病未允，近闻各省引病者太多，恐为忌者借口，现暂续假一满，仍申前请。粤事种种艰苦，愤闷非鄙十纸不能详。大抵有掣肘之事，无同心之人二端而已。"②

表6-2　光绪十一年至光绪十四年张之洞上折请假、陛见或开缺一览

时间	奏折	朱批
光绪十一年十二月十八日	请开缺回籍调理折	着赏假一月，毋庸开缺
光绪十二年三月二十一日	恳恩续假折	着再赏假一月
光绪十三年二月十七日	恭报交卸兼署抚篆日期并恳赏假调理折	着赏假一月
光绪十三年闰四月初四日	请开缺回籍调理折	着再赏假一月，毋庸开缺
光绪十三年六月十六日	再请开缺回籍调理折	着再赏假两个月，毋庸开缺
光绪十三年十月二十五日	力疾销假吁恳陛见折	毋庸来见
光绪十四年五月十五日	旧疾复发恳恩赏假折	赏假一个月

资料来源：《张之洞全集》。

---

① 《复醇邸 议南北分办卢汉铁路》（光绪十五年五月初二日）、《致李瀚章》（光绪十五年五月二十四日），《李鸿章全集》第34册，第544、559页。
② 《致张幼樵》，《张之洞书札》，张之洞档，甲182-371。

光绪十二年时《北华捷报》已有闽浙总督杨昌濬将取代张之洞成为两广总督的流言。[1] 及光绪十四年，清廷已有将张之洞调离两广之意。李鸿章久通枢廷，其信道破了张之洞在戊、己之际的政治处境：

> 香涛治粤，虽百废具举，腹削□□，民怨沸腾，大者如铸铜银钱局，机器卅余万，厂屋又十余万，甫经开工，尚无头绪。在德国订购铸后门连珠枪、小炮机器数十万，甫定合同。闽厂造广甲、广乙至广癸十船，甫成一二，均称由外捐办。海署工款，五年分解百万，奏称不动正款。此外如广雅书院、书局、水陆武备学堂，闻皆粗创，并未入细，将来应如何斟酌捐益，必费苦筹。至洋务交涉，各使常在总署饶舌。署意久经讨厌。去秋周玉山在京早有量移之说。[2]

信中所言"去秋"即光绪十四年秋，直接的诱因为张之洞与吴大澂同城督抚矛盾。是年七月，广东巡抚吴大澂调署东河总督，广东巡抚由张之洞兼署，张之洞得以暂留两广总督之任。对此，张之洞族孙张达骧等曾解释称："因为之洞'颐和园祝厘'的款银尚有二十万两未曾缴纳，必须留之洞在广一年始可交齐……所谓'颐和园祝厘'事在光绪十一年，慈禧密令各省大吏进献银子，各省大吏所认进献数字不等，之洞从

---

① "Canton," *The North-China Herald and Supreme Court & Consular Gazette*, 1886-3-3.

② 《致李瀚章》（光绪十五年七月十二日），《李鸿章全集》第 34 册，第 583 页。

北洋大臣之例，认进一百万两，因为广东地方年年有军事用度太重，乃请准分期五年，每年交纳二十万两。"① "颐和园祝厘"疑即"海军巨款"，然"海军巨款"（一名"海军备用款"）事起于光绪十四年而非光绪十一年，且自光绪十五年三月张之洞始行汇解第一年春季款项银五万两，并无"交齐"之说。或确有另外秘密缴纳之"颐和园祝厘"，仍需进一步考订。

光绪十五年六月、七月间，随着地方大员相继出缺，督抚人事发生变动。六月初二日，云贵总督岑毓英病故，湖南巡抚王文韶迁滇督，时再有张之洞移鄂的风闻，最后此事未成，然"香帅调鄂原在意中"。② 至七月，庆裕以病免去盛京将军，由湖广总督裕禄改授；十二日，清廷命张之洞改任湖广总督，所遗两广总督之缺由漕运总督李瀚章接替。张之洞对调任湖广总督的决定极其不满。前于五月间，张之洞听闻李鸿章和奕譞商量将调其赴楚，立即将在天津的广东委员王秉恩撤回以示不悦。③ 七月二十日，张之洞即致电李鸿章，谓"知此举由公推毂"，语气近于埋怨。李鸿章则复电解释移鄂实由奕譞主持，并非其意。④

张之洞虽不愿调任湖广总督，但移鄂已成定局。因李瀚章

---

① 张达骧、李石孙：《张之洞事迹述闻》，《文史资料选辑》总第 99 辑，第 70 页。

② 《复两江制台曾》（光绪十五年七月二十四日），《李鸿章全集》第 34 册，第 591 页。

③ 《致李瀚章》（光绪十五年七月十二日），《李鸿章全集》第 34 册，第 583 页。

④ 《致天津李中堂》（光绪十五年七月二十日）、《李中堂来电》（光绪十五年七月二十二日到），《张之洞全集》第 8 册，第 16 页。

于十月方抵粤接篆，故得调鄂谕旨后张之洞仍可久留广东，其间张之洞赶办各项举措后续事宜。如七月二十二日，张之洞致电驻德公使洪钧，称其将移鄂，从前海防事须早结，去年所定分十年运粤的二十尊台炮，改为一年造齐到粤，请向外国炮厂改定日期。八月初五日，因琼州所属之陵水、文昌、临高三县久未上报捐摊款目，张之洞认为此事必须在其任内办妥，电令琼州知府速催三县即日禀报。九月初五日，张之洞电请船政大臣裴荫森催促"广乙"船于月底前完工，以便其得以一观苦心经营之成果。九月二十一日，张之洞命琼州镇、道迅速会同确估琼防炮堤工程用价，其立待出奏，① 如此等等。

此外，张之洞认为"粤近香港，在粤规划较便，抵鄂再筹晚矣"，② 故离粤前开始筹划芦汉铁路事宜。海军衙门复奏折呈递后，懿旨派李鸿章、张之洞会同海军衙门，照奏定计划办理芦汉铁路，直隶按察使周馥、清河道潘骏德随同办理；因恐绅民生疑，命直隶、湖北、河南督抚出示晓谕劝导。③ 九月初十日，张之洞上《遵旨筹办铁路谨陈管见折》，表明其对芦汉铁路的总体规划，认为此事宜以积款、采铁、炼铁、教工为先，勘路、开工次之。张之洞并不认可海署所奏贷借洋款，希望户部每年从海防捐、洋药税厘项下提存三百万两作为铁路工

---

① 《致柏林洪钦差》（光绪十五年七月二十二日）、《致琼州府》（光绪十五年八月初五日）、《致福州船政大臣裴》（光绪十五年九月初五日），《张之洞全集》第 8 册，第 16~17、18~19、22 页；《致琼州朱道李镇》（光绪十五年九月二十一日），《近代史所藏清代名人稿本抄本》第 2 辑第 28 册，第 53 页。

② 《致天津李中堂》（光绪十五年七月二十五日），《张之洞全集》第 8 册，第 17 页。

③ 《清实录》第 55 册《德宗实录（四）》，第 644 页。

款；用铁取于晋铁、粤铁、鄂铁，可由水运，不须另造铁路支
线；原奏分四段完工改为南北两路，由湖广总督、直隶总督分
任；出示晓谕宜缓，以免商民谣言；干路专归官办，支路留待
商股，以便招徕。"总之，此事储铁宜急，勘路宜缓，开工宜
迟，竣工宜速。"① 时朝野对芦汉铁路的修建仍有异议。御史
黄体芳奏贷借洋款修路难以偿还，芦汉铁路收利则需十年以
后，轻重缓急之间宜慎之又慎；给事中张廷燎认为黄河为芦汉
铁路关键，若南北修至黄河而不相接则有窒碍，宜先从黄河修
起。② 李鸿章本就以芦汉铁路为不然，在与张之洞筹商过程中
不满溢于词文。十月初七日，李鸿章致电张之洞推脱芦汉铁路
之议"本由公发端"，其于此宏阔的局面束手，希望张之洞万
勿吝教，速示办法。张之洞针锋相对言其疏乃救津通之议，不
得谓其发端，直、豫、鄂三省应奉旨会筹，"鄙人乃听公妙策
耳"。③ 对于言官和李鸿章的意见，张之洞于十月初八日致电
海军衙门力争芦汉铁路，仍主"储铁宜急，勘路宜缓，开工
宜迟，竣工宜速"，谓前六七年应积款、积铁，后三四年兴工
修建，两路并举，一气呵成。中国之铁虽不精，但断无各省之
铁无一处可炼之理。④ 其后张之洞又针对黄、张两疏与李鸿
章、海军衙门的意见反复通电辩驳。张之洞的坚持得到了奕譞

---

① 《遵旨筹办铁路谨陈管见折》（光绪十五年九月初十日），《张之洞全集》
第 2 册，第 267~268 页。
② 《光绪十五年八月十八日署都察院左都御史黄体芳奏》《光绪十五年八月
二十二日给事中张廷燎奏》，《洋务运动》第 6 册，第 263~265 页。
③ 《北洋李中堂来电》（光绪十五年十月初七日），《近代史所藏清代名人稿
本抄本》第 2 辑第 65 册，第 481 页；《致天津李中堂》（光绪十五年十
月初七日），《张之洞全集》第 8 册，第 26 页。
④ 《致海署》（光绪十五年十月初八日），《张之洞全集》第 8 册，第 27 页。

的赞许，据李鸿章观察："醇邸及张香涛均拟先开铁矿，自造钢轨、铁桥等项，而后造路。"十一月十四日，海军衙门上奏称芦汉铁路一切办法与张之洞《遵旨筹办铁路谨陈管见折》意见相同，即照原奏斟酌讨论，次第举办。① 为积铁、积款，张之洞在粤时与各方往返相商。前因广东筹建炼铁厂和洋务五学，张之洞致电驻英公使刘瑞芬、驻德公使洪钧购订炼铁机器及寻觅矿师、矿学教习赴粤。张之洞得知调鄂任命后再次向二人询及相关事项，在其催促和坚持下，炼铁机器、英德矿师于九月间议定。张之洞认为这些举措皆是急筹采铁、炼铁之意。② 至矿源问题，张之洞先后致电奎斌、惠州府知府、贵州巡抚潘霨，询问湖北、江西、惠州、贵州、陕西多处铁矿情形。③ 在芦汉铁路谋划一事上，盛宣怀为张之洞重要的筹商对象。光绪初年时，盛宣怀已在湖北设煤铁总局勘探煤、铁矿，并试图兴办炼铁厂，后因经费难筹，未被李鸿章批准。八月十七日，张之洞电询盛宣怀关于芦汉铁路的诸多事情："路事须鄙人北上，阁下有何见闻？到京曾谒邸否？现拟筹款购地办法，阁下详知否？此事海署是否确有成算，抑系尚无眉目？北洋有何定

① 《致方儿》（光绪十五年十月二十八日），《李鸿章全集》第 34 册，第 634 页；《光绪十五年十一月十四日总理海军事务奕劻等奏》，《洋务运动》第 6 册，第 271 页。

② 《致海署天津李中堂》（光绪十五年十月十六日），《张之洞全集》第 8 册，第 29 页。

③ 《致武昌奎抚台》（光绪十五年八月二十六日）、《致惠州府薛守李守归善县徐令》（光绪十五年十月初十日）、《致贵阳潘抚台》（光绪十年十月十六日）、《致武昌奎抚台》（光绪十五年十月十七日），《张之洞全集》第 8 册，第 21、28、30~31 页。

见？阁下有何良策？"① 盛宣怀表示海署、李鸿章均无善策，但其有办法不借洋债、不买洋铁，八年之内使芦汉铁路完工，其已缮写千言禀寄送。张之洞对盛宣怀的计划颇感兴趣，故复电请其先行摘要电示。② 时盛宣怀奉奕谟面谕，派比利时矿师白乃富前往大冶查勘铁矿。经过查勘，大冶铁质良好而无煤炼铁，须从当阳运煤前往。十月二十一日，张之洞再次电询盛宣怀当阳运煤是否合算，可否改用木炭炼铁。盛宣怀复电称当阳运煤虽远，但煤质好，可抵炼焦炭工本。设炼铁厂须先定矿地，再购买机器。中国集商本难，欲速开小矿，不如专注于一矿，以一胜百。木炭炼铁价高且有穷尽之时，仍以煤炼铁为是。各事须待矿师查毕后核算，拟定切实条陈，以免凭空结撰而后悔。③ 盛宣怀的历次建议皆切实中的，其经验和才干为张之洞所需。张之洞乘船离开广东前，遂电请盛宣怀到上海面商大冶铁事。④

光绪十五年十月底，张之洞先后交卸两广总督、兼署广东巡抚。十一月初六日，即将离粤的张之洞仍不忘公事，在虎门给广西各大员发电。张之洞嘱托广西巡抚马丕瑶筹划广西边防、协饷，并考校、匡规龙州防营，以免日久疲懈。在致广西

---

① 《致天津盛道台杏荪》（光绪十五年八月十七日），《近代史所藏清代名人稿本抄本》第 2 辑第 28 册，第 18~19 页。

② 《盛道致调鄂督张》（光绪十五年八月十九日），《李鸿章全集》第 22 册，第 529 页；《致天津盛道台杏荪》（光绪十五年八月二十二日），《近代史所藏清代名人稿本抄本》第 2 辑第 40 册，第 614 页。

③ 《致烟台盛道台》（光绪十五年十月二十一日），《张之洞全集》第 8 册，第 31 页；《烟台盛道台来电》（光绪十五年十月二十三日），《近代史所藏清代名人稿本抄本》第 2 辑第 65 册，第 583~586 页。

④ 《致烟台盛道台》（光绪十五年十月二十三日），《张之洞全集》第 8 册，第 32 页。

布政使张联桂、广西提督苏元春的电文中，张之洞不无感伤地道谢历年同舟的关爱。① 然而，此时广东官绅、洋人对张之洞的离开感到欣喜异常。② 赴任湖广总督后，张之洞在粤铺陈的各项举措或中止，或随之移鄂，其大力整治的广东风气、吏治，也在此后为之一变："香帅赴鄂，早知此邦局面必有一变，初不料一变至此，'贿赂公行、明目张胆'，八字盖之矣。"③ 离开广东时张之洞虽然心有不甘，但可能未料及其将任湖广总督长达19年（其间两署两江总督），在湖北大兴的自强举措令全国瞩目，甲午战后成为与直隶总督李鸿章、两江总督刘坤一并驾齐驱的地方督抚。

---

① 《致桂林张藩台》（光绪十五年十一月初六日），《近代史所藏清代名人稿本抄本》第 2 辑第 40 册，第 721 页；《致桂林马抚台》（光绪十五年十一月初六日）、《致龙州苏督办》（光绪十五年十一月初六日），《张之洞全集》第 8 册，第 33 页。
② "Chang Chih-tung to Leave Canton," *The Hong Kong Telegraph*, 1889-8-15.
③ 《庄梦景致惜阴主人》，《赵凤昌藏札》第 1 册，第 320~321 页。

结　语

　　自罗尔纲发表《清季兵为将有的起源》一文，研究者早期普遍认同太平天国起义导致清廷军权、财权、人事权等权力下移，形成晚清"督抚专政""内轻外重"的局面。20 世纪 70 年代后，学界逐渐认识到督抚并未能达到所谓专擅的局面。然而，不可否认，咸丰朝以后外省积重的情况并未改变，直到清末新政时期，清廷通过改革加强中央集权，督抚的权力被削弱。相较于中央之"权轻"而言，同光督抚称之"权重"并无不可，但从省一级权力运作角度来看则不能谓"重"。同光年间督抚的权力似乎更应该表达为"有限的外重"，而非"督抚专政"。即一方面，同光年间清廷通过规复旧制、创设机构、人事调整等方式，试图限制督抚的权力，但督抚在军事、财政、司法等事项上，仍有较大的博弈、对抗空间；另一方面，经过太平天国起义，省级限制因素进一步加强，并出现了新的限制因素，督抚权力也受到了进一步的制约。刘广京在《晚清督抚权力问题商榷》中的论述颇有值得玩味之处：

　　　　吾人尤应注意（咸丰前）督抚之军权财权，除受中央各部及在省其他简命之限制外，同时并受所属各下级政府单位之限制……咸同以后督抚之权力仍受省内层层单位

502

自下而上之限制。①

刘氏同时提及各省情形未必尽同，惜受限于讨论主题和篇幅，只能概括叙述督抚权力的受制情况。张之洞任两广总督时权力结构和地方治理情形，提供了一个"有限的外重"的具体省级事例。

一　积重难返

内外关系是晚清政府需要面临的重要问题。咸丰军兴导致清代中前期内廷对外省严密的控制发生了松动，督抚在军权、财权、人事权上有较大的自由空间。同治年间，随着各省军事渐平，内外秩序重建，清廷逐步限制督抚权力，前人论述已详。中法战争前后，因战事及善后的需要，清廷采取了一系列举措，蕴含了收权于上的意图。其事虽不如同光之际及清末新政时期明显，但无疑延续了晚清以来清廷重建内外关系的理路。

咸同以降，清廷采取"众建督抚""湘淮互制"的策略分化湘、淮势力。② 光绪初年李鸿藻、张佩纶、张之洞等"清流"与李鸿章、左宗棠的离合，牵涉湘淮之争于其间。广东为清代重要的财政来源之一，同治初年曾国藩为了保证湘军军饷，先后保荐晏端书、刘长佑、毛鸿宾出任两广总督，郭嵩焘、蒋益澧亦先后担任广东巡抚。同治四年（1865）瑞麟接任两广总督，其凭借早期与慈禧太后、恭王奕䜣建立的关系，

① 刘广京：《晚清督抚权力问题商榷》，《清华学报》新 10 卷第 2 期，1974 年。
② 详见邱涛《咸同年间清廷与湘淮集团权力格局之变迁》；邱涛《同光年间湘淮分野与晚清权力格局变迁（1862~1895）》。

及倚靠本土实力派，在督抚权争中屡屡胜出，督粤长达十年，广东逐步形成"非湘非淮"的权力格局。因此，广东的湘、淮势力本不明显。及至中法战争前后，清廷有意在广西、广东、福建、台湾以及越南战事前线布置湘、淮势力，钦差大臣彭玉麟、两广总督张树声各引所部湘、淮军入粤。中法战争中清廷的人事、军事布置似非湘、淮互制之意，而是期于"湘淮相形，或激厉之一法"。① 然而客观上则对两广总督形成了牵制。

中法战后设立海军衙门实际暗含收自强事权之意。海军衙门负责总管海军事宜，及先行编练北洋水师作为海军示范，本已有强干弱枝、避免长驾远驭的意味。第二次鸦片战争后，各省皆开展自强举措，清廷虽规定相关自强事宜、款项用度须分别咨告总理衙门、户部，但总理衙门、户部所司事项较多，且各省多视为具文。海军衙门设立后权力逐步扩充，清廷力图使其成为各项自强总管专务机构。光绪十三年（1887），清廷规定各省与海防相关之事均须先行与海军衙门咨商："前经设立海军事务衙门，特派醇亲王奕譞总司其事，举凡造船购器、选将练兵，均应由该衙门主持考复，次第办理……总之创立海军，事关重大，一切机宜，该衙门责无旁贷。嗣后各该省于海防应需购买器械、拨用经费等项，均着先期咨报海军衙门斟酌妥善，再行办理。"② 光绪十五年，张之洞咨请总理衙门试办铁路，总理衙门随即转咨海军衙门定议，③ 可见海军衙门在总

---

① 《醇亲王致翁同龢函第五十二》，《翁同龢文献丛编之四·中法越南之争》，第 136 页。

② 《清实录》第 55 册《德宗实录（四）》，第 257~258 页。

③ 总理衙门咨海军衙门《两广总督咨请试办铁路一事应由海署定议由》（光绪十六年十一月初四日），"中研院"近代史研究所档案馆藏总理各国事务衙门档案，01-10-001-06-014。

管自强事权上较总理衙门更具名实。

至财权方面，中法战争前后清廷亦力图整顿。咸同以后地方形成了内销、外销两种财政路径，内销按例报部，外销属隐匿财政，各省有便宜处置之权。① 督抚之出入款项无法掌握，不免引发清廷的忧虑，故中法战后户部推行征信册进行清查。《翁同龢日记》所载清廷之用意甚明："户部出入款项，圣意谓督抚多不肯实心任事，厘金安置闲人，交代每多亏项，汝部能设一法禁止否？以征信册对。"② 此外，清廷筹办近畿防务，设立海军、京师练旗，东北边防，修建园苑等所需各款，即通过摊派、指拨等方式，设法向各省回收大量不明的外销之款。

尽管清廷力图限制督抚的权力，但地方积重情形并未改变，张之洞在粤的行事可谓典型。随着张树声的病逝、彭玉麟离粤及湘淮各军的裁撤，中法战争后广东湘淮互制的局面再次消解，张之洞权力的运用较之战时有了更大的自由度，甚至能影响巡抚、布政使、按察使等省级大员的更动。时有言官批评张之洞骄泰之心炽自总督岭南，两广属僚、同寅无一人敢对张之洞行事诤辩及和衷共事。③ 至中法战后清廷摊派、指拨各款，张之洞往往有所抗辩，各款或拖延分批解交，或索性拒绝报解。除中法战后广东地方财政确实困难外，还说明清廷虽尝试限制督抚的财权，但仍无法对各省财政进行有效的行政掌控，同光年间地方督抚逃避、变通清廷的指令的确有较大空间。张之洞在自强举措相关事权的积重更加明显。张之洞在粤

---

① 罗玉东：《光绪朝补救财政之方策》，《中国近代经济史研究集刊》1933年第2期，第263页。

② 陈义杰整理《翁同龢日记》第4册，第2031页。

③ 《光绪十九年四月十八日京报全录》，《申报》1893年6月11日，第2版。

铺展自强举措多不告清廷而先行，光绪十三年后，清廷虽谕令兴办自强事项前须咨明海军衙门，但张之洞仍旧其行，往往事后方咨海军衙门和奏告清廷。光绪十五年十月十七日上谕对张之洞的申饬，即表达了清廷对其自强事权专断专行的不满。《北华捷报》从此事论及清廷与两广总督间之权力关系："没有一个人比张之洞更让清廷不满，因为他在总督们所享有的半独立性方面越权太多。"①

二 两广总督的权力受制因素

以上所论似与传统的"内轻外重"并无区别，却是同光督抚积重的实在情形。然而咸丰前督抚施行权力时本受制约，太平天国起事后，权力并非简单地从清廷"下移"或"外移"到督抚，督抚权力同样受到进一步限制。各省情形不尽相同，同光年间两广总督主要受中央、地方官绅、省级大员、洋人的限制。

同光年间中央对督抚的制约上已论及。具体而言，传统上两广总督需处理与皇帝和京官的关系，第二次鸦片战争后督抚所面临的人事有所不同。慈禧太后垂帘听政，"甲申易枢"后醇王奕譞实秉枢权，光绪十三年皇帝亲政，这些事件都表明原来以皇权为中心的权力运转发生改变，张之洞赴粤、调鄂，及其在两广总督任上的政治处境，皆与以上中央的权力更动息息相关。枢臣为决策核心，部院大臣掌管督抚各事的准驳，张之洞督粤后期的困境，多源于枢臣和部院大臣的不支持。《抱冰

---

① "The Emperor in the Peking Gazette," *The North-China Herald and Supreme Court & Consular Gazette*, 1889-11-29.

堂弟子记》中谓"己丑、庚寅间，大枢某（按：军机大臣孙毓汶）、大司农某（按：户部尚书翁同龢）立意为难，事事诘责，不问事理"，[①] 即为枢臣、部院大臣对督抚权力制约的体现。咸丰十年、光绪十一年清廷分别设立总理衙门、海军衙门总管"洋务"各事，因具体事宜处理意见不同，张之洞往往与之龃龉，两广总督与总署、海署之关系处理，亦为同光年间新的主题。此外，言官的影响不可忽视。同光之际，清廷言路广开，甲申以后清议之风渐戢，但言路仍能影响张之洞在粤的施政，在张之洞与广东官绅围绕闱姓、牙捐、沙田等事的对抗中，背后常见粤籍言官的身影。

清代有着繁密的职官设置，总督之文武权力分寄于州县、镇协各官。因总督掌有提拔、监察权力，一般而言州县等官作为下级应听命于总督，但总督需依靠下属各官治理地方，在清理财政，镇抚琼、瑶起事，裁革捐摊、摊扣过程中，广东地方文武各官多阳奉阴违，张之洞对此实无可奈何。士绅作为官、民的中介，即便督抚大员也需加以笼络、驾驭。同光年间广东士绅势力较之他省更大，主要原因有二：其一，咸同以来捐输广开，广东地方富庶，通过捐输获得士绅身份的人数膨胀；其二，洪兵起义后广东公局遍设，广东士绅、宗族势力、公局紧密结合，逐渐掌握一定的事权和武装，这从张之洞与明伦堂士绅的冲突中可见一斑。因此，张之洞战时筹饷、战后兴办自强事宜、治理地方皆需得到士绅（尤其是大绅）的支持。

两广总督既是同城之官，又是兼圻之官，由于"满汉并立、大小相维、文武相制"的理念，两广总督容易与各省级

---

① 　《抱冰堂弟子记》，《张之洞全集》第 12 册，第 517 页。

大员因事不和。两广相隔遥远，广西巡抚在张之洞督粤前一般较独立地行政。张之洞督粤后，由于电报线的架设，两广总督对广西的管控更加便捷，张之洞与李秉衡关于洋务的争论，即是信息传递方便以后产生的龃龉。相较而言，咸同以降，同城各官（尤其是同城督抚）矛盾更加明显。同治初年抚粤的郭嵩焘认为："黄石琴任粤抚，为耆介春定折稿，若随员然；徐仲绅继为粤抚，则直一闲曹矣。粤抚之有气焰自鄙人始。"①这反映了清廷分化地方势力深远的人事影响。洪兵起义后，广东地方勇营崛起，经过瑞麟督粤十年，渐成"尾大不掉"之势，方耀、郑绍忠二人权势渗透于基层，中法战争期间筹运饷械、筹办防务、治理广东地方社会、兴办自强举措，张之洞都需依靠二人，乃至心知二人骄横而不得不默许之。

广东为对外交涉繁多的省份，清中叶以来，受"广州体制"的影响，两广总督拥有较大的对外交涉权力。第二次鸦片战争后，因交涉重心的转移，两广总督对外交涉的自由度被削弱。《天津条约》签订后，广东逐步建立地方交涉体制，但洋人往往喜好直接与两广总督交涉，若地方交涉不利，洋人则将案件上告该国公使，由公使前往总理衙门交涉，给两广总督施加压力。出于对外交涉理念的不同，张之洞时常感到洋人的蛮缠和总理衙门的掣肘。洋人甚至成为影响两广总督去留的因素。据张达骧言，由于张之洞约束洋商太严，洋商乃凑足巨款运动李鸿章，使张之洞离粤。巨款运动之说难言虚实，但张达骧所据为张之洞、张之万往来信件，证明李鸿章向枢臣批评张之洞办理对外交涉事件不善为实情，从本书第五章所论来看，张之

---

① 《郭嵩焘日记》第 2 册，第 366 页。

洞与洋人的关系不佳确实是清廷考虑将其调鄂的原因之一。

由于中央、地方官绅、省级大员、洋人因素的限制，同光年间的历任两广总督都必须谨慎对待上述关系。杜凤治曾批评时任两广总督刘坤一，谓其在广东五年有"五畏"，即一畏洋人、二畏京官、三畏绅士、四畏方郑、五畏三司。①光绪十年，两任两广总督的张树声，在遗折中感慨其治粤力除积弊，却众矢交集，维持粤事之苦心却转以不孚众望，遭粤人群相谤议。②张之洞督粤期间，则常常抱怨诸事掣肘，同志无人。以上皆可反映同光年间两广总督运用权力时候的困窘，一旦处理中央、地方官绅、省级大员、洋人的关系不善，将陷自己于不利的政治处境，乃至不保其位。

三 "有限的外重"之转变

《清史稿》认为清前期督抚权力较小，权力主要集中于内阁、军机处和皇帝特简的经略大臣，太平天国起事后权力移于督抚，及至清季督抚权力被削弱变小。③《清史稿》从内外关系的角度，论督抚权力的变化自有可取之处。李细珠对清末新政进行研究，揭示了清季督抚实际权力的缩小，在于中央收束地方的权力。④然从本书所述可见，同光时期督抚实际施行权力时已受到各方约束，除了中央的限制，地方因素的约束尤不可忽视，且较之咸丰朝前后更甚。时人曾有督抚"有权无权"

① 杜凤治：《望凫行馆宦粤日记》，《清代稿钞本》第 18 册，第 617 页。
② 《遗折》，《张靖达公（树声）奏议》，第 561 页。
③ 赵尔巽等：《清史稿》，第 3264 页。
④ 李细珠：《地方督抚与清末新政——晚清权力格局再研究》，第 367 页。

之论，颇中当时实际：

> 中国号为专制之国，而至于今日则大权所在究难指
> 实。政府有权矣，而所下之令或有不便于时者，则各省疆
> 吏可以抗不奉行，政府无如何也；即或迫于严切之诏旨不
> 敢据理力争，而其势又万不可行，则相率以阳奉阴违了
> 事，以免政府之催督，而政府无如何也，是政府之无权
> 也。督抚有权矣，而用一人必请命于大部，部臣驳以不合
> 例则不能用也，行一事亦必请命于大部，部臣如执不许则
> 亦不能行也；甚至其下之司道，若与督抚不洽，则亦可阴
> 抗其意旨而不为奉行，是疆吏亦无权也。①

由此可见，同光年间督抚"有限的外重"，实际已蕴含了
向清季"内外皆轻"转变的要素。同光年间的直省督抚本质
上为外官，而非地方行政长官，处置各省事务尚拥有较大的实
权；直至清末新政议及外官制改革，直省和督抚虽然地位模
糊，但政体的基本取向是从内外官制转变为中央与地方官制，
同光年间两广总督的省级限制因素，因此逐步转变为政治实
体：依清廷各项改革章程，清末新政时期广东先后厘定或新设
布政司、提学司、提法司、劝业道、巡警道、督练公所、交涉
使司，各司道、公所虽名曰归两广总督节制、督办，但实际确
分两广总督各项权力。② 州县一级改制受地方自治观念的影

---

① 《论中央集权之流弊》，《东方杂志》第 1 卷第 7 号，1904 年，第 148～
149 页。
② 参见李细珠《地方督抚与清末新政——晚清权力格局再研究》，第 367～
386 页。

响，清廷所定各直省官制办法规定州县增易佐治人员，作为地方自治基础。在清廷的官制设想中，州县各官隐约有转变为代表所在地区民众公共利益的地方官的趋势。① 而广东士绅推动地方自治的意愿更加强烈，省城士绅发起、创建广东地方自治研究社。宣统元年（1909）九月广东谘议局成立，议员中约一半为广东地方自治研究社成员。谘议局有权议决本省兴革事件及预算、决算等财政问题，广东士绅借谘议局积极参政，由此广东谘议局与两广总督冲突不断，清末广东禁赌风波为明显之一例。

时已有直省大员论及外官改制导致督抚权分的失当。如山东巡抚孙宝琦谓改制后地方制度之害，莫甚于督抚虚拥无限的权力，但每举一事却支绌难行，以致集权、分权两失所当；② 署两广总督袁树勋奏称中央与四方权力互相依存，四方无权，中央亦将孤立，今中央为集权而削督抚职权，将使内外无负责之人；③ 等等。在清季集权的整体理路下，督抚权力施行的现实困扰，却被认为是不愿放弃太平天国起事后扩张的权力，枢臣对袁树勋之奏便颇为不满，认为"似置政府于无权地位"。④ 同光年间两广总督权力运作的限制因素，在清季逐渐演变为具象化的分割，"有限的外重"最终成为"内外皆轻"之局。

---

① 《总司核定官制大臣奕劻等奏续订各直省官制情形折》（光绪三十三年五月二十七日），《清末筹备立宪档案史料》，文海出版社，1980，第504~505页。

② 孙宝琦：《奏为厘定直省官制敬陈管见以备采择》（宣统元年十一月二十八日），台北故宫博物院藏军机处档折件，故机184499/183606。

③ 袁树勋：《奏为时局艰危拟就新政敬陈管见事》（宣统二年三月二十日），中国第一历史档案馆藏宫中档朱批奏折，04-01-30-0111-014。

④ 《紧要新闻》，《盛京时报》1910年7月5日，第2版。

征引文献

未刊史料

《督广咨札》，张之洞档，甲 182-196、甲 182-197

《张之洞督广折片》，张之洞档，甲 182-198

《张之洞督广批牍谕示》，张之洞档，甲 182-199

《张之洞函稿·贺唁函稿》，张之洞档，甲 182-213

《张之洞存札》，张之洞档，甲 182-217

《张之洞亲笔家书》，张之洞档，甲 182-262

《张文襄公手札》，张之洞档，甲 182-281

《广东广西各知府禀文》，张之洞档，甲 182-360

《张之洞书札》，张之洞档，甲 182-371

《张之洞存札》，张之洞档，甲 182-485

《〈张文襄公全集〉叙例》，许同莘档，甲 622-3

《许同莘存札》，许同莘档，甲 622-4

以上中国历史研究院图书档案馆藏

官中档朱批奏折

军机处录副奏折

以上中国第一历史档案馆藏

军机处月折档

军机处档折件

以上台北故宫博物院藏

总理各国事务衙门档案

以上"中研院"近代史研究所档案馆藏

已刊史料

一　档案类

方裕谨编《清醇亲王奕譞信函续选》,《历史档案》1983 年第
　　1 期。

皇甫峥峥整理《晚清驻英使馆照会档案》,上海古籍出版社,
　　2020。

秦国经主编《清代官员履历档案全编》,华东师范大学出版社,
　　1997。

《阎敬铭档》,虞和平主编《近代史所藏清代名人稿本抄本》
　　第 1 辑第 2~31 册,大象出版社,2011。

《张树声档》,虞和平主编《近代史所藏清代名人稿本抄本》
　　第 1 辑第 36~38 册,大象出版社,2011。

《张之洞档》,虞和平主编《近代史所藏清代名人稿本抄本》
　　第 2 辑第 1~172 册,大象出版社,2014。

中国第一历史档案馆编《光绪朝上谕档》,广西师范大学出版
　　社,1996。

中国第一历史档案馆编《光绪朝朱批奏折》，中华书局，1995。

中国第一历史档案馆编《清代军机处电报档汇编》，中国人民大学出版社，2005。

中国第一历史档案馆编《清代军机处随手登记档》，国家图书馆出版社，2013。

中国第一历史档案馆编《清政府镇压太平天国档案史料》，社会科学文献出版社，1994。

二 报刊、文史资料

《东方杂志》《河北月刊》《人文》《申报》《盛京时报》《香港华字日报》《循环日报》

South China Morning Post（《南华早报》）

The Hong Kong Telegraph（《士蔑西报》）

The North-China Herald（《北华捷报》）

《文史资料选辑》《武汉文史资料》

三 方志

光绪《重修登州府志》，光绪七年刻本。

光绪《广州府志》，光绪五年刊本。

光绪《海阳县志》，光绪二十六年刊本。

光绪《茂名县志》，光绪十四年刊本。

光绪《容县志》，光绪二十三年刊本。

光绪《续修平利县志》，光绪二十三年刻本。

民国《崇明县志》，1930。

民国《东莞县志》，1921。

民国《福建通志》，1939。

民国《连山县志》，1928。

民国《庐陵县志》，1920。

民国《孟县志》，1932。

民国《南丰县志》，1924。

民国《顺德县志》，1929。

民国《厦门市志》，民国抄本。

民国《香山县志续编》，1920。

《民国琼山县志》，邓玲、邓红点校，海南出版社，2004。

四　文集日记、书信、年谱与史料汇编等

宝廷：《竹坡侍郎奏议》，台湾学生书局，1976。

岑毓英：《岑襄勤公遗集》，文海出版社，1966。

陈宝琛：《沧趣楼诗文集》，刘永翔、许全胜点校，上海古籍
　　出版社，2006。

陈代湘点校《刘坤一集》，岳麓书社，2018。

陈星整理《陈宝琛张佩纶往来信札》，上海古籍出版社，2020。

陈义杰整理《翁同龢日记》，中华书局，1989。

《筹办夷务始末（咸丰朝）》，中华书局，1979。

邓承修：《语冰阁奏议》，文海出版社，1967。

杜凤治：《望凫行馆宦粤日记》，桑兵主编《清代稿钞本》第
　　1编第10~19册，广东人民出版社，2007。

都启模编《军牍集要》，文海出版社，1988。

恩华辑《八旗艺文编目》，关纪新整理、点校，辽宁民族出版
　　社，2006。

范旭仑、牟晓朋整理《谭献日记》，中华书局，2013。

福州市地方志编纂委员会编《福州马尾港图志》，福建省地图

出版社，1984。

高崇基等纂《东粤藩储考》，光绪十三年刻本。

拱北海关志编辑委员会编《拱北关史料集》，1998。

龚易图：《蔼仁府君自订年谱》，北京图书馆编《北京图书馆珍本年谱丛刊》第 173 册，北京图书馆出版社，1999。

顾廷龙、戴逸主编《李鸿章全集》，安徽教育出版社，2008。

顾廷龙主编《清代朱卷集成》，成文出版社，1992。

广东清理财政局编《广东财政说明书》，北京图书馆出版社影印室编《清末民国财政史料辑刊》，北京图书馆出版社，2007。

广州图书馆主编《张之洞致张佩纶未刊书札》，广西师范大学出版社，2012。

国家图书馆善本部编《赵凤昌藏札》，国家图书馆出版社，2009。

何刚德：《春明梦录·客座偶谈》，山西古籍出版社，1997。

胡钧：《张文襄公年谱》，文海出版社，1967。

胡思敬：《国闻备乘》，上海书店出版社，1997。

《皇朝文献通考》，文渊阁四库全书本。

黄濬：《花随人圣庵摭忆》，李吉奎整理，中华书局，2013。

黄益整理《陶楼诗文集辑校》，齐鲁书社，2015。

姜鸣整理《李鸿章张佩纶往来信札》，上海人民出版社，2018。

奎斌：《杭阿坦都统奏议》，文海出版社，1987。

《光绪会典》，文海出版社，1967。

《钦定大清会典事例（光绪朝）》，新文丰出版公司，1976。

李宗侗、刘凤翰：《李鸿藻年谱》，中华书局，2014。

梁绍辉等点校《彭玉麟集》，岳麓书社，2008。

梁廷枏：《海国四说》，中华书局，1993。

刘铭传：《刘壮肃公奏议》，文海出版社，1968。

刘声木：《苌楚斋随笔》，中华书局，1998。

刘禺生：《世载堂杂忆》，中华书局，1997。

马丕瑶：《马中丞遗集》，文海出版社，1973。

毛鸿宾：《毛尚书奏稿》，文海出版社，1972。

《钦定大清会典事例（嘉庆朝)》，文海出版社，1991。

《清光绪朝中法交涉史料》，文海出版社，1967。

《清末筹备立宪档案史料》，文海出版社，1980。

《清实录》，中华书局，1987。

全国图书馆文献缩微复制中心编印《户部奏稿》，2004。

全国图书馆文献缩微复制中心编印《张文襄公（未刊）电稿》，
    2005。

上海图书馆编《汪康年师友书札》，上海古籍出版社，1986。

邵循正等编《中法战争》，上海人民出版社，1957。

唐景崧：《请缨日记》，文海出版社，1973。

王树枏编《张文襄公全集》，文海出版社，1970。

王铁崖编《中外旧约章汇编》，三联书店，1957。

王先谦：《葵园自订年谱》，文海出版社，1970。

王彦威、王亮编《清季外交史料》，文海出版社，1985。

《清史列传》，中华书局，1987。

文廷式：《知过轩随笔》，章伯锋、顾亚主编《近代稗海》第
    13辑，四川人民出版社，1989。

翁万戈辑《翁同龢文献丛编》，上海远东出版社，2014。

吴东迈编《吴昌硕谈艺录》，浙江人民美术出版社，2017。

吴剑杰编著《张之洞年谱长编》，上海交通大学出版社，2009。

夏东元编著《盛宣怀年谱长编》，上海交通大学出版社，2004。

萧德浩、吴国强编《邓承修勘界资料汇编》，广西人民出版

社，1990。

徐凌霄、徐一士：《凌霄一士随笔》，徐泽昱编辑，刘悦斌、韩策校订，中华书局，2018。

徐世昌：《大清畿辅先哲传》，北京古籍出版社，1993。

许同莘编《张文襄公年谱》（1939 年铅印本），北京图书馆编《北京图书馆藏珍本年谱丛刊》第 173~174 册，北京图书馆出版社，1999。

杨坚校补《郭嵩焘奏稿》，岳麓书社，1983。

佚名辑《清代粤人传》，全国图书馆文献缩微复制中心，2001。

佚名：《张文襄公事略》，《清代野史》第 3 卷，巴蜀书社，1998。

奕譞：《九思堂诗稿》，《清代诗文集汇编》编纂委员会编《清代诗文集汇编》，上海古籍出版社，2010。

俞天舒原编，潘德宝增订，温州市图书馆整理《黄体芳集》，中华书局，2018。

于荫霖：《于中丞奏议》，文海出版社，1968。

翟兰思：《北京使馆被围日记》，路遥主编《义和团运动文献资料汇编·英译文卷》（下），山东大学出版社，2012。

张佩纶：《涧于集》，上海古籍出版社，2002。

谢海林整理《张佩纶日记》，凤凰出版社，2015。

张树声：《张靖达公奏议》，文海出版社，1968。

《张文襄公电稿》，桑兵主编《清代稿钞本》第 3 编第 130~137 册，广东人民出版社，2010。

《张文襄公督粤收接电稿》，桑兵主编《清代稿钞本》第 3 编第 138~139 册，广东人民出版社，2010。

张文苑整理《李凤苞往来书信》，中华书局，2018。

张振鹍主编《中法战争》，中华书局，1996。

张之洞：《广东海图说》，陈建华主编《广州大典》总第 238
　　册，广州出版社，2015。

《张之洞书札手迹》，桑兵主编《清代稿钞本》第 4 编第 154
　　册，广东人民出版社，2012。

赵炳麟：《赵柏岩集》，广西人民出版社，2001。

赵春晨编《丁日昌集》，上海古籍出版社，2010。

赵德馨主编《张之洞全集》，武汉出版社，2008。

赵尔巽等：《清史稿》，中华书局，1977。

中国第一历史档案馆、福建师范大学历史系合编《清末教
　　案》，中华书局，2000。

中国近代经济史资料丛刊编辑委员会主编《中国海关与中葡
　　里斯本草约》，中华书局，1983。

中国科学院近代史研究所史料编辑室、中央档案馆明清档案部
　　编辑组编《洋务运动》，上海人民出版社，1961。

中国人民银行总行参事室编《中国清代外债史资料（1853～
　　1911)》，中国金融出版社，1991。

中国史学会主编《第二次鸦片战争》，上海人民出版社，1978。

"中研院"近代史研究所编印《海防档》，1957。

"中研院"近代史研究所编印《教务教案档》，1976。

朱寿朋编《光绪朝东华录》，中华书局，1958。

《左宗棠全集》，上海书店，1986。

研究论著

一　著作

陈锋、张笃勤主编《张之洞与武汉早期现代化》，中国社会科

学出版社，2003。

陈国栋：《清代前期的粤海关与十三行》，广东人民出版社，2014。

陈寅恪：《寒柳堂集》，三联书店，2011。

崔运武：《中国早期现代化中的地方督抚——刘坤一个案研究》，中国社会科学出版社，1998。

戴逸、林言椒主编《清代人物传稿》，辽宁人民出版社，1984。

丁则民：《美国排华史》，中华书局，1952。

费行简：《近代名人小传》，文海出版社，1967。

冯天瑜：《张之洞评传》，河南教育出版社，1985。

傅宗懋：《清代督抚制度》，台湾政治大学政治研究丛刊第4种，1963。

高阳：《同光大老》，华夏出版社，2007。

胡珠生：《清代洪门史》，辽宁人民出版社，1996。

黎仁凯：《张之洞幕府》，中国广播电视出版社，2005。

李国祁：《张之洞的外交政策》，"中研院"近代史研究所专刊（27），1970。

李鹏年、刘子扬、陈锵仪编著《清代六部成语词典》，天津人民出版社，1990。

李细珠：《地方督抚与清末新政——晚清权力格局再研究》，社会科学文献出版社，2012。

李细珠：《张之洞与清末新政研究》，上海书店出版社，2003。

李志茗：《幕僚与事变——〈赵凤昌藏札〉整理研究初编》，上海人民出版社，2017。

李志茗：《赵凤昌评传》，上海古籍出版社，2019。

林文仁：《南北之争与晚清政局》，中国社会科学出版社，2005。

林文仁:《派系分合与晚清政治——以"帝后党争"为中心的探讨》,中国社会科学出版社,2005。

刘伯骥:《广东书院制度沿革》,商务印书馆,1939。

刘伟:《晚清督抚政治——中央与地方关系研究》,湖北教育出版社,2003。

陆胤:《政教存续与文教转型——近代学术史上的张之洞学人圈》,北京大学出版社,2015。

罗玉东:《中国厘金史》,商务印书馆,2010。

罗尔纲:《绿营兵志》,商务印书馆,1945。

罗尔纲:《晚清兵志》,中华书局,1997。

罗尔纲:《湘军新志》,商务印书馆,1939。

马士:《中华帝国对外关系史》,张汇文、姚曾廙、杨志信、马伯煌、伍丹戈合译,上海书店出版社,2000。

茅海建:《戊戌变法的另面——〈张之洞档案〉阅读笔记》,上海古籍出版社,2014。

邱涛:《同光年间湘淮分野与晚清权力格局变迁(1862~1895)》,社会科学文献出版社,2018。

邱涛:《咸同年间清廷与湘、淮集团权力格局之变迁》,北京师范大学出版社,2010。

邵循正:《中法越南关系始末》,河北教育出版社,2000。

四川省哲学社会科学学会联合会、四川省近代教案史研究会编《近代中国教案研究》,四川社会科学院,1987。

苏云峰:《海南历史论文集》,海南出版社,2002。

苏云峰:《张之洞与湖北教育改革》,"中研院"近代史研究所专刊(35),1976。

唐上意:《中法战争与张之洞》,暨南大学出版社,2004。

王尔敏：《淮军志》，中国学术著作奖助委员会，1967。

王维江：《"清流"研究》，上海书店出版社，2009。

魏建猷：《中国近代货币史（1814~1919)》，文海出版社，1974。

吴福环：《清季总理衙门研究》，新疆大学出版社，1995。

吴剑杰：《张之洞散论》，湖北人民出版社，2017。

吴廷燮：《清财政考略》，北京图书馆出版社影印室辑《清末民国财政史料辑刊》第 20 册，北京图书馆出版社，2007。

吴义雄：《条约口岸体制的酝酿》，中华书局，2009。

夏维奇：《晚清电报建设与社会变迁——以有线电报为考察中心》，人民出版社，2012。

谢放：《张之洞传》，广东高等教育出版社，2004。

谢放：《中体西用之梦：张之洞传》，四川人民出版社，1995。

许大龄：《清代捐纳制度》，文海出版社，1977。

张秉铎：《张之洞评传》，台北中华书局，1972。

周汉光：《张之洞与广雅书院》，中国文化大学出版部，1983。

周健：《维正之供：清代田赋与国家财政（1730~1911)》，北京师范大学出版社，2020。

周修东：《潮海关史事丛考》，中国海关出版社，2013。

朱沛莲：《清代之总督与巡抚》，台北文行出版，1987。

庄练：《中国近代史上的关键人物》，中华书局，1988。

Arthur W. Hummel, ed. , *Eminent Chinese of the Ch'ing Period* (1644-1912), United States Government printing Office,1943.

David Leffman, *The Mercenary Mandarin: How a British Adventurer became a General in Qing-Dynasty China*, Blacksmith Books, 2016.

Seungioo Yoon, *The Formation, Reformation, and Transformation* of Zhang Zhidong's Document Commissioners, 1885 – 1909, Harvard University Press, 1999.

William Ayers, *Chang Chih-tung and Educational Reform in China*, Harvard University Press, 1971.

二 论文

陈辉:《从清流派到洋务派——略谈张之洞对帝国主义态度的变化过程》,《江汉学报》1964 年第 3 期。

陈先松:《海军衙门经费析论》,《清史研究》2018 年第 2 期。

陈先松:《修建颐和园挪用"海防经费"史料解读》,《历史研究》2013 年第 2 期。

陈晓平:《李文田、郑观应——闱姓赌博开禁的最有力推动者》,《澎湃新闻·私家历史》2023 年 1 月 10 日, https://www.thepaper.cn/newsDetail_forward_21309155, 浏览时间:2023 年 2 月 15 日。

陈晓平:《张之洞与香港华商》,《同舟共进》2020 年第 5 期。

陈晓平:《张之洞中法战争时期的情报网》,《澎湃新闻·私家历史》2020 年 5 月 15 日, https://www.thepaper.cn/newsDetail_forward_6492181, 浏览时间:2021 年 6 月 15 日。

戴海斌:《清流、洋务"各有门面"?——以李鸿章与张之洞早期交往为线索》,《史林》2021 年第 1 期。

戴海斌:《张之洞电稿的编纂与流传——以许同莘辑〈庚辛史料〉为中心》,《中国出版史研究》2019 年第 2 期。

冯天瑜:《张之洞的道路——从清流党到洋务派》,《江汉论坛》1983 年第 10 期。

冯天瑜、何晓明:《张之洞从清流派到洋务派的思想转变》,

《历史研究》1991 年第 3 期。

葛夫平：《新中国成立以来的中法战争史研究》，《史学月刊》2014 年第 7 期。

郭卫东：《论光绪朝的继统之争》，《清史研究》2009 年第 1 期。

胡滨：《张之洞与洋务运动》，《文史哲》1963 年第 5 期。

黄启臣：《清代前期海外贸易的发展》，《历史研究》1986 年第 4 期。

黄振南：《试论中法战争时期张之洞的战守方略》，《广西社会科学》1986 年增刊号。

冀满红：《张之洞与台湾》，《台湾研究》1999 年第 2 期。

姜鸣：《李鸿章"夺情"复出与"清流"的幕后筹划——张佩纶李鸿章通信研究》，《华东师范大学学报》（哲学社会科学版）2012 年第 3 期。

姜鸣：《从"张藏信札"看"甲申易枢"》，《文汇学人》2017 年 2 月 17 日，第 4 版。

江晓成：《清代捐输研究述评》，《中国史研究动态》2021 年第 4 期。

孔祥吉：《〈朴园越议〉与中法战争时之清廷》，《中国文化》1993 年第 1 期。

黎仁凯：《略论张之洞从清流派向洋务派的转化》，《河北大学学报》（哲学社会科学版）1983 年第 2 期。

李志茗：《疆土为大局所系——张之洞与中越勘界》，《中华文史论丛》2014 年第 2 期。

李志茗：《中法战争中的张之洞与彭玉麟》，《厦门大学学报》（哲学社会科学版）2013 年第 6 期。

廖宗麟：《中法战争期间的刘永福与张之洞》，《学术论坛》

1992 年第 1 期。

刘广京：《晚清督抚权力问题商榷》，《清华学报》新 10 卷第 2 期，1974 年。

刘青峰：《瑞麟督粤与晚清广东政治》，《广东社会科学》2021 年第 2 期。

刘正刚、张启龙：《中山图书馆藏"张之洞书札手迹"考辨》，《文献》2015 年第 5 期。

罗玉东：《光绪朝补救财政之方策》，《中国近代经济史研究集刊》1933 年第 2 期。

罗尔纲：《清季兵为将有的起源》，《中国社会经济史集刊》第 5 卷第 2 期，1937 年 6 月。

莫华生：《中法战争前后张之洞和冯子材关系的曲折演变》，《学术论坛》2009 年第 7 期。

秦进才：《张之洞全集的整理历程》，《文史精华》1999 年第 1 期。

任放：《近百年张之洞研究述评》，《近代史研究》2003 年第 2 期。

桑兵：《盖棺定论"论"难定：张之洞之死的舆论反应》，《学术月刊》2007 年第 8 期。

苏云峰：《广雅书院（一八八八——一九〇二）》，《"中央"研究院近代史研究所集刊》第 13 期，1984 年 6 月。

唐上意：《张之洞督粤时期的洋务新政》，《广东民族学院学报》（社会科学版）1994 年第 1 期。

唐上意：《中法战争中的张之洞》，《历史研究》1983 年第 5 期。

王宏斌：《中、英、印围绕鸦片税厘征收之博弈（1876～1885）》，高翔编《中国历史研究院集刊》2021 年第 1 辑，社会科学文献出版社，2021。

王兰荫：《张之洞之富强政策》，《师大月刊》（32周年纪念专刊），1934年12月。

王志强：《"福禄诺节略"真相再研究》，《史林》2020年第6期。

吴剑杰：《张之洞与李鸿章》，《中国经济与社会史评论》2016年号，社会科学文献出版社，2017。

吴玫：《中法战争期间大陆对台湾的支援》，《台湾研究集刊》1989年第4期。

谢恩晖：《张香涛之经济建设》，《经济学报》（燕京）第2期，1941年5月。

薛轶群：《日本首任驻外武官福原和胜在华活动探析》，《抗日战争研究》2021年第2期。

易惠莉：《光绪六、七年的晚清中国政坛——以刘坤一与李鸿章之争为中心的考察》，《近代中国》第18辑，上海社会科学院出版社，2008。

张世明：《清末就地正法制度研究》（上），《政法论丛》2012年第1期。

张晓川：《张佩纶致李鸿章密札隐语笺释》，《近代史研究》2019年第1期。

张志勇：《赫德与中法越南交涉》，《近代史研究》2019年第2期。

赵春晨：《洋务运动在广东》，《广东社会科学》1992年第4期。

赵利峰：《晚清粤澳闱姓问题研究》，暨南大学博士学位论文，2003。

郑鹤声：《张之洞氏之教育思想及其事业》，《教育杂志》第25

卷第 2、3 号，1935 年 2、3 月。

钟康模：《论张之洞在中法战争中的对外态度》，《广西社会科学》1986 年增刊。

朱浒：《赈务对洋务的倾轧——"丁戊奇荒"与李鸿章之洋务事业的顿挫》，《近代史研究》2017 年第 4 期。

Daniel H. Bays，"The Nature of Provincial Authority in Late Ch'ing Times：Chang Chih-tung in Canton，1884 – 1889，" *Modern Asian Studies*，Vol. 4.，No. 4，1970.

Franz Michael，"Military Organization and Power Structure of China during the Taiping Rebellion，" *Pacific Historical Review*，Vol. 18，No. 4，1949.

Meribeth E. Cameron，"The Public Career of Chang Chih-tung，1837 – 1909，" *The Pacific Historical Review*，Vol. 7，No. 3，1933.

后　记

　　大学本科二年级时，在中国近代史课上，我选择了张之洞做小组报告。那时候我对中国近代史的认识还很懵懂，这只是一个很随意的选择。没想到许多年后，"张之洞与晚清政局"成了自己研究的切入点。2021 年，我通过博士学位论文答辩，又经过了两年多修改，最终给大家呈现这本仍显稚嫩的小书。

　　回顾拙著的写作、修改过程，首先要感谢导师李细珠研究员。2015 年，"纪念抗战胜利与台湾光复 70 周年"学术研讨会在广州举行，当时我作为会务听了李老师的发言，"一个温和、儒雅的学者"是我对李老师的第一印象（后来跟李老师闲聊说起此事，他说已经不记得这次会议了，还开玩笑说可见口述史料的不可信）。李老师在晚清史、台湾史方面建树很深，我的博士论文选题、写作、修改，李老师都花了很大心血。在中国社会科学院研究生院学习的三年里，有许多跟导师的点滴小事，李老师可能早已忘记，但这些小事不断鞭策我前行。每次我将小论文发给李老师，李老师都看得很细，不仅在大的方面提出修改建议，还更正一些错别字、引文、标点符号，我颇惊奇于作为湖南人的李老师，不似刻板印象中的湖南人一般性格风风火火。在东厂胡同的办公室里，老师谈及人物研究的旨趣，见解深刻，学坛故事也讲得引人入胜。毕业以后老师还继续关注着我的成长。在入职前，李老师语重心长地告诉我许多为人、为学的经验，本书的修改也是在老师的鞭策下完成的。然而，我自觉资质愚钝，很多方面无法达到老师的要求，每次想来都不免惭愧。李老师性格稳重，我亦比较内敛，感激之情往往羞于表达，只能记于纸上。

博士毕业后，我进入中国社会科学院近代史研究所近代通史研究室工作。马忠文研究员既是我的领导，也是我的老师。马老师对晚清史料非常熟悉，聊起晚清人物和事件观点独到，且总能娓娓道来。博士学习阶段，我就经常请教马老师相关问题，工作以后还能经常得到马老师的指点，我尤感幸运。马老师性格随和，做事总是考虑周全，除了为学之外，在马老师身边我还领会了许多待人接物的道理。作为通史研究室主任，马老师呵护着研究室三个年轻人的成长，而在纷杂的环境中，马老师也努力为我们营造一处安静的学术空间，对此我倍加珍惜。

我的学术基础是在中山大学打下的，在唐家湾、康乐园的春风中，一个少年逐渐成长。我尤其感念本科、硕士学位论文指导老师何文平教授。在永芳堂的办公室里，何老师指导我阅读史料，而每一次跟着何老师去田野考察，又能领略到超越书面文本的、近代中国"变与不变"的现场感。到北京读博后，我更加深切地感受到岭南学风和京城学术的差异和融通之处。硕士毕业以后我很少回母校，2022 年趁着去开会的机会，我又见到了何老师。当我说起自己已经三十岁时，他表示惊讶，印象中我还是二十岁出头的"小年轻"。那时候老师生活有变故，但依旧健谈，告别之时，恍然间有句诗浮现在我的脑海：青李扶疏禽自来，清真逸少手亲栽……

　　拙著的出版还有许多令人感怀之事。博士学位论文预答辩和答辩阶段，张海鹏研究员、迟云飞教授、邹小站研究员、朱浒教授、崔岷教授、贾小叶研究员给我提出了宝贵的修改意见。本书的写作主要依托近代史所藏张之洞档案（后入藏中国历史研究院图书档案馆），在查阅档案的过程中，茹静、崔健、毕成、许金婷提供了热情的服务。书中部分章节曾经发表，受到刊物编辑和外审专家的认可和提点。拙著出版时，得到了所里领导、老师、同事以及社会科学文献出版社老师的帮助。本书的责任编辑陈肖寒热情、认真、可爱，纠正了不少错误和语病，为本书增色不少。在北京、广州，还有许许多多支持、鼓励、包容我的师友。借此机会，请允许我一并表达谢意。

　　某日，我在北京的住处修改书稿，正值盛夏时节，窗外蝉声聒噪，室内热如汗蒸，类于岭南之夏。我忽地想起十多年前不记何时也是这种天气，我和兄弟姐妹围在电脑前，一集一集地看 *One Piece* 的エニエス・ロビー编，那时候我的父母还年轻，姐姐、妹妹还未出嫁，弟弟们还在念小学。这么多年过去了，众人散如秋蓬，在为生活、家庭奔波的时候，不知他们是否还记得那个围坐同看动漫的夏日。

甲辰正月于京华客居

图书在版编目（CIP）数据

晚清督抚权力结构与地方治理：张之洞督粤再研究／
刘青峰著. -- 北京：社会科学文献出版社，2024.5
（大有）
ISBN 978-7-5228-3435-1

Ⅰ.①晚…　Ⅱ.①刘…　Ⅲ.①张之洞（1837-1909）
-人物研究　Ⅳ.①K827＝52

中国国家版本馆 CIP 数据核字（2024）第 066197 号

大有
晚清督抚权力结构与地方治理
—— 张之洞督粤再研究

著　　者／刘青峰

出 版 人／冀祥德
责任编辑／陈肖寒
责任印制／王京美

出　　版／社会科学文献出版社·历史学分社（010）59367256
　　　　　地址：北京市北三环中路甲 29 号院华龙大厦　邮编：100029
　　　　　网址：www.ssap.com.cn
发　　行／社会科学文献出版社（010）59367028
印　　装／北京联兴盛业印刷股份有限公司

规　　格／开　本：889mm×1194mm　1/32
　　　　　印　张：17　字　数：395 千字
版　　次／2024 年 5 月第 1 版　2024 年 5 月第 1 次印刷
书　　号／ISBN 978-7-5228-3435-1
定　　价／89.00 元

读者服务电话：4008918866